"十三五"国家重点出版物出版规划项目
面向可持续发展的土建类工程教育丛书
普通高等教育工程造价类专业系列教材

建设工程项目投资与融资

主　编　项　勇　卢立宇　徐姣姣
副主编　黄佳祯　郑佳伟　曾宇驰
参　编　李　阳　曾　雪　王　婕　苏洋杨　严川杰
主　审　向鹏程

机械工业出版社

本书是根据我国教育部、住房城乡建设部联合对工程管理类专业人才培养和专业评估、规范的要求，并结合我国注册造价工程师、注册建造师等执业资格考试的相关内容编写而成，涵盖了工程管理类专业人员从事管理类工作应具备的建设工程项目投资与融资相关知识内容和构架。本书分为上、下两篇共14章：上篇7章介绍建设工程项目投资相关内容，主要包括建设工程项目投资管理概述、建设工程项目投资结构、建设工程项目投资环境、建设工程项目投资机会、建设工程项目投资决策、建设工程项目投资后评价和建设工程项目投资风险分析；下篇7章介绍建设工程项目融资相关内容，主要包括建设工程项目融资概述、建设工程项目权益性融资管理、建设工程项目债务性融资管理、建设工程项目延伸融资模式、建设工程项目融资方案、建设工程项目融资担保和建设工程项目融资风险。

本书章前设有本章主要内容、本章重难点，章后附有适量思考题，方便教与学。

本书可作为高等院校土木工程、工程管理、工程造价、房地产经营管理等专业学生的教材，也可作为注册造价工程师和注册建造师执业资格考试、监理工程师考试复习的参考书，同时也可作为工程项目管理人员学习的参考书。在实际教学过程中，不同专业可根据专业课程体系和培养目标的要求，在教学内容和学时上进行适当的调整。

图书在版编目（CIP）数据

建设工程项目投资与融资/项勇，卢立宇，徐姣姣主编. —北京：机械工业出版社，2020.9（2024.11重印）

（面向可持续发展的土建类工程教育丛书）

"十三五"国家重点出版物出版规划项目　普通高等教育工程造价类专业系列教材

ISBN 978-7-111-66432-1

Ⅰ.①建… Ⅱ.①项… ②卢… ③徐… Ⅲ.①基本建设投资-高等学校-教材 ②基本建设项目-融资-高等学校-教材　Ⅳ.①F283 ②F830.55

中国版本图书馆CIP数据核字（2020）第163472号

机械工业出版社（北京市百万庄大街22号　邮政编码100037）
策划编辑：刘　涛　　　责任编辑：刘　涛　刘　静
责任校对：赵　燕　郑　婕　封面设计：马精明
责任印制：邝　敏
中煤（北京）印务有限公司印刷
2024年11月第1版第9次印刷
184mm×260mm·17.25印张·424千字
标准书号：ISBN 978-7-111-66432-1
定价：49.80元

电话服务　　　　　　　网络服务
客服电话：010-88361066　机 工 官 网：www.cmpbook.com
　　　　　010-88379833　机 工 官 博：weibo.com/cmp1952
　　　　　010-68326294　金 书 网：www.golden-book.com
封底无防伪标均为盗版　机工教育服务网：www.cmpedu.com

前 言

在国家经济发展和转型过程中,供给侧改革会引导未来投资方向的变化,带来新的投资机会,进而产生投资环境、投资政策、投资风险和投资决策的改变。2019年3月,国家发展改革委、住房城乡建设部出台了《关于推进全过程工程咨询服务发展的指导意见》,该意见明确指出"以投资决策综合性咨询促进投资决策科学化""投资决策环节在项目建设程序中具有统领作用,对项目顺利实施、有效控制和高效利用投资至关重要",要求"大力提升投资决策综合性咨询水平""充分发挥投资决策综合性咨询在促进投资高质量发展和投资审批制度改革中的支撑作用""政府投资项目要优先开展综合性咨询"。此文件体现了中央政府越来越重视投资的重要作用,要求相关行业认真学习先进思想和技术,推动示范引领,促进行业规范。

随着政府职能的逐渐转变和投融资体制的改革,工程项目融资逐渐在各地区兴起并受到各级政府、各行业投资者、研究者的关注和重视,并被广泛应用到土木工程、市政工程、交通运输工程等领域。由于此类项目具有建设周期长、风险大、投资需求高等特点,因此对项目的资金筹集带来了挑战。工程项目投资和融资的操作程序复杂,对运作项目人员的专业知识和能力要求相对较高。通过本课程的学习,应掌握工程项目投资与融资的基本理论与方法,掌握工程项目投资经济评价的方法,掌握工程项目融资的概念、特征、常见模式、创新实践和发展趋势,了解项目融资方式如何影响项目的经济绩效和投资决策,理解有效的风险防控是工程项目投融资成功与否的关键,能够运用所学知识对工程项目投资进行较为准确的评价,能够根据工程项目所面临的社会经济环境为项目设计合适的融资方案。

本书是根据行业对工程项目投融资的专业能力需求、工程管理相关专业(工程造价、房地产经营管理等)学科体系建设和培养目标,依据多年的讲义和行业内专业人员形成的成果编写而成的。本书体现出以下特色:

第一,满足案例教学的需求。校内外机构为本书的编写提供案例资料,提出编写中注意的问题,并提供社会对专业能力需求状况的信息。第二,与相关专业的执业资格考试接轨。编写内容充分与工程管理相关执业资格(造价工程师、一级建造师等)考试相结合,书中的相关内容也是从事工程项目投融资工作人员必须具备的专业知识。第三,结构体系完整,构架思路清晰,知识点分析过程详略得当且配有相应例题,由浅入深。各章顺序安排遵循专业深度递进、工程项目建设程序规律和特点。第四,内容布局上,根据工程项目投资与融资涉及的内容性质及重要程度,依次递进,使不同专业背景和专业课程构架的学生在学习过程中能够循序渐进,授课教师在教学过程中也能够较为灵活地根据不同专业而进行调整。

本书大纲及编写原则由项勇和卢立宇提出并进行整体构思。各章具体内容编写人员分工为:第1章和第2章由黄佳祯编写;第3章和第4章由卢立宇编写;第5章和第6章由曾雪和严川杰编写；第 7 章由王婕编写；第 8 章和第 10 章由徐姣姣编写；第 9 章由李阳编写；第 11 章和第 12 章由项勇和曾宇驰编写；第 13 章和第 14 章由郑佳伟和苏洋杨编写。本书的统稿和整理工作由郑佳伟、曾宇驰和苏洋杨负责。重庆大学管理科学与房地产学院向鹏程教授主审。

在本书编写过程中，重庆大学管理科学与房地产学院向鹏程教授、魏峰教授提出了很多宝贵的意见，西华大学土木建筑与环境学院向勇书记、舒波院长、王辉副院长等领导，以及熊伟主任、李海凌教授等提供了很大的支持和帮助。此外，本书参考了部分学者的研究成果，在此一并深表谢意！

由于编写团队水平有限，书中难免会有缺点、纰漏和不足之处，恳请读者和授课教师提出问题、批评指正，以便再版时修改、完善。

西华大学土木建筑与环境学院
教材编写团队

目录

前 言

上篇 建设工程项目投资

第1章 建设工程项目投资管理概述 ⋯ 2
本章主要内容⋯⋯⋯⋯⋯⋯⋯⋯⋯⋯ 2
本章重难点⋯⋯⋯⋯⋯⋯⋯⋯⋯⋯⋯ 2
1.1 对建设工程项目的理解 ⋯⋯⋯⋯ 2
1.2 对建设工程项目投资管理的
理解 ⋯⋯⋯⋯⋯⋯⋯⋯⋯⋯⋯ 8
1.3 建设工程项目投资与项目全寿命
费用的关系⋯⋯⋯⋯⋯⋯⋯⋯⋯ 12
思考题⋯⋯⋯⋯⋯⋯⋯⋯⋯⋯⋯⋯ 12

第2章 建设工程项目投资结构 ⋯⋯⋯ 13
本章主要内容⋯⋯⋯⋯⋯⋯⋯⋯⋯⋯ 13
本章重难点⋯⋯⋯⋯⋯⋯⋯⋯⋯⋯⋯ 13
2.1 建设工程项目投资结构的含义
和经济实体类型⋯⋯⋯⋯⋯⋯⋯ 13
2.2 建设工程项目投资结构设计⋯⋯ 19
思考题⋯⋯⋯⋯⋯⋯⋯⋯⋯⋯⋯⋯ 29

第3章 建设工程项目投资环境 ⋯⋯⋯ 30
本章主要内容⋯⋯⋯⋯⋯⋯⋯⋯⋯⋯ 30
本章重难点⋯⋯⋯⋯⋯⋯⋯⋯⋯⋯⋯ 30
3.1 建设工程项目投资环境概述⋯⋯ 30
3.2 建设工程项目投资环境因素
分析⋯⋯⋯⋯⋯⋯⋯⋯⋯⋯⋯⋯ 35
3.3 建设工程项目投资环境评价⋯⋯ 38
3.4 建设工程项目投资环境的建设
和优化⋯⋯⋯⋯⋯⋯⋯⋯⋯⋯⋯ 43

思考题⋯⋯⋯⋯⋯⋯⋯⋯⋯⋯⋯⋯ 45

第4章 建设工程项目投资机会 ⋯⋯⋯ 46
本章主要内容⋯⋯⋯⋯⋯⋯⋯⋯⋯⋯ 46
本章重难点⋯⋯⋯⋯⋯⋯⋯⋯⋯⋯⋯ 46
4.1 项目投资机会研究概述⋯⋯⋯⋯ 46
4.2 基础设施类建设项目投资机会⋯ 52
4.3 商业地产类投资机会⋯⋯⋯⋯⋯ 56
思考题⋯⋯⋯⋯⋯⋯⋯⋯⋯⋯⋯⋯ 67

第5章 建设工程项目投资决策 ⋯⋯⋯ 68
本章主要内容⋯⋯⋯⋯⋯⋯⋯⋯⋯⋯ 68
本章重难点⋯⋯⋯⋯⋯⋯⋯⋯⋯⋯⋯ 68
5.1 建设工程项目投资决策基础⋯⋯ 68
5.2 建设工程项目投资综合分析⋯⋯ 73
思考题⋯⋯⋯⋯⋯⋯⋯⋯⋯⋯⋯⋯ 82

第6章 建设工程项目投资后评价 ⋯⋯ 83
本章主要内容⋯⋯⋯⋯⋯⋯⋯⋯⋯⋯ 83
本章重难点⋯⋯⋯⋯⋯⋯⋯⋯⋯⋯⋯ 83
6.1 建设工程项目投资后评价
概述⋯⋯⋯⋯⋯⋯⋯⋯⋯⋯⋯⋯ 83
6.2 建设工程项目投资后评价报告
的主要内容⋯⋯⋯⋯⋯⋯⋯⋯⋯ 88
思考题⋯⋯⋯⋯⋯⋯⋯⋯⋯⋯⋯⋯ 94

第7章 建设工程项目投资风险分析 ⋯ 95
本章主要内容⋯⋯⋯⋯⋯⋯⋯⋯⋯⋯ 95
本章重难点⋯⋯⋯⋯⋯⋯⋯⋯⋯⋯⋯ 95

7.1 建设工程项目投资风险分析流程和方法 …… 95

7.2 建设工程项目投资风险对策 …… 115

思考题 …… 121

下篇　建设工程项目融资

第8章　建设工程项目融资概述 …… 124
本章主要内容 …… 124
本章重难点 …… 124
8.1 对建设工程项目融资的理解 …… 124
8.2 建设工程项目融资程序 …… 127
8.3 建设工程项目融资参与者与构架 …… 136
思考题 …… 138

第9章　建设工程项目权益性融资管理 …… 139
本章主要内容 …… 139
本章重难点 …… 139
9.1 对工程项目权益性融资的基本理解 …… 139
9.2 股票类权益性融资 …… 140
9.3 其他权益类融资 …… 148
思考题 …… 153

第10章　建设工程项目债务性融资管理 …… 154
本章主要内容 …… 154
本章重难点 …… 154
10.1 债务资金概述 …… 154
10.2 商业银行贷款 …… 155
10.3 债券融资 …… 162
10.4 其他债务性融资 …… 171
思考题 …… 176

第11章　建设工程项目延伸融资模式 …… 177
本章主要内容 …… 177
本章重难点 …… 177
11.1 工程项目的BOT融资 …… 177

11.2 工程项目资产证券化 …… 185
11.3 PPP融资模式 …… 195
11.4 PPP、BOT、ABS融资模式的比较 …… 209
思考题 …… 210

第12章　建设工程项目融资方案 …… 211
本章主要内容 …… 211
本章重难点 …… 211
12.1 项目融资计划方案的编制 …… 211
12.2 资金成本 …… 214
12.3 工程项目融资的杠杆原理 …… 223
12.4 融资结构分析 …… 225
思考题 …… 234

第13章　建设工程项目融资担保 …… 235
本章主要内容 …… 235
本章重难点 …… 235
13.1 建设工程项目融资担保概述 …… 235
13.2 建设工程项目融资担保的类型及形式 …… 237
13.3 建设工程项目融资担保的法律形式及文件 …… 245
13.4 建设工程项目融资担保体系 …… 251
思考题 …… 255

第14章　建设工程项目融资风险 …… 256
本章主要内容 …… 256
本章重难点 …… 256
14.1 工程项目融资风险识别 …… 256
14.2 工程项目融资风险管理 …… 261
思考题 …… 267

参考文献 …… 268

上篇

建筑工程项目投资

第1章　建设工程项目投资管理概述
第2章　建设工程项目投资结构
第3章　建设工程项目投资环境
第4章　建设工程项目投资机会
第5章　建设工程项目投资决策
第6章　建设工程项目投资后评价
第7章　建设工程项目投资风险分析

第 1 章
建设工程项目投资管理概述

本章主要内容：建设工程项目的理解，包括投资项目的界定和投资项目的分类；建设工程项目投资管理的理解，包括投资管理的本质、我国建设工程项目投资管理的发展及现状、建设工程项目投资管理的主要内容；建设工程项目投资与项目全寿命费用的关系。

本章重难点：投资项目的界定，投资项目的分类，建设工程项目投资与项目全寿命费用的关系。

1.1 对建设工程项目的理解

1.1.1 投资项目的界定

1. 投资项目的含义

"项目"从一般意义上来讲，是一种组织单位，体现了在固定预算及固定时间内为达到某一明确的最终目的，对临时组合在一起的一组资源进行配置和管理，并最终获得预期成果的对象。

各个领域都可以用"项目"来表达某一特定的事物。在生产领域，有以生产和经营为主要内容的项目；在流通领域，有以物资流动和货币融通为主要内容的项目；在科研教育领域，有科研、教学项目；在军事领域，有军事、国防项目等。

在投资领域可采用世界银行对"项目"的解释："项目一般系指同一性质的投资，或同一部门内一系列有关或相关的投资，或不同部门内的一系列投资对象。"通常，投资项目狭义上是指一切基本建设投资项目、技术改造投资项目、中外合资合作投资项目以及境外投资项目等；从广义上将其理解为"将一定数量的资金或资产投入到某种具有特定目标的对象、任务或事业，以获得一定的经济效益和社会效益"。因此，投资项目是投资和项目的综合体。

2. 我国投资项目概念的发展历程

对于不同的国家，在不同的时期，投资项目会由于经济活动状况的不同而有不同的含义。我国对投资项目概念的认识随着我国经济建设活动的逐步发展和深化，经历了由小到大、由少到多、由窄到宽、由浅入深的过程。

建国初期的建设项目，包括新建、改建、扩建和恢复项目，在改、扩建项目中把原有企业的固定资产更新改造项目包括在内。随着企业拥有的固定资产类别和数量不断扩大，生产过程中磨损的设备和技术陈旧的设备增多，企业更新改造任务量加大。1967年，国家计委、财政部规定把企业三项费用（技术组织措施费、劳动保护措施费和零星固定资产购置费）同固定资产更新以及基本建设中属于简单再生产性质的投资合并，从基本建设投资中分离出来统称为固定资产更新和技术改造资金，使用这些资金安排的项目为更新改造项目。实际上，更新改造投资项目和基本建设投资项目的划分很难有明确的界限，一般只能做原则上的区分。把从无到有、新开始建设的项目和在原有企业扩大生产能力而新建车间之类的投资项目，归为基本建设投资项目；而把在原有企业事业单位内基本上不扩大生产能力的更新、改建、改造工程，划为更新改造投资项目。

上述投资项目，无论是基本建设投资项目，还是更新改造投资项目，都是以国内资金投资为主。国家实行改革开放以后，鼓励引进先进技术和利用外国资金，允许外商在中国设立独资、中外合资和中外合作的企业（简称三资企业），产生了引进技术和利用外资项目，以及中外合资、合作项目；为了加强同外国的经济合作，境外投资逐渐增多，又有了境外投资、合作项目。

1949年以来，我国经历过几次经济调整，较大幅度地压缩投资规模，调整过程中不少投资项目停止建设或推迟建设，这些项目被称为停建项目或缓建项目。例如在20世纪60年代通过调整，停建、缓建了810个大中型项目、8万多个小型项目；1982年和1983年通过调整，停建、缓建了697个大中型项目、5350多个小型投资项目。

对投资项目的范围在各个不同时期也不相同，其认识也是逐渐深化的。例如煤矿投资建设，20世纪50年代是以矿井或独立洗煤厂作为项目，60年代则是以矿区或独立洗煤厂作为项目，70年代则以包括洗煤厂在内的整个矿区作为投资项目。在20世纪70年代为了限制大中型投资项目的总量，限制"成捆项目"，反对把若干个彼此独立的项目捆在一起称作一个项目，但在80年代由世界银行贷款的不少项目都是这类系列性的项目，如包括十几个机床厂的上海机床改造项目，山东、江苏、浙江三省沿海的滩涂开发项目等。

世界银行对项目概念的解释是根据发放贷款的用途进行说明，其项目还包括向中间金融机构贷款（为其一般业务活动提供资金）和向某些部门的发展计划发放贷款。而这种向特定发展计划发放的贷款又大致包括两种情况：一是为开发金融机构提供贷款，再由这些金融机构向工业部门发放贷款；二是向农业金融机构提供贷款，资助其为特定的农业发展项目发放贷款，如牧场和牲畜的改良、小型水利和农场系统的建设等。项目通常既包括有形的，如土木工程的建设和设备的提供；也包括无形的，如社会制度的改进、政策的调整和管理人员的培训等。自从1946年世界银行形成和1960年国际开发协会成立以来，其投放的贷款和信贷总额中90%以上贷放给具体的、特定的项目，例如学校、农作物生产计划、水坝、公路和化肥厂等。

根据我国对建设工程投资项目的有关规定，并参照世界各国的投资项目管理资料，构成工程投资项目的主要条件及其特点有：

1）在一个总体设计或总概（预）算范围内，由几个互有内在联系的单项工程组成，建成后在经济上可以独立经营，行政上可以统一管理。

2）有明确的建设目标和任务，即：①有设计规定的产品品种、生产能力目标和工程质量标准；②有竣工交付验收和投产使用的标准；③有工期目标；④有投资目标。

3）工程投资项目一般都有建筑工程和设备安装工程等有形财产，也包括购买技术专利、技术许可证等无形财产。

4) 工程投资项目一般是一次性的，建设任务完成，则投资结束。除国家拨给的基金（资本）以外的各种借入的垫付资金，必须在项目建成投入生产以后，以所生产商品售出而得到的资金回收。每个项目在时间、地点、技术、经济等各方面都有各自的特殊性，只能单项投资建设。

5) 工程投资项目尽管种类繁多，单一性强，但各类项目在其投资建设过程中都必须依次经过项目立项、可行性研究、评价、决策、设计、项目实施、竣工投产、总结评价、资金回收等阶段。

3. 建设工程投资项目的特征

从投资角度看，工程投资项目是落实一次性投资活动的基本形式和方法；从项目角度看，工程投资项目是以投资为内容的一种特定项目，其特征包括：

（1）一次性　每个建设工程投资项目都是一个相对独立完整的特定系统，有自己的特定内容。工程投资项目在本质上是个体化的系统，科学项目管理的首要工作是认识、鉴别、界定投资项目这个独特的系统，包括其范围、内容、目标、限定条件等。

（2）整体性　每个建设工程投资项目都是一个整体。在按其需要配置各种资源和生产要素时，必须以整个项目预期效益的实现为目标，追求高质量与高效率，达到数量、质量、结构的总体优化。

（3）目标性　每个建设工程项目都是为明确目标而设计的，且不同于一般企业的目标。建设工程投资项目作为特定的一次性任务，本身并不一定能够直接实现投资效益，更多的是通过其运营使用来实现效益，所以必须以其任务的有效完成为目标。建设工程项目投资的综合目标如图1-1所示。

（4）周期性　工程项目建设的周期性是指项目建设活动有明确的起点和终点，而且其过程呈现出阶段性变化的特点。

图1-1　建设工程项目投资的综合目标

（5）限定性　任何工程项目投资都应该有明确的限定条件，项目目标应该在相应的约束条件内实现，包括时间限定、投入资源的限定、质量标准的限定等。不同的项目，其限定条件存在差异，管理者应据之进行灵活的、有重点的管理。

（6）投资过程周期长、投入大、风险较大　这是针对一般的工程项目投资活动而言的，项目建设周期相对于一般的工业产品生产，周期较长。因此，对投资项目管理，应该选精兵运作，制定专门的管理办法和条例，有周密的论证规划。

4. 工程项目在投资活动中的地位

从广义上讲，工程项目投资是非常宽泛的范畴。投资活动按支出的时间特点来分，可分为三类：①连续性的投资活动，其投资随时间连续不断地发生；②间断性的投资活动，其投资每隔一段时间发生一次，具有总体上的间断重复性；③一次性投资活动，其投资为独立的非重复性的活动。投资的三种类型划分是相对的，没有明显的界线，有时是可以互相转化的。应注意到项目只是落实一次性投资活动的一种基本手段，所以项目管理的针对性不是绝对的，也就是说一次性的投资活动不一定非要用项目管理的方法来管理，反之连续性、间断性的投资活动通过适当的处理也可应用项目管理方法来运作。通常，具有下列条件之一的一次性投资活动应该作为项目来管理：

1）大规模的投资活动。
2）具有开拓创新性质的投资活动。
3）具有特别重要意义的投资活动。
4）具有特殊要求的投资活动，如时间要求非常紧迫、质量要求特别高或预算特别严格。

1.1.2 投资项目的分类

1. 投资项目按不同管理要求的分类

为适应不同管理的要求，对工程投资项目按其性质、建设阶段、建设规模和总投资额、用途、资金来源等做出以下各种分类：

（1）按其性质划分

1）新建项目。指从无到有新开始建设的项目。有时将经投资扩大规模后，其新增加的固定资产价值超过原有固定资产价值一定数量以上的（一般规定为3倍），也称新建项目。

2）扩建项目。指投资主体为扩大原有产品生产能力或增加新的产品生产能力，增建主要生产车间（工程）独立的生产线或分厂的项目；事业和行政单位在原单位扩大原有固定资产使用效益，增建业务用房（如学校增建教学用房，医院增建门诊部、病房，行政机关增建办公楼）的项目。

3）技术改造项目。指投资主体为提高生产效率，改进产品质量，或改变产品方向，对原有设备或工程、工艺条件进行技术改造的项目；事业单位对原有设施进行技术改造的项目。包括为协调产品生产作业线各工序（车间）之间能力的不平衡，而增建或扩建的不直接增加本投资主体主要产品生产能力的车间，以及企业、事业、行政单位增建或扩建的部分公用辅助工程和生活福利设施项目。

4）迁建项目。指投资主体由于各种原因搬迁到其他地点建设的项目。

5）恢复项目。指投资主体因自然灾害（如地震、火灾、水灾）、战争等原因，原有固定资产已全部或部分报废后又投资按原有基础、原有规模重新恢复起来的项目。需要说明的是，在恢复的同时进行扩建的项目应该作为扩建项目。

（2）按其建设阶段划分

1）建设前期工作项目。指一些前期工作量大、外部协作配合条件多、建设周期长的项目，以及需要花些费用，进行勘察设计、可行性研究等建设前期工作的项目。

2）预备项目或筹建项目。指正在进行建设前期工作，尚未正式开始施工，但需要投资进行筹建准备工作的项目。

3）新开工项目。指报告期内新开始建设的项目，包括报告期内新开工的新建项目，以及投资主体开始扩建或改建的项目。

4）续建项目。指过去年度已正式开工，在计划期内继续施工的项目。

5）建成投产项目。指按设计文件规定建成主要工程和相应配套的辅助设施，形成生产能力或能发挥工程效益，经验收合格并已正式投入生产或交付使用的投资项目。建成投产项目又分为全部建成投入使用项目和部分建成投入使用项目。

6) 收尾项目。指在计划年度内已经验收投产，设计生产能力已全部建成，但还遗留少量扫尾工程的项目。

(3) 按建设规模和总投资额划分　按建设规模（主要产品的设计生产能力）和总投资额的大小，分为大型、中型和小型投资项目，划分标准有两大类：一类是工业建设项目的划分标准，另一类是非工业建设项目的划分标准。

1) 对于工业建设项目，其大、中、小型投资项目的划分标准在各行业存在差异。一般原则是：生产单一产品的工业项目按产品的设计能力或者按照增加产品的能力划分，如某大型机床厂新型机床年产量 20 000 台以上的为大型项目；5000～20 000 台的为中型项目，5000 台以下的为小型项目；生产多种产品的企业按其主要产品的设计能力划分或者按照增加主要产品的能力划分；品种繁多，难以按生产能力划分的项目，则按其全部投资额来划分。

2) 对非工业建设项目的划分标准主要有三种：一是以投资额为标准，如其他水利工程（包括江河治理）总投资 2000 万元以上为大型项目；二是以能提供的实物量为标准，如水库库容量 1 亿 m^3 以上为大型项目；三是以能提供的实物量并结合投资额为标准，如水厂一日供水 11 万吨以上、投资额 1000 万元以上为大型项目。

上述划分标准的数量界限，需要根据经济发展和管理的客观需要而定，并随着情况的变化而变化。对改、扩建项目按改、扩建新增加的设计能力或改、扩建所需投资划分，不包括改、扩建前原有的生产能力和投资。另外，对国民经济具有特殊意义的某些项目，如产品为全国服务，或者生产新产品、采用新技术的重大项目，以及对发展边远地区和少数民族地区经济有重大作用的项目，虽然设计能力或全部投资不够大中型标准，但经国家批准列入大中型项目计划的，也应按大中型项目管理。这种按投资项目建设规模为划分标准的分类方法，除了便于分清各级审批机构的审批权限和项目建成投产后的归属以外，主要目的还在于结合各地的具体情况，尽可能达到项目实施的规模经济。

(4) 按其在国民经济各部门中的用途划分

1) 生产性投资项目。指直接用于物质生产或为满足物质生产需要的项目，包括：①工业投资项目；②建筑业投资项目；③农林水利气象投资项目；④运输邮电投资项目；⑤商业和物资供应投资项目；⑥地质资源勘探投资项目。

生产性投资项目的建设直接形成生产能力或者是直接为形成生产能力服务，对增加社会物质资料的供给、提高国民经济的技术装备水平、促进经济的发展有十分重要的意义。同时，它也为非生产性投资建设提供了物质技术基础，是国民经济投资的主要方向。

2) 非生产性投资项目。指用于满足人民物质生活和文化生活需要的项目，包括：①住宅投资项目；②文教卫生投资项目；③科学实验研究投资项目；④公用事业投资项目。

非生产性投资项目的建设是直接为提高人民物质文化生活水平服务的，虽然不能直接为社会提供物质产品，但却是社会物质产品生产的一个必要条件和保证。

生产性投资项目构成了整个社会生产力和经济发展的基础与动力，而非生产性投资项目则是发展的重要内容与保证，两者缺一不可，并且还应保持合理、协调的比例关系。

(5) 按资金来源划分

1) 国家预算拨款项目。指由国家预算直接拨款给建设单位无偿使用的投资项目，主要指没有偿还能力的行政、科研、文教、卫生等非经营性项目。国家预算拨款可分为中央预算拨款和地方预算拨款。

2）国家预算拨款改贷款项目。指国家预算拨交建设银行作为贷款，由建设银行对实行独立核算、有偿还能力的投资主体发放有偿贷款的项目。国家对于能源、交通、原材料工业和关系到国计民生的低利或政策亏损的生产项目，对于建设周期长的大型项目以及重大的更新改造项目，实行国家预算贷款。

3）银行贷款项目。指银行通过吸收存款，利用信贷资金对投资少、周期短、经济效益好的工业项目和生产性项目以及更新改造项目发放贷款的项目。

4）自筹资金项目。指根据有关规定，由各地区、各部门、各企业、各单位进行筹措，并按规定的用途使用后确有多余，允许用于基本建设的资金投资的项目。这对于投资主体的积极性、挖掘资金和物资潜力、促进生产发展、改善人民生活、加速国民经济发展，具有重要意义。

5）利用外资项目。指利用外国（地区）资金进行投资建设的项目，可以利用的外资主要有国际金融组织贷款、外国政府贷款、出口信贷、国际金融市场贷款、发行债券、合资经营、合作经营、补偿贸易等。利用外资又分为国家统借统还和地方或企业自借自还。

2. 市场经济条件下投资项目的分类

（1）按投资项目在经济中的作用分类

1）竞争性项目。指其所属的行业基本上不存在进入与退出障碍，行业内存在众多投资主体，其产品基本上具有同质性和可分性，是以利润为经营目标的项目，如房地产开发项目等。这类项目原则上应该由社会资本方来投资，因为社会资本方作为社会经济活动的主体，竞争能力较强，对市场的变化反应也比较灵敏，在价格和利益机制的驱动下，可以使这方面的资源配置不断趋于优化。

2）基础性项目。指对基础产业，即在产业发展中为其他产业的发展提供基本生产资料和生产条件，而且具有较高感应度的产业进行投资的项目，如农业、基础工业、基础设施建设等。对这类项目的投资一般具有初始投资大、周期长、回收慢的特征。并且由于基础性项目的投资有较强的外部经济性，即有较大的国民经济效益，因此要求政府对基础性项目投资保持适度水平和有效的控制，但也可以在此前提下吸收其他方面的资金（如外资、私营经济等的资金），共同参与基础性项目的建设。

3）公益性项目。指为满足社会公众公共需要而进行投资的项目。这类项目具有消费时的非排斥性和非收益性等特点。公益性项目可以大致分为两类：一类是免费供社会公众消费的项目，如公共道路、城市美化、城市公园等项目，只能由政府无偿拨款来进行建设；另一类是有偿提供给社会公众消费的，如公立学校、文化设施等项目，由于投资回收缓慢，一般也依靠政府投资。

这种分类的优点在于能合理地确定投资主体的投资范围，发挥市场机制的作用，克服市场缺陷，保证投资活动有序地进行。但这种划分还有其不够严谨的地方，如：农业既属于基础产业，同时又是竞争性产业；免费的公路，既可以属于基础设施又可以属于公益项目。

（2）按投资主体分类

1）私人项目。指以私人、企业或社会团体为主体投资并承担责、权、利的营利性项目，这类项目可完全由市场来运营和组织。

2）公共（益）项目。指政府投资项目，这类项目应严格按照政府规定的计划和程序进行审批管理。

3）社会福利项目。指由私人、企业或社会团体投资的非营利性项目，这类项目政府应该制定相应的鼓励和管理政策来指导。

4）混合性项目。指上述两类或三类结合在一起的项目，应根据项目具体情况进行管理。

（3）按投资活动的内容划分

1）固定资产投资项目。指投资于长期占用的厂房等建筑物和大型的机械设备等。这类项目的特点是投资回收周期长、投资额大并且需要较强的直接经营管理，但其投资收益比较稳定。

2）房地产投资项目。包括投资开发土地、住宅、厂房、办公楼及其他建筑设施。这类投资项目同固定资产投资项目的区别主要是其投资者不长期占用，而是期望通过其转手获利。这类项目特点是投资额大、风险大并且需要较多的相关专业经验与知识，其投资收益也较高。

3）新技术、新产品、新实验研制与开发等风险投资项目。其特点是投资不可预见因素多、风险大，但投资一旦成功，收益潜力巨大，而且可能对投资主体的发展起到关键作用。

4）技术与设备改进投资项目。指以对现有设施或生产技术工艺等进行更新与改造为目的而进行的投资，最终达到提高利用和生产效率、适应市场需求的效果。其特点是投资的基础相对比较稳定，风险收益易于预测分析。

5）收购与兼并投资项目。指通过收购或兼并的方式获得某种产品或项目的经营条件，包括经营设施、市场、信誉、专利等。其特点是投资运作难度大、潜在的风险高，但一旦收购或兼并成功，新的项目就能在新的组织形式和资源配置方式下较快地投资经营，并发挥巨大的潜力。

1.2 对建设工程项目投资管理的理解

1.2.1 投资管理的本质

投资本身只是一种手段而不是目的。投资主体可以是任何个人和社会组织，投资的目的是各有所需。而投资管理的模式也呈现多元化，主要包括高度集权型投资体制模式、分散型投资体制模式和综合型投资体制模式等。

为了使投资管理活动能够高效有序地进行，任何性质和层次的投资管理活动都应该明确其基本的管理要素，包括投资管理的主体、目标、对象、方法与手段。从社会的宏观角度看，最主要的是管理主体和目标。从具体的投资活动或投资主体角度看，其投资管理的任务就是在一个正确目标的指导下，对投资的转化过程进行科学高效的计划、组织、领导、控制和协调工作。

一个国家社会经济生活的正常运行，必须建立有序的组织系统。通常此系统包括宏观、中观和微观三个层次，其中宏观是指全国范围的国民经济总体，中观是指某一地区或局部领域，微观是指具体的活动或主体。不同的层次区分，不仅是社会经济活动有效组织管理的需要，也可以作为科学研究或观察分析问题的不同角度或层面。因此，投资管理虽然可以分为宏观投资管理、中观投资管理和微观投资管理，但是投资不能划分为宏观投资、中观投资和微观投资。前者意味着如何从不同的层面对投资活动进行计划、组织、领导、控制和协调，这是客观存在的；后者意味着投资活动可以在不同的层面上实施，即可以在宏观层面上进行投资、在中观层面上进行投资和在微观层面上进行投资，这在事实上是不可能的。实际上，任何性质的投资，其具体实施都只能是微观的，但其管理可以来自不同的层面。投资管理的三个不同层面是投资管理活动的三个既相互依存又相互制约的组成部分，正确处理三者之间的关系，对于提高投资效益，促进社会经济持续、快速、健康地发展有重要意义。宏观、中观、微观三个层次的利益，从根本上讲是一致的，但是不同的层次又有自己的特定利益。无视这种利益，就会影响各个层次的积极性，从而影响社会经济的发展。宏观、中观和微观管理活动，既有一般性的方面和规律，又有各自不同的任务、内容和特点。

1.2.2 我国建设工程项目投资管理的发展及现状

1. 我国建设工程项目投资管理发展阶段

我国的工程项目投资管理工作在不同的历史时期具有不同的发展特点和工作重点，但发展趋势是明确的，即随着经济总体水平和科学技术发展水平的提高，工程项目投资管理工作也在吸收各国先进经验和方法、技术的同时实现了快速发展。大体来讲，我国工程项目投资管理经历了以下几个发展阶段：

（1）20世纪80年代以前的工程项目投资管理（技术经济分析阶段）　当时在计划经济体制下，工程项目投资由国家计划确定，管理工作只是停留在技术经济分析阶段，即不重视前期的投资分析决策的准备工作，重点在后期的施工建设，这造成工程项目建设目的比较盲目，许多工程项目不是因为缺乏条件而不能投产，就是投产之后没有市场和销路，投资预期收益无法实现。

（2）20世纪80年代的工程项目投资管理（可行性研究阶段）　随着改革开放的进行，我国开始重视工程项目投资的前期决策准备工作。在借鉴外国先进经验的基础上，我国开始在工程项目投资管理中逐步开展可行性研究，主要是对投资项目的市场需求、外部条件、原材料供应和技术水平、经济效益等方面做出具体的调查和分析，这对减少前一阶段工程项目投资管理工作中的盲目性起到了很大的作用，提高了投资的经济效益。但在国家财政拨款及计划经济的前提下，未建立工程项目投资的风险和责任机制，并且对中后期的项目监督和评价工作也没有规范和重视，因此项目的实施效果达不到预期的状态。

（3）20世纪90年代以后的工程项目投资管理（项目管理周期阶段）　这一阶段我国工程项目管理水平有了新的提高，形成了具有中国特色的完整、周密、科学的工程项目投资管理体系，项目投资管理工作贯穿于项目决策、实施、总结评价的全过程。这种管理体系有效地保证了工程项目投资按评估的目标进行，预期经济效益也能较好地实现。

2. 我国建设工程项目投资管理的现状及存在的问题

目前我国在各种项目上的投资以万亿元计，几乎涵盖了国民经济的各个领域，从项目建设的数量、投资的额度、资金的来源等得到了充分体现。虽然我国在优化工程项目投资管理上取得了一定的成绩，但目前管理中存在一定的问题，这不仅影响了工程项目投资决策，也损害了工程项目经济效益的实现及工程项目在国民经济中的作用。现阶段工程项目投资管理中存在的问题主要包括：前期工作投资管理准备质量较差，工程项目可行性研究中存在数据量少、证据匮乏、分析方法简单等问题；工程项目投资管理实施不规范，存在配套资金不落实、项目建设进度缓慢等问题；竣工验收及总结评价过程中出现工作不及时、相关文件不规范、固定资产移交滞后等情况。

造成以上问题的原因除不完善的投资管理机制外，更为重要的原因是投资主体的短期化倾向所导致的对自身生存发展环境变化缺乏认识、融资渠道单一、投资风险约束机制缺位等问题。

所以，应该通过采取有效措施，从投资项目管理的各个活动阶段入手对现存问题加以解决，如加强对项目前期准备工作的评估、严格遵守工程项目投资管理的各项规章制度、加大项目实施的监督检查力度等。同时，要建立统一协调的工作机制，处理好政府和社会投资主体在对工程项目投资进行管理的过程中各自承担角色的关系。

1.2.3 建设工程项目投资管理的主要内容

1. 工程项目投资管理的含义和阶段划分

（1）工程项目投资管理的含义　工程项目投资管理所涉及的投资对象主要是为投资主体建设项目形成固定资产和流动资产的投资，因此，工程项目投资管理是以固定资产投资管理为核心来进行的。固定资产投资的完整过程是：以价值形式垫付资金，通过工程项目的建设投产以后所生产产品的销售，使垫付的资金收回并获得增值。由此可以看出工程项目投资管理的重要性。对大中型工程项目投资管理，因其涉及宏观经济政策、产业政策、地区布局，对实现现代化、调整国民经济的产业和地区结构，起着更加重要的作用。

如果从主体角度划分，工程项目投资管理可以分为工程项目宏观管理和项目微观管理。本书主要以投资的具体工程项目为对象，即从项目微观管理的角度对项目投资管理进行介绍。从微观上讲，工程项目投资管理就是对工程项目在投资方面开展的所有工作，即从投资资金角度，在项目立项、可行性研究、评价、决策、设计、设备购置、施工、验收、资金回收等一系列阶段围绕资金所进行规划、协调、监督、控制和总结评价的活动，以达到保证工程项目投资质量、提高建设速度和投资效益的目的。

从具体的实施层面，工程项目投资管理的含义主要包括两方面：一是指针对工程项目进行的投资规划、组织和监督工作；二是指确定和建立执行上述任务（即投资项目计划、组织和监督）的单位。

（2）工程项目投资管理的阶段

1）投资前期准备阶段。此阶段的管理主要是对工程项目建设的必要性和可行性进行分析论证，并最终做出决策。从微观管理角度，此阶段要对某个具体的拟建项目进行投资分析和决策，包括以下主要内容：①以项目建议书等方式提出工程项目投资的建议，必要性、可行性的客观依据，以及实施方案、投资估算、建设进度及经济效益等相关的研究分析；②工程项目规划，主要是指具体拟定项目的投资建设方案，包括市场调查、原材料供应、技术设备及资金筹措等具体的规划方案；③工程项目评价，即根据项目的不同特点，对项目的经济及社会效益等做出评价和选择。

开展上述工程项目投资管理的工作，目的是根据这些研究分析，对工程项目在经济、技术等方面进行比较全面的总结，以对项目投资的选定提供建设性意见。

2）投资实施阶段。此阶段是工程项目投资管理的主要阶段，对工程项目投资预期收益的实现起到决定性的作用,主要包括以下内容:①项目勘察设计的投资管理,主要是选好进行勘察设计的单位,对勘察设计的质量、标准等指标进行严格的监督和审查,以保证项目实施目标的顺利实现;②项目实施的投资管理,主要是选好承担项目实施的单位,对项目实施的进度、预算及质量等进行监督和检查;③项目合同的投资管理,主要是在项目建设过程中,建设单位要与各有关单位签订各类建设、贷款、供货、承包等合同,这些合同是工程项目投资管理的法律凭据。

3)工程项目建成投产后的投资管理。此阶段主要是指在投资项目建成投产并运营一段时间后,再对项目的立项决策、设计实施、生产运营等进行的系统评价,主要内容包括:立项决策评价、设计施工评价、生产运营评价和建设效益评价。管理工作的主要目的是肯定成绩、总结经验、研究问题、提出建议、改进操作,以提高工程项目投资的决策水平和经济效益。

2. 工程投资项目管理的内容体系

工程项目投资管理是投资主体为了实现其特定的利益目标,利用各种有效的手段,对项目投资活动进行计划、组织、领导、控制、协调的行为过程。因此,对工程项目投资管理可以从不同角度进行分析研究,相应地形成了不同的内容体系。

1)从主体和范围的角度分析,工程项目投资管理分为宏观管理和微观管理。

工程项目投资宏观管理是指以政府(中央政府和地方政府)为主体,对一定范围内全部或部分项目投资活动进行的管理。这种管理是从整个国民经济和地区经济发展的要求出发,以某一类或某一地区的项目投资为对象,对项目投资的投资规模、投资结构和投资方向等进行控制和管理,以实现提高国家或地区整体综合效益的目标。工程项目投资宏观管理是行政、法律、经济手段并存,主要包括:项目投资相关产业法规政策的制定;相关的财、税、金融政策法规的制定;资源要素市场的调控;项目投资程序及规范的制定与实施;项目投资过程的监督、检查等。

工程项目投资微观管理是指项目投资业主或其他参与主体为了各自的利益,以各种微观的经济机制和项目管理技术等为手段,对具体的工程项目投资的决策和实施全过程进行计划、组织、指挥、协调、控制及总结评价的活动。投资项目的参与主体主要包括:业主、项目的发起人、投资人和风险责任人;投资项目任务的承接主体;投资项目要素供应主体。相应地,工程项目投资微观管理又可分为:①业主投资管理,指业主或其代理人对项目投资全过程进行的管理,不仅要对投资项目的最终效益负责,而且还要对项目投资全过程中的所有工作进行有效的控制。②承包商的投资管理,指投资项目任务的承包人(承接人)对项目投资的管理,但承包商只是对其所承担的任务(通常也构成一个项目)的实施效果负责。③其他主体的投资管理,如银行作为贷款人对项目投资的管理,主要是为了资金的效益和安全而进行的控制管理活动。

2)从管理职能角度分析,工程项目投资管理包括项目投资计划、领导、组织、控制、协调。

3)按投资活动的过程分析,工程项目投资管理包括决策、规划设计、实施和投资终结管理。

4)按照投资投入资源要素分析,工程项目投资管理包括资金财务管理、人力资源管理、材料设备管理、技术管理、信息管理等。

5) 按照投资目标和约束分析，工程项目投资管理包括进度管理、成本管理、质量管理。

1.3 建设工程项目投资与项目全寿命费用的关系

工程项目投资与工程项目的全寿命费用是两个完全不同的概念。工程项目投资是指工程所有相关活动中所发生的全部费用之和；而全寿命费用是指工程项目一生所消耗的总费用，包括工程建设、运营和报废等各阶段的全部费用，即全寿命费用包括工程项目投资、工程交付使用后的经常性开支费用（含经营费用、日常维护修理费用、使用期内大修理和局部更新费用等）以及该工程使用期满后的报废拆除费用等。

工程项目全寿命费用曲线如图 1-2 所示。项目的规划→设计→制造过程所花费用是递增的，直到安装过程开始时才表现出下降趋势，其后的运营阶段基本保持一定的费用水平，而此阶段的持续时间比设计、制造阶段长，最后当费用再度上升时就是需要更新的时期。

工程项目投资分析应以全寿命费用为基础，而不能单纯地以投资额为基础。特别是对于使用过程中经常性开支较大的工程，更应重视全寿命费用的分析，从投资决策（规划）阶段和设计

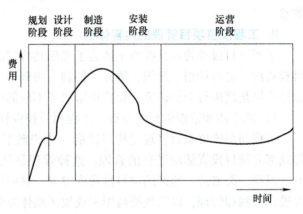

图 1-2 工程项目全寿命费用曲线

阶段开始就应考虑全寿命费用（特别是使用维护费用）的最优化。必要时，应重新审查原始设计和其他与全寿命费用有关的参数，通过对这些参数的比较选择来降低总费用。

思考题

1. 什么是投资项目？从投资角度看，建设工程投资项目有哪些特征？
2. 简述投资项目按不同管理要求的分类。
3. 简述市场经济条件下投资项目的分类。
4. 工程项目投资管理分为哪几个阶段？
5. 简述建设工程项目投资与项目全寿命费用的关系。

第 2 章
建设工程项目投资结构

本章主要内容：工程项目投资结构的含义和经济实体类型，包括工程项目中的特殊目的载体、经济实体类型、经济实体的特点比较；建设工程项目投资结构设计，包括投资结构的构成、单实体投资结构、双实体投资结构、多实体投资结构、投资结构设计的主要考虑事项。

本章重难点：投资结构的构成、单实体投资结构、双实体投资结构、多实体投资结构、投资结构设计的主要考虑事项。

2.1 建设工程项目投资结构的含义和经济实体类型

投资对象、融资对象和管理对象均指向了工程项目，进而形成与之对应的主体有工程项目投资主体、融资主体和管理主体。工程项目投资主体是指从事工程项目投资活动，拥有投资决策权，承担项目风险，享有项目收益的权、责、利三权统一体。工程项目融资主体是指进行融资活动，承担融资责任和风险的经济实体组织。工程项目管理主体是指掌握管理权力，承担管理责任，进行项目决策的组织。工程项目投资结构（或称工程项目组织结构）是指进行项目投资、融资和管理所涉及的主体之间在管理工作中进行分工协作，在职责权利方面所形成的结构体系。

2.1.1 工程项目中的特殊目的载体

工程项目特殊目的载体或特定目的载体（Special Purpose Vehicle, SPV），又称特殊目的实体或特定目的实体（Special Purpose Entity, SPE），是为了达到特殊目的而建立的法律实体。

特殊目的载体成立后，一般为一个完全独立的实体进行运作：设立自己的治理架构体系，支付自己运营产生的所有费用，不与其他实体的资产相混合（包括资产的卖方），从而实现以下功能：①风险隔离，可以利用特殊目的载体将项目与项目主办人合法分离，并允许其他投资者分摊风险，实现双向风险隔离；②会计处理，主要目的是避税或处理财务报告，实现资产负债表表外融资（简称表外融资）；③部分规则的合理规避，有些情况下建立特殊目的载体可以规避规则限制，如与资产所有权的国别有关的规则限制。应当注意的是特殊目的载体发挥上述功能的前提是其不被纳入项目主办人的合并报表的范围；否则，与特殊目的载体的交易将因合并而丧失了资产负债表表外融资、风险隔离等功能。

2.1.2 经济实体类型

要设计合理的项目投资结构，首先就需要了解特殊目的载体的经济实体类型。在经济发展过程中产生了许多形式的经济实体，常见的形式包括有限责任公司、股份有限公司、合伙制实体（包括普通合伙制和有限合伙制）、信托机构和契约型组织。不同类型的经济实体具有不同的法律地位、不同的责任义务、不同的风险承担。

1. 有限责任公司

有限责任公司是指由 50 个以下股东共同出资，股东以其所认缴的出资额对公司行为承担有限责任，公司以其全部资产对其债务承担责任的企业法人。有限责任公司的特点使其能够分别承担或同时承担项目管理、吸纳投资、发行债券、向银行和金融机构借贷等方面的工作，因而在项目融资中得到广泛的应用。

2. 股份有限公司

股份有限公司是指全部资本由等额股份构成，并通过发行股票筹集资本，股东以其所认购股份对公司承担责任，公司以其全部资产对其债务承担责任的企业法人。股份有限公司的特点使其能够分别承担或同时承担项目管理、吸纳投资、发行债券和股票、向银行和金融机构借贷等方面的工作；但是，设立股份有限公司的要求比设立有限责任公司的要求严格，如设立股份有限公司的发起人为 2~200 人，其中须有半数以上的发起人在中国境内有住所，并要遵守公众公司信息披露的要求，设立手续烦琐，审批程序复杂。

3. 合伙制实体

合伙制实体（简称合伙制）是两个或两个以上合伙人之间以获利为目的共同从事某项投资活动而建立起来的一种法律关系。合伙制不具有独立的法人资格，但是可以以合伙制的名义实施项目、拥有财产、安排融资或者投资。合伙制包括普通合伙制（或称一般合伙制）和有限合伙制两种。合伙制中的普通合伙人要承担共同和连带的无限责任，而工程项目融资的理念是有限追索权或无追索权融资，二者理念不一致。因此，通常用有限合伙制中有限合伙人的有限责任来吸纳社会投资人的资金，从而实现无追索权融资。此外，如果为了利用建设期的亏损冲抵项目主办人的所得税，则可考虑采用合伙制。

可以直接用合伙公司进行项目融资，部分项目主办人也可能采用合伙公司参与项目。

【案例 2-1】 印度尼西亚的 Batu Hijau 金铜矿项目，其设计产量为年产铜 24.5 万吨、黄金 16 吨，矿石储量超过 10 亿吨。Sumitomo 公司和 Newmont 公司各自设立了一个特定目的公司（SPV），再由两个特定目的公司（SPV）联合成立了一个合伙公司，适用于荷兰法律；该合伙公司与 PT Pukuafu Indah 公司合资成立了 PT Newmont Nusa 公司（项目公司）。印度尼西亚政府地矿能源部与项目公司签订项目合同（特许权协议），建设期 3 年，运营期 30 年（达到 70% 运营能力起算）。该项目聘请 Pincock Allen& Holt 公司进行审计，独立采矿咨询公司进行储量审计，Fluor Daniel 公司负责工程总承包。形成的合同结构如图 2-1 所示。

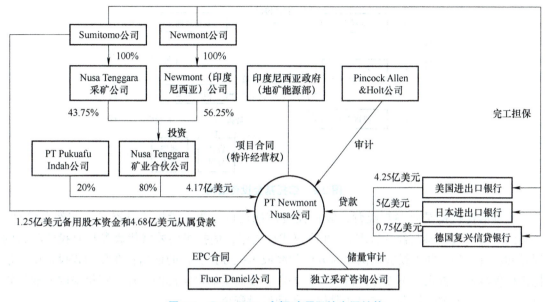

图 2-1　Batu Hijau 金铜矿项目的合同结构

4．信托机构

信托机构是指接受委托人的委托，按委托人的意愿以自己的名义，为受益人的利益或者特定目的履行所委托责任的受托人。受托人可以是有限责任公司或金融机构。《中华人民共和国信托法》把信托定义为："委托人基于对受托人的信任，将其财产权委托给受托人，由受托人按委托人的意愿以自己的名义，为受益人的利益或者特定目的，进行管理或者处分的行为。"信托具有的特点，特别是"权利主体与利益主体相分离"的特点，使信托机构的工作主要集中在资金筹集、资金投资、资产管理等方面，因此信托机构常常与其他形式的实体组织配合使用。例如，为了保障项目的债权人利益，信托机构广泛用于资金的投资和管理，项目主办人和项目公司都不控制项目资金（特别是项目收入），所有的项目资金均交给信托机构（被称为契约受托人）管理，信托机构按照事先规定的分配顺序进行投资收益的分配。

利用信托机构进行融资的方式之一是建立信托基金。信托基金是一种"利益共享、风险共担"的集合投资方式，是通过契约或公司的形式，借助发行基金券（如收益凭证、基金份额和基金股份等）的方式，将社会上不确定数目的投资者的不等额的资金集中起来，形成一定规模的信托资产，交由专门的投资机构（基金管理人）按资产组合原理进行分散投资，获得的收益由投资者按出资比例分享，并承担相应的风险。所建立的信托基金可以采用股权投资的方式直接投资项目，也可以采用贷款的方式投资项目。前者称股权投资信托，受托人以信托资金等投资公司股权，其所有权自然地登记在受托人的名下，信托财产则由初始的资金形态（逐渐）转换成了股权形态；后者称贷款信托，以贷款方式运用信托资金，信托基金的收益来自贷款利息收入。信托基金投资结构如图 2-2 所示。

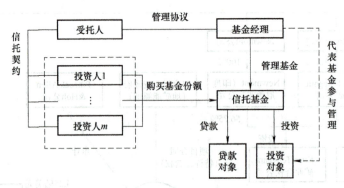

图2-2 信托基金投资结构

根据信托机构是否参与经营，股权投资信托还可分为：股权式投资（参与经营管理）和契约式投资（不参与经营管理）。在股权式投资中，信托机构委派代表参与对投资项目的领导和经营管理，并以投资比例作为分取利润或承担亏损责任的依据；在契约式投资中，信托机构仅做资金投入，不参与经营管理，投资后按商定的固定比例，在一定年限内分取投资收益，到期后或继续投资，或出让股权并收回所投资金。

信托基金投资具有下列特点：①集合投资；②专家管理，专家操作；③组合投资，分散风险；④资产经营与资产保管相分离；⑤利益共享，风险共担；⑥以纯粹的投资为目的；⑦流动性强。

5．契约型组织

契约型组织是参与人（如项目主办人）之间为完成某项任务（如项目）通过契约而建立的一种合作关系（不成立公司），用合同来约定各方的权利和责任义务，它不是一个独立的法律实体，因此一般不作为特殊目的载体。

【案例2-2】 Murrin Murrin 镍钴矿项目

Murrin Murrin 镍钴矿项目位于澳大利亚西部，由 Murrin Murrin 镍控股私人有限公司与 Glenmurrin 私人有限公司共同投资，采用非公司型合伙契约方式开发。Murrin Murrin 镍控股私人有限公司提供8000万美元的股本资金，发行144A证券筹集5.2亿美元的债务资金，共计投资6亿美元；Glenmurrin 私人有限公司提供1.6亿美元的股本资金，发行144A证券筹集2.4亿美元的债务资金，共计投资4亿美元。由于是非公司型投资结构，为便于管理组成了一个管理委员会；Murrin Murrin 镍控股私人有限公司的子公司 Murrin Murrin 运营私人有限公司在管理委员会的框架下负责项目的建设和运营管理；Glencore 国际公司被指定为独家代理，负责产品销售，期限为15年，佣金为2.5%；Fluor Daniel 私人有限公司（澳大利亚）获得了项目的 EPC① 合同，负责项目设计施工；Fluor Daniel 有限公司为 EPC 合同提供担保，并为投产使用前的运行提供技术服务；加拿大 Sherritt Gordon 公司为项目运行和人员培训提供技术服务，采取利润提成方式，但每年不超过200万美元。Murrin Murrin 镍钴矿项目的合同结构如图2-3所示。

---

① EPC 为 Engineering-Procurement-Construction 的简写，指设计—采购—施工为一体的工程总承包模式。

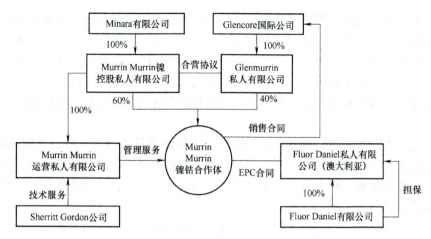

图 2-3 Murrin Murrin 镍钴矿项目的合同结构

在工程项目融资中契约型组织可用于项目管理和投资，但是不能用于向银行和金融机构借贷。采用契约型投资结构时，通常是由根据联合经营协议（Joint Operating Agreements）成立的项目管理委员会（Operating Committee，简称管理委员会或委员会）进行项目管理。该委员会按项目主办人的投资比例派代表组成，重大决策由项目管理委员会做决定；日常管理则由项目管理委员会指定的项目经理负责（项目经理可以由其中一个投资者担任，也可以由一个合资的项目管理公司担任，还可以由一个独立的项目管理公司担任）。项目所需要的资金通过建立"资金支付系统"进行管理，由各个项目主办人分别出资开立一个共同的账户（信托账户），根据预算，按项目主办人的出资比例为下一期的费用注入相应的资金。资金来源取决于项目主办人的融资安排，可以是自有资金或者贷款，通常是二者的组合，其中贷款由项目主办人自行安排。有关项目管理委员会的组成、决策方式与程序，以及项目经理的任命、责任、权利和义务等，在合资协议或者单独的管理协议中做出明确规定。其投资结构如图 2-4 所示。

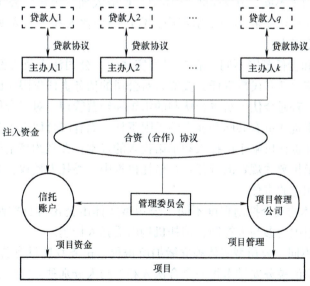

图 2-4 基本的契约型投资结构

对于项目主办人而言，契约型组织投资结构没有隔离项目风险。为了避免项目主办人承担过多的项目风险，解决的办法之一是成立单一目的子公司（简称子公司），通过子公司参与合作，项目风险到子公司为止，从而实现了"风险隔离"。此外，部分项目主办人还可能合资成立单一目的有限责任公司，通过该公司参与合作。与合伙制不同，参与人之间是合作关系，任何参与人都不能代表其他参与人，对其他参与人的债务或民事责任也不负共同责任和连带责任。

由此可见，契约型投资结构具有下列优点：①投资者只承担与其投资比例相应的责任，不承担连带责任和共同责任；②可利用项目税务亏损的好处；③融资安排灵活，各投资者可以按照自身的发展战略和财务状况来安排项目融资；④可在法律法规的规定下，按照投资者的目标通过合资协议安排投资结构。

但契约型投资结构也存在以下缺点：①投资结构设计存在一定的不确定性因素，契约型投资结构在有些方面的特点与合伙制结构类似，因而在结构设计上要注意防止其被认为是合伙制结构而不是契约型投资结构。②投资转让程序比较复杂，交易成本较高。与股份转让或其他资产形式转让（如信托基金中的信托单位）相比，程序比较复杂，与此相关联的费用也比较高。③缺乏现成的法律规范来管理投资行为，投资者权益需要依赖合资协议来保护，因而必须在合资协议中对所有的决策和管理程序按照问题的重要性清楚地加以规定。对于投资比例较小的投资者，特别要注意保护其在契约型投资结构中的利益和权利，要保证这些投资者在重大问题上的发言权和决策权。

2.1.3 经济实体的特点比较

对于项目主办人而言，不同的经济实体（或称实体组织，简称实体）具有不同的特征。

(1) 法律地位不同　无论是有限责任公司还是股份有限公司（以下统称公司型实体）都具有独立法人资格，而合伙制和契约型组织不具有法人资格，信托机构的法律地位取决于受托人本身的法律地位。

(2) 资产拥有形式不同　在公司型实体中，投资人拥有公司，公司拥有资产，投资人不直接拥有资产；在合伙制和契约型组织中，资产归合伙人和参与人所有；在信托的情况下，财产权转移给受托人。

(3) 责任主体和责任范围不同　在公司型实体中，公司法人负责经营管理，并承担经营、债务及其他经济责任和民事责任，投资人对公司的债务责任仅限于已投入和承诺投入的资本；在合伙制中，普通合伙人负责合伙制的组织和经营管理，对于合伙制的经营、债务及其他经济责任和民事责任负有共同和连带的无限责任，而有限合伙人不参与合伙制的日常管理，对合伙制的债务责任仅限于已投入和承诺投入的资本；在契约型组织中，投资人行使契约规定的权力，并承担契约规定的责任；在信托机构中，委托人授权，受托人行使授权范围内的权力，并承担相应的责任。

(4) 对经济实体的资金控制程度不同　公司型实体由公司自身控制，合伙制由合伙人共同控制，契约型组织由参与人控制，信托机构由受托人控制。

(5) 税务安排不同　公司型实体独立缴纳所得税，税务亏损只有公司本身才可以利用；合伙制和契约型组织的税务安排由每一个合伙人和参与人分别独立完成，因而可以利用税务亏损；采用信托形式时，税务安排限定在信托机构内部。

(6) 对投资转让的限制不同　在有限责任公司中，股权证书不能自由流通，必须在其他股东同意的条件下才能转让，且要优先转让给有限责任公司原有股东；在股份有限公司中，股票自由流通，转让非常容易；在合伙制和契约型组织中，是加入或退出的问题，而不是投资转让。不同经济实体的特点比较见表2-1。

表2-1　不同经济实体的特点比较

特点	有限责任公司/股份有限公司	普通/有限合伙制	信托机构	契约型组织
法律地位	独立法人	不具有法人资格	与受托人法律地位相同	不具有法人资格
资产拥有	投资人间接拥有	合伙人直接拥有	转移给受托人	参与人直接拥有
责任主体	公司法人	合伙人	委托人和受托人	参与人
责任范围	有限	无限（有限）①	委托范围内	有限
资金控制	由公司控制	由合伙人共同控制	由受托人控制	由参与人控制
税务安排	限制在公司内部	与合伙人的收入合并	限制在信托机构内部	与参与人的收入合并
投资转让	可以转让	加入或退出	不存在转让	加入或退出

① 普通合伙人责任无限，有限合伙人责任有限。

对工程项目主办人而言，不同类型的经济实体具有不同的风险承担。在实践中，许多工程项目主办人为了减少在项目中的风险，不管采用何种经济实体，都不直接参与项目投资开发，而是采用多层级结构，即先设立一个单一目的全资子公司，然后通过该子公司与其他项目主办人一起参与项目开发。有时设立一系列的子公司（由子公司再设立子公司），由最低一级子公司参与项目开发。有时部分工程项目主办人先合资成立公司，由该公司或该公司的子公司参与工程项目开发。采用单一项目子公司形式参与项目，能为项目主办人提供下列好处：首先是容易划清项目的债务责任，其次是该项目融资也有可能被安排成为资产负债表表外融资。但是，由于各国税法对公司之间税务合并有严格的规定，有可能使税务结构安排上的灵活性相对较差，并有可能影响公司经营成本的合理控制。

2.2　建设工程项目投资结构设计

项目投资结构（以下简称投资结构）设计是指在项目所在国的法律、法规、会计制度、税务制度等外在客观因素的制约条件下，寻求一种能够最大限度实现各种投资者投资目标的项目资产所有权结构。

2.2.1　投资结构的构成

项目主办人常常超过两人，即使项目主办人只有一人，如果项目主办人不能或不愿意自己管理项目，则项目还需要一个组织机构（被称为管理主体）来进行项目的计划、组织、实施和控制。为了分担风险，一般还要求项目主办人投入一定比例的股本资金，从而也担当投资人的角色。作为投资人，其股本资金可以直接投入项目，但通常是通过某种形式的实体组织（被称为投资主体或投资载体）向项目投资，而项目主办人之外的投资人只能通过投资主体向项目投资；债权人把贷款（债务资金）借给借款人（被称为融资主体），由融资主体向项目投入资金。由此可见，投资结构包括三个主体：管理主体代替项目主办人进行项目执行和控制；投资主体接受投资人的投资，是投资人与项目（收益和风险）之间的纽带；融资主体向债权人借款并负责偿还贷款，是债权人与项目（收益和风险）之间的纽带。

三个主体有机结合起来形成一个整体为项目服务，如图2-5所示。

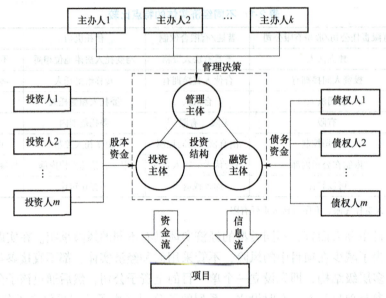

图2-5 项目投资结构的构成

由于不同的实体组织有不同的性质，因此它们在投资结构中所能承担的角色有所不同。公司型实体可同时或分别承担管理主体、投资主体和融资主体三种角色，但并不是每种类型的经济实体都能承担这三种角色。例如，在合伙制中，普通合伙人的财产与合伙制经济实体的财产没有分离，财产界限不清，在进行债务追索时，项目主办人的资产将受到影响。

一个实体组织可以同时承担多重角色，一个角色也可以由多个实体组织共同承担，因此投资结构设计就是确定承担投资主体、融资主体和管理主体的实体组织的个数及其类型，即投资结构设计涉及两个关键问题：一是确定投资结构中实体组织的个数，二是选择实体组织的类型。其中，投资结构中实体组织的个数是关键。根据具体的项目情况和实体组织的个数，投资结构可分为单实体投资结构、双实体投资结构和多实体投资结构。

2.2.2 单实体投资结构

在单实体投资结构中，一个经济实体同时负责工程项目管理、资金贷款和吸纳股本资金的工作，即管理主体、投资主体和融资主体三者合一由同一个经济实体来承担，如图2-6所示。

在此投资结构中，由于单一的经济实体负责包括管理、投资和融资在内的所有开发工作，因而对该经济实体的类型要求比较高。在常见的经济实体类型中，公司型经济实体（如有限责任公司和股份有限公司）能够同时担当管理主体、投资主体和融资主体三重角色，其他类型的经济实体，或因为难以实现有限追索权或无追索权贷款，或因为不能承担融资主体的角色，而难以胜任。信托机构理论上可以承担管理角色，如委托专业项目管理公司进行项目管理，但实践中，一方面项目主办人通常是项目设计施工和运行方面技术力量雄厚、经验丰富的公司，想自己承担项目的设计、施工和运行工作，另一方面，虽然项目融资是以项目资产和预期收益为基础的，但是债权人还是希望项目主办人是技术力量雄厚、经验丰富的公司。因此，项目主办人都不是单纯的投资人，也没有把项目管理工作委托给信托机构的必要。

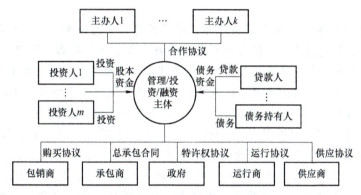

图 2-6 单实体投资结构的组织模式

采用公司型单实体投资结构使项目主办人获得下列优点：

1) 项目主办人承担有限责任，可实现有限追索权或无追索权融资。由于项目公司是独立于投资者的法律实体，项目主办人的责任仅限于其对项目公司投入的股本资金，这就是所谓的"风险隔离"。项目公司承担融资风险和经营风险。此外，股东之间不存在任何的信托、担保或连带责任，这使得项目主办人的风险大大降低。这是公司型单实体投资结构被广泛使用的主要原因之一。

2) 可以安排资产负债表表外的融资结构。根据部分国家的会计制度，成立项目公司进行融资可以避免将有限追索权融资安排作为债务列入项目主办人自身的资产负债表中，实现非公司负债型融资安排，从而降低项目主办人的债务比率。

但公司型单实体投资结构也存在缺点：

1) 投资者对项目的现金流量缺乏直接的控制。

2) 财务会计处理独立，项目开发前期的税务亏损或优惠只能保留在公司中，投资者不能利用项目公司的税务亏损去冲抵项目主办人母公司的利润。由于法律上规定税务亏损或优惠只能保留在公司中，并在规定年限内使用，因而如果项目公司在几年内不盈利，税务亏损的好处就会完全损失掉，从而降低了项目的综合投资效益。尽管存在上述缺点，但由于优点突出，有限责任公司和股份有限公司广泛用于工程项目融资，是简单有效的投资结构。

对比有限责任公司和股份有限公司的特征可以看出，有限责任公司比股份有限公司在项目融资中的应用更为广泛，主要原因在于：①除了少数特大型项目外，大多数项目的项目主办人一般不到 5 人，而股份有限公司的项目主办人必须 5 人以上；②虽然项目融资不依赖项目主办人的信用，但是相对稳定的股东对债权人有利，有限责任公司中股份的转让比股份有限公司要困难得多，这有利于股东相对稳定。因此，有限责任公司型单实体投资结构应用最为广泛，如新加坡的 Tuas 海水淡化厂、印度尼西亚的 Paiton 电厂、巴基斯坦的 Hub River 电厂等。

工程项目在开发的早期，设立的项目公司常常处于亏损状态，为了利用项目的税务亏损（以亏损减抵收益后纳税）或优惠来提高项目主办人的综合经济效益，可通过改变投资结构设计，使税务亏损的好处能够被充分利用。比如在项目公司中做出安排，使得其中一个或几个项目主办人可以充分利用项目投资前期的税务亏损或优惠，同时又将其所取得的部分收益以某种形式与其他项目主办人分享。

【案例2-3】项目主办人A需要某产品，但是没有相关的技术和运行经验；项目主办人B具有相关的技术和运行经验。在A的资产负债表中负债比例较高，没有太多的利润盈余；B有大量的利润盈余，所得税缴纳较多。如果利用项目的税务亏损来冲抵B的利润盈余，就可以减少上缴的所得税，为此项目主办人A和B协商后做出如下安排：由项目主办人B出资成立项目公司（100%控股），项目主办人A向项目公司提供贷款或购买项目公司的债券（可转换债券），为项目公司提供大部分资金。项目公司与项目主办人B签订运行维护合同，与项目主办人A签订购买协议。因为项目早期处于亏损状态，项目主办人B通过合并项目公司的资产负债表与自己的资产负债表，冲抵了部分利润盈余，从而减少了上缴的所得税；项目主办人A可以在购买协议中要求某些优惠，分享项目主办人B所获得的税务亏损的好处。项目主办人获取税务益处的合资结构如图2-7所示。在这种安排中，项目主办人A具有主办人和债权人的双重角色，而项目主办人B具有主办人和投资人的双重角色。虽然这种安排提高了项目主办人的综合经济效益，但是对于项目主办人B来说，这种安排无法实现资产负债表外融资。此外，这种安排有其局限性，因为它要求项目主办人B具有大量的利润盈余。

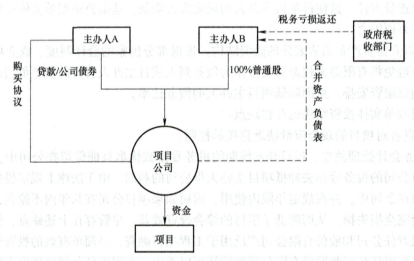

图2-7 项目主办人获取税务益处的合资结构

2.2.3 双实体投资结构

在双实体投资结构中，管理主体、投资主体和融资主体的角色由两个经济实体来承担，具体的投资结构取决于两个经济实体的角色分工。理论上三个角色由两个经济实体承担可产生多种组合；如果一个经济实体同时承担两个角色，另一个经济实体承担剩下的一个角色，则产生三种组合；如果一个经济实体同时承担三个角色，另一个经济实体分担其中的一个角色（在单实体投资结构的基础上增加一个经济实体分担三个角色中的某一角色的工作），则也产生三种组合；如果每个经济实体各承担一个角色，剩下的一个角色由两个经济实体共同承担，则也产生三种组合。上述组合构成潜在的投资结构模式，但是在实践中并不是每种模式都具有相同的应用价值。

模式一：在双实体投资结构中，两个经济实体的形式取决于项目的特征和设立双实体的目的。通常是有限责任公司的形式用于项目管理和投资，再设立一个特殊目的载体负责筹集资金，从而实现风险隔离。该特殊目的载体可以是信托基金的形式，也可以是有限责任公司、合伙制或其他形式的经济实体。例如为了把融资工作与项目的其他工作分离，在投资结构中，一个经济实体用于接收项目主办人的投资和负责项目管理（承担投资主体和管理主体的角色），另一个用于筹集项目资金（承担融资主体的角色），筹集资金的经济实体把筹集的资金转贷给负责项目管理的经济实体，从而形成一个双实体投资结构，如图2-8所示。

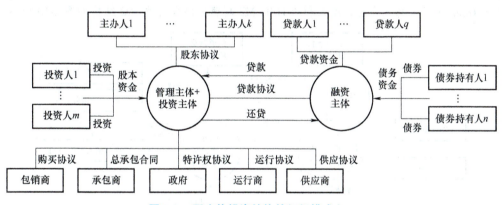

图2-8 双实体投资结构的组织模式之一

模式二：为了吸纳社会大众投资，在单一经济实体的基础上，增加信托基金，由信托基金发行基金份额筹集部分项目所需资金，从而形成双实体投资结构，如图2-9所示。

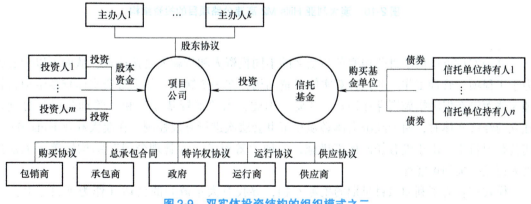

图2-9 双实体投资结构的组织模式之二

"项目公司+信托基金"的双实体投资结构已经得到了应用。

【案例2-4】澳大利亚Hills M2高速公路的双实体投资结构

澳大利亚Hills M2高速公路设计为4车道，长21 km，连接悉尼的西北地区和北部海滨，总造价为6.44亿澳元，已于1997年5月开通，现已成为悉尼公路网络的关键部分，特许期到2042年结束。

在澳大利亚Hills M2高速公路开发过程中，作为最主要的项目主办人，Abigroup有限公司设立Hills高速公路有限公司，由该公司负责整个项目的管理工作。为了扩大资金来源，吸收基金和发行债券，专门成立Hills高速公路信托基金进行筹资。此外，Abigroup有限公司与Transroute国际公司合资成立Tollaust私人有限公司，负责项目的运营维护。通过Hills高速公路信托基金发行两期与物价指数挂钩的债券：第一期1亿澳元于1994年12月发行，期限为27年；第二期1亿澳元于1996年6月发行，期限为25.5年，此外，银行贷款1.2亿澳元。总共3.2亿澳元都贷给Hills高速公路有限公司用于公路建设，在项目完工时，项目主办人提供3000万澳元的股本资金。Hills高速公路有限公司通过EPC合同，把公路设计施工包给Abigroup有限公司与Obayashi公司组成的设计施工联合体，通过运营维护合同把公路的运营维护包给Tollaust私人有限公司。澳大利亚Hills M2高速公路项目的投资结构如图2-10所示。

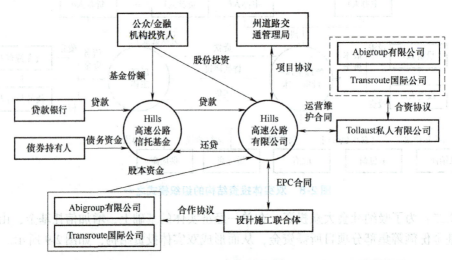

图2-10 澳大利亚Hills M2高速公路项目的投资结构

这种安排可以使项目公司避免与众多的不同投资人和贷款人直接往来，从而可以专心致力于工程项目管理工作。但这种双实体投资结构存在一个缺陷：如果筹资实体贷款给项目管理实体而没有保障措施则存在还贷的风险。因此，当"筹资基金"和"管理公司"分别是独立的经济实体时，两个经济实体必须在董事会层次进行有效控制。在澳大利亚Hills M2高速公路项目中，由于没有任何保障措施，这种"筹资基金–管理公司"结构掩盖了大众投资人遭受损失的可能性。

模式三：为了利用项目早期的税务亏损，寻找有大量盈利的公司（作为项目主办人之一或独立的第三方），由该公司成立控股租赁公司，由租赁公司提供（采购或建造）项目的部分设备（或设施），租赁公司可以获得项目亏损带来的税务亏损的好处，租赁公司通过降低租金的方式与项目公司分享税务亏损的好处，如图 2-11 所示。

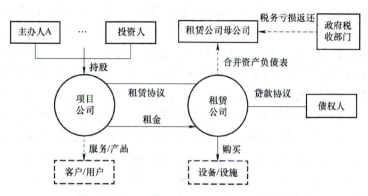

图 2-11　双实体投资结构的组织模式之三

2.2.4　多实体投资结构

模式一：三个经济实体独立。在三实体投资结构中，采用三个经济实体分别承担管理主体、投资主体和融资主体的角色。理论上管理主体、投资主体和融资主体的角色分别由三个不同的经济实体来承担，如图 2-12 所示。

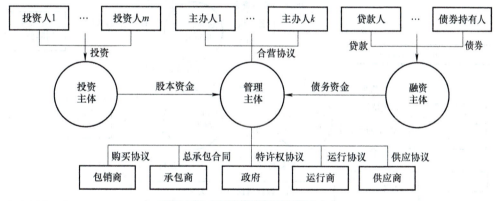

图 2-12　三实体投资结构模式之一

但在实践中，经济实体的角色分配较为灵活，有些角色合并后由一个经济实体来承担，而有的角色分解后由多个经济实体来承担，具有很大的弹性空间。例如成立三个经济实体：一个用于筹集项目资金，一个用于租赁，一个用于项目管理；筹集项目资金的经济实体把筹集的项目资金转贷给租赁公司和负责项目管理的经济实体。

【案例 2-5】哥伦比亚 TermoEmcali 电厂。哥伦比亚 TermoEmcali 电厂是一座装机容量达 23.38 万 kW 的燃气电厂，是按照美国证券管理《144A 规则》，以商业贷款承诺为支持，通过私募（不公开发行，只向有限数量的投资机构发行债券）方式筹集资金。项目主办人主要为 Empresas Municipales de Cali 公司（简称 Emcali 公司，是哥伦比亚 Cali 市的公用事业公司）、Bechtel 企业集团（一家美国企业）、Corporacion Financiaerade Pacifico SA 公司（简称 CFP 公司）和五月花控股公司。为实施该项目成立了三个公司：TermoEmcali 项目公司、

TermoEmcali 租赁公司和 TermoEmcali 融资公司。TermoEmcali 项目公司负责项目管理和部分融资工作。TermoEmcali 项目公司与 Emcali 公司签订了购电协议，以保证并网发电；与 Bechtel 海外公司签订了固定总价的 EPC 合同，把电厂的设计施工外包给 Bechtel 海外公司；与 Stewart&Stevenson 公司签订了运行维护协议，把电厂的运行维护外包给 Stewart&Stevenson 公司；与 Ecopetrol 公司签订了为期 16 年的天然气供应和运输协议（简称燃料供应合同），以保证电厂的燃料供应；与荷兰银行信托公司（美国）签订了贷款协议，由该公司负责债券的偿还工作。TermoEmcali 租赁公司从 Bechtel 国际公司购买设备，然后出租给TermoEmcali 项目公司以获取租金收入。TermoEmcali 融资公司是由 TermoEmcali 租赁公司成立的专门用于发行债券的公司，发行债券的收入一部分借给 TermoEmcali 租赁公司用于购买设备，一部分借给 TermoEmcali 项目公司用于项目设计、施工、初始运营等事项。哥伦比亚 TermoEmcali 电厂的投资结构如图 2-13 所示。

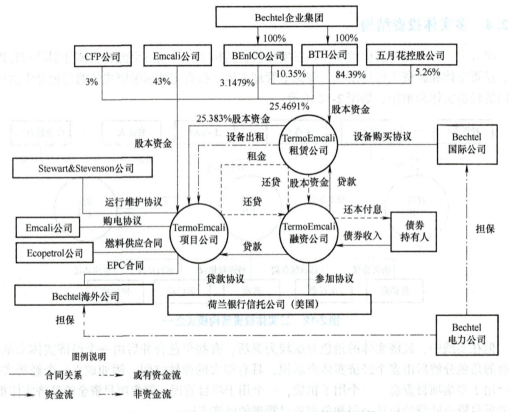

图 2-13　哥伦比亚 TermoEmcali 电厂的投资结构

这种安排可以使项目公司避免与众多不同投资人和贷款人直接沟通，从而可以专心致力于项目管理工作；同时，租赁安排可以使项目租赁公司获得税收上的好处，还有利于项目实施工作专业化；项目公司是核心，全面负责项目施工和运营等管理工作。但是，这种结构使管理复杂化。

模式二：信托机构＋杠杆融资租赁。在项目融资中，为了保障债权人的利益，引入信托机构，从而产生多实体投资结构。例如，在杠杆融资租赁中，若干项目主办人（也是投资人）共同设立一个项目公司，并分别与项目公司签订购买合同；为了实现杠杆融资租赁，项目主办人共同签订信托协议，把资产持有权委托给资产受托人（出租人）；然后，资产受托人以自己的名义与项目公司签订租赁协议，与债权人签订贷款协议，与建造商（设备或施工）签订建设合同；为了债权人的利益，把所有权益转移给契约信托人（资金管理），资金管理也委托给契约信托人，即所有的资金先都交给契约信托人，由契约信托人按照预先规定的支付顺序分配投资收益。信托机构在杠杆融资租赁中的应用如图2-14所示。

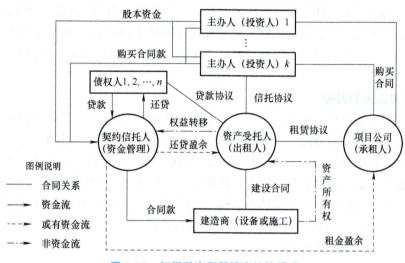

图2-14　杠杆融资租赁投资结构模式

　　双实体和多实体投资结构由于能够充分利用不同类型实体的特点，因而具有以下优点：一是适应性强，可以适应不同项目的特点，根据项目的特点选择实体的类型和数量；二是结构设计灵活，能够满足不同参与人的需要，根据参与人的需要选择实体的类型和数量，灵活分配实体的角色，满足各个项目参与人的目标。因此，多实体投资结构提供了更大的弹性空间。但是，由于结构复杂而增加了管理难度。

2.2.5　投资结构设计的主要考虑事项

　　设计投资结构应该考虑项目投资的规模和行业的特点、项目自身的盈利能力等因素，以及项目所在国的法律法规、会计制度、税务制度等外在客观因素。通常，投资结构是一个专门为项目而设立的实体组织，由该实体组织全权负责项目投资、融资、管理等工作；有时，因为某种需要，可能设立两个或多个实体组织，各个实体组织只负责某专项工作，以便最经济、有效地实现项目目标。

　　进行投资结构设计时，选择不同的经济实体类型和数量可以构成多种投资结构设计方案。

　　针对一个具体的项目，选择何种投资结构作为实施项目的主体、怎样确定投资结构才能实现最优化并没有一个统一的标准。项目的投资者在面对多种方案进行取舍时，除了需要考虑一种投资结构所具备的其他结构无法取代的优势之外，更重要的是需要根据项目的特点和合资各方的发展战略、利益追求、融资方式、资金来源及其他限制条件，对选定的基础方案加以修正或重新设计，以满足各方投资目标的要求，寻求一种最大限度实现风险与收益之间的平衡（这里"收益"主要是指从税务安排中获得利益和会计处理方面获得好处）。

影响投资结构设计的主要因素有：

1. 项目的特点

项目的特点会影响投资结构设计。例如，当项目包含有相对独立的设备或设施时，可通过增加"租赁公司"实体组织，进行融资租赁。当项目产品具有"可分割"性时，可采用契约型实体组织，使项目主办人按投资比例获得相应份额的项目产品。当项目规模巨大而需要多家企业参与实施时，这些企业有两种选择：一是合资（合营），成立项目公司，共同出资、共同经营、共负盈亏、共担风险，或者成立有限合伙制企业，由普通合伙人负责运营；二是合作，建立契约型合作伙伴关系，根据合作协议确定的权利和义务进行利润或产品的分配、风险和亏损的分担、经营管理决策的制定等。

2. 项目主办人的目标

投资结构应最大限度地满足每个项目主办人的目标。例如，公司型结构统一管理，统一销售产品，统一进行利润分配，适合于以投资获利的项目主办人。信托型结构可以使投资者免于具体的工作，如社会大众投资者可通过信托基金进行项目投资；为了保障债权人的利益，设立信托账户进行资金管理；由于信托机构一般与其他组织实体结合起来使用，所以一般出现在多实体投资结构之中。契约型结构可以使项目主办人直接获得其投资份额相对应的项目产品并按照自己的意愿去处理，比较适合项目产品"可分割"的项目，如矿产资源开发、产品加工、石油化工等项目。

3. 债务责任风险的隔离程度

投资者采用不同的投资结构，其所承担的债务责任不同。公司型结构中，债务责任主要被限制在项目公司中，投资者的风险只包括已投入的股本资金及一些承诺的债务责任。非公司型结构中，投资者以直接拥有的项目资产安排融资，其债务责任是直接的。

4. 税务效益

在项目融资中，税务效益是指投资者和其他参与者利用投资结构的纳税要求不同而获得的税务收益或税务损失。各国税法差异导致税务安排也就不尽相同。公司型结构中，税务亏损能否合并或用来冲抵往年的亏损，不同的国家规定不同。例如，在我国项目公司属于税法意义下的居民企业，应依据《中华人民共和国企业所得税法》缴纳企业所得税：企业每一纳税年度的收入总额，减除不征税收入、免税收入、各项扣除及允许弥补的以前年度亏损后的余额，为应纳税所得额，税率为25%。对于自然人从项目公司取得的股权性投资收益还应缴纳个人所得税，但对于企业投资者从项目公司取得的股权性投资收益免征企业所得税。

合伙制结构中，根据《中华人民共和国合伙企业法》第一章第六条，合伙企业的生产经营所得和其他所得，按照国家有关税收规定，由合伙人分别缴纳所得税。非公司型结构的资产归投资者直接拥有，项目产品也是由其直接拥有，纳税主体为各个项目主办人。信托型结构中，受托人只是形式上拥有项目权益，并非实质上的权益享有人，不具有纳税能力。因此，信托本身不需要缴纳所得税，但实际受益人则需要缴纳所得税，从而避免了双重征税的发生。此外，当项目为跨国项目（如英法海底隧道项目）时，如果成立有限责任公司或股份有限公司，则可能出现公司注册地的争夺问题，但是采用合伙制结构就可以避免这一问题。

5. 会计处理

不同的投资结构会计处理上有所不同。契约型结构无论投资比例大小，该项投资全部资产负债和经营损益情况都必须在投资者自身的公司财务报表中全面反映出来。公司型结构中的项目投资及负债是否与项目主办人的资产负债表和经营损益表合并主要取决于在投资结构中的控股比例。比如英美法律规定：①在一个公司的持股比例如果超过50%，则该公司的资产负债表需要全面合并到该投资者自身公司的财务报表中；②持股比例如果为20%~50%，则需要在投资者自身公司的财务报表中按投资比例反映出该公司的实际盈亏情况；③持股比例如果少于20%，只需在自身公司的财务报表中反映出实际投资成本，无须反映任何被投资公司的财务状况。

（说明：资产负债表表外实体：如果一个实体的资产或债务不出现在其母公司的资产负债表中，则称该实体为资产负债表表外实体，简称表外实体。当表外实体的债务超过资产时，表外实体可能粉饰母公司的业绩，使母公司看起来比实际财务状况更为安全。）

6. 项目资金的来源

项目资金的来源影响投资结构的设计。如果要吸纳社会大众的投资，可以采用股份有限公司，公开发行股票；也可以利用信托基金，出售基金份额。如果基金愿意以入股方式投资项目，但不愿意参与管理，则可以采用有限合伙制，基金以有限合伙人的方式投资项目。如果项目主办人具有项目所需的资源，但缺少资金，则可以采用契约型结构，利用各自的优势进行合作。

7. 项目管理的决策方式与程序

项目管理的关键是建立一个有效的决策机制。不同的投资结构，其决策方式与程序不同：公司型结构由公司董事会负责重大决策，经理负责日常经营；契约型结构由设立的管理委员会负责重大决策，管理公司负责日常经营。无论采取哪种投资结构，参与人都需要按照各种决策问题的重要性序列，通过相关协议将决策程序准确地规定下来。

总之，投资结构的选择取决于多种因素。一般来说，大多数项目可以通过单实体投资结构进行开发，实体组织的类型主要是公司型结构；为了保障债权人的利益，常常在单实体投资结构的基础上设立信托账户进行资金管理，从而形成双实体投资结构；有些项目情况复杂需要采用多实体投资结构，而且多数是不同类型的实体配合使用。

思考题

1. 简述工程项目特殊目的载体的功能。
2. 简述对于项目主办人而言不同经济实体特点的差异。
3. 简述工程项目投资结构的构成。
4. 简述采用公司型单实体投资结构使项目主办人获得的优点和缺点。
5. 双实体投资结构有哪些模式？
6. 多实体投资结构有哪些模式？
7. 影响投资结构设计的主要因素有哪些？

第 3 章
建设工程项目投资环境

本章主要内容：建设工程项目投资环境概述，包括建设工程项目投资环境的含义、建设工程项目投资环境的特征、建设工程项目投资环境的作用、建设工程项目投资环境的分类；建设工程项目投资环境因素分析，包括建设工程项目投资的自然环境、建设工程项目投资的社会环境、建设工程项目投资的经济环境、建设工程项目投资的政策环境；建设工程项目投资环境评价，包括建设工程项目投资环境的评价原则、项目投资环境的评价标准、项目投资环境的评价指标体系、项目投资环境的评价方法；建设工程项目投资环境的建设和优化，包括项目投资环境建设和优化的基本原则、国外项目投资环境建设和优化的典型经验、我国项目投资环境建设和优化的发展方向。

本章重难点：建设工程项目投资环境因素分析，建设工程项目投资环境评价，建设工程项目投资环境的建设和优化。

3.1 建设工程项目投资环境概述

3.1.1 建设工程项目投资环境的含义

环境在经济学领域中是指某一经济主体从事某一经济行为时的外部条件。投资环境是指投资的一定区域内对投资所要达到的目标产生有利或不利影响的外部条件的总和。这些外部条件包括政治、经济、社会、文化、法律、自然地理、基础设施、服务等因素。

工程项目投资环境作为保证实现项目投资目标的外部条件是对于投资的流动性而提出的，如果投资不能在区域间相互转移，则不存在投资环境的问题。在较低级的生产方式条件下，技术、通信和交通条件都比较落后，影响了投资在区域间的大规模流动。生产方式不断改变，技术、通信和交通条件不断发展，便利了投资者寻找最有利的投资场所，导致了资本的大规模、远距离流动。由于同一投资可以在不同地域内取得各不相同的经济效益，因此，投资环境作为影响投资效益的外部因素而变得日益重要，对投资环境的研究也日益受到社会的重视。

投资在不同的区域间流动，既包括在一国范围内不同区域间的流动，也包括在不同国家和地区的区域间流动。即使在封闭型经济中，国家之间的外来投资被隔绝，国内区域经济的存在使国内投资投向不同的区域也会产生不同的经济效益，这也导致国内投资在不同区域间的流动，形成了国内不同区域的投资环境。在开放型经济中，国家之间不同的自然地理、政治、经济和社会条件更是形成了各具特色的投资环境。因此，无论是封闭型经济还是开放型经济，都客观地存在不同的投资环境。

工程项目投资环境作为影响投资目标的一项重要内容，最初主要表现为投资区域范围内的自然地理环境和基础设施等基本物质条件。其后，各国为了加速推进经济发展，相继出台了鼓励投资的多种政策，除了提供基本物质条件外，还在经济、立法、制度、服务等方面不断创造各种优惠条件，用以吸引各种投资。如此就为投资者提供了更多的选择机会，也迫使接受投资的国家或地区相互竞争，从而使其在更多方面注意改善投资外部条件，创造最优投资环境。

于是，工程项目投资环境的外延就从最初的自然地理环境和基础设施等基本物质条件进一步扩展到社会的政治、经济、市场、文化等其他方面，并且后者的重要性正呈不断上升趋势。

由此可知，对于建设工程项目而言，其投资环境是指影响整个工程项目投资过程的各种外部条件的总和，是与投资项目有关的诸如政治、经济、社会、文化、自然等多方面因素相互交织、相互作用、相互制约而形成的有机整体。

作为一个内涵和外延都非常丰富的系统，工程项目投资环境包含对投资项目有直接或间接影响的区域范围内的地理位置、自然资源、基础设施、市场条件、人力资源、信息渠道、经济政策、法律法规、社会秩序、政治形势等诸多条件和因素，涵盖了与整个工程项目投资过程有关的各个方面。同时，作为复杂系统的组成部分，工程项目投资环境的构成因素随着经济社会的发展而变动，期间优势和劣势有可能相互转化。

3.1.2 建设工程项目投资环境的特征

建设工程项目投资环境涉及自然、社会、经济、文化、法律、科技等多方面因素，是一个十分复杂的综合体。其主要特征表现有：

1. 综合性

建设工程项目投资活动总是在一定的时间和空间进行的，影响工程项目投资活动的各类因素相互联系、相互制约、相互作用，构成一个多维、多元、多变量、多层次的综合系统。各因素在确定投资规模、方式，提高投资效益等方面发挥的作用不同。投资环境综合系统的各子系统以及每一系统内部的各因素之间，有着复杂多变的各种关系，因此，对投资环境的分析必须从整体出发，依据整个环境状况，寻求最佳组合，进行科学决策，为提高项目投资效益创造良好的外部条件。

2. 区域性

区域经济的存在是产生投资环境区域性特征的基础。由于各地区发展生产的有利条件不同，逐渐形成了具有不同主导产业的区域经济。这里，自然地理条件的差异是产生区域经济的自然基础。原有的经济发展水平、经济管理体制、经济发展政策、劳动力素质等是区域经济发展的社会基础。各地区成本和市场的比较优势是区域经济发展的经济基础，总之，区域经济具体表现为地区经济间的各种差异。在不同的区域内进行投资，其投资环境也必然体现该区域的特点。

3. 差异性

投资环境对投资活动的制约与影响存在差异性。同一投资环境对不同部门、行业和项目的投资有不同的制约与影响，有的投资环境适合工业投资，有的投资环境适合旅游业投资，有的投资环境适合劳动密集型产业，有的投资环境适合技术密集型产业。明确投资环境的差异性，既可使投资者选择在便于发挥其行业、项目优势的地区进行投资，也便于受资地区从其投资环境的实际出发，有针对性地改善投资环境，从而有效地增强对所需行业投资的吸引力。

4. 动态性

这一特征是指投资环境本身及其评价观念都在变化之中。通常，在投资环境的构成因素中，除自然条件和地理位置不可变动外，政治、经济、法律、管理、社会文化、物质技术等众多因素都将随着时间推移而发生程度不同的变化。与此同时，评价投资环境的标准和观念也随政治、经济、科技的发展而发生变化和调整。认识投资的动态性特征，可以明确投资环境的优劣不是绝对的，而是相对的，改善投资环境是无止境的，必须坚持不懈地做出努力。同时，研究目前和预测未来的评价投资环境的标准和观念，对提高改善投资环境的自觉性和预见性是有重要意义的。

5. 可改造性

环境价值的高低并不是完全固定不变的，在相当程度上是可以通过人类有意识的经济活动加以改进和完善的。而且，工程项目投资环境既然是处于动态变动过程中的，也就说明一些条件是可以改造的。当然，工程项目投资环境的可改造性是建立在对投资环境有相当了解和比较分析与研究的基础上的。只有这样，才能对项目投资环境的改善有所帮助，并且避免可能由于改造不当而出现意外的负面效果。

6. 主导性

主导性是指在某一工程项目投资环境的大系统中，总有一个或几个要素在某一阶段的发展中居主导地位，即在整体中规定和支配其他要素。对项目投资环境进行分析和评价时，如果能够抓住这些主导因素进行研究，就能初步判断出工程项目所处环境的优劣，从而快速、及时地为项目投资机会的选择提供一项基础性参考。

3.1.3 建设工程项目投资环境的作用

建设工程项目投资环境对工程项目投资活动的作用，具体表现为：

1. 对投资的吸纳作用

通常，项目投资者都希望把资金投入最有利、收益最大的项目中。在其他条件相同的情况下，投资环境越优越，项目投资效益越高；反之，若投资环境越低劣，则投资产出也会相应较低。所以，投资总是流向投资环境比较优越的项目，而优化工程项目投资环境也已成为吸纳投资的重要手段。

2. 节省投融资成本的作用

具有较好投资环境的工程项目具有许多优惠条件，不仅实施起来比较便利，而且可以降低投融资成本；投资环境差，不仅会影响建设工程项目的实施进度和运行效率，同时也会增加不必要的投融资成本。

3. 作为投资决策的参考依据

建设工程项目投资者要做出投资决策，须事前广泛收集各种信息，进行实地考察，以掌握工程项目具体的投资环境。只有在这些环境因素令其满意的条件下，才会进一步开展项目的投资机会研究及可行性分析等工作，进而为项目的投资决策提出科学合理的建议。从此意义上讲，项目投资环境的分析和评价是投资者进行投资决策的首要环节，是投资决策的重要参考依据。

总之，项目投资环境的作用在于其规定了投资的发生、投向、效益、数量和结构，对项目投资决策的意义是至关重要的。

3.1.4 建设工程项目投资环境的分类

建设工程项目投资环境作为一个复杂的庞大系统，由若干个相互联系、相互影响、相互制约的子系统构成。按照不同的目的和使用标准，建设工程项目投资环境的分类也有所不同，如图3-1所示。

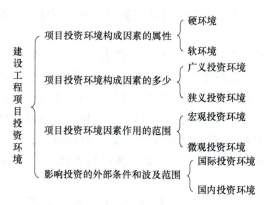

图3-1 建设工程项目投资环境分类

1. 按项目投资环境构成因素的属性可分为硬环境和软环境

项目投资同时面临着不可回避的硬环境与软环境，因此，只有与两者保持协调和适应，才有利于工程项目投资活动的顺利进行。

（1）建设工程项目投资的硬环境 硬环境是指项目投资的物质环境，它是由多种物质条件构成的环境系统。

1）基础设施：①一般基础设施，包括道路、交通、水电设施等；②外联基础设施，包括机场、港口、通信设施等；③生活服务设施，包括医院、学校、娱乐文化设施、居住设施、住宅等；④生产服务设施，包括基础工业厂房、配件原料生产加工设施、辅助生产设施等；⑤组织与管理机构设施，包括行政管理机构设施、金融组织设施等。

2）自然地理状况：①地表、地下环境，包括水文、地质、土地等；②地上环境，包括气候、季节等。

3）资源条件：①物质资源的适应性与可供性，包括品种、品位、储量等；②人力资源的适应性与可供性，包括人口总数、年龄、结构、文化技术水平等。

（2）建设工程项目投资的软环境 软环境则是指项目投资的政治、经济、社会、文化等环境，是由多种政策、法规、规章、制度及社会的观念、心理、文化等因素构成的非物质环境系统。

1）社会政治环境：①国际战争与和平状况；②国际信誉；③政治体制；④政治结构；⑤政局的连续性与稳定性；⑥社会安定与治安状况；⑦社会政治目标与战略。

2）社会经济环境：

a. 一般经济环境。一般经济环境主要有以下几方面：国际经济形势与货币制度；国际经济贸易与进出口自由性、稳定性；社会经济发展战略与规划；国民经济增长情况；产业结构及水平；对外经济活动规模与结构；就业水平、消费结构与水平；外汇储备、国际收支状况；通货膨胀、币值稳定状况。

b. 经济政策。经济政策主要有以下几方面：投资政策，包括投资重点、规模、结构；对外政策，包括外资投向与外资股份的规定；财政政策，包括各税种、税率、税期及国家政预算制度；金融政策，包括货币政策、利率政策、借贷政策、股票债券发行规定；外汇政策，包括利润、本金、工资汇出及其汇率高低；科技政策，包括技术更新政策、新技术开发利用规定、技术专利转让制度等；土地及固定资产管理政策，包括土地占用时间、费用、固定资产折旧、购置规定等；价格政策，包括定价权、价格调整方式等；工商管理政策，包括手续、层次及规定等。

c. 经营环境。经营环境有以下几方面：经营者素质、管理经验、经营能力；组织形式与管理制度；决策系统，包括资金运用、人事、工资、供销等；生产系统，包括生产设备技术水平、员工技术水平及文化素质、生产协调性等；经营系统，包括市场开拓能力、产品和原料供销状况、定价形式；经营成本，包括劳动力价格、原材料价格等。

d. 市场环境。市场环境主要有以下几个方面：金融市场，包括资本市场、货币市场；产品市场，包括品种、规模，资源是否充足，客户是否稳定；劳动力市场，包括劳动力素质、自由流动程度。

3）社会法律环境：①法律完备性、仲裁公正性、法制的严肃性；②各种法律法规，比如投资法、涉外经济法规、企业法、财政法、金融法。

4）社会文化心理环境：①社会文化传统与价值观念；②社会对风险的态度与承受力；③社会对外开放程度；④社会风气与人际关系；⑤社会文化水平、科技发展状况。

5）社会服务环境：①信息服务，要做到及时、完备、准确；②组织与管理服务结构的层次与工作效率；③投资的审批手续与程序；④金融组织管理机构、法律机构的健全、完备程度；⑤社会人员的服务态度、办事效率等。

2. 按项目投资环境构成因素的多少，可分为狭义投资环境和广义投资环境

狭义投资环境主要是指经济环境，即一国或一个地区的经济发展水平、经济发展战略、经济体制、金融市场的完善程度、产业结构以及货币的稳定状况等。

广义投资环境除了经济环境外，还包括自然、政治、社会文化、法律、地理等方面的内容，它们之间互相联系、互相制约，共同构成投资环境大系统，并对投资项目在不同程度上产生各种影响。

3. 按项目投资环境因素作用的范围，可分为宏观投资环境和微观投资环境

宏观投资环境通常表示一国总的投资环境，作为一般条件考察在该国投资的有利程度。它包括一个国家的政治状况、法制健全程度、经济发展总体水平、经济政策及对外资的态度、机构办事效率、居民的风俗习惯以及受教育程度等与投资有关的自然、经济和社会环境。

微观投资环境是指影响具体投资项目的环境状况，作为具体条件考察投资项目在该国投资的有利程度。它包括投资地点及周围的经济发展水平、地方性政策的取向、当地交通和通信等基础设施状况、产业技术水平、劳动力素质等自然、经济和社会条件。

一国的宏观投资环境良好，不等于微观投资环境都良好，对某些项目的投资可能存在不利条件；反之，宏观投资环境不良，也不等于微观投资环境都不好，对某些项目的投资可能有利可图。对投资环境宏观与微观的划分，有利于解决一般性与特殊性的矛盾。

4. 按影响投资的外部条件和波及范围，可分为国际投资环境和国内投资环境

工程项目投资环境的国内和国际投资环境又可分为国家环境、行业环境、地区环境和企业环境，根据环境因素内容的不同划分，国内和国际投资环境可分为社会经济环境、物质技术环境、自然地理环境和资源环境等。

3.2 建设工程项目投资环境因素分析

3.2.1 建设工程项目投资的自然环境

工程项目投资的自然环境是指项目所处位置、地形地貌、资源状况、气候条件等各种自然因素。这些因素对投资效益有很大影响。

1. 地理位置对投资效益的影响

（1）工程项目位于沿海或河网地区　　如果投资工程项目位于沿海或河网地区，则可以充分利用廉价的水运，大大减少对原材料、燃料和成品运输的支出，提高投资效益；反之，如果投资工程项目位于山区或交通不便地区，则会给运输带来极大的困难，投资者不得不增加运输建设方面的资金支出，从而降低投资效益。

（2）工程项目位于生产性和非生产性基础设施比较齐全的地区　　如果投资工程项目位于协作方便、生产性和非生产性基础设施比较齐全的地区，则可以节约大量资金，投资者可以获得较好的经济效益。

（3）各种资源相对投资工程项目的距离远近　　有些地区，原材料、燃料和水源相互接近或结合在一起；而另一些地区，情况可能相反。就这一点而言，前一类地区的投资效益要好于后一类地区。

（4）投资工程项目所在具体地点　　适中的地点有利于缩短产品运往消费地的距离，可以节约运费。

2. 地形地貌对投资工程项目地点的影响

投资工程项目的建设地点的选择，即通常所说的工程项目选址，要充分考虑到地形地貌的影响。

1）原有企业的结构布局，相互之间有无影响，是否符合环保和城镇建设规划的要求。

2）投资工程项目地区条件。工程项目建设要尽量减少对自然地形的改变，尽量少占或不占农田，以减少投资成本。

3）要考虑生产、生活用水能否得到保证，工业废水、生活污水、地面雨水能否顺利排放，还要预防山洪灾害、洪涝灾害等。

4）为便于原材料、燃料的输入和成品的输出，投资工程项目的地点应尽量靠近运输干线。

3. 资源状况对投资的影响

资源状况对属于不同产业投资项目的影响不同。第一产业受资源状况的影响极大。对第二产业而言，资源状况受加工工业原料来源的影响，间接地制约着它的发展，因此投资指向原料地的倾向非常明显。一般而言，第三产业的投资较少受到资源状况的制约和影响。

4. 气候条件对产业投资布局的影响

气候条件包括光照、气温、水分、土壤等要素。它对工业、建筑业、盐业生产中的露天操作产业，特别是对农、牧、渔业的生产影响最大，从而制约着这些产业的投资布局。

3.2.2 建设工程项目投资的社会环境

建设工程项目投资的社会环境又称投资的人文环境，它主要包括政局状况、法律制度、人口及其素质、风俗习惯等。

1. 政局状况

投资的目的是盈利，而要盈利，保证投资活动的安全，就要求有一个稳定的政局。稳定的政局是保证投资目标顺利实现的先决条件。

2. 法律制度

投资环境包括政治、经济、文化、人口等多种因素，这些因素最终都要通过法律的形式表现出来，直接或间接地影响投资活动。法律制度不仅体现了当下的投资环境，而且还可以预测和把握投资环境的变化趋势。所以，健全的法制、正确的法制观念、相对稳定的法律制度以及公正的执法机制，都是良好投资环境的重要基础。

3. 人口及其素质

人作为物质产品和精神产品的生产者和消费者，一方面是投资的重要构成因素，另一方面又是各种投资活动的最终追逐目标。一般来说，在劳动者素质较低而劳动力供应充足的地区，适宜发展劳动密集型产业；反之，则适宜发展资金、技术密集型产业。

在人口及其素质因素中，人口的文化教育水平是一个很重要的方面。因为文化教育水平关系到项目实施所必需的劳动、技术先进程度和社会环境的文明程度等。可以想象，在文化教育水平较低的环境里，劳动力素质差是必然的。因此，在进行投资项目建设时，先进的技术工艺及设备不能得到很好的利用，也不能吸收外来的技术与管理等经验，从而必然会直接妨碍投资的继续进入。同时，由于人口的文化教育水平又会影响消费水平和需求程度等要素，也就会对投资环境产生影响。

4. 风俗习惯

不同国家、不同地区、不同民族的不同消费需求和消费方式，是由不同的风俗习惯所决定的，它制约和影响着一个国家、一个地区的投资结构以及服务和经营方式。另外，文化背景、宗教信仰等作为社会环境的重要组成部分，也会对投资活动产生一定的影响。

3.2.3 建设工程项目投资的经济环境

1. 经济发展状况

经济发展状况对投资环境的影响，可以从经济发展水平、经济发展速度和经济安全程度三个方面进行说明。

（1）经济发展水平反映了一个国家的经济实力　经济发展水平一般用 GDP 和人均 GDP

来反映。显然，经济发展水平越高，市场需求就越大，项目投资所依赖的环境条件也相对比较完善，对投资活动的促进作用也越大。

（2）经济发展速度是动态反映一国经济情况的动态指标。同样地，经济发展速度越快，市场及需求的扩大也越快，吸引投资及获得收益的机会也越大。

（3）经济安全程度是指经济发展出现波动的可能性。投资及项目建设都需要有稳定安全的经济大环境作为支撑。一般来讲，经济安全程度越低，投资环境越差，投资风险也就越大。

2. 经济体制

经济体制是指国家组织、管理经济活动的制度、方式和方法的总称。投资活动要顺利地开展，就必须要求投资者对项目所在地的经济体制有清楚的了解，这样才能在一定的体制规范和要求下有效地对投资项目进行管理。经济体制主要包括商品流通体制、金融体制、财税体制、投资体制、工商管理体制、外贸体制、物资管理体制等。其中，对投资环境产生直接影响的是投资体制。

3. 市场状况

市场的性质决定着投资的流向，市场的容量决定了投资的规模，市场的结构决定了投资的结构，市场的发育程度决定了投资的发育程度。而投资要适应市场的原则，正如供给要符合需求的原则一样，只有符合市场需求的投资才有可能获得成功。

4. 基础设施

基础设施的状况直接影响投资者的兴趣，决定着投资规模的大小和效率的高低。基础设施是投资项目的先导工程，是重要的投资"硬环境"。

5. 原材料、燃料、动力供应

总的要求是：原材料、燃料、动力的供应地距离投资项目不能太远；必须到外地采购原材料时，经济距离和价格要合理；原材料、燃料、动力的供应保证程度要与特定产品的市场寿命相一致，要有通畅的运输条件；应充分估计原材料、燃料、动力市场的未来变化趋势。

3.2.4 建设工程项目投资的政策环境

1. 产业政策

对产业政策的了解，有助于投资者了解投资项目所在地的产业发展重点和目标，从而降低投资的风险。产业政策由产业结构政策、产业组织政策、产业技术政策和产业布局政策组成。其中，产业结构政策所影响的该地区的产业结构对投资者的作用尤其大。具体来说，它从以下几个方面影响着投资活动：

（1）产业结构制约投资方向。现有产业结构提供的设备、原材料、技术等，保证了特定投资项目的需要；现有产业提供的市场，影响着投资项目预期效益的发挥。

（2）产业结构影响投资效益。投资项目位于产业部类齐全的地区，项目可以较为方便地获得所需各种设备、原材料和技术，一般也可以较为方便地选择销售市场，经济效益往往较好；反之，则相反。

（3）产业结构制约投资项目的地点选择。现有产业结构的状况影响和制约着投资项目的厂址选择。

（4）产业结构影响投资方式。当现有产业结构比较完善、合理时，投资项目可以更多地考虑进行现有企业的技术改造；当现有产业结构不够完善、不够合理时，投资项目更多地考虑进行外延式的新建投资项目。

2. 金融、货币、物价政策

从金融、货币政策看，如果银根放松、贷款利率降低、调减外汇储备，会扩大本国投资的来源和规模，有利于加快投资项目建设进度和提高投资盈利，也有利于引进外资、发展涉外投资；反之，则相反。

从物价政策看，由于物价变动对长期投资有重要影响，因此，进行长期投资，要充分考虑货币的时间价值、风险价值以及影响物价变动的诸多要素。

3. 外汇和贸易政策

外汇政策的影响主要是由于投资者的投资收益需要在投资所在地从东道国货币的形式转换为外币，并保证流通渠道的畅通。它对投资收益的影响很大，其主要内容包括货币是否可以自由兑换、外汇汇出有无限制等。

4. 税收制度

国家对项目投资活动进行宏观指导的一个重要方面就是利用税收杠杆来加以调节。国家可以通过开征某些税种，对不同的征税对象设置不同档次的税率，来贯彻产业政策，控制投资规模，引导投资方向，调节投资结构，加强重点建设，促进国民经济的发展。

3.3 建设工程项目投资环境评价

投资环境对工程项目投资决策具有重要意义，实践中，必须对具体项目的投资环境进行评价，内容主要包括项目投资环境的评价原则、评价标准、评价指标体系和评价方法等。

3.3.1 建设工程项目投资环境的评价原则

为了科学地评价项目投资环境，必须遵循以下基本原则：

1. 客观性原则

客观性原则是指对工程项目投资环境的评价应该从实际出发，以事实为依据，实事求是地进行评价，而不应该从主观意愿出发，想当然地进行评价。为了真实客观地反映项目投资环境的情况，必须进行实地考察，收集尽可能多的资料和数据，并对这些资料、数据加以整理和归纳，在此基础上进行客观的评价。

2. 系统性原则

工程项目投资环境是一个多因素、多层次的复杂系统，且系统内的各个要素相互联系、相互制约、相互影响。所以，在评价投资环境时，也必须运用系统的分析方法对其进行评价。只有对投资环境进行系统、全面、综合的评价，才能了解和掌握投资环境所面临的各种可变因素，才能使评价结果真正符合客观实际。

3. 比较性原则

有比较才有鉴别，评价投资环境的优劣没有一个绝对的标准，只有在对不同投资环境的比较中才能得出结论。同一投资环境，采用的比较参照系不同，其评价结果也不相同。因此，在条件允许的情况下，要尽可能多地选择比较对象，以及尽可能地扩大比较范围。

4. 时效性原则

工程项目投资环境是一个动态的系统,具有很强的时效性。因此,对该系统进行评价时,一定要注意分析和掌握投资环境各因素的变动趋势,注意其时效性,以保证评价的正确性和客观性。

5. 效益性原则

从根本上讲,对工程项目投资环境进行评价是为了找出能给投资者带来最大效益的项目及其实施方案。因此,对投资环境的评价应该遵循投资者投资效益最大化的原则。

6. 定量性原则

在对工程项目投资环境进行评价时,仅有定性分析是远远不够的,因为各要素在定性分析的基础上是无法汇总的。为了对投资项目的可行性等问题有充分的认识,并做出准确的投资决策,还必须将定量分析纳入评价工作的范畴。例如,对经济增长的稳定程度进行评价、对产品销售市场进行预测等,都可以结合数量指标,取得较为客观的评价结果。

3.3.2 项目投资环境的评价标准

1. 适应性

适应性是指工程项目投资环境与项目投资要求相适应的程度。工程项目投资环境的优劣是相对于一定条件下的项目而言的,评价项目投资环境,首先要看这一环境与项目投资的要求是否一致,适应的程度如何。适应程度高,则投资环境好;否则,即使条件再好,对特定项目而言,也不是好的投资环境。

2. 安全性

安全性是指工程项目投资环境的评价标准要求投资环境相对稳定,能够保证安全地收回投资的本金。这也是投资活动最基本的要求,是投资者进行投资决策时考虑的首要问题之一。

3. 稳定性

稳定性是指工程项目投资环境在一定时期内按正常的规律发展变化。也就是说,投资环境作为一个不断发展变化的动态过程,要求其变化具有一定的规律性,是可以预测的,这样才有利于项目投资活动的控制与管理。

4. 引导性

引导性是指环境对工程项目投资活动所具有的合理引导的能力。这一能力包括对投资总量的调节和对投资方向的调节两个方面:投资总量调节是指项目在各种环境因素的引导下,选择合理的投资总量规模的能力;投资方向调节是指由于不同投资环境因素的差异引导,选择适当的投资方向的能力。项目投资环境是否具有较强的总量调节和方向调节的引导能力,是评价项目投资环境优劣的重要标准之一。

5. 相对优势

相对优势是指针对具体的项目,某一投资环境相对于另一环境而言,具有一定程度的优势。在某些情况下,对不同的投资环境进行优劣评价,往往很难得出绝对的结论,只能结合项目的具体情况,进行相对优势的比较。相对优势的分析一般侧重于成本降低优势、市场占有率优势、风险分散优势和引进技术与管理优势几个方面。如果某一投资环境在这几个方面都具有优势,则最终会通过效益指标反映出来。

3.3.3 项目投资环境的评价指标体系

为了全面、系统、准确地评价一国或某一地区的工程项目投资环境，应该建立一个能够综合反映投资环境各个层次状况的指标体系。在投资实践中，结合投资项目的具体情况和实际需要，依据已经掌握的信息资料，通常使用的工程项目投资环境评价指标有：

1. 投资获利率

投资获利率是指一定时期内投资项目所获得的利润额与投资额之间的比率，以投资额为 T，利润为 P，则投资获利率可表示为 P/T。同样数量的投资额用于不同地区，获利越多的地区，其投资环境就越好。投资获利率是评价项目投资环境优劣程度的主要参数。

2. 投资乘数

投资乘数是指盈利增量与投资增量之间的比率。该参数能够反映在现有投资数量之外追加一定数量的投资所能带来的经济效益。一般来说，投资乘数越大，表明项目投资环境越好。

3. 边际耗费倾向

边际耗费倾向是指耗费增加额与获益增加额之间的比率。在确定生产性投资的流向时，必须计算一定项目投资环境中边际耗费倾向的高低。

4. 投资饱和度

投资饱和度是指在一定条件下，某一领域已经投入的投资额与该领域资金容量的比值。当该值等于或大于1时，称为投资饱和，应中止投资。该参数主要从市场容量方面反映项目投资环境状况。

5. 基础设施适应度

基础设施适应度是指某一地区的交通运输、能源、水源、通信等基础设施对投资项目的适应程度。其中，各项基础设施在总体基础设施中所占权数，应根据投资项目的具体需要确定。

6. 投资风险度

投资风险度是指对投资活动可能遇到的风险大小的评估。该参数由于随机性很强，实际很难获取，计算方法也很多。实践中，应当根据投资的内容与投资环境之间的关系，选用合适的评价方法。

7. 有效需求率

有效需求率是指社会平均利润或利息与产品销售收入减去要素成本及使用者成本的比值。要素成本是投资者支付在土地、劳动力、固定资产等生产要素上的费用，使用者成本是其支付在原材料等流动资金占用上的费用。从产品销售收入中扣除这两种成本后的剩余部分就是利润。

8. 国民消费水平

国民消费水平是指一定地区内居民储蓄总额与当地国民收入总额之间的比值。它反映了该地区居民的生活消费水平。该指标对于不同类型的投资项目往往具有不同的意义，在应用该指标评价项目投资环境时必须加以注意。

9. 资源增值率

资源增值率是指某种资源经过加工以后，其所形成的产品价值总额与该资源开发时的最初价值总额之间的比率。它反映了开发某种资源所带来的盈利大小。资源增值率高，说明生产技术与经营管理水平高，或者交通运输等基础设施条件良好，有利于对资源进行深度加工。

10. 优化商品率

优化商品率是指一个地区的名优商品总数与全部商品总数的比率。它既可以概略地反映该地区生产力发展水平的高低、科技力量的强弱和产品竞争能力的大小等状况，也可以间接反映项目投资环境的适应性。

上述 10 个指标基本上能够反映出某一区域项目投资环境的优劣程度。在实际应用中，应根据具体投资项目的性质和要求，赋予每一参数合理的权重，使其形成不同形式的参数组合，以便使评估结果更具有科学性和实用性。

3.3.4 项目投资环境的评价方法

1. 冷热对比法

冷热对比法是最早的项目投资环境评价方法之一，是美国的伊西阿·A. 利特法克和彼得·班廷于 1968 年在《国际商业安排的概念构造》一文中提出的。冷热对比法的基本思想是：从投资者的立场出发，选定各个投资环境因素，对投资项目的投资环境因素逐一评价，好的为热，差的为冷，然后根据冷热因素所占比重的大小，决定投资环境的优劣，最后在此基础上对不同的项目投资环境做出比较。其选定的投资环境因素具体包括以下七个：

（1）政治稳定性　政治稳定性主要是指政权是否稳定且被拥护，以及政府能否为企业的生产经营创造良好的外部环境。肯定为"热"，否定则为"冷"。

（2）市场机会　市场机会主要是指需求程度、消费者人数及购买力强弱等。若都比较大则为"热"，否则为"冷"。

（3）经济发展和成就　经济发展和成就主要是指宏观经济环境的好坏，即经济是否稳定、发展速度是否快、经济效率是否高等。肯定为"热"，否定则为"冷"。

（4）法律阻碍　法律阻碍主要是指法律法规对投资的鼓励及规范程度，以及资金投入后项目实施和经营的困难程度等。阻碍少且难度小为"热"，否则为"冷"。

（5）实质阻碍　实质阻碍是指自然、地理条件的优劣，因为恶劣的自然地理条件往往会影响投资环境的质量，并对投资及项目的实施造成阻碍。阻碍小为"热"，否则为"冷"。

（6）文化一元化　文化一元化是指一个投资体系内各阶层人士的相互关系、风俗习惯、价值观念及宗教信仰等是否存在较大差异。差异小为"热"，否则为"冷"。

（7）地理及文化差距　地理及文化差距主要是指投资环境体系内的空间距离及文化、观念的差异等。距离近且差异小为"热"，否则为"冷"。

2. 等级尺度法

等级尺度法是国际上流行的一种投资环境的分析和评价方法，是美国学者罗伯特·斯托鲍夫于 1969 年在《如何分析国外投资气候》一书中提出的。该方法着眼于对投资者施加限制和鼓励政策所带来的影响，并且将投资环境因素分为不同的等级予以评分，最后汇总。

等级尺度法确定的影响投资环境的八大因素包括资本收回限制、外商股权比例、对外商的管制程度、货币稳定性、政治稳定性、给予关税保护的意愿、当地资本可供程度和近五年通货膨胀率。其具体的评分方法是：首先，根据每个因素对整体投资环境的重要性确定评分区间；同时，根据每个因素的完备程度分成若干层次，在各因素的评分区间内确定各层次的分值；其后进行正式的投资环境评价，即根据受评对象的情况，分别评出各因素的分值；最后，将各因素的分值加总，即得出投资环境的评价总分。总分越高，则投资环境越好。

3. 多因素评价法

（1）多因素和关键因素评价法　多因素和关键因素评价法是1987年由香港中文大学的闵建蜀提出的，是两个前后关联的评价方法。

多因素评价法是将影响投资环境的因素分为政治、经济、财务、市场、基础设施、技术、辅助工具、法律与法制、行政机构效率、文化、竞争共11类，然后再对每一类进行细分，在对各子因素分别进行评分的基础上加总，得出综合的评价结果。

关键因素评价法是从具体的投资动机出发，找出影响具体投资动机的关键因素（包括降低成本、发展当地市场、原料供应、生产和管理技术、风险分散、追随竞争者共6种），再予以评价。

（2）多因素加权平均法　多因素加权平均法的基本思路是：投资环境包含多个因素，评价时应该分别给出各因素的权重，再给出得分，最后算出加权总分。这些因素包括宏观经济状况、国际收支状况、政治风险、生活水平、成本因素、社会因素、税制及其他法规7个方面。

4. 准数评价法

准数评价法是我国学者林应桐在《国际资本投资动向和投资环境准数》一文中提出的。他根据各种投资环境因素的相关特性，对在投资建设与实施经营过程中起不同效用的因素进行了归纳和分类，形成了"投资环境准数"的数群概念，也为评价和改善项目投资环境提供了一种新的思路和方法。其提出的投资环境评价因素具体包括以下几类：

（1）投资环境激励系数　投资环境激励系数包括政治经济稳定、资本汇出自由、投资外交完善度、立法完备性、优惠政策、对外资兴趣度、币值稳定7个子因素。

（2）城市规划完善度因素　城市规划完善度因素包括整体经济发展战略、利用外资的中长期规划、总体布局的配有性3个子因素。

（3）税利因素　税利因素包括税收标准、合理收费、金融市场3个子因素。

（4）劳动生产率因素　劳动生产率因素包括工人劳动素质和文化素质、社会平均文化素质、熟练技术人员和技术工人数量3个子因素。

（5）地区基础因素　地区基础因素包括基础设施及交通、工业用地、制造业基础、科技水平、外汇资金充裕度、自然条件、第三产业水平7个子因素。

（6）效率因素　效率因素包括政府机构管理科学化程度、有无完善的涉外服务及咨询体系、管理手续简化程度、信息资料提供系统、配套服务体系、生活环境6个子因素。

（7）市场因素　市场因素包括市场规模、产品的市场占有率、进出口限制、人财物供需市场开放度4个子因素。

（8）管理权因素　管理权因素包括开放城市自主权范围、"三资"企业外资股权限额、"三资"企业经营自主权程度3个子因素。

5. 抽样评价法

抽样评价法是指运用抽样调查的方法，随机地抽取或选定若干不同类型的投资者，由调查者设计出有关投资环境的评价因素，再由投资者对投资环境进行口头或书面评估，最后根据综合后的意见得出评价结论的一种方法。

6. 动态评价法

动态评价法是由美国道氏化学公司制定出的一套投资环境动态评价方法。其主要思想是：在评价项目投资环境时，不仅要看目前的影响因素，还要考虑到今后可能发生的变化以及由这些变化可能带来的对投资活动的影响。所以，在进行项目投资环境评价时，这种方法将投资者的业务条件、引起变化的主要压力等都做了详细的归纳，然后将有利因素和假设汇总，找到对项目的成功实施具有决定性作用的若干个关键因素，最后提出项目预测方案。

表3-1是对以上几种项目投资环境评价方法的简要归纳。除此之外，对工程项目投资环境的评价方法还包括以投资的硬环境和软环境为核心的"两因素评价法"，以重要性、满意度、吸引力三项指标为核心的"三因素评价法"等。这些评价方法有一些相似之处，但也都有其各自的特点，所以，在实践中要根据具体的情况和掌握的信息，选择适当的评价方法，并且可以根据评价目标等的不同，适当地修改和调整评价方法，以便更科学、更合理地对项目投资环境进行评价。

表 3-1 项目投资环境评价方法的简要归纳

方法	优缺点及说明
冷热对比法	侧重从国际宏观角度进行分析，缺少国内微观角度的探讨，方法略显粗糙。可用于对项目投资环境的前期分析
等级尺度法	所需资料易获取和比较，方法也比较简单，但评分主观性比较强，考虑因素也不够周全。适合评价法制、经济、基础设施都比较完备及发达的环境中的项目投资
多因素评价法	不仅考虑了影响投资的所有重要因素，而且根据投资者的投资动机考虑了具体有效的项目关键因素，但没有考虑吸引投资的目的。多因素评价法可作为某项目投资环境的一般性评价，而关键因素评价法则对具体项目投资目标的实现具有决策分析的意义。其优缺点和适用情况与等级尺度法类似
准数评价法	根据要素内在联系予以综合，克服了机械评分法的不足，但其公式中多因素之间的关系在实践中缺乏足够的证据。对投资者筛选投资项目、了解自身的投资环境具有很好的参考作用
抽样评价法	简便易行，信息资料容易获得，且调查对象和内容可以根据投资需要合理取舍，但主观性还是比较强，样本不足以反映客观真实的情况。其结果可作为了解项目投资环境的参考依据
动态评价法	考虑到了投资项目在中长期内动态发展变化的可能性及其影响因素，但对因素及假设的汇总分析比较薄弱，也比较主观。对项目预测方案的分析和提出具有重要的指导意义

3.4 建设工程项目投资环境的建设和优化

3.4.1 项目投资环境建设和优化的基本原则

1. 协同性原则

建设工程项目投资环境是由诸多要素结合在一起构成的，这些要素的相互作用、相互影响共同决定了投资环境的优劣。但这些要素如果放到社会大环境里，其实只是其中的一些状态或现象，并非只是为了吸引和促进投资而产生或存在的。由于它们属于不同的领域，是由不同的部门或机构进行管理的，因此，要建设和优化投资环境，更合理有效地吸引投资，则应该把握好协同性原则，要求各相关部门树立整体性、同向性、同步性的观念。只有这样，才能使这些因素有机地结合在一起，互相配合、互相补充。

2. 特色性原则（定向优化原则）

不同地区、不同项目，由于自然、社会、经济等各方面的基础和特点不同，同时也因为不同工程投资项目所要求的环境不同，投资环境建设和优化的实际情况和重点也是各不相同的。

如果只是盲目地按照统一的标准或照搬他人的经验，而不结合自身的实际，则效果肯定不会理想，甚至会产生一些负面影响。所以，进行工程项目投资环境的建设和优化时，应该根据自身的优势，扬长避短，重点提升和优化某些投资环境因素的质量，形成特色性的投资环境。

3. 互惠互利原则

良好的项目投资环境对投资者和受资者都有益处。要想双方受益，项目投资环境的建设和优化应该是建立在互利互惠基础上的，损害任何一方利益的项目投资环境都不是良好的项目投资环境。而项目投资环境的好坏，也不仅关系到投资的顺利进行，还关系到进一步吸引投资和双方合作的继续。

4. 坚持按照国际规范改善项目投资环境的原则

随着改革开放和经济全球化的不断深化，国际经贸中的一些惯例和规范的影响也越来越大。如果不同国际规范接轨，则对吸引外来投资和对外投资这些对国民经济发展至关重要的活动，有很大的消极影响。所以，一方面要按照国际惯例建设和优化项目投资环境，另一方面还要约束、规范建设和优化项目投资环境的全过程。

3.4.2 国外项目投资环境建设和优化的典型经验

1. 发达国家项目投资环境建设和优化的经验

以美国、德国、日本为例，这三国基本都是开放和鼓励投资的国家。在它们的投资环境建设和优化中，有以下经验值得借鉴：

（1）重视立法保障　美国是倡导市场经济的一个典型，它反对进行违反市场机制正常运行的干预和限制，强调进行法制管理。

（2）给予政策鼓励　对投资不附加过多限制，对投资项目给予税收优惠和财政援助，并且重视人才的培养和激励。

（3）依法进行严格管理　美国实行了一整套行业管理、组织管理、税收管理、价格管理的管理体系，而日本也在管理机构体系内实施了类似的严格的申报、审议和审批程序。

（4）依据实际情况引导投资　日本的做法很典型，由于其自身经济发展基础的局限和一贯的引资政策的指导，它很重视根据实际需要选择投资，特别是对外资，向来都保持适度的引进规模和适当的引进方式；并根据不同时期的实际需要、消化能力、偿还能力等条件，严格控制引进外资及向外融资的规模和数量，同时还把引进的投资用在收益快、效益好的项目上。

另外，三国都很重视技术开发、引进技术等带来的技术进步在项目投资环境改善中的作用，并且大力开拓各种新的项目投资形式。这些都是值得我国学习和借鉴的。

2. 发展中国家项目投资环境建设和优化的经验

以巴西和印度为例，从总体上看，这两国基本都采取的是积极而有针对性的方针来进行工程项目投资环境的建设和优化。

（1）重点扶持，积极引导　积极引导对基础设施、电力、能源及农业等领域的投资，并对这些领域的投资者实行出口及税收等各项优惠政策；同时还放宽了对工业等许多部门的投资范围，目的在于引导投资进入对国家经济发展至关重要的生产部门。

（2）注重利用投资开发落后地区　巴西利用对投资的优惠政策等引导原来比较落后的北部地区由面向商业发展转为面向工业发展，在区内形成了商业、工业和农牧业三个区域，因地制宜，充分利用了地区优势，也促进了全国整体经济规划的实现。

（3）实行以经济手段为主的必要管制　巴西和印度基于自身的历史及经济等因素，充分吸收各种渠道的投资发展经济。但近年来，特别重视对各类资金的管制，在投资部门、股权份额、利润汇出等各个方面都加强了限制。

3.4.3 我国项目投资环境建设和优化的发展方向

就我国的现状来看，虽然在改革开放和经济全球化的背景下，改善我国工程项目投资环境已取得了不错的效果，但同国际标准相比较还有一定的差距，这也是我国在吸引外资和对外投资中出现困难的部分原因。结合其他国家的经验，可以从以下几个方面加强建设：

1）完善法律环境，以保证项目投资在一个安全可靠的环境中运行。

2）转变政府职能，简化审批程序，根据经济发展规划引导投资方向，在政策上要既有鼓励又有限制。

3）建立统一、开放、竞争有序的市场体系，并且努力为投资及项目实施创造良好、完善的金融、人才、物流等配套服务体系和发展环境。

4）促进各产业升级和技术的开发与引进，以增强项目的引资能力和创收能力。

思考题

1. 简述建设项目投资环境的含义及特征。
2. 简述建设工程项目投资环境的作用。
3. 简述自然环境对建设工程项目投资的影响。
4. 简述经济环境对建设工程项目投资的影响。
5. 简述工程项目投资环境的评价指标体系及含义。
6. 采取冷热对比法时项目投资环境的评价选定的因素有哪些？
7. 采用准数评价法时项目投资环境的评价选定的因素有哪些？

第4章
建设工程项目投资机会

本章主要内容：项目投资机会研究概述，包括项目投资机会研究分类、项目投资机会研究程序、项目投资机会研究方法；基础设施类建设项目投资机会，包括轨道交通投资机会、综合管廊投资机会；商业地产类投资机会，包括特色小镇投资机会、养老地产投资机会、商业物业投资建设的市场机会分析、住宅物业投资开发的市场分析。

本章重难点：项目投资机会研究方法，基础设施类建设项目投资机会，商业地产类投资机会。

4.1 项目投资机会研究概述

项目投资机会研究也称投资机会鉴别，是对项目进行可行性研究之前的准备性调查研究，也是为寻求有价值的投资机会而对项目投资环境（如项目背景、资源条件、市场状况等）所进行的初步调查研究和分析预测。

4.1.1 项目投资机会研究分类

项目投资机会研究包括一般机会研究和特定项目机会研究。

1. 一般机会研究

一般机会研究处于项目投资机会研究的最初阶段，是投资者通过收集大量信息，经过分析比较，从错综纷繁的事物中鉴别发展机会，并最终形成确切的项目投资方向（意向）或投资领域的过程。一般机会研究的重点是地区的经济形势、产业政策、资源条件及市场信息。所关注的是地区和行业的宏观与中观信息；研究的目的在于识别投资机会，并对项目的投资方向（地域方向和物业性质方向）提出建议。因此，一般机会研究又分为地区机会研究、行业机会研究和资源开发机会研究三类。

2. 特定项目机会研究

特定项目机会研究是在一般机会研究确定了项目发展方向或投资领域后进行的进一步调查研究。其目的是经过方案筛选，将项目发展方向或投资领域转变为概略的项目提案或投资建议。与一般机会研究相比，特定项目机会研究通常是更为深入、具体的分析和研究。特定项目机会研究主要包括对项目投资环境的客观分析（如对市场、产业政策、税收政策、金融政策、财政政策等的分析）、对项目战略目标及内外部资源条件的分析（如对技术能力、管理能力以及外部建设条件的分析）以及对项目承办者的优势劣势分析（SWOT 分析）等。

项目投资机会研究的成果是形成投资机会研究报告或项目建议书,为后续的可行性研究工作提供依据。

4.1.2 项目投资机会研究程序

项目投资机会研究的目的在于发现投资机会和投资项目,并为项目的投资方向和项目设想提出建议。为确保投资项目选择的科学性与合理性,针对项目投资机会的研究应遵循以下程序:

1. 明确投资动机

在进行项目投资机会的论证中,首先应分析投资者的投资动机,然后才能在此基础上甄别投资机会,论证投资方向。通常,可以从以下方面对投资动机进行识别和论证:

1)激烈的市场竞争迫使投资者进行技术更新改造,研究开发新产品和适销对路的产品。
2)为降低单位产品成本,实现最大利润,增加投资,扩大生产规模,达到经济规模。
3)市场需求巨大,产品供不应求,丰厚的营销利润吸引投资商投资开发新产品。
4)为分散经营风险,改善投资经营结构,拓宽投资领域,全方位、多元化投资经营。
5)改善投资区域分布,转移投资区域,形成合理的投资布局。
6)受国家宏观政策和大气候影响,转移投资方向,调整投资产业结构。
7)追求某领域项目投资的高回报,把握机会,创造条件,跟踪投资。
8)利用高科技和独特的专利技术,研究开发新产品,填补空白,开辟潜在市场,获取超额投资利润。
9)为增强企业后劲,提高经营效益的稳定性,投资长线项目(如基础设施项目、工业项目等),或为某一大型建设项目辅助配套。
10)按有关部门要求和社会需要,利用某些优惠政策和有利条件,进行扶贫开发和社会公益事业项目建设等。

2. 鉴别投资机会

在进行投资机会论证时,应根据投资者的投资动机,对各种投资机会进行鉴别和初选,论证投资机会酝酿的依据是否合理。针对项目投资机会的鉴别,应从以下方面开始:

1)资金来源及其性质。
2)自身优势项目。
3)资源优势项目。
4)新技术优势项目。
5)地理位置优势项目。
6)市场超前项目。
7)现有企业的前后工序配套项目,多种经营项目,具有生产要素的成本及市场等综合优势的项目。
8)具有时代特点的投资项目。
9)涉及未来热点市场的竞争项目。
10)其他国家在经济方面具有同样水平时获得成功的同类行业项目。

3. 论证投资方向

在初步筛选投资机会后,要对自然资源条件、市场需求预测、项目开发模式选择、项目实施的环境等进行初步分析,并结合其他类似经济背景的国家或地区的经验教训、相关投资政策法规、技术设备的可能来源、生产前后延伸的可能、合理的经济规模、产业政策、各生产要素的来源及成本等,初步评价投资机会的财务、经济及社会影响,论证投资方向是否可行。

投资方向的论证应结合我国现阶段市场经济特征和基本建设规律,以及国家的产业政策和不同行业的特点,进行科学策划、评估和慎重决策。投资方向包括:

(1) 资源利用开发型项目 由于不少资源具有不可再生或再生能力差的特点,这些资源随着不断地被开发利用而日益减少,资源量越来越少,其价格就越来越高,尤其对稀缺资源或无再生能力的资源来说更是如此。例如石油、天然气、稀有金属矿产等不可再生资源,随着开采量的增加而储量逐年减少,因此,投资开发这类资源并对其进行加工或深加工容易获利。同样,独具特色的旅游资源,独特的地理、气候形成的农业资源等,均可被有效开发利用。

(2) 填补市场空白型项目 项目投资效益的好坏,关键在于市场。比如工业加工项目,只要产品需求大,降低生产成本,则能获利。如果在某区域范围内,由于经济发展落后,工业化程度低,或者因为产业结构不合理,而使某些完全有条件生产加工的产品全靠外地运进,导致某些经营领域尚存在一定规模的市场空白,投资者则完全可以利用市场机会,构思投资项目,生产经营符合市场需求的产品。

(3) 科技领先型项目 因为高额利润回报的诱导,促使人们不断研究应用新技术、开发新产品。因此,如果投资者按照社会的现实需要和潜在需求,组织人员攻关,研制技术领先的新产品,或者通过购买技术专利,开发新产品投放市场,则可望获取高技术附加值带来的高额利润回报。这类项目往往投资大、周期较长,需要投资者具有一定的资本实力和技术力量,但只要获得成功,投资商付出的代价是能够得到足够或成倍补偿的。因此,在具备技术条件的前提下,研究开发具有巨大潜在需求的科技领先型产品,是任何一个有远见的投资商应着重考虑的重要投资方向之一。

(4) 配套加工服务型项目 该类项目投资的着眼点主要在于某一大型项目的开发建设或某一产业的蓬勃发展,客观上对某些配套产品或配套服务形成了巨大需求,从而使该类项目投资获得具有一定规模和稳定的需求市场,市场风险相对较小。因此,投资者可采取跟进配套策略,投资开发配套项目。如在某一新兴汽车工业基地,可考虑投资开发与汽车生产配套的轮胎、坐垫、刮水器等产品;在某一具有巨大旅游开发潜力的新兴旅游区,可投资开发宾馆等配套服务项目。

(5) 基础建设项目 投资者主要依据投资风险和投资回报来判断是否进行某项投资。而对于基础设施或基础工业项目,令投资者首先感兴趣的是这类项目风险小、收益有保证,而且从长远看,也能获取令人满意的投资回报。例如城市供水、城市燃气、收费公路、桥梁、(水)火电站以及输电网线和通信线路等。但由于这类项目一般投资大、周期长,因此要求投资者具有较强的资本实力和良好的融资渠道。

(6) 政府鼓励的国有企业改造和支柱产业项目 投资该类项目一般能得到当地政府在政策、土地使用等方面的优惠,有时还能得到资金和信贷等方面的支持,对有些项目政府甚至还承诺给予某一固定比例的投资回报。因此，投资者可在综合考虑各项条件和因素后，有选择地收购、兼并国有企业或参与支柱产业项目的投资建设。

4. 具体项目机会论证

在最初鉴别并确定投资方向之后，就应该进行具体项目的投资机会研究，并向潜在的投资者散发投资机会初步建议。具体项目机会论证比一般机会研究更普遍，它将项目设想转变为概略的投资建议。其目的是促使投资者做出反应，因此项目机会论证必须包括针对该项目的一些基本资料，而不是简单地列举一些具有一定潜力的产品名录。

4.1.3 项目投资机会研究方法

对项目投资机会进行分析研究，就是从多角度、多维度对投资项目的价值和可行性进行判断。常用的方法主要有 PESTEL 分析法、行业生命周期法、市场集中度法、矩阵分析法、价值链分析法、波特五力模型法、SWOT 分析法等。下面介绍常用的 PESTEL 分析法、波特五力模型法和 SWOT 分析法，同时对目前发展如火如荼的大数据分析加以介绍。

1. PESTEL 分析法

PESTEL 分析法又称大环境分析法，具体为政治（Political）因素、经济（Economic）因素、社会（Social）因素、技术（Technological）因素、环境（Environmental）因素和法律（Legal）因素。PESTEL 分析法是分析宏观环境的有效工具，不仅能够分析外部环境，而且能够识别一切对组织有冲击作用的力量，是调查组织外部影响因素的方法。

（1）政治因素 政治因素是指对组织经营活动具有实际与潜在影响的政治力量和有关的政策、法律及法规等因素。

（2）经济因素 经济因素是指组织外部的经济结构、产业布局、资源状况、经济发展水平以及未来的经济走势等因素。

（3）社会因素 社会因素是指组织所在社会中成员的历史发展、文化传统、价值观念、教育水平以及风俗习惯等因素。

（4）技术因素 技术因素不仅仅包括那些引起革命性变化的发明，还包括与企业生产有关的新技术、新工艺、新材料的出现和发展趋势以及应用前景。

（5）环境因素 环境因素是指一个组织的活动、产品或服务中能与环境发生相互作用的因素。

（6）法律因素 法律因素是指组织外部的法律、法规、司法状况和公民法律意识所组成的综合系统。

2. 波特五力模型法

波特五力模型法是迈克尔·波特（Michael Porter）于 20 世纪 80 年代初提出的。他认为行业中存在着决定竞争规模和程度的五种力量：供应商的讨价还价能力、购买者的讨价还价能力、新进入者的威胁、替代品的威胁、同行业竞争者的竞争程度。这五种力量综合起来影响着产业的吸引力以及现有企业的竞争战略决策。

波特五力模型将大量不同的因素汇集在简便的模型中，以此分析行业的基本竞争态势，该方法隶属外部环境分析方法中的微观分析，是对一个产业盈利能力和吸引力的静态断面扫描，说明的是该产业中的企业平均具有的盈利空间。波特五力模型法是一个产业形势的衡量指标，而非企业能力的衡量指标，用于项目投资机会的研究，以揭示投资者在行业或项目中具有何种盈利空间。

（1）供应商的讨价还价能力 供应商主要通过提高投入要素价格与降低单位价值质量的能力来影响行业中现有企业的盈利能力与产品竞争力。其力量的强弱主要取决于所提供给买主的投入要素。当供应商所提供的投入要素其价值占了买主产品总成本的较大比例、对买主产品生产过程非常重要或者严重影响买主产品的质量时，供应商对买主的潜在讨价还价能力就大大增强。满足如下条件的供应商具有较强的讨价还价能力：

1）供应商行业被具有比较稳固市场地位而不受市场激烈竞争困扰的企业所控制，其产品的买主多，以至于每一单个买主都不可能成为供应商的重要客户。

2）供应商各企业的产品各具特色，以至于买主难以转换或转换成本太高，或者很难找到可与供应商企业产品相竞争的替代品。

3）供应商能够方便地实行前向联合或一体化，而买主难以进行后向联合或一体化。

（2）购买者的讨价还价能力 购买者主要通过其压价与要求提供较高产品或服务质量的能力来影响行业中现有企业的盈利能力。影响购买者讨价还价能力的主要原因有：

1）购买者的总数较少，而每个购买者的购买量较大，占了卖方销售量的很大比例。

2）卖方行业由大量相对来说规模较小的企业所组成。

3）购买者所购买的基本上是标准化产品，同时向多个卖方购买产品在经济上也完全可行。

4）购买者有能力实现后向一体化，而卖方不可能前向一体化。

（3）新进入者的威胁 新进入者在给行业带来新生产能力、新资源的同时，也希望在现有市场中赢得一席之地，就有可能会与现有企业发生原材料与市场份额的竞争，最终导致行业中现有企业的盈利水平下降，甚至危及现有企业的生存。这种竞争性威胁的严重程度取决于两方面的因素：进入新领域的障碍大小与预期现有企业对新进入者的反应情况。

（4）替代品的威胁 两个处于同行业或不同行业中的企业，可能会由于所生产的产品互为替代品而产生相互竞争行为。这种源自替代品的竞争会以各种形式影响行业中现有企业的竞争战略。

1）现有企业产品售价以及获利潜力的提高，将由于存在着能被用户方便接受的替代品而受到限制。

2）由于替代品生产者的侵入，现有企业必须提高产品质量，或者通过降低成本来降低售价，或者提升其产品特色，否则其销量与利润增长目标就有可能受挫。

3）源自替代品生产者的竞争强度，受产品买主转换成本高低的影响。

总之，替代品价格越低、质量越好、用户转换成本越低，它所能产生的竞争压力就强。而这种来自替代品生产者的竞争压力强度，可以通过考察替代品销售增长率、替代品厂家生产能力与盈利扩张情况等加以描述。

（5）同行业竞争者的竞争程度 大部分行业中的企业相互之间的利益紧密联系在一起。作为企业整体战略一部分的竞争战略，其目标都在于使自己获得相对于竞争对手的优势。在实施中必然会产生冲突与对抗现象，进而构成了现有企业之间的竞争，主要表现在价格、广告、产品介绍、售后服务等方面，其竞争强度与许多因素有关。

通常，出现下述情况将意味着行业中现有企业之间的竞争加剧：行业进入障碍较低，势均力敌的竞争对手较多，竞争参与者范围广泛；市场趋于成熟，产品需求增长缓慢；竞争者企图采用降价等手段促销；竞争者提供几乎相同的产品或服务，用户转换成本很低；一个战略行动如果取得成功，其收入相当可观；行业外部实力强大的企业在接收了行业中实力薄弱的企业后，发起进攻性行动，结果使得刚被接收的企业成为市场的主要竞争者；退出障碍较高，即退出竞争要比继续参与竞争代价更高。

3. SWOT 分析法

SWOT 分析法即态势分析法，常被用于企业战略制定、竞争对手分析、投资机会分析等场合。SWOT 分析包括优势（Strengths）、劣势（Weaknesses）、机会（Opportunities）和威胁（Threats）分析。因此，SWOT 分析实际上是对企业内外部条件各方面内容进行综合和概括，进而分析组织的优势和劣势、面临的机会和威胁的一种方法。

（1）SWOT 模型的含义　优势和劣势分析主要是着眼于企业自身的实力及其与竞争对手的比较，而机会和威胁分析将注意力放在外部环境的变化及其对企业的可能影响上。在分析时，应把所有的内部因素（优势和劣势）集中在一起，然后用外部力量来对这些因素进行评估。

1）机会与威胁分析。随着经济、科技等诸多方面的迅速发展，特别是世界经济全球化、一体化过程的加快，以及全球信息网络的建立和消费需求的多样化，企业所处的环境更为开放和动荡。因此，环境分析成为重要的企业职能。

环境发展趋势可分为环境威胁和环境机会两大类。环境威胁是指环境中一种不利的发展趋势所形成的挑战，如果不采取果断的战略行为，将导致企业的竞争地位受到削弱；环境机会就是对企业行为富有吸引力的领域，在这一领域中，该企业将拥有竞争优势。对环境的分析也可以有不同的角度。例如，一种简明扼要的方法就是 PESTEL 分析法，另外一种比较常见的方法就是波特五力模型法。

2）优势与劣势分析。每个企业都可以通过"企业经营管理检核表"的方式定期检查自己的优势与劣势。当两个企业处在同一市场，或者都有能力向同一顾客群体提供产品和服务时，如果其中一个企业有更高的盈利率或盈利潜力，那么就认为这个企业比另外一个企业更具有竞争优势。即竞争优势是指一个企业超越其竞争对手的能力，这种能力有助于实现企业的主要盈利目标。

由于企业是一个整体，而且竞争优势的来源十分广泛，所以，在做优势与劣势分析时，必须从整个价值链的每个环节上，将企业与竞争对手做详细的对比。例如产品是否新颖，制造工艺是否复杂，销售渠道是否畅通，以及价格是否具有竞争性等。衡量一个企业及其产品是否具有竞争优势，只能站在现有潜在用户的角度上，而不是站在企业的角度上。

企业在维持竞争优势的过程中，必须深刻认识自身的资源和能力，采取适当的措施。因为企业一旦在某一方面具有了竞争优势，势必会吸引竞争对手的注意。企业经过一段时期的努力，建立起某种竞争优势；然后就处于维持这种竞争优势的态势，其竞争对手开始逐渐做出反应；而后，如果竞争对手直接进攻企业的优势所在，或采取其他更为有力的策略，就会削弱企业的这种优势。

（2）SWOT 分析步骤

1）确认当前的战略。

2）确认企业外部环境的变化（波特五力模型法或者 PESTEL 分析法）。

3）根据企业的资源组合情况，确认企业的关键能力和关键限制。

4）按照通用矩阵或类似的方式打分评价。

5）将结果在 SWOT 分析图上定位。

4. 大数据在市场分析中的运用

大数据的本质是一种数据处理技术，其处理的主要内容和流程为数据获取、数据存储、数据管理和数据分析，而大数据最主要的功能在于分析数据背后的规律，为人类活动的开展提供稳定、可靠的规律支持。作为一种新的发展技术，大数据的特点主要体现在数据量大、速度快、数据类型多、价值密度低、真实性强五个方面。

通常，大数据可以大致分为三种类型：直接观测型、自动获取型与自愿贡献型。直接观测型主要是指由各种电子监视器等（例如道路卡口摄像头）直接观测的数据，往往针对某一特定地方或人（群）。自动获取型数据是由于电子信息相关网络应用程序的使用而自动留下的网络"痕迹"。例如：网络中留下的搜索与浏览记录；网络购物留下的交易数据、快递包裹留下的转运记录；出租车全球定位系统（GPS）记录的时空出行路线，智能公交卡记录的上下车出行记录；基站检测到的移动用户位置、移动用户间的通信记录等。自愿贡献型数据则是人们自愿在网络上发布或分享的数据。

大数据的信息处理更强调广泛性而非精确性。在大数据收集和处理中，允许格式不一或不精确性的存在。大数据可以通过接收混杂性数据而避免了原始分类错误带来的影响，不需要在数据收集之前将分析建立在预先设定的少量假设的基础上，而是通过大量数据本身得出结果。

大数据的核心应用是预测，在商业、疾病预防、城市规划与交通等领域都有广泛的应用。在建设工程项目方面，大数据在市场分析领域对市场信息的获取与处理、问题的搜索与相关性研究以及预测和评估都具有重大的应用价值。由于大数据是对总体数据进行全样本分析，相比于传统的小样本调查研究，大数据更能够获得更加完整全面的数据（例如特定使用人群的特征、需求和使用规律），通过增加数据量而提高分析的准确性，能够发现抽样分析无法实现的更加客观的关联，使人们更能准确地了解和把握市场变化趋势，提高准确性。

4.2 基础设施类建设项目投资机会

4.2.1 轨道交通投资机会

当前，我国城镇化进程不断加快，城市群概念逐渐形成，城市规模逐渐扩大，以高铁与城市轨道交通为代表的轨道交通行业凭借大运量、高效、准时等优势得到快速发展。由于城市轨道交通与高铁项目均面临投资额巨大、运营成本高昂、盈利水平较低的困境，因此合理性线路、站点、线网规划，创新型投融资机制、沿线及周边土地与商业资源综合开发利用以及地铁小镇、高铁新城的规划与建设，都是国家未来将在轨道交通行业实施的可持续发展策略。这些可持续发展手段将极大地引进市场化机制，势必带来更多的投资机会。

1. 政策分析

（1）城市轨道交通 《国务院关于城市优先发展公共交通的指导意见》（国发〔2012〕64 号）明确指出，"优先发展公共交通是缓解交通拥堵、转变城市交通发展方式、提升人民群众生活品质、提高政府基本公共服务水平的必然要求，是构建资源节约型、环境友好型社会的战略选择""有条件的特大城市、大城市有序推进轨道交通系统建设""大城市要基本实现中心城区公共交通站点500米全覆盖，公共交通占机动化出行比例达到60%左右"。基于国家公交优先的发展战略，城市轨道交通以其运量大、安全性高、准时高效等优势成为负担公共交通出行的主力军。现阶段，我国城市轨道交通整体上进入高速发展时期，还有大规模的后续线路将陆续建成投入运营；部分城市已进入网络化运营格局，且投融资模式也在向多元化趋势发展。近年来，我国在城市轨道规划布局、项目审批、投融资机制等方面密集发布了多项政策，对于处在关键发展时期的我国城市轨道交通发展具有十分重大的意义。

1）城市轨道交通准入规定　《国务院办公厅关于加强城市快速轨道交通建设管理的通知》（国办发〔2003〕81号）与《国家发展改革委关于加强城市轨道交通规划建设管理的通知》（发改基础〔2015〕49号）两个文件相辅相成，共同规范我国城市轨道交通准入门槛。二者的核心要点可以概括为"准入限制＋增量控制"。其中，81号文主要是从国内生产总值、地方财政预算、城区人口规模、单向高峰客流规模等方面设定城市轨道交通准入门槛，而49号文则主要从政府财力这一维度来控制城市轨道交通的增量发展速度。但由于81号文的政策是在2003年发布的，目前新发展环境下的新指标需进一步更新与调整。

2）城市轨道交通项目审批。作为上位规划的线网规划，其编制及审批在实际操作中基本由地方政府主导完成，而作为下位规划的建设规划，《国家发展改革委　住房城乡建设部关于优化完善城市轨道交通建设规划审批程序的通知》（发改基础〔2015〕2506号）明确指出由国务院进行审批。这就导致了各个城市普遍重视建设规划，而相对忽略了线网规划对建设规划的指导作用。

针对线网规划与建设规划审批权错位的问题，我国住房和城乡建设部在2014年发布了《住房城乡建设部关于加强城市轨道交通线网规划编制的通知》（建成〔2014〕169号），明确了线网规划的主要内容纳入城市总体规划，与城市总体规划一并审批。由于进入城市轨道交通建设门槛的城市，绝大部分总体规划均由国务院审批，如此便强化了线网规划的作用。另外，城市轨道交通项目审批还对配套联动审批工作不断完善，先后增加了环境影响评价报告、工程建设用地预审、节能评估报告、安全生产预评价报告等。

2013年5月15日，《国务院关于取消和下放一批行政审批项目等事项的决定》（国发〔2013〕19号）发布，明确国家批准城市轨道交通建设规划后，将项目的审批权下放省级投资主管部门，由省级投资主管部门在国家已经批准的近期建设规划范围内，根据实际情况来审批项目。2017年，《国家发展改革委关于进一步下放政府投资交通项目审批权的通知》（发改基础〔2017〕189号）发布，其中规定对能用规划实行有效管理的项目最大限度下放审批，仅保留少部分重大项目和中央投资为主项目的审批权限。

3）PPP模式应用与规范。城市轨道交通具有建设周期长、资金需求量大、盈利困难的特点，传统的"国家出资，国家运营"的模式已难以为继。为缓解政府财政压力，提高轨道交通社会效益与服务效率，2014年《国家发展改革委关于开展政府和社会资本合作的指导意见》（发改投资〔2014〕2724号）和《财政部关于推广运用政府和社会资本合作模式有关问题的通知》（财金〔2014〕76号）发布，对PPP基本概念、参与主体进行准确界定，对PPP审批及操作流程和注意事项做出了明确的规定。

在初期的探索与实践中，PPP 模式出现了诸多乱象。2017 年，国家出台了《关于坚决制止地方以政府购买服务名义违法违规融资的通知》（财预〔2017〕87 号）、《关于规范政府和社会资本合作（PPP）综合信息平台项目库管理的通知》（财办金〔2017〕92 号），进一步规范 PPP 模式的应用。截至 2018 年年初，PPP 初见成效。《国家发展改革委关于鼓励民间资本参与政府和社会资本合作（PPP）项目的指导意见》中，明确写明要为民间资本创造良好的环境，鼓励民营企业运用 PPP 模式盘活存量资产，加大民间资本 PPP 项目支持力度等鼓励性政策。另外，国家对 PPP 项目的准入也在严格把关，对不符合 PPP 项目条件、滥竽充数的项目绝不手软。2018 年 4 月，财政部发布《关于进一步加强政府和社会资本合作（PPP）示范项目规范管理的通知》（财金〔2018〕54 号）文件，就对存在问题的 173 个示范项目进行了分类处置，并提出要加强项目规范管理，切实强化信息公开，接受社会监督，建立健全长效管理机制。

4）资本金比例。《国家发展改革委关于加强城市轨道交通规划建设管理的通知》（发改基础〔2015〕49 号）要求，项目资本金比例不低于 40%，政府资本金占当年城市公共财政预算收入的比例一般不超过 5%。随后，《国务院关于调整和完善固定资产投资项目资本金制度的通知》（国发〔2015〕51 号）中专门规定，城市轨道交通项目资本金比例由 25% 调整为 20%，即各个城市轨道交通项目具体的资本金比例还应依据城市财政能力和建设能力确定，但最低不得低于 20%。

（2）高铁 "十三五" 期间，我国对于高铁在列车科技发展、节能、铁路发展、轨道交通装备产业、综合交通运输体系发布了纲领性政策文件，见表 4-1。

表 4-1　高铁纲领性政策文件汇总

政策名称	发布时间	政策解读
《中长期铁路网规划》	2016 年 7 月	到 2020 年，一批重大标志性项目建成投产，铁路网规模达到 15 万 km，其中高速铁路 3 万 km，覆盖 80% 以上的大城市，为完成 "十三五" 规划任务、实现全面建成小康社会目标提供有力支撑
《"十三五" 现代综合交通运输体系发展规划》	2017 年 2 月	到 2020 年，基本建成安全、便捷、高效、绿色的现代综合交通体系，部分地区和领域率先基本实现交通运输现代化
《铁路 "十三五" 发展规划》	2017 年 11 月	到 2020 年，全国铁路营业里程达到 15 万 km，其中高速铁路 3 万 km，复线率和电气化率分别达到 60% 和 70% 左右，基本形成布局合理、覆盖广泛、层次分明、安全高效的铁路网络

2. 市场分析

（1）城市轨道交通　2019 年城市轨道交通进入快速发展新时期，运营规模、客运量、在建线路长度、规划线路长度均创历史新高，发展日益网络化、差异化、制式结构多元化，网络化运营逐步实现。

1）运营规模。截至 2019 年年末，我国内地共 40 个城市开通城市轨道交通，共计开通城市轨道交通线路 208 条，运营线路长度达到 6736.2km。新增温州、济南、常州、徐州、呼和浩特 5 市，新增运营线路 25 条，新增运营线路长度 974.8km。

2）建设规模。据不完全统计，截至 2019 年年末，我国内地共有 56 个城市开工建设城市轨道交通，共计在建城市轨道交通线路 279 条，在建线路长度达到 6902.5km，同比增长8.3%。

3）运营线路制式结构多元化。截至2019年年末，我国内地已开通城市轨道交通包括地铁、轻轨、单轨、市域快轨、现代有轨电车、磁浮交通、APM⊖七种制式。拥有两种及以上制式的城市有19个，占已开通城市轨道交通运营城市的47.5%。

4）客运量稳步增长。据不完全统计，截至2019年年末，我国内地城市轨道交通全年累计完成客运量237.1亿人次，比2018年增长26.4亿人次，增幅12.5%。已开通城市轨道交通平均客运强度为0.71万人次/km，客运强度同比下降。

5）投资情况。2019年，城市轨道交通共完成投资5958.9亿元，同比增长8.9%，在建线路累计可研批复投资达46 430.3亿元。⊖

6）未来发展分析。未来发展主要体现在以下几方面：①有序地规划建设。在城镇化进程加快的背景下，城市轨道交通成为准时高效的出行方式。但城市轨道项目投资大、费用高、自身经济效益差。因此，在城市轨道交通大发展的时代，更应坚持量力而行、稳步发展。②二三线城市轨道建设将加速。从城市轨道交通布局结构看，城市轨道建设发展极为不均衡。北、上、广、深的地铁里程占到全国通车里程的60%。随着经济发展和国家城市群规划建设的推进，会有更多的经济较为发达的二线城市加入城市轨道建设行列，地域布局渐趋合理将带动城市轨道建设的全面加速。③创新型融资管理。增强创新能力与经营能力，依托城市轨道交通物业、商业等资源大力推进经营开发，着力形成依托城市轨道资源反哺城市轨道建设和运营的能力。④智能制造深入推进。深入推进轨道交通领域的智能制造发展，对于培育轨道交通增长新动能、构建新型轨道交通产业体系具有重要意义。当前，面对轨道交通领域的智能制造关键技术装备、核心支撑软件、工业互联网等系统集成应用正在积极推进。

（2）高铁

1）巨大的市场规模。截至2018年年底，我国高铁运营里程达到2.9万km，占我国铁路总里程数的22%，同时占据全球高铁总量70%之巨，成为世界上高铁里程最长、运输密度最高、成网运营场景最复杂的国家。预计我国将在2025年实现3.8万km的高铁运营目标，也就意味着与2015年相比，我国高铁运营里程将在十年内实现翻倍目标。同时预计2025年我国动车组采购总价值将突破1300亿元

2）高铁提速带动产业链发展。高铁提速是一个复杂的系统工程，包括从高速铁路的建造、机车的制造到信号管理、运营维护，都牵连诸多子行业以及细分领域，尤其是核心部件，需要技术同时得到提升，然后再进行综合能力的整体提升。所以，高铁提速会带动一个很长的产业链发展，进而带来更多的投资机会。

3）高铁建设与提速带动的整车需求。2017年8月，中国铁路总公司与中国中车集团公司签署了战略合作协议，订购500辆复兴号。复兴号全面超越了和谐号，尤其是它的运营寿命从20年达到了30年。每辆复兴号达成的谈判价格也达到人民币1.7亿元。订单直接为中国中车集团公司带来了850亿元收入。2020年年底，投入高铁运营的新标准动车组需求超过1600组，我国动车组保有量超过3800组。除了高铁，快速铁路、货运铁路、城际铁路以

⊖ APM为Automated People Mover System的简写，译为自动旅客捷运系统。

⊖ 1）~5）的数据来自于中国城市轨道交通协会发布的《城市轨道交通2019年度统计和分析报告》。

及轻轨都会对整车形成非常大的需求,而且全球目前已经有 102 个国家和地区在运行着中国的机车。

4)高铁加快城市间融合,进一步加快大都市圈发展。高铁使"一小时城市圈"成为现实,在城市与城市不断融合的过程中,传统的城市界限会逐渐淡化,尤其是我国特大中心城市功能疏解地区会迎来更多的经济红利。例如,2015 年上饶成为沪昆、京福两条高铁的枢纽站点,城市能级显著提升。

4.2.2 综合管廊投资机会

地下综合管廊是指市范围内供水、排水、燃气、热力、电力、通信、广播电视、工业等管线及其附属设施,是保障城市运行的重要基础设施和生命线。但目前城市管线问题直接制约城市的发展,问题主要为大雨内涝、管线泄漏、路面塌陷等,严重影响了人民群众生命财产安全和城市运行秩序。从国家层面高度重视城市地下管线问题,为切实加强地下管线建设管理工作,2014 年 6 月 14 日,下发了《国务院办公厅关于加强城市地下管线建设管理的指导意见》(国办发〔2014〕27 号)(以下简称《指导意见》)。

1. 政策分析

近年来,随着城市快速发展,地下管线建设规模不足、管理水平不高,政策法规相对缺乏,导致了很多问题,因此国务院出台指导意见进行规制。《指导意见》明确了近中远期的总体工作目标,提出了全面加强城市地下管线建设管理的重点任务:一是加强规划统筹,严格规划管理;二是开展地下空间资源的调查与评估,指定城市地下空间开发利用规划,组织编制地下管线综合规划,对城市地下管线实施统一规划管理。

当然,从当前经济社会发展的形式来看,加强城市管线的综合管理,有利于城市进一步发展,《指导意见》的意义主要体现在以下两个方面:①强化城市地下管线的建设,有利于城市发展和规划;②发展城市地下管线可以起到促进经济增长、化解产能过剩的问题。

建设地下管线主要是适应城镇化需要,把加强城市地下管线建设管理作为履行政府职能的重要内容,统筹地下管线规划建设、管理维护、应急防灾等全过程,综合运用各项政策措施,提高创新能力,全面加强城市地下管线建设管理。

2. 市场分析

如果按照综合管廊的设计模式,将供水、排水、燃气、供热四类市政地下管道设计为一体,建设管线长度约为 37 万 km,在不计算拆迁等成本的情况下,所需资金就将近 4 万亿元。但是目前我国还存在着管线建设法律法规不完善、技术规范不健全、投融资和运营模式不明确等问题,制约着管线建设的快速发展,也影响到企业的投资积极性。

4.3 商业地产类投资机会

4.3.1 特色小镇投资机会

1. 政策分析

作为推动新型城镇化的重要载体和突破点,近几年特色小镇的建设浪潮席卷了全国各地。为全面促进特色小镇的建设发展，充分发挥特色小镇推进城乡一体化的重要抓手作用，从国家到地方都不断出台各种相关扶持政策。截至2018年年底，全国共发布特色小镇相关政策195个，其中国家层面共发布29个，省级政策94个，市级政策72个。本节对已出台的国家级政策进行解读。

2016年7月，《住房城乡建设部 国家发展改革委 财政部关于开展特色小镇培育工作的通知》（建村〔2016〕147号）发布，这是支持特色小镇建设的首个国家层面政策。自此之后，国家发布政策的密度不断加大，尤其是2017年，更是进入了实质性推动的一年。通过对国家近年发布的政策进行分析，发现国家层面的特色小镇政策主要集中在三个方向：加大对特色小镇的金融支持；提高对特色小镇的建设要求；细化各专业领域对特色小镇的建设。

（1）加大对特色小镇的金融支持　我国各地区建设特色小镇的区位条件和产业特色不尽相同，受经济发展因素影响，部分地区尤其是中西部偏远贫困的特色小镇，存在基础设施建设落后、交通条件不佳、人才资源匮乏等情况，需要强大的资金支持。因此，国家通过综合运用财政、金融政策，引导金融机构加大对特色小镇建设的支持力度。国家发展改革委已与住房城乡建设部联合中国农业发展银行、国家开发银行、中国建设银行等先后提出了支持特色小镇建设的金融政策文件。

国家政策中积极鼓励特色小镇采用特许经营、政府购买服务模式及重点发展的政府和社会资本合作（PPP）等融资模式，引导社会资本参与特色小镇建设项目，推动项目落地。同时，各大银行推出了综合融资方式和创新融资方式，支持特色小镇建设。政策中的相关融资方式见表4-2。

表4-2　银行对特色小镇建设的融资方式

时间	银行	部门	金融支持政策名称	融资方式
2016年10月	中国农业发展银行	住房城乡建设部	《关于推进政策性金融支持小城镇建设的通知》（建村〔2016〕220号）	银行贷款、委托贷款、重点项目建设基金
				特许经营权、收费权、政府购买协议预期收益、质押担保
2017年1月	国家开发银行	住房城乡建设部	《关于推进开发性金融支持小城镇建设的通知》（建村〔2017〕27号）	投资、贷款、债券、租赁、证券、基金
				特许经营权、收费权和购买服务协议下的应收账款质押等担保类贷款业务
2017年4月	中国建设银行	住房城乡建设部	《关于推进商业金融支持小城镇建设的通知》（建村〔2017〕81号）	债券、股权投资、基金、信托、融资租赁、保险资金
				特许经营权、景区门票收费权、知识产权、碳排放质押、创业投资基金、股权基金等开展投贷联动

另外，在各金融支持政策中，各大银行政策的支持范围包括重点支持项目和优先支持项目。重点支持的项目范围总体上包括特色小镇的基础设施和公共服务设施建设、配套设施建

设和生态环境建设；对优先支持的特色小镇项目，各大银行有所侧重，能够指导地区特色小镇结合自身优势。具体见表4-3。

表4-3 银行对特色小镇建设的支持范围

范围类型	银行	具体支持范围
重点支持范围	中国农业发展银行	以转移农业人口、提升小城镇公共服务水平和提高承载能力为目的的基础设施和公共服务设施
		为促进小城镇特色产业发展提供平台支撑的配套设施建设
	国家开发银行	支持基础设施、公共服务设施和生态环境建设
		支持各类产业发展的配套设施建设
		支持促进小城镇宜居环境塑造和传统文化传承的工程建设
	中国建设银行	支持改善小城镇功能、提升发展质量的基础设施建设
		支持促进小城镇特色发展的工程建设
		支持小城镇运营管理融资
优先支持范围	中国农业发展银行	贫困地区小城镇建设
		带头实施"千企千镇工程"的企业等市场主体和特色小镇
	国家开发银行	开展特色小镇助力脱贫攻坚建设试点，对试点单位优先编制融资规划，优先安排贷款规模
		优先支持"住房城乡建设部公布的第一批特色小镇"确定的127个特色小镇
		对纳入全国小城镇建设项目储备库的优先推荐项目，优先提供中长期信贷支持
	中国建设银行	优先支持"住房城乡建设部公布的第一批特色小镇"确定的127个特色小镇

（2）提高对特色小镇的建设要求　由于特色小镇尚处于起步阶段，部分参与者对特色小镇的打造理念认识不足，因此在建设过程中，出现特色小镇的建设特色不明显、过度依赖房地产、滥用外来文化、盲目追风模仿等现象。因此，近年来的国家政策中出现了明显的纠偏倾向，更加强调特色产业的核心地位、强调传统文化的传承以及生态环境的保护。例如2017年5月，《住房城乡建设部办公厅关于做好第二批全国特色小镇推荐工作的通知》（建办村函〔2017〕357号）发布，对以房地产为单一产业、打着特色小镇名义搞圈地开发的建制镇做出了明令禁止，更加注重当地的实际情况以及当地群众的需求，要求引入的项目符合当地实际等，对第二批特色小镇的申报提出了更加严格的要求。

（3）细化各专业领域对特色小镇的建设　2017年，除住建部统筹推进特色小镇建设外，国家体育总局、农业部、国家林业局率先结合自身相关领域及产业，分别启动了运动休闲特色小镇、农业特色互联网小镇、森林特色小镇的建设试点工作，并在资金方面给予了一定的支持，见表4-4。

表4-4 各专业领域提出的特色小镇建设要求

小镇类型	文件名称	基本要求	政策支持
运动休闲特色小镇	《体育总局办公厅关于推动运动休闲特色小镇建设工作的通知》（体群字〔2017〕73号）	（1）交通便利，自然生态和人文环境好 （2）体育工作基础扎实，在运动休闲方面特色鲜明 （3）近5年无重大安全生产事故、无重大环境污染、无重大生态破坏、无重大群体性社会事件、无历史文化遗存破坏现象 （4）小镇所在县（区、市）政府高度重视体育工作	对纳入试点的小镇，一次性给予一定的经费资助，用于建设完善运动休闲设施，组织开展群众身边的体育健身赛事和活动；为各小镇提供体育设施标准化设计样式，配置各类赛事资源
农业特色互联网小镇	《农业部市场与经济信息司关于组织开展农业特色互联网小镇建设试点工作的通知》（农市便函〔2017〕114号）	（1）促进产业融合发展：以农业为核心，促进农村一二三产业融合发展，构建功能形态良性运转的产业生态圈 （2）规划引领合理布局：不以面积为主要参考，控制数量、节约用地 （3）积极助推精准扶贫：以农业特色互联网小镇建设运营，带动贫困偏远地区农民脱贫致富 （4）深化信息技术应用：充分利用互联网理念和技术，加快物联网、云计算、大数据等信息技术在小镇建设中的应用	可申请农业特色互联网小镇专项资金；专项资金按照PPP模式提供项目投资总额70%以内的资金支持；专项资金管理办公室负责监管专项资金的使用进度和类别是否与建设运营方案一致，但不参与具体建设运营工作
森林特色小镇	《国家林业局办公室关于开展森林特色小镇建设试点工作的通知》（办场字〔2017〕110号）	（1）具有一定规模：森林覆盖率一般应在60%以上，规模较大的国有林场或国有林区林业局建设 （2）建设积极性高：国有林场和国有林区林业局建设积极性较高，当地政府重视森林特色小镇建设工作 （3）主导产业定位准确：重点发展森林观光游览、休闲度假、运动养生以及森林食品、采集和初加工的绿色产业 （4）基础设施较完备：水电路信等基础设施较完善，建设地点原则上要选择在距机场或高铁站50~100km范围内	各级林业主管部门要积极协调有关部门在基础设施建设、项目立项和资金投入、易地搬迁、土地使用审批以及投融资政策等方面予以倾斜，不断优化政策和投融资环境，大力支持小镇建设；国有林场和国有林区林业局是森林特色小镇建设的主体，要创造条件，推进小镇与企业、金融机构有效对接，促进场镇企融合发展、共同成长

综上，不同于2016年特色小镇刚兴起时，各种加快特色小镇建设的政策密集出台，现在的政策内容更加务实，具有更细化的指导意义。国家通过支持资金引导、申报政策的限制、引导推进特色产业，来纠正特色小镇发展中出现的各种问题。可以预见，在国家政策的指引下，特色小镇建设将会保持健康持续的发展，而各地方政府及各专业部门也将会成为具体推动特色小镇建设的中坚力量。

2. 市场分析

（1）市场区位分析 据统计，我国第一批和第二批特色小镇数量排在前面的省份依次是江苏、浙江、山东、广东和四川。可以看出，特色小镇一部分集中于经济发达的华东和华南地区，这是由于特色小镇是命脉产业，不适合建设在经济落后、交通不发达的偏远地区，而应建设在有较好经济基础地区的周边，与城市形成优势互补关系，为特色小镇的发展带来长足的动力。华东和华南地区经济发展程度较高，创新驱动力强，对高新技术等要素的集聚性要求高。相比于长三角、珠三角经济发达地区，四川省的经济则相对落后，但由于其拥有丰富的旅游资源，因此四川特色小镇的发展一直名列全国前茅。"十三五"期间四川的特色小镇规划数也在200个左右，且旅游发展型的占比远远高于其他类型。

（2）产业类型分析　2016年10月14日，住建部正式公布北京市房山区长沟镇等127个第一批中国特色小镇，按其推荐的特色小镇类型，可以划分为工业发展型、历史文化型、旅游发展型、民族聚居型、农业服务型和商贸流通型。且产业类型主要集中在文旅领域，其中，旅游产业占半数以上（50.39%），远超其他类型的特色小镇数量；其次是历史文化型产业（18.11%），由于很多的历史文化型小镇是将历史文化因素糅合进商旅运营的，所以历史文化型小镇也可看作是旅游产业，因此，旅游产业的小镇类型占比接近70%。由于制度不完善，有些特色小镇项目的旅游文化项目不符合当地实情，或者是发展成了单一的房地产项目，产业结构存在问题。因此，在进行第二批全国特色小镇推荐工作时，住建部严格规定旅游文化类项目要符合当地实情，并且所占比例不能超过1/3。对于存在以房地产为单一产业，镇规划未达到有关要求、脱离实际、盲目立项、盲目建设，政府大包大揽或过度举债，打着特色小镇名义搞圈地开发，项目或设施建设规模过大导致资源浪费等问题的，应禁止推荐。可见，特色小镇的产业结构出现了明显的调整。

（3）延伸产业分析　特色小镇基于当地资源与特质进行产业定位，主要为最具发展基础、发展优势和发展特色的产业，如智能制造、文化旅游、体育等特色产业。除此之外，特色小镇带来了对相关配套设施的建设需求，包括市政交通、水利、生态园林、环境保护等一系列系统性工程，其内容与建筑行业业务具有高度的关联性与协同性。建筑公司承接特色小镇建设具有先天优势与强烈动机，已经有诸多建筑企业布局特色小镇建设，特色小镇的万亿元市场空间将为相关企业带来巨大的市场机遇，如图4-1所示。

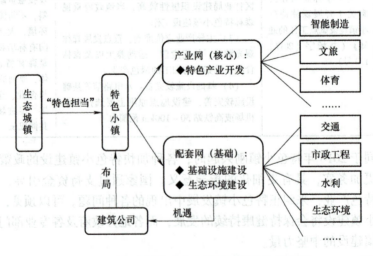

图4-1　特色小镇自身产业及其延伸产业示意图

（4）特色小镇的商业模式　就特色小镇的商业模式来看，目前主要有房企主导的"销售+持有"的现金流平衡模式和产业主导的"产业链打造+代建运营"的软硬件结合模式。

1）"销售+持有"的现金流平衡模式。该商业模式的最大特色是资金回收期较短。因为从开发运营本质来看，房企运营的特色小镇核心仍然是地产开发业务，即在满足政府规划要求的基础上，房企通过获得部分可销售住宅和商业用地，利用销售实现现金流回笼，支撑其余部分自持住宅和商业以及整个小镇的整体运营管理，并没有脱离房地产开发的实质。综合而言，这种商业模式的盈利来源主要为二级房产开发取得的收入和城镇建设与公共服务开发取得的收入两类。

2) "产业链打造+代建运营"的软硬件结合模式。从国家层面考虑，建设多个拥有强大比较优势的产业小镇是符合国家创业创新要求的。具有主导产业的特色小镇的最大特点是围绕着优势产业打造产业生态，以产业聚集和产业链延伸为主要的实现形式。从商业模式来看，产业特色小镇的建设都是围绕着特定产业，需要政府大力引导，同时企业大量投资。而且，一旦有金融资本的配合，还将面临资金期限与项目收益期限相匹配的问题。产业主导的小镇自身能够依托优势产业形成产业盈利链条，同时与旅游结合实现盈利。因此，这一商业模式的盈利来源主要为产业项目开发取得的收入、产业链整合开发取得的收入以及城镇建设与公共服务开发取得的收入三类。

(5) **市场预测** 目前，31个省、市、自治区几乎都已经发布了特色小镇的相关政策，其中四川、云南计划用5年时间建设200个左右特色小镇，浙江、江苏、山东、湖南、广东、广西、河北、新疆、河南、陕西、贵州、海南均拟建100个特色小镇。对这些特色小镇产业规划进行初步统计，到2020年总计将建设特色小镇2468个左右。假设单个小镇建设投资东部为50亿元、中部为30亿元、东北为20亿元、西部为10亿元，考虑到实际建设过程中投资额将更大，预计特色小镇的投资规模会更大，经过测算，全国总投资至少约为6.67万亿元。以上数据充分说明，特色小镇在未来几年将面临更加广阔的市场空间。

4.3.2 养老地产投资机会

在全球人口老龄化日趋严重的背景下，我国作为人口第一大国，养老问题成为一大社会难题。国家统计局数据显示，2018年年底，我国60周岁及以上老年人口达2.49亿人，成为全球首个老年人口破2亿人的国家。预计到2030年，我国65周岁以上老年人将达2.8亿人，占比为20.2%。此外，就目前我国养老特征来说，一方面，我国人口老龄化表现出高龄化、空巢化与失能化的特征，全国近二成老人为失能或半失能状态，空巢老人的比例高达51.3%。另一方面，实行计划生育以来，我国家庭规模不断缩小，"4-2-1"家庭结构已成为我国社会的主流家庭结构，传统的依靠子女养老的方式在这样的家庭结构中难以为继。所以，眼下我国社会的老龄化趋势和家庭养老功能的弱化注定住房将成为养老的基础需求，未来养老方式的转变必将依托于养老地产的突破与发展。

1. 政策分析

自2011年以来，国家对养老产业政策的支持力度加大，从构建养老服务体系、养老金融机制、养老保险制度、养老地产、医疗养老等多方面指导养老产业平稳有序发展。2011—2012年是养老产业社会化发展的启动年，《中国老龄事业发展"十二五"规划》（国发〔2011〕28号）、《社会养老服务体系建设规划（2011—2015年）》（国办发〔2011〕60号）、《民政部关于鼓励和引导民间资本进入养老服务领域的实施意见》（民发〔2012〕129号）等重要文件的发布如投石入海，引起社会极大的关注。2013年，《国务院关于加快发展养老服务业的若干意见》（国发〔2013〕35号）、《民政部办公厅、发展改革委办公厅关于开展养老服务业综合改革试点工作的通知》（民办发〔2013〕23号）等文件相继发布，从服务规范管理入手，促进产业间合作，加快发展养老服务业。2014年发布《养老服务设施用地指导意见》《教育部等九部门关于加快推进养老服务业人才培养的意见》（教职成〔2014〕5号），以规范养老用地为核心，全面启动人才培养。2015年发布《国务院办公厅转发卫生计生委等部门关于推进医疗卫生与养老服务相结合指导意见的通知》（国办发〔2015〕84号），以医养结合为重点，鼓励各类民间资本的参与。2016年国家发布多项指导性文件，如《民政部　财政部关于中央财政支持开展居家和社区养老服务改革试点工作的通知》（民函〔2016〕200号）、《国务院办公厅关于全面放开养老服务市场提升养老服务质量的若干意见》（国办发〔2016〕91号）、《"健康中国2030"规划纲要》等，将"健康中国"上升到国家战略，指导落实各项具体建设。

2017年以来，养老产业进入了发展的快车道。《"十三五"国家老龄事业发展和养老体系建设规划》落地，未来以居家为基础、社区为依托、机构为补充、医养相结合的多层次养老服务体系将更加完善。党的十九大报告定调了养老服务发展方向，其中明确提出：积极应对人口老龄化，构建养老、孝老、敬老政策体系和社会环境，推进医养结合，加快老龄事业和产业发展。

《"十三五"国家老龄事业发展和养老体系建设规划》指出：夯实居家社区养老服务基础，推动养老机构提质增效，加强农村养老服务，以健康老龄化为发展目标；通过推进医养结合，加强老年人健康促进和疾病预防，发展老年医疗与康复护理服务，加强老年体育健身，来健全健康支持体系；大力发展养老服务企业，鼓励连锁化经营、集团化发展，实施品牌战略，培育一批各具特色、管理规范、服务标准的龙头企业，加快形成产业链长、覆盖领域广、经济社会效益显著的养老服务产业集群；支持养老服务产业与健康、养生、旅游、文化、健身、休闲等产业融合发展，丰富养老服务产业新模式、新业态；鼓励金融、房地产、互联网等企业进入养老服务产业；利用信息技术提升健康养老服务质量和效率。

国家卫生计生委等13部门联合发布《关于印发〈"十三五"健康老龄化规划〉的通知》（国卫家庭发〔2017〕12号）。该规划定义健康老龄化，即从生命全过程的角度，从生命早期开始，对所有影响健康的因素进行综合、系统的干预，营造有利于老年健康的社会支持和生活环境，以延长健康预期寿命，维护老年人的健康功能，提高老年人的健康水平。该规划的目标是构建与国民经济和社会发展相适应的老年健康服务体系，持续提升老年人健康水平。围绕老年健康工作的重点难点与薄弱环节，将老年健康服务作为中心任务，优化老年健康与养老资源配置与布局，加快推进整合型老年健康服务体系建设。

工业和信息化部、民政部、国家卫生计生委三部委发布了《智慧健康养老产业发展行动计划（2017—2020）》（工信部联电子〔2017〕25号），积极推进智慧健康养老应用试点示范的建设。《智慧健康养老产业发展行动计划（2017—2020）》提出我国智慧养老产业的发展目标：到2020年，基本形成覆盖全生命周期的智慧健康养老产业体系，建立100个以上智慧健康养老应用示范基地，培育100家以上具有示范引领作用的行业领军企业，打造一批智慧健康养老服务品牌；健康管理、居家养老等智慧健康养老服务基本普及；智慧健康养老服务质量效率显著提升，智慧健康养老产业发展环境不断完善，制定50项智慧健康养老产品和服务标准，信息安全保障能力大幅提升。智慧健康养老产业是有中国特色的养老服务，受益于我国"互联网+"和智慧健康养老技术的发展，智慧健康养老也将成为我国超越国际养老服务的重要突破方向，对我国健康养老产业发展有着非常积极的意义，不仅可以提高养老服务质量，同时能够有效降低养老服务成本，加快养老服务产业的发展。

2017年出台了《全国土地规划纲要（2016—2030年）》（国发〔2017〕3号），但最有亮点的是共有产权的试点。首先，《住房城乡建设部关于支持北京市、上海市开展共有产权住房试点的意见》（建保〔2017〕210号）发布，支持北京市、上海市深化发展共有产权住房试点工作，鼓励两市以制度创新为核心，结合本地实际，在共有产权住房建设模式、产权划分、使用管理、产权转让等方面进行大胆探索，力争形成可复制、可推广的试点经验。

未来，随着《"十三五"国家老龄事业发展和养老体系建设规划》的落地实施以及深入发展，越来越多的政策将更聚焦于具体操作层面，政策的细化、针对性强等特点将更加明显。而随着智慧养老、健康养老、共有产权养老等模式的兴起及深化，未来养老地产将向着更加多元化的方向迈进。

2. 市场分析

在社会老龄化的巨大压力下，养老地产成为"朝阳行业"，未来市场潜力巨大。然而，养老地产的兴起毕竟才短短十几年，目前还处于初步形成阶段，尚未摸索出成型的盈利模式，其产品开发、运作运营模式等各有不同。因此，通过对养老地产模式的探讨和分析，能够更好地掌握市场变化，从而觉察市场商机。我国社会投资方也进行了诸多尝试，如北京太阳城开发大型复合养老社区，万科打造养老地产三条产品线（持续照料中心随园、城市全托中心怡园和社区嵌入中心嘉园），以及上海亲和源开发俱乐部模式的老年公寓等。

（1）养老地产主体多元化　老龄化社会催生的"银发经济"促使众多保险企业和房企纷纷掘金养老地产项目，通过跨界合作、资源共享的方式，创新养老地产运作模式。大量保险企业、房地产开发企业和外资企业纷纷举资布局我国养老地产。在前景日渐明朗的趋势下，行业资金规模将继续得到扩张，发展趋势乐观。

在养老产业布局上，房地产开发商为第一大参与主体，其拥有的不动产所有权、强大的资金后盾、丰富的开发运营经验、庞大的客群资源为最大的优势，能促进养老地产蓬勃发展，从房企的养老地产布局中可看出，基本以机构养老和社区养老为主，结合不同的创新模式和产品概念，贴近不同老年人的需求，打造复合型、生态型的综合养老服务项目。

除了房地产开发商外，不少险资和养老服务机构也纷纷"试水"养老地产项目。有着丰富闲置资金、丰厚客户资源的保险企业也凭借自身优势与创新能力，推出与养老地产项目比较匹配的保险项目，养老地产可以曲线突破"限购""限墅"等政策，因而成为险资聚集地。近年来，泰康人寿、中国人寿、中国平安、新华保险、合众人寿等多家险企纷纷拿地，进军养老地产。险资通过与房企开发商合作或自主开发养老地产项目，可以随之开发养老保险项目，拓宽投资渠道。

（2）我国养老地产布局　养老地产产品的类型可以简单地划分为复合型、机构型、社区型养老、特色主题养老，而从布局及业态规划的产品属性上划分，则可以再细分成各种不同的产品。养老项目类型还包括全龄社区、嵌入式服务中心、老年公寓、医养结合型养老、教养结合型养老、旅游养老等。以上养老地产项目是养老布局的不同形态，在养老地产开发中还可将以上几种形态结合，打造多功能的产品项目。其中综合型社区基本囊括了养老服务的所有业态，是配备齐全的生活社区，而这也是现今众多房地产开发商及险资布局的方向，旨在营造一个养老生态闭环。

(3) 我国养老地产的运作与盈利模式

1) 长期持有型。长期持有型养老地产是指项目的产权仍在经营者手里，出售使用权给消费者。其优势在于投资者能够保障项目的管理效果和服务水平，在长期的持有中，根据市场反应调整运营策略，积累项目口碑和知名度，投资者也能获得持续稳定的回报。其劣势在于投资回报周期长，前期资金投入压力大。长期持有型养老地产目前常见的盈利模式有三种：押金制、会员制和保单捆绑制。

a. 押金制。押金制是指老年人先缴纳一笔押金，然后每月支付租金，押金最后返还。但这种模式会导致前期资金回笼少，容易面临资金链断裂的危险，因此需要保证前期有足够的现金。北京市首个"医养结合"试点养老机构——双井恭和苑正是采用的这种模式。恭和苑是北京率先推出"喘息服务"的养老院，服务针对自理、失能、失智老人。老人在入住前需缴纳5万元押金，离院则无偿退回，同时也为老人长期购买服务提供优惠，如一次性缴纳几年则可获得优惠折扣。

b. 会员制。会员制一般是前期缴纳高额会费，这部分收入可以回收一部分的房屋建设成本；然后根据所住房型每年缴纳管理费，这部分则成为养老产业的主要收入。这种采取会员制的管理模式，可以出售长、短租会员卡，对自理、半自理、非自理的客户提供针对性、个别化的服务，并收取租金。其盈利以房屋出租收益为主，配套产品经营收益为辅。上海亲和源正是典型会员制高端养老社区，收费包括会费与年费，会员缴纳一次性的入会费和每年的年费就可以入住老年公寓，享受各种设施和服务。老年公寓会员卡分两种：A卡可继承、可转让，有效期与房屋土地的使用年限相同，本质上就是公寓销售；B卡不可继承、不可转让，具有有效期限，如老人离院时期限未满，剩余年份的费用退还给家属，超过有效期限的，超过的部分免费，本质上就是公寓出租。由于该项目的大多数会员持有的是B卡，这种以出租为主的运营模式投入高、回收周期长，给该项目的现金流带来很大压力，还需要出售其他项目和部分公寓产权来获得资金回流。

c. 保单捆绑制。保单捆绑制是指入住的养老项目与寿险公司的保单挂钩，投保者在购买保险计划的同时获得入住养老社区的权利。泰康人寿、太平人寿、合众人寿等都是将保险产品挂钩养老社区。如泰康人寿的"泰康之家"养老社区，与其绑定的是一款高端养老年金产品，缴纳高额的保金后，老人在享有保险利益的同时，还可以享受"泰康之家"养老社区的入住资格。保险合同产生的利益可用来支付社区每月的房屋租金和居家费用。

2) 销售型。销售型养老地产，相对于普通住宅增加了一些适老化设计，或者在社区增加了嵌入式的养老服务中心，然后通过销售物业来回笼资金，且没有后续管理问题。国内养老地产正处于初期发展阶段，盈利模式尚在探索，政策配套尚待完善，因此，通过销售型养老地产运作模式，既能给房地产开发商一个"试水"养老产业的机会，又能降低因投资回报周期过长而带来的资金风险。例如，绿城乌镇雅园、平安合悦·江南、天地健康城等都是此类项目。首创学院式养老的绿城乌镇雅园项目，有养生养老、健康医疗和休闲度假等主题，并通过整合资源打造一站式养生养老产业链，使产品进入细分化的错位经营领域。乌镇雅园前期采用出售的形式，后期发现为了提供更好的养老服务，出租是更适合的运营方式，逐渐演变成租售并举的方式。

3) 租售结合型。租售结合型养老地产通常包括住宅和老年公寓两部分：住宅包括普通公寓和别墅用来销售，是回收资金的主力，并对持有型物业形成支持；而老年公寓则嵌入普通社区用于出租。项目社区内通常都配备专门的养老设施，如护理中心、照料中心以及老年娱乐生活设施等。例如，万科幸福汇老年公寓就是采用租售并举的方式，分为两种业态：一是利用商业配套设施建设的"活跃长者之家"，万科作为产权持有者，由上海亲和源负责经营管理，主要用于出租；二是配建于住宅部分的"活跃长者住宅"，直接面向市场销售。这种模式能够降低资金风险，并能进行更为灵活的管理。

4.3.3　商业物业投资建设的市场机会分析

商业物业的形式主要包括百货商店、购物中心、超级购物中心、大卖场（仓储市场）、商业街、品牌专卖店、专业市场、写字楼等。它是商业地产中投资经营最复杂、业态变化最多和管理要求最高的资产类别。

1. 分析步骤

第一步：为某一商业区位地块寻找最合适的商业业态模式和种类，以获得最大的产租效益。

第二步：分析该商业物业的目标客户和客流来源，划定商圈范围。商圈范围的确定也称为交易范围（Trade Area）的确定。

商圈是指被吸引到目标商业物业的消费者所在的地理区域。它是以设定的商业建筑为圆心，以周围一定距离为半径所划定的范围。商圈包括核心商圈、次级商圈和边缘商圈，如图4-2所示。核心商圈对消费者的吸引力最大，消费者在人口中所占的比重最高，一般可达商业企业消费者总数的55%~70%。次级商圈位于核心商圈的外围，对消费者的吸引力较小，通常占商业企业消费者总数的15%~20%。边缘商圈位于商圈的最外层，属于商圈的辐射圈，对消费者的吸引力最小，其消费者是零星的、偶然的。因此，对商业地产的业态组合研究应针对核心商圈的目标消费者，同时，消费者行为分析也应以核心商圈的消费者为主，其他消费者为辅。明确商圈潜在消费者的经济、人口统计和心理特征方面的相关信息，了解商圈内消费者所需商品和服务的类型和规模，确定吸引并增加客流所需的设施和营销手段的类型，商业物业商圈内经营活动流程如图4-3所示。

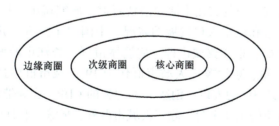

图4-2　商业物业的商圈

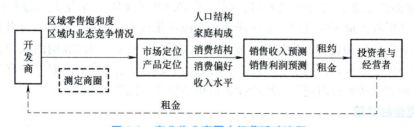

图4-3　商业物业商圈内经营活动流程

理论上的商圈是规则形状、均匀分布的,但在实际生活中除了上面所讨论的人口规模、行程(距离)之外,有许许多多因素在影响着商圈的大小和形状。优良的交通环境(如地铁、高速公路)可以扩大商圈,而交通拥挤则减少商圈。从经济方面看,还取决于商圈规模大小,以及城市人口规模大小、消费水平和消费偏好等。

第三步:估计人口规模和流动趋势,分析人均收入和社会商品零售总额,调查潜在租户和竞争对手,对消费者行为实地考察和分析。

第四步:了解该地区的政府商业规划,计算和分析该商业物业合理规模、业态组合,单位商业面积的平均销售水平和绩效指标,提出具体开发建设意见。

第五步:商业的供给可视为具有价格弹性,即价格上的细微差别将导致商业业态供应量有显著的变化。因此需要进行市场调查和分析,即商业普查,对区域内经营商户从经营内容、商铺面积、租金、员工数量、营业额、经营状况、存在问题、发展和经营动向进行调查。同时,要进行零售潜力分析。调查区域内竞争者的销售业绩、定位,并结合计划开发的物业和特征、档次,根据土地储备量、建造成本、道路与基础设施的建设计划来预测未来的市场增长潜力。

2. 商业物业开发市场分析的重点

一是对目标客户群的分析,分析消费者的偏好是商业物业安排业态组合、确定商圈范围的主要依据;二是对人均可支配收入的研究,只有人均可支配收入持续增长的地区(排除通胀因素)才有可能吸纳新的商业物业;三是对社会商品零售总额的研究,以发现新的商业物业增长的区域。这些重点也是商业地产投资区位选择的要点,通过分析这些要素的变化(例如,人口流动、集聚的趋势),可以帮助投资者找到未来合适的投资区位,规避投资风险。

4.3.4 住宅物业投资开发的市场分析

1. 研究城市发展趋势

在研究城市发展状况时,需研究城市在国家或某区域发展的战略地位,研究其产业政策或产业的发展状况,研究城市的文化生活和消费习惯,研究城市对房地产市场发展的态度,研究城市引进人才的政策和城市人口发展的状况。中国"十三五"规划提出建设包括珠三角城市群、长三角城市群、京津冀城市群、成渝城市群、长江中游城市群等19个城市群。2016年,长三角、珠三角、京津冀三大城市群作为19个城市群中最成熟的三个,以全国5%的土地面积集聚了23.3%的人口,创造了39.3%的GDP,成为带动我国经济快速增长和参与国际经济合作与竞争的主要平台。除三大城市群外,成渝、长江中游两个城市群共覆盖五个省区市,是其中规模较大、同时也是最具发展潜力的跨省级城市群,两大城市群以5.2%的土地面积集聚了15.5%的人口,创造了15.6%的GDP。根据人口迁移国际经验来看:人口是从低收入地区到高收入地区迁移,从城市化到大都市圈化迁移。究其原因是大都市圈内的产业发展更加良好,发展机会更多,人均收入更高,因此吸纳的人口更多。2019年,西安市一年新增人口达到了39万人,原因是西安城市经济发展良好,且有较为优惠的人才政策。而在这些城市内进行房地产投资的机会更多,风险更小。

2. 研究金融政策

金融政策(利率、流动性投放、信贷、首付比等)既是各个国家进行宏观经济调控的主要工具之一，也是对房地产市场短期波动影响最为显著的政策。住房的开发和购买都高度依赖银行信贷的支持，利率、首付比、信贷等政策将影响居民的支付能力，也影响开发商的资金回笼和预期，对房市供求波动影响较大。当经济不景气时，政府可能下调利率和抵押贷首付比，居民支付能力提高，房地产销量回升，商品房去库存，供不应求，开发商资金回笼后购置土地，加快开工投资，房价上涨，商品房作为抵押物的价值上涨会放大居民、开发商和银行的贷款行为；当房价出现泡沫化，政策上调利率和抵押贷首付比，居民支付能力下降，房地产销量回落，商品房库存增加，供过于求，开发商资金放缓购置土地和开工投资进度，房价回落，商品房作为抵押物的价值缩水会减少居民、开发商和银行的贷款行为。

3. 研究土地政策

土地是影响房地产供给的主要因素，土地供应量的多少是住房市场供求平衡和平稳运行的重要基础。如果出现短期内土地供应过多（或过少），极易造成住房供给过剩带来的供求失衡（或供应不足造成的房价过快上涨）。以中国香港为例，1985年出台了"每年供地规模不超过50公顷"的政策规定，这是1985—1994年间香港房价快速上涨的重要原因之一。2004—2011年间的住房价格大幅上涨，也与当时出台"2002年宣布取消拍卖土地，暂停'勾地'一年，直至2004年5月再作土地拍卖"的政策规定密切相关。两年停止供地计划必然加剧未来住房供给的短缺。2011年和2012年香港房价大涨，与前期土地供应量不足有密切关系。2008—2009年，新增住宅用地只有0.019公顷。2010年香港仅有约19800个住宅单位建成，不到2000年的1/4。土地租批和限制土地供给制度导致房价奇高。

4. 研究住房产品的供应状况

在研究住房产品的供应时，需研究住宅供应量、产品定位（豪宅、改善、刚需等）、产品面积、成交套数、竞品的质量、经营状况等相关内容。根据住房产品的供应分析，可以掌握区域位置竞争状况，有利于开发商进行差异化竞争战略。

5. 研究地块状况

地块状况包括区域产业发展状况、交通配套、教育配套、商业配套、医疗配套等相关内容。特别是交通配套和教育配套对住宅投资显得尤其重要。交通的可达性，到产业集聚区、中央商务区的通勤时间等是开发商或消费者衡量地块价值的重要属性。地块周边的教育设施如何，幼儿园的配置数量和定位，小学、中学的数量与质量等要素，形成了"学区房"的概念。在中国"望子成龙"的文化背景下，"学区房"的投资价值往往高于"非学区房"。

思考题

1. 简述工程项目投资机会研究程序。
2. 简述项目投资机会中的PESTEL分析法。
3. 简述项目投资机会中的SWOT分析法及步骤。

第 5 章
建设工程项目投资决策

本章主要内容：建设工程项目投资决策基础，包括对建设工程项目投资决策的理解、建设工程项目投资决策程序；建设工程项目投资综合分析，包括项目的现金流分析、项目投资决策方法。

本章重难点：建设工程项目投资决策程序，项目的现金流分析，项目投资决策方法。

5.1 建设工程项目投资决策基础

5.1.1 对建设工程项目投资决策的理解

1. 对决策的理解

（1）决策的概念　决策是一个被广泛使用的概念，每个人、营利组织、非营利组织或政府机构都离不开决策。广义的决策是指为实现特定目标，根据客观可能性，在一定量的信息和经验的基础上，借助一定的工具、技巧和方法，对影响目标实现的诸多因素进行分析，进而提出问题、确立目标、设计和选择方案的过程。狭义的决策是指把决策看作从几种备选行动方案中做出最终抉择，是决策者的拍板定案。

决策的核心是对拟从事的计划或活动所要实现的多个目标和多个执行方案中做出最合理的抉择，以寻求收到最满意的效果。

（2）决策的要素

1）决策主体。决策主体分为分析人员和决断人员两类。分析人员可以是系统内部的人员，也可以是接受委托的系统外部人员，在决策过程中承担提出问题、系统优化和评价方案的任务。决断人员往往是系统组织中的领导者，在决策分析过程中能够也必须进行最后的定案。

2）决策目标。决策目标是决策主体综合考虑客观环境和内部资源而确定的希望实现的目标。决策是围绕着目标展开的，决策的开端是确定目标，终端是实现目标。决策必须至少有一个希望实现的目标。

3）决策方案。决策必须至少有两个为实现的目标而制定的备选方案。备选方案可以是只有约束条件的控制性规划方案，也可以是具体明确的设计方案、实施方案或运营方案。

4）自然状态。自然状态也称结局，每个决策中的备选方案实施后可能发生一个或几个可能的结局，如果每个方案都只有一个结局，就称为"确定性"决策；如果每个方案至少产生两个以上可能的结局，就称为"风险型"决策或"不确定型"决策。

5）效用。每个方案各个结局的价值评估值称为效用，通过比较各个方案效用值的大小可以评估方案的优劣。

（3）决策的特点　投资决策的过程是动态的、不断修正并不断调整的，整个过程都会受到各方因素的影响。投资决策是在投资实践活动进行之前的一种主观认识活动；投资决策以具体的投资目标为指导，包括对投资方案进行制定、选择、评价直至得出最优方案等全部活动。投资决策具有以下显著特点：

1）不确定性。任何一项决策都是面向未来，都存在一定的不确定性。决策的后果完全符合预期情况的很少，可能偏离原先期望，甚至截然相反。这就要求决策者必须具有较强的洞察力和前瞻性，深谋远虑、高瞻远瞩，并能正确认识和对待决策后果与预期目标的偏差。

2）追求成功率。技术问题往往允许进行大量试验，可以经历数百次失败，只要最后成功就是胜利。而决策特别是战略决策，多属一次性活动，失败有可能导致难以逆转的严重后果。这就要求决策者必须学习科学决策的基本理论，掌握并正确应用科学决策的方法和技术，不断总结经验，改善决策质量。

2. 决策的分类

（1）按决策的作用分类

1）战略决策。战略决策是涉及组织生存与发展的全局性、长远性重大方案的论证和选择，如新项目的建设、新产品的研制和新市场的开发等。战略决策具有的特点是：通常都是系统顶层管理部门的重大决策；常涉及系统内复杂关系的处理；决策问题一般都具有半结构化或非结构化的特征；决策水平的高低与高层管理人员的素质关系密切。

2）管理决策。管理决策是指为保证组织总体战略目标的实现而解决局部问题的策略决策，由中层管理人员做出。例如新建钢铁联合企业中厂区道路系统的设计、工艺方案和设备的选择。

3）业务决策。业务决策是指基层管理人员根据管理决策的要求为解决日常工作和作业任务中的问题所做的执行决策。例如生产中产品合格标准的抉择、日常生产调度的决策等。

（2）按决策的结局分类　决策可分为确定型决策、风险型决策和不确定型决策。

1）确定型决策。确定型决策是指那些自然状态唯一确定，有精确、可靠的数据资料支持的决策问题。

2）风险型决策。风险型决策是指那些具有多种自然状态，且能得到各种自然状态发生的概率，但难以获得充分可靠信息的决策问题。

3）不确定型决策。不确定型决策是指那些难以获得多种自然状态发生的概率，甚至对未来状态都难以把握的决策问题。

现实的战略决策一般都属于风险型决策和不确定型决策，确定型决策只能存在于某些假设下，作为风险型和不确定型分析的基础，或存在于管理决策和业务决策中。

还有其他分类方式，如：根据项目问题的影响程度和范围，可分为总体决策（或称战略决策）和局部决策（或称策略决策）；根据决策目标的数量，可分为单一目标决策和多目标决策；根据决策问题重复情况，可分为重复性（或称常规型、程序化）决策和一次性（或称非常规型、非程序化）决策；根据决策中所涉及的方案个数及相互关系，可分为独立方案决策和相关方案决策。

3. 建设工程项目投资决策的特征

建设工程项目投资决策是指在进行建设项目的投资活动时，项目投资者为了实现预期的投资目标，按照一定的程序，确定投资目标、选择投资项目、拟订投资方案，同时运用科学的理论和方法对各个备选方案进行综合评价，选择能实现预期投资目标的最优方案，并做出决策的过程。这一过程可概括为对拟建投资项目的必要性、可行性、合理性进行技术经济分析和评价，对各个备选的投资方案进行综合评价，最终做出选择。投资决策具有以下特征：

（1）属于上层管理部门的战略决策　上层管理部门不仅是指中央、省、市等领导部门，而且是指任何系统的上层管理部门。对于一个企业、一个学校以及任何一个单位，建设项目几乎毫不例外地都被作为战略决策，因为这涉及该单位的未来生存和发展的方针和谋划。

（2）具有全局性和长远性影响　由于建设项目投资决策解决的问题都是涉及系统全局性发展的重大问题，常常反映了系统一定时期要达到的主要目的和目标及所要采取的步骤和措施，因此，其后果必将影响系统全局的发展或系统较长时期的发展。

（3）涉及系统内复杂组织关系的处理　建设项目投资决策一般都涉及系统内多个部门和方面的利害关系，例如三峡工程决策必须处理好上下游两个地区间的矛盾关系，以及航运、发电、防洪、旅游等方面的矛盾关系。所以建设项目投资决策过程不仅贯穿于本部门的活动中，而且还会受到其他部门的制约和干预，需花费时间和精力处理大量复杂的组织关系问题。

（4）一般都是半结构化或非结构化的决策问题　建设项目投资决策要考虑的大量因素中，除极少数的可以定量分析外，大多数是无法结构化为规范性的问题去求解。这是建设项目投资决策最显著地区别于日常决策的方面。

（5）决策结果与分析人员的因素关系密切　日常决策可以按照经验、惯例、固定的程序和方法进行，即使决策者的素质不高，决策也不会出现大问题。建设项目投资决策由于影响重大，涉及许多组织、行为和心理因素，而且很难结构化，故其决策的质量很大程度上依赖于决策分析人员和决策者的素质。

4. 建设工程项目投资决策及其必要性

当今社会正处在世界一体化、经济全球化、信息网络化的时代，建设项目投资处于更大的风险范围中，决策因素众多，相互关系复杂，环境变化多端，后果影响重大而深远，使建设项目投资决策变得越来越困难，并且对决策的正确性提出了越来越高的要求。为了防止在大型建设项目决策上的片面性和盲目性，避免由于决策的失误而造成社会资源浪费，很有必要研究建设项目投资决策问题。

为了保证建设项目决策的科学化和民主化，我国建设项目主管部门规定，各类投资主体都要根据自身的特点建立科学的投资决策程序，严格按程序进行投资决策。国有企业和集体所有制企业的重大投资决策，要听取职工意见。政府投资决策要经过咨询机构评估，重大项目要实行专家评议制度，特殊重大项目要经过人民代表大会进行审议。同时，要进一步强化和完善法人治理结构，并建立严格的责任约束机制，投资成败要与决策者的考核和奖惩挂钩。

5. 建设工程项目投资决策遵循的原则

（1）最优化原则　决策的核心内容就是在特定的环境条件及资源的约束下，寻求最优目标以及能够实现目标的最优化方案。在进行建设项目的决策时遵循最优化原则，就是要以最小的资源消耗获得最大的经济效益，以最低的成本取得最大的收益。当然，由于投资环境及客观世界的变化，许多问题没有或无法求出最优解，常采取被多数人普遍接受的满意的标准。

（2）系统原则　建设项目的决策环境是一个大系统，这个系统在形式、层次上复杂多变、相互联系、相互制约，各个系统又包含无数个子系统，这些子系统又处于相互联系的结构之中。因此，在进行项目的投资决策时，必须运用系统工程的理论与方法，以系统的总体目标为核心，以满足系统的优化为准则，突出系统配套、系统完整和系统平衡，从整个系统的角度出发权衡整个投资项目带来的利弊。

（3）可行性原则　建设项目的决策必须要满足可行性要求，一个不可行的项目是不能实现预期的投资目标的。因此，在项目决策前必须进行可行性研究。可行性研究必须从技术、财务、社会效益以及环境效益等方面进行全面考虑，不同建设项目的可行性研究内容是不尽相同的。在项目的投资决策中，要做好充分的可行性研究，强调科学的决策，杜绝非科学的决策，这样才能减少决策失误。

（4）信息准全原则　准确而全面、及时的信息同样也是项目决策不可或缺的资源。信息是决策成功的必要条件，不仅在决策前要使用信息，决策后也要使用信息。信息的及时反馈不但能够帮助决策者了解决策环境及相关政策的变化，同时也有助于了解决策实施后果与目标的偏离情况，以便进行及时调节，不断修改决策实施方案。

（5）集团决策原则　集团决策原则是建设项目投资决策必不可少的原则。所谓集团决策，不是靠少数投资者的个人意愿，而是依靠集体决策者的智慧和经验，对要决策的投资项目进行充分的论证和评估，提出切实可行的方案，通过对比分析选择最优方案。这种决策融合了决策者与专家的集体智慧，是较为科学的决策，能更好地实现投资目标。

5.1.2　建设工程项目投资决策程序

建设工程项目投资决策是一个发现问题、分析问题和解决问题的过程，是从根据国民经济发展需求确定投资决策目标开始，到工程建设方案的确定和实施控制为止的全过程。这一过程包括建设项目决策目标确定、方案创造、综合评价和过程控制四个阶段。

建设项目投资决策不是独立的一次性事件，而是贯穿于建设项目每个阶段的整体的、渐进的动态过程，上一个阶段决策的成果是下一个阶段决策的依据，下一个阶段的决策又是上一个阶段的延续和深化。在进行项目的投资决策时，要想达到良好的投资效果，必须严格执行科学的决策程序，具体流程如下：

1. 发现决策问题

任何决策都是从发现问题开始的，决策的目的就是针对问题提出要实现的具体目标和实现目标的实施方案。因此，决策者要针对具体的决策问题做好调查研究，按照轻重缓急，分期分批进行解决。

2. 确定决策目标

决策问题确定以后，要针对提出的问题确定所要实现的具体目标，建设项目投资决策的最终目的就是要实现项目投资的预期目标。在确定决策目标的过程中，应注意以下几点：

（1）一切从客观实际出发　确定目标时，要本着一切从客观实际出发的原则，对目标的可实施性进行反复的、充分的论证，为科学的决策提供依据，只有经过详细论证的目标才具有实际性和可实现性。

（2）决策目标必须具体明确　不论是单目标决策还是多目标决策，都要保证每个目标只有一种解释，不能模棱两可。因此，在对目标进行阐述时，应尽量避免多义性，尽可能使目标数量化，完成的时间具有确定性。

（3）要明确目标的约束条件　大多数投资项目的目标都具有约束条件（如资源限制、资金限制、时间限制等），无约束条件的目标是极少数的。因此，在进行项目的决策时，必须了解清楚项目的约束条件。

（4）确定目标要从大局出发　决策目标的确定要有全局观点，以大局为重，要首先考虑国家及社会的利益，不能把企业或个人的利益建立在损害国家利益、社会利益的基础之上。

3. 进行信息收集

决策者所掌握的信息量和对时间的把握直接影响决策的成功与否，要尽量保证收集到的信息及时，且真实、有效，要尽可能地避免花费过多时间和精力去收集没有价值的信息。除此之外，决策者还要保持与外界的有效沟通，这样有助于更加及时地收集信息，做出比较明智的决策。

4. 确定价值标准

根据项目所要实现的最终目标确定它的各级价值标准，作为进行备选方案抉择的判别准则，各级价值标准必须一目了然、层层递进。例如一个建设项目是否应该上马，应考虑它的技术价值、经济价值、社会价值、环境价值等，每类指标还可以细分为若干项，形成一个价值链。决策者必须设定合理的价值标准，如果标准欠妥，将导致决策的失误。

5. 创建可供选择的方案

根据要实现的决策目标，参照价值标准创建可供选择的方案。在这个过程中要充分运用智囊技术，如最常用的"头脑风暴法"，突破旧的思维定式、开辟新视野、提出新方案，具有很明显的效果。

6. 评价备选方案

对已创建的备选方案，要根据价值准则，结合项目实施的具体背景和情况，从决策的目标出发，全面分析各备选方案所需的人力、物力、技术、资金等条件，评价备选方案的优劣，筛选出切实可行的方案，以备决策。

7. 选择最优方案进行决策

项目择优是整个决策过程的中心环节。选择最优方案的方法可分为两大类：一类为经验判断法，另一类为数学分析法。正确、有效地进行项目评价，必须掌握项目的决策方法。

8. 方案实施，控制决策的执行情况

根据所选定的方案进行决策以后，要拟定实现目标的手段、步骤和措施，并将方案付诸实施。在决策方案实施后，要进行跟踪检查，保证执行结果与决策时的期望值一致。

9. 信息反馈，必要时实行追踪决策

决策方案实施后，还必须注意对方案实施情况的信息反馈。例如客观环境的变化是否引起决策方案的实施与决策目标产生偏离；主观条件的变化是否造成决策目标的重大偏离等。如果有重大偏离，必须停止原方案的实施，重新论证并做出相应的科学决策。这种决策称为追踪决策。

5.2 建设工程项目投资综合分析

项目分析主要是进行项目的财务分析、经济分析和风险分析，其目的是在技术可行性的基础上研究项目的经济可行性和可融资性。对于投资者而言，要分析在特许期（比项目经济寿命和物理寿命短）内是否能达到预期的经济效益并获得满意的投资收益率、将面临哪些风险，从而判断项目在财务经济上是否可行，最终决定是否投资。对于以项目融资形式提供债务资金的贷款人而言，要分析在贷款期（比特许期短）内项目是否能产生足够的现金流用来偿还贷款的本息、将面临哪些风险，从而判断项目融资是否可行，最将决定是否放贷。对于政府而言，要分析项目对社会发展和经济发展是否有促进作用、是否能为社会经济发展做贡献，从而判断项目在经济上是否可行，最终决定是否批准立项、是否提供支持等决策。由此可见，项目效益和风险分析是项目融资的核心，资金结构、投资结构和资信结构的设计都是在项目效益和风险分析的基础上进行的。

5.2.1 项目的现金流分析

项目对社会的贡献就是项目效益，包括财务经济效益、社会经济效益。任何一个项目都需要投资，即项目的成本。此外，项目在对社会做出贡献的同时也可能对自然环境和社会环境产生负面影响，即项目的社会成本。对于项目主办人（投资人）而言，项目效益分析的重点放在项目的财务分析评价（不考虑项目的社会经济效益）上。因此，项目效益分析可分为财务分析和经济分析。财务分析是按照国家现行的财税制度、项目所属行业的财务制度，以现行的价格为基础，对项目收益、费用、获利能力、贷款偿还能力等财务状况进行预测、分析和计算，并以此评价项目在财务上的可行性。经济分析是在财务分析的基础上，评价项目对社会经济发展的贡献及给自然环境和社会环境带来的负面影响。财务分析是项目效益分析的核心。财务分析的基础是现金流分析。

现金流分析是把项目作为一个独立的系统，分析在某一个时期进入或离开这个系统的资金情况。一个项目在某一时期内支出的费用称现金流出，如工程开发规划设计、征用土地、购置设备、土建施工、设备安装及其他建设费用等固定资产投资；而在此时期内所取得的收入称现金流入，如销售收入。项目的现金流出和现金流入统称项目的现金流（以下简称现金流）。换句话说，现金流量是项目在计算期内因资本循环可能或应该发生的各项现金流入量与现金流出量的统称。同期的现金流入量与现金流出量之间的差额形成净现金流量（或称现金净流量，net cash flow，NCF）。当该差额为正数时，表明现金流入量大于现金流出量；当该差额为负数时，表明现金流入量小于现金流出量。根据现金流量的确定性，现金流分析分为确定条件下的现金流分析和风险条件下的现金流分析两种。

1. 确定条件下的现金流分析

在进行项目投资之前，现金流分析就是对项目在建设期的资金投入进行估算，对运营期内的收入和支出做出预测，编制现金流量表，并以此来分析项目的财务状况、盈利能力和债务清偿能力。换句话说，现金流分析就是分析项目未来的现金流入和现金流出。项目未来的现金流出主要包括项目的建设投资估算、垫支流动资金、经营成本（如工具、备件、原材料和燃料动力，以及职工培训费等）、各种税款，以及其他现金流出。项目未来的现金流入主要包括经营收入、固定资产残值的回收、流动资金的回收，以及其他现金流入。在项目的生命周期内，现金流表现出明显的阶段性特征。建设期主要是投入资金、增加非现金资产，可能有少量的收入，但主要是现金流出，因而净现金流量为负；项目投入运行后，营业收入一般都超过经营成本，因而表现为现金流入，净现金流量为正。把建设期的起点定为第 0 个单位时期，然后将每个单位时期净现金流量按时间顺序排列，从而构成了现金流量序列，如图 5-1 所示，但一般采用现金流量表的方式表示。

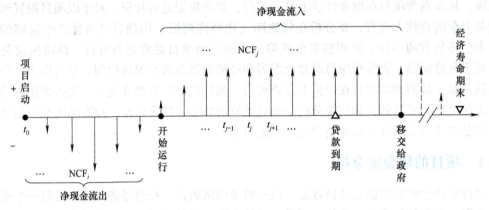

图 5-1　现金流量序列

为了更直观地表示现金流量情况，图 5-1 所示的现金流量序列可以转换为累计现金流量曲线，如图 5-2 所示。

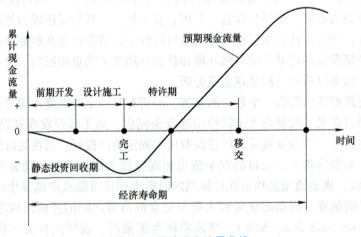

图 5-2　累计现金流量曲线

进行现金流分析时，一般需做出下列明确的或隐含的处理：①项目投资和预期收益都限定在财务支出和财务收入范围内，不考虑社会利得和成本；②假设在计算期内项目的现金流入和现金流出是确定的。

现金流分析的运用分两种情况：对于项目投资者而言，如果是普通项目，需要分析项目的整个经济寿命期内的现金流，以此判断项目投资的可行性；如果是特许经营权项目，只需分析特许期内的现金流，以此判断项目投资的可行性。对于项目融资的贷款人而言，无论是普通项目还是特许经营权项目，只需分析贷款期内的现金流，以此判断项目的可融资性。对于政府（项目的最终所有者）而言，除了分析项目的整个经济寿命期内的现金流外，还应分析项目的社会效益，以此判断项目的经济可行性。

现金流量作为项目投资决策的主要信息有如下优点：①现金流量按时间顺序动态地反映了项目现金收支运动（投资的流向与回收），便于完整、全面地评价工程项目的投资收益；②现金流量只计算现金收支，不计算非现金收支，排除了非现金收支内部周转的资本运动形式，从而简化了计算过程；③现金流量的时序性使得应用货币时间价值的形式进行动态投资效果的综合评价成为可能。

进行现金流分析时，现金流量只计算现金收支、不计算非现金收支（如折旧、应收及应付账款等），只考虑现金、不考虑借款利息，并要求如实记录现金收支实际发生的时间。因此，项目产品所缴纳的税金就是实际纳税时这个系统的现金流出；而固定资产年折旧额则是系统内部的现金转移，不是系统外发生的现金流量。

2. 风险条件下的现金流分析

现金流量建立在投资估算和收入预测的基础之上，具有不确定性。由于项目的诸多变量受社会因素、政治因素、经济环境、市场变化、技术发展等因素的影响，实际现金流量会偏离预期现金流量；投资估算和收入预测本身的不准确性，也会导致实际现金流量偏离预期现金流量。实际现金流量可能高于预期现金流量，也可能低于预期现金流量，如图 5-3 所示。

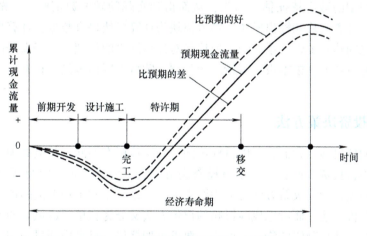

图 5-3　累计现金流量曲线（风险）

因而，简单的现金流分析提供的信息还不充分，需要进行风险分析，即分析有不确定因素情况下的现金流。

常用的分析方法有敏感性分析、情景分析和蒙特卡罗模拟等。

（1）敏感性分析　敏感性分析是指在保持其他条件不变的前提下，分析某一单个变量（参数）发生变化时对结果产生的影响，即结果指标对该变量的敏感程度。它是在确定性分析的基础上，通过逐一改变相关变量数值的方法来解释结果指标受这些因素变动影响大小的规律，进一步分析不确定性因素对结果指标的影响和影响程度，以及有关因素的变动极限。若某变量（参数）的小幅度变化能导致结果指标的较大变化，则称此变量（参数）为敏感性因素，反之则称其为非敏感性因素。敏感性分析的目的是在诸多的不确定因素（变量）中找出项目经济效益反应敏感的变量，为管理提供依据。

敏感性分析计算简单且便于理解，在风险分析中得到了广泛应用。但是敏感性分析也存在一定的局限性：一是忽略了各种变量的相关关系和相互作用，假定自变量之间是独立的（不相关）；二是无法计量其目标量相对自变量的非线性变化，如果目标量与自变量之间的关系较复杂，则无法获得正确的结果。因此，在使用敏感性分析时要注意其适用范围，并且在必要时辅以其他的风险分析方法。

（2）情景分析　情景分析是指对涉及的变量要素中每一个变量进行假设，从而形成一种情景，分析该情景的目标指标数值，通过不断假设，形成一系列的可能情景及其相应的目标指标数值，结合设定的各种可能情景的概率，研究多种因素同时作用时可能产生的影响。情景一般是人为设定的，但也可以直接使用历史上发生过的情景，或者从对风险要素历史数据变动的统计分析中得到，或者通过运行描述在特定情况下风险要素变动的随机过程得到。情景分析中所用的情景通常包括基准情景、最好的情景和最坏的情景。与敏感性分析对单一因素进行分析不同，情景分析是一种多因素分析方法。在情景分析过程中要注意考虑各种变量的相关关系和相互作用。情景分析的步骤为筛选情景、建立模式、模式计算和评价计算结果。

（3）蒙特卡罗模拟　蒙特卡罗模拟是建立在计算机模拟基础上的一种以概率统计理论为基础的数值计算方法。用该方法模拟某一过程时，需要产生各个随机变量的概率分布，并用统计方法把模型的数字特征估计出来，从而得到实际问题的数值解，一般由三个模块组成：输入模块、计算模块和输出模块。输入模块为计算模块提供数据，计算模块是在输入变量与输出变量之间建立逻辑关系，输出模块是对计算结果的处理。对于那些由于计算过于复杂而难以得到解析解或者根本没有解析解的问题，蒙特卡罗模拟是一种有效的求出数值解的方法。

5.2.2　项目投资决策方法

对于不同的项目参与者而言，因目标不同，其决策标准不同，相应的项目投资决策方法也不同。对于项目投资人而言，其项目投资决策方法主要是以现金流分析和风险分析为基础，因此适用的项目投资决策方法可分为两大类：一是基于确定现金流的评价方法，二是考虑风险影响的评价方法。而考虑风险影响的评价方法又分为直接考虑风险的方法和间接考虑风险的方法。对于项目融资的贷款人而言，要求更加严格，只考虑项目的部分现金流，要求项目初期有足够大的现金流，即贷款期（而不是整个项目生命期）内的现金流量足够偿还贷款的本息。对于政府而言，则更看重项目的社会经济效益，其项目投资决策方法需要加入社会经济影响评价和环境影响评价。因而，考虑社会利得和成本的评价方法比较适用，如经济净现值、经济内部收益率、投资利润率等；有时是用考虑宏观经济影响的方法，如宏观经济业绩贡献评价指标、宏观经济效果指标、投资效果指标、宏观经济的补充指标等。

1. 基于确定现金流的评价方法

（1）投资回收期法　投资回收期是以项目税前的净收益抵偿全部投资所需的时间。投资回收期一般从建设开始年起计算，但应说明其中建设期有多长或自投入运营开始年或发挥效益年算起的投资回收期。投资回收期指标所衡量的是收回初始投资的速度。在计算时，如果不考虑资金的时间价值，所计算的投资回收期为静态投资回收期；如果考虑资金的时间价值，所计算的投资回收期则为动态投资回收期。将求出的投资回收期与基准投资回收期相比较，当计算的投资回收期比基准投资回收期短时，认为项目是可接受的，否则项目在财务上是不可接受的。如果有多个项目可供选择，在项目的投资回收期小于基准投资回收期的前提下，还要从中选择投资回收期最短的项目。

运用静态投资回收期指标的优点在于它概念明晰、简单易算，简单地把项目从开始投资到某一时间内的收入和成本加起来看二者是否相等，并以此作为决策依据。这样做隐含了一个假设：将来的1元与现在的1元是等值的，即没有考虑资金的时间价值。此外，它舍弃了投资回收期以后的现金流，不能全面反映项目在生命周期内的真实效益，没有反映投资规模，也没有反映项目的风险大小，难以对不同方案的比较选择做出正确判断。

动态投资回收期使用折现后的现金流量来计算，是从项目投资开始起，到累计折现现金流量等于0时所需的时间。当动态投资回收期小于或等于基准动态投资回收期时，认为项目可行。动态投资回收期考虑了资金的时间价值，通过风险调整因素得到折现率并进行计算，弥补了静态投资回收期的部分不足，但是未考虑整个计算期现金流量的缺点仍然存在。

（2）投资收益率法 投资收益率是指项目投入生产后，其年净收益与项目总投资的比率，当投资收益率大于或等于基准投资收益率时，项目在财务上才可以考虑被接受，投资收益率越高越好。投资收益率是一个综合性指标，根据分析目的的不同，投资收益率又可分为投资利润率、资本金利润率和投资净利润率等。投资利润率是指项目生产经营期内年平均利润总额占项目总资金（固定资产投资与全部流动资金之和）的百分比，它是反映项目单位投资盈利能力的指标。对生产期内各年的利润总额变化幅度不大的项目，可以近似地用年平均利润总额与项目总投资的比值表示。当投资利润率大于或等于基准投资利润率时，项目在财务上才可以考虑被接受，投资利润率越高越好。

（3）财务净现值法 财务净现值（financial net present value，FNPV），简称净现值（NPV）。财务净现值法是按行业的基准收益率或设定的折现率，将项目计算期内的各年净现金流量折算成建设期初的净现值，以评价项目投资的盈利能力。财务净现值≥0时，表明项目在计算期内可获得大于或等于基准收益水平的收益额，从财务的角度看，项目是可以接受的；财务净现值<0时，投资方案就是不可接受的。财务净现值越大，投资方案越好，财务净现值均>0时，财务净现值最大的方案为最优方案。财务净现值法考虑了资金的时间价值，但确定折现率比较困难；考虑了项目全生命周期的净现金流量，虽然反映了投资效果，但只适用于年限相等的互斥方案的评价。应用财务净现值法的主要问题是如何确定合理的折现率，折现率一般可以根据资金成本来确定，也可以根据投资人要求的最低投资回报率来确定；此外，财务净现值法还有一个缺点，即没有考虑投资规模，当项目投资额不等时，无法准确判断方案的优劣。

（4）财务内部收益率法 财务内部收益率（financial internal rate of return，FIRR），简称内部收益率（IRR），是指项目在整个计算期内各年净现金流量现值累计等于0时的折现率，它反映了拟投资项目的动态投资收益水平。财务内部收益率的经济含义为：在项目的整个生命周期内按折现率等于内部收益率计算，始终存在未能收回的投资，只是在生命周期结束时，投资才被完全收回。即在项目的生命周期内，项目始终处于用本身的收益"偿付"未被收回的投资的状况。判断准则是，与预先设定的基准收益率进行比较：若内部收益率大于基准收益率，则项目可以被接受；否则，项目应被拒绝。

一般认为财务内部收益率法的优点在于：计算财务内部收益率时，无须事先给定折现率，财务内部收益率是令项目现金流的财务净现值等于零计算得来的，其经济含义十分明确清晰。

但实质上，财务净现值法中如何确定折现率的问题依然存在，只是转化为如何确定基准折现率，如果难以确定财务净现值法中的折现率，同样难以确定财务内部收益率法中的基准折现率。此外，在计算期内分期建设，以及在经营期内某几年的净现金流量多次出现正负值交替现象时，可能无解或其解不合理。

（5）净年值法　净年值（net annual value，NAV）是指按给定的折现率，通过资金等值换算将项目的净现值分摊到生命周期内各年的等额年值。判别的准则是：对独立项目方案而言，若净年值大于或等于0，则项目可以被接受；否则，项目应被拒绝。多方案比选时，净年值越大且非负的方案越优（净年值最大准则），净年值与净现值在项目评价的结论上总是一致的。

2. 考虑风险影响的评价方法

由于现金流量基于预期现金流量是确定的假设，因而基于现金流量的评价方法只考虑了项目的盈利性而忽略了风险因素造成的不确定性。为了考虑风险因素的影响，一是直接考虑现金流量的不确定性，利用仿真技术获得现金流量的分布，然后采用数理统计方法进行评价；二是通过调整折现率方式间接考虑现金流量的不确定性。

（1）数理统计评价方法　考虑项目投资决策过程中影响决策的随机事件，在此基础上建立数学模型（描述一个投资计划的函数），然后利用仿真技术（如蒙特卡罗模拟）获得现金流量的分布，对该分布进行数理统计分析获得均值、标准差等，以此为基础进行决策。基于模拟现金流量的方法有均值-方差法（决策准则：均值越大越好，方差越小越好）、均值-方差系数法（决策准则：均值越大越好，方差系数越小越好）、风险下的净现值（NPV at risk）法（决策准则：在给定的置信水平下，风险下的净现值大于0；或者净现值为0时的置信水平高于预先设定的置信水平）等。

（2）经风险调整的净现值法　在计算净现值时，折现率的确定最为关键。折现率可以根据资金成本来确定，也可以根据投资人要求的最低投资回报率来确定。普遍采用的折现率是股权收益率（ROE）或资产收益率（ROA）；当投资为股本资金和债务资金的组合时，采用股权收益率和贷款利率加权平均值作为折现率。上述三种折现率只考虑了项目的盈利而忽略了风险因素。为了考虑风险因素的影响，计算净现值时，风险大则采用高折现率，风险小则采用低折现率，若投资项目在不同阶段有不同风险，那么最好分阶段采用不同折现率进行折现。目前，确定基于风险考量的折现率有两种方法：由资本资产定价模型（CAPM）决定的折现率，或主观设定的折现率。这些折现率克服了传统折现率未充分反映风险成本的缺陷，使项目收益与风险挂钩。实质上，这些基于风险考量的折现率只是增加了安全余量。

（3）决策树法　决策树法利用一种树形图作为分析工具，用决策点代表决策问题，用方案分枝代表可供选择的方案，用概率分枝代表方案可能出现的各种结果，通过预测项目各种方案的可能结果及其概率，求出期望值，为决策者提供决策依据。如果一个决策树只在树的根部有一个决策点，则称单级决策；如果一个决策树不仅在树的根部有决策点，而且在树的中间也有决策点，则称多级决策。

决策树法较充分考虑了投资决策的不确定性及相应的复杂性、灵活性、连贯性。不确定性主要表现在决策树中机会点出现不同概率的情况，灵活性表现为依据不同信息做出不同的决策，连贯性表现为连续、多次决策。其投资评价过程如下：投资者面临一个或一系列投资决策，即要在几种替代方案中做出选择，每一种选择结果依赖于不确定的未来事件或状态，投资者可以根据过去的信息或以一定的代价获取未来的信息来描述不确定性的概率，然后依据其对随后结果的偏好及对机会事件概率的判断，最终选择一个战略决策；一般而言，这就意味着投资者的决策导致其期望值概率最大化，或者是在风险调整概率下使净现值最大化。

（4）实物期权评价方法　评价投资项目实际上就是评价投资机会。对一个投资方案进行评价时，投资人有多种选择：一是接受或者放弃该投资方案（项目投资机会的决策）；二是如接受该投资方案，是立即启动或是在今后若干年内启动；三是项目开发是否分期进行（只有一期或者分多期进行）。

1977年，麻省理工学院Stewart Myers教授开始将金融衍生产品中的期权思想和定价方法引入实物投资领域的项目评价中，从而产生了实物期权（real option）。实物期权就是项目投资者在投资过程中行使一系列选择权，其持有者通过付出一定成本而获得一种权利，在规定的时间内有权利但不是必须按约定条件实施某种行为。项目投资中期权的最大特点就是给投资者一种决策弹性，使其可以灵活运用市场各种变化的可能性，在最大限度控制风险的同时，又不丧失获得可能出现的获利机会。根据项目的具体情况，有3种实物期权：项目投资机会期权、后续投资项目期权和投资项目放弃期权。

1) 项目投资机会期权。如果现在就决定项目是否启动，该投资项目相当于一个执行日为现在的欧式买入期权。支付成本为项目投资，买入对象物价值为项目的现值，增加值为净现值：期权价值。如果不必现在就决定项目是否启动，而是今后一定年限内决策，该投资项目相当于一个执行期为约定年限的有红利的美式买入期权，红利为项目启动后的现金流。项目早日启动早得红利，但须支出资本投资；项目晚启动会损失红利，但赢得资本投资的利息（或者机会收益）。比较利息和红利的大小，如果项目效益好（红利大于利息），晚启动会造成损失；如果项目效益差（红利不大于利息），晚启动或不启动收益大。当NPV接近于0时，持有项目投资机会选择权给投资人增加价值。

在进行项目投资决策时，如果市场的需求和价格很明确，则决策相对简单，只要确定回报是否大于投资即可（回报－投资比大于1）。然而，现实生活中，市场情况具有一定的不确定性，这时需要进行风险－回报均衡分析，把市场不确定性与回报－投资比构成的二维空间分为3个区域，如图5-4所示。

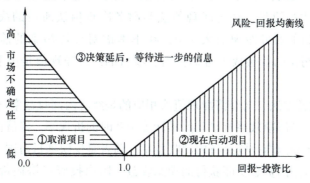

图5-4　投资决策空间

①在市场相对稳定的情况下，如果回报－投资比小于1，则该项目没有投资的价值，应该取消；②在市场相对稳定的情况下，回报－投资比大于1，随着市场的不确定性增加，回报－投资比也增加，并满足决策者的风险－回报均衡的要求，则该项目具有投资的价值，可以立即启动项目；③在市场不稳定的情况下，回报－投资比小于1，或者虽然回报－投资比大于1，但并未满足决策者的风险－回报均衡的要求，则应该延迟做决定（或取消启动），进一步获取信息。

2）后续投资项目期权。后续投资项目是否投资取决于先期投资项目是否成功，该项目可视为一个发展期权（或称扩张期权）。只有一期项目启动，二期项目才能启动，才有可能获得丰厚回报；如果一期项目不启动，就有可能失去行业竞争的机会。发展期权是一个执行日为现在的欧式买入期权外加一个执行期为 T 年的欧式买入期权。项目净现值＝一期项目净现值＋二期项目净现值。

3）投资项目放弃期权。如果说项目投资机会期权是为了创造投资收益，后续投资项目期权是为了扩大投资收益，则投资项目放弃期权是为了规避风险，是一种卖出期权，执行价格就是项目残值。是否放弃该项目，主要取决于其是否具有经济价值，如果不能产生正的净现值，即使还有使用价值也必须放弃。

（5）考虑社会利得和成本的评价方法　现金流量分析只考虑了项目的财务效益，忽略了项目的社会经济效益。实际上，任何一个项目直接或间接、或多或少都对社会产生一定的影响，有利的（正面的）影响就是社会利得，不利的（负面的）影响就是社会成本。如果能将社会利得量化为现金流入量，把社会成本量化为现金流出量，则一些基于现金流量的评价方法也就成为考虑社会利得和成本的评价方法。

1）经济净现值法。经济净现值（ENPV）法是建立在收益－成本分析的基础上分析项目对国民经济净贡献的方法。此处收益不仅包括直接的现金收益，还包括间接的收益（项目建设给社会带来的好处，如就业、改善投资环境、促进经济发展等）；成本也不是简单的项目所需的资金成本，而是包括社会成本（如对环境的负面影响、占用稀缺资源等）在内。经济净现值法按社会折现率将项目计算期内的各年国民经济净效益流量（以货币的形式表示）折算成建设期初的现值之和。经济净现值是社会对资金的时间价值的估量，经济净现值大于或等于0，表明国家为拟建项目付出的代价可以得到符合社会折现率要求的社会盈余，项目可以接受；反之，则应拒绝。该方法的难点在于如何用货币的形式表示社会收益和社会成本。值得注意的是，经济净现值法与财务净现值法所得的决策可能不一致。例如，许多高污染项目的财务净现值大于0，在不考虑对环境污染的前提下，项目是可行的；如果把对环境污染的社会成本考虑在内，项目的经济净现值是小于0的，因而项目是不可行的。

2）经济内部收益率法。与经济净现值法相应的是经济内部收益率（EIRR）法，它是项目计算期内各年国民经济净效益流量现值累计等于0时的折现率。经济内部收益率分为全部投资经济内部收益率和国内投资经济内部收益率。前者是反映项目对国民经济净贡献的相对指标，它表示项目占用的资金所能获得的动态收益。国内投资经济内部收益率表示项目占用的国内资金所能获得的动态收益。经济内部收益率指标应该同国家颁布的社会折现率比较，分析项目的国民经济效益。经济内部收益率大于或等于社会折现率表明项目对国民经济的净贡献达到或超过了国民经济需求的水平，则该项目在经济上是可接受的；反之，则应拒绝。

3）投资利税率法。投资利税率是指项目达到设计生产能力后的一个正常生产年份的年利税总额或项目生产经营期内的年平均利税总额占项目总资金（固定资产投资和全部流动资金之和）的比率。它是反映项目单位投资盈利能力和对国家积累所做贡献的指标。当投资利税率大于或等于基准投资利税率（如行业的平均投资利税率）时，项目才可以考虑被接受，否则应予拒绝。

4）要素加权分析法。要素加权分析法（优选矩阵法）是一种综合评价方法，主要依靠专家的知识、经验和技能，对项目进行仔细分析，确定一系列的关键要素作为评价指标，并赋予它们一定的权重；然后，针对每个方案、对各个要素分别打分；最后，根据事先确定的计算公式，计算每个方案的得分，综合分值最高的项目即为最优项目。

(6) 贷款人的项目评价决策方法　衡量项目盈利能力的评价方法和衡量项目社会经济效益的评价方法都是建立在项目的整个生命周期（如果是特许权项目，则为特许期）的基础之上的，其缺陷是忽略了项目在运营初期产生现金流量的能力。由于贷款要在相对短的时期内偿还，因而放贷人的评价方法只局限于贷款期内的项目现金流。

1）偿债覆盖率法。偿债覆盖率是指项目可用于偿还债务的有效净现金流量与债务偿还责任的比值。偿债覆盖率的大小表示项目可用于还款的资金对贷款本息的覆盖程度，即计算在项目贷款条件（贷款年限、利率、宽限期、还款方式和每年应还本息）的约束下，可还款资金与应还本息的比率。根据计算基础不同，偿债覆盖率又分为单一年度的偿债覆盖率和平均偿债覆盖率。

2）贷款偿还期法。固定资产投资的贷款偿还期（又称借款偿还期）是指在国家财政规定及项目具体财务条件下，以项目建成投产后的收益中可用于还贷的资金（如利润、折旧及其他收益）偿还固定资产投资中贷款本金及建设期利息所需的时间。判别的标准是，当贷款偿还期满足贷款机构的要求期限时，该项目是可接受的；反之，则应拒绝。

3）盈利能力比率法。盈利能力比率是指项目的盈利能力水平，也就是运用项目的各项资源获利的能力（也称项目投资的增值能力），利润率越高，盈利能力就越强。可以从不同角度分别测算项目的盈利能力水平，主要有以下指标：①销售利润率，反映项目在纳税前，每1元销售额有多少利润，数值越大表示利润越高；②资产总值收益率，反映项目投入资本所产生的收益，值越大表示投资收益越大；③股权收益率，反映普通股资本的净盈利能力，是净利润与普通股权总额的比例。

4）杠杆作用和资本结构比率法。杠杆作用和资本结构比率反映项目的长期债务（包括发行企业债券在内）占总资产的比例，用来衡量项目利用债权人提供的资金进行经营活动的能力，反映债权人发放贷款的安全程度，也用来观察项目举债经营的状况。主要有以下指标：①负债总额与资本净额的比率（也称产权比率），指企业负债（包括流动负债和长期负债）与企业自有资本（资本净额）的比率，是反映企业稳固性的一个重要指标，也显示对债权人的保障程度，数值越小，表明偿还能力越大；②长期债务偿还比率，反映借款人长期债务还本付息能否按贷款协议或债券兑付计划清偿,而不影响企业所需的营运资金;③盈利债息比率,反映由项目经营盈利支付债务利息的保证程度,一般以倍数表示,数值越大,支付债务利息的保证程度越高。

思考题

1. 什么是决策?决策的要素有哪些?
2. 什么是建设项目投资决策?有何特征?
3. 简述建设工程项目投资决策程序。
4. 基于确定现金流的项目投资决策评价方法有哪些?
5. 考虑风险影响的项目投资决策评价方法有哪些?

第 6 章
建设工程项目投资后评价

本章主要内容：建设工程项目投资后评价概述，包括建设工程项目投资后评价的含义和基本特征，建设工程项目投资后评价的目的、作用和依据，建设工程项目后评价的类型，建设工程项目后评价的指标及反馈；建设工程项目后评价的主要内容，包括建设工程项目建设全过程回顾与评价、建设工程项目效果效益评价与影响评价、建设工程项目目标评价与可持续性评价。

本章重难点：建设工程项目投资后评价的含义和基本特征，建设工程项目后评价的指标及反馈，建设工程项目效果效益评价与影响评价、建设工程项目目标评价与可持续性评价。

6.1 建设工程项目投资后评价概述

建设工程项目投资后评价是投资项目周期的一个重要阶段，作为工程项目管理周期的最后一环，与项目周期的各个阶段有密切关系。目前，我国建设工程投资项目后评价制度性文件基本形成，按照国资委的要求，工程项目投资后评价工作已在央企全面开展；以国家、各省市区政府投资为主的工程项目后评价工作，也正在规范有序地进行。非国有企业投资行为可以参照政府和国有企业已经形成的规范性运作机制开展工作。

6.1.1 建设工程项目投资后评价的含义和基本特征

1. 建设工程项目投资后评价的含义

目前，对后评价还没有一个统一、规范的定义。根据建设工程项目投资后评价启动时点的不同，可以分为广义和狭义的工程项目投资后评价。

狭义的建设工程项目投资后评价是指工程项目投资完成之后所进行的评价，通过对项目实施过程、结果及其影响进行调查研究和全面系统回顾，与项目决策时确定的目标以及技术、经济、环境、社会指标进行对比，找出差别和变化，分析原因，总结经验，汲取教训，得到启示，提出对策建议，通过信息反馈，改善和指导新一轮投资管理和决策，达到提高投资效益的目的。

广义的建设工程项目投资后评价还包括项目中间评价，或称中间跟踪评价、中期评价，是指从工程项目开工到竣工验收前所进行的阶段性评价，即在项目实施过程中的某一时点，对建设项目实际状况进行的评价。一般在规模较大、情况较复杂、施工期较长的项目，以及主客观条件发生较大变化的情况下采用。中间评价除了总结经验教训以指导下阶段工作外，还应以工程项目实施过程中出现重大变化因素为着眼点，并以变化因素对项目实施和项目预期目标的影响进行重点评价。

2. 建设工程项目投资后评价的基本特征

（1）全面性　工程项目投资后评价，既要总结、分析和评价投资决策和实施过程，又要总结、分析经营过程；不仅要总结、分析和评价项目的经济效益、社会效益，而且还要总结、分析和评价经营管理状况；不仅分析和评价过去，还要展望未来，得出持续性分析。因此，工程项目投资后评价具有数据采集范围广泛、评价内容全面的特点。

（2）动态性　工程项目投资后评价主要是对投产至两年后的工程项目进行全面评价，涉及项目从决策到实施、运营各个阶段不同的工作方面，具有明显的动态性和跨越性。工程项目投资后评价也包括项目建设过程中的事中评价或中间跟踪评价、阶段性评价，有利于及时了解、改正项目建设过程中出现的问题，减少项目建设后期的偏差。工程项目投资后评价成果并不是一成不变的，不同阶段的后评价应根据采集到的项目进展最新数据，对前期后评价成果进行修正。

（3）方法的对比性　对比是工程项目投资后评价的基本方法之一，是将实际结果与原定目标进行同口径对比，将实施完成的或某阶段性的结果，与建设项目前期决策设定的各项预期指标进行详细对比，找出差异，分析原因，总结经验和教训。有无对比方法也常用于工程项目投资后评价。

（4）依据的现实性　工程项目投资后评价是对项目已经完成的现实结果进行分析研究，依据的数据资料是建设工程项目实际发生的真实数据和真实情况；对将来的预测也是以评价时点的现实情况为基础。因此，后评价依据的有关资料，数据的采集、提供、取舍都要坚持实事求是、客观评价，避免因偏颇使用而形成错误结论。

（5）结论的反馈性　工程项目投资后评价的目的之一是为改进和完善项目管理提供建议，为投资决策或其他相关利益部门提供参考和借鉴。为此，就必须将后评价的成果和结论进行有效反馈，通过反馈机制使后评价总结出来的经验得到推广、教训得以吸取，防止错误重演，最终使后评价成果变为社会财富，产生社会效益，实现评价的目的。

6.1.2　建设工程项目投资后评价的目的、作用和依据

1. 建设工程项目投资后评价的目的

工程项目投资后评价的主要目的是服务于投资决策，是出资人对投资活动进行监管的重要手段之一。它也可以为改善企业的经营管理、完善在建投资工程项目、提高投资效益提供帮助。特别是公共资金投入，需要有效的监督，其核心的目的仍然是为出资人保证资金合理使用和提高投资效益服务。通过工程项目投资后评价，可以及时反馈信息，调整相关政策、计划、进度，改进或完善在建项目；可以增强项目实施的社会透明度和管理部门的责任心，提高投资管理水平；可以通过经验教训的反馈，修订和完善投资政策和发展规划，提高决策水平，改进未来的投资计划和项目的管理，提高投资效益。

2. 建设工程项目投资后评价的作用

（1）对提高工程项目前期工作质量起促进作用　开展工程项目投资后评价，回顾项目前期决策成功的经验及失误的原因，评价前期工作的质量及决策的正确合理性，能够促使和激励参与项目可行性研究、评估和决策的人员增强责任感，提高项目前期工作质量和水平；

通过工程项目投资后评价反馈的信息，及时发现和暴露决策过程中存在的问题，吸取经验教训，提高项目决策水平。

（2）对政府制定和调整有关经济政策起参谋作用　集合多个工程项目投资后评价总结的经验教训和对策建议，可作为政府进行宏观经济管理的借鉴，有关部门可参考这些建议，合理确定和调整投资规模与投资流向，修正某些不适合经济发展要求的宏观经济政策、产业政策，以及过时的指标参数和技术标准等。

（3）对银行防范风险起提示作用　银行系统的工程项目贷款后评价（信贷后评价），通过对贷款条件评审、贷款决策、贷款合同的签订、贷款发放与本息回收等运作程序的回顾，分析风险防范措施及效果，可以发现工程项目信贷资金使用与回收过程中存在的问题，明确主要责任环节；还可了解资本金和其他配套资金到位与工程项目总投资控制情况，及时掌握项目产品市场需求变化与企业经营管理状况，完善银行信贷管理制度和风险控制措施。

（4）对工程项目业主提高管理水平起借鉴作用　工程项目投资后评价对项目业主在项目实施过程中的管理工作、管理效果进行分析，剖析项目业主履行职责的情况，总结管理经验教训。这些经验教训既是对被评价项目业主管理工作的检验总结，也可通过行业系统组织后评价经验交流，为其他项目业主提供借鉴，为提高工程项目建设管理水平发挥作用。

（5）对企业优化生产管理起推动作用　工程项目投资后评价涉及评价时点以前的生产运营管理情况，从生产组织、企业管理、财务效益等方面分析产生偏差的原因，提出可持续发展的建议与措施，对企业优化生产运营管理、提高经济效益和社会效益起到推动作用。

（6）对出资人加强投资监管起支持作用　工程项目投资后评价涉及分析评价资金使用情况、企业生产经营状态，分析成功或失败的原因和主要责任环节，可以为出资人监管投资活动和测评投资效果提供支撑，为建立和完善政府投资监管体系和责任追究制度服务。

3. 建设工程项目投资后评价的依据

（1）理论依据　建设工程项目投资后评价是用现代系统工程与反馈控制的管理理论，对项目决策、实施和运营结果做出科学的分析和判定。

投资的工程项目是复杂的系统工程，是由多个可区别但又相关的要素组成的有机整体。工程项目系统的整体功能就是要实现确定的项目目标。工程项目系统通过与外部环境进行信息交换及资源和技术的输入，实施完成后，向外界输出其产品。工程项目系统的各项状态参数随时间变化而产生动态变化。反馈控制是指将系统的输出信息返送到输入端，与输入信息进行比较，并修正二者的偏差进行控制的过程。反馈控制其实是用过去的情况来指导现在和将来。在控制系统的反馈控制中，需要克服环境变化的干扰，减少或消除系统偏差，提高系统工作效果。

投资决策者根据经济环境分析，通过决策评价确定工程项目目标，以目标制定实施方案，通过对方案的可行性分析和论证，把分析结果反馈给投资决策者，这种局部反馈能使投资决策者在项目决策阶段中及时纠正偏差，改进完善目标方案，做出正确的决策并付诸实施。在工程项目实施阶段，执行者将实施信息及时反馈给决策管理者，并通过项目中间评价提出分析意见和建议，使决策者掌握项目实施全过程的动态，及时调整方案和执行计划，使项目顺利实施并投入运营。当工程项目运营一段时间后，通过项目后评价将建设项目的经营效益、社会效益与决策阶段的目标相比较，对建设和运营的全过程做出科学、客观的评价，反馈给投资决策者，从而对今后的项目目标做出正确的决策，以提高投资效益。

（2）政策制度依据　根据国家投融资体制改革的不断完善和深入，经过几十年的实践探索，我国已初步形成政府部门制定后评价的制度性或规定性文件、相关行业主管部门制定后评价实施细则、企业制定后评价操作性文件的制度体系。开展工程项目投资后评价工作的制度依据已经确立。

（3）信息数据依据　工程项目投资后评价的资料主要包括项目决策及实施过程中的重要节点文件、项目实施过程的记录文件、项目生产运营数据和相关财务报表、与项目有关的审计报告、竣工验收报告、稽查报告等。为保证资料的完整和衔接，项目单位应建立完善的档案管理制度。通常工程项目投资后评价依据的主要文件清单如下：

1）工程项目决策阶段的主要文件。包括项目可行性研究报告及必要的政府各投资主管部门、环境管理部门和企业投资决策机构的审批文件。例如土地预审报告、环境影响评价报告、安全预评价报告、节能评估报告、重大项目社会稳定风险评估报告、洪水影响评价报告、水资源论证报告、水土保持报告，以及相关批复文件。

由于不同行业、不同规模、不同类型的工程项目有着不尽相同的决策程序，此阶段的资料也可能是董事会决议、项目资金申请报告和核准文件或备案文件。

一般情况下，在此阶段还应有项目评估报告。

2）工程项目实施阶段的主要文件。包括工程设计文件及概（预）算、招标文件及合同、开工报告及开工的各项批准文件、主要合同文本、年度投资计划、施工图设计会审及变更资料、监理资料、竣工验收报告及其相关的验收文件等。

部分工程由于实施过程中发生条件的重大变化或执行偏差，还会有概算调整报告、稽查报告等重要的过程资料。

3）工程项目生产运营阶段的主要文件。包括项目生产和经营数据、设备运行指标及维护记录、企业财务报表、项目运营管理的主要规章制度等，往往还包括项目投入运行以后的技术改造情况。有些项目还会涉及安全生产许可证、经营许可证等许可类证件。

6.1.3　建设工程项目投资后评价的类型

1. 按评价时点划分

工程项目投资后评价根据发起的时点不同，可以分为在工程项目实施中进行的中间评价和在工程项目完工进入运行阶段后的后评价。

（1）中间评价　中间评价是指投资人或项目管理部门对正在建设尚未完工的工程项目所进行的评价。中间评价的作用是通过对工程项目投资建设活动中的检查评价，及时发现项目建设中的问题，分析产生的原因，重新评价项目的目标是否可能达到，项目的效益指标是否可以实现，并有针对性地提出解决问题的对策和措施，以便决策者及时做出调整方案，使项目按照决策目标继续发展，对没有继续建设条件的项目可以及时中止，防止造成更大浪费。工程项目中间评价根据启动时点不同，从立项到项目完成前很多种类，即项目的开工评价、跟踪评价、调概评价、阶段评价、完工评价等。

工程项目中间评价是项目监督管理的重要组成部分，以项目业主日常的监测资料和项目绩效管理数据库的信息为基础，以调查研究的结果为依据进行分析评价，通常应由独立的咨询机构来完成。

（2）中间评价与后评价的区别与联系　工程项目的中间评价和项目后评价都是项目全

过程管理的重要组成部分，既相对独立又紧密联系。一方面，由于两者实施的时间不同，评价深度和相应的一些指标也不同；它们服务的作用和功能也有所不同。另一方面，中间评价和后评价也有许多共同点，如项目的目标评价、效益评价等是一致的，可以把后评价看成是中间评价的后延伸，中间评价也可以被看成后评价的一个依据和基础。因此，工程项目的中间评价和后评价都是项目评价不可缺少的重要一节。

2. 按评价范围划分

根据评价范围，可以分为全面后评价和专项后评价。

工程项目中间评价可以是全面后评价，也可以根据决策需要，选取单一专题进行专项评价。这种评价范围的调整也适用于狭义的后评价。根据不同的评价范围和评价重点，可以分为项目影响评价、规划评价、地区或行业评价、宏观投资政策研究等类型。

6.1.4 建设工程项目投资后评价的指标及反馈

1. 工程项目投资后评价指标

不同类型工程项目的后评价应选用不同的评价指标。主要指标有：

（1）工程技术评价指标 如设计能力，技术或工艺的合理性、可靠性、先进性、适用性，设备性能，工期、进度、质量等。

（2）财务和经济评价指标

1）项目投资指标：工程项目总投资、建设投资、预备费、财务费用、资本金比例等。

2）运营期财务指标：单位产出成本与价格、财务内部收益率、借款偿还期、资产负债率等。

3）项目经济评价指标：经济内部收益率、经济净现值等。

（3）项目生态与环境评价主要指标 物种、植被、水土保持等生态指标；环境容量、环境控制、环境治理与环保投资以及资源合理利用和节能减排指标等。

（4）项目社会效益评价主要指标 利益相关群体、移民和拆迁、项目区贫困人口、最低生活保障线等。

（5）管理职能评价指标 前期工作相关程序、采购招标、施工组织与管理、合同管理、组织机构与规章制度等。

（6）项目目标和可持续性评价指标

1）项目目标评价指标：项目投入、项目产出、项目直接目的、项目宏观影响等。

2）项目可持续性评价指标：财务可持续性指标、环境保护可持续性指标、项目技术可持续性指标、管理可持续性指标、需要的外部政策支持环境和条件等。

2. 项目后评价成果反馈

（1）反馈的目的 工程项目投资后评价的最大特点是信息的反馈。也就是说，后评价的最终目标是将评价结果反馈到决策部门，作为新项目立项和评估的基础，作为调整投资规划和政策的依据。因此，评价的反馈机制便成了评价成败的关键环节之一。这点更适用于对使用财政资金的项目的公众监督。

工程项目投资后评价成果反馈的目的，是将后评价总结的经验教训以及提出的对策建议，反馈到投资决策和主管部门、项目出资人以及项目执行单位，为项目投资决策、规划编制与调整，以及相关政策制定提供依据；使经验得到推广，教训得以吸取，错误不再重复；

使项目更加完善，提高项目可持续发展能力以及市场竞争力。

作为建设工程项目投资决策部门，也应正视工作中的失误和教训，将后评价的成果和结论反馈到起作用的部门和领导。

（2）反馈的形式　工程项目投资后评价成果的反馈形式主要包括书面文件（评价报告或出版物）、后评价信息管理系统、成果反馈讨论会、内部培训和研讨等。

6.2 建设工程项目投资后评价报告的主要内容

建设工程项目投资后评价的内容，包括项目建设全过程回顾与评价、效果效益评价与影响评价、项目目标和可持续性评价等，并在此基础上总结经验教训，提出对策和建议。本节所论述的后评价的内容以工程项目投资后评价类为主。

6.2.1 建设工程项目全过程回顾与评价

工程项目建设全过程的回顾和评价一般分四个阶段：项目决策、项目建设准备、项目建设实施、项目投产运营。

1. 工程项目决策阶段

此阶段回顾与评价的重点是工程项目决策的正确性；评价项目建设的必要性、可行性、合理性；分析项目目标实现的程度、产生差异或失败的原因。合理性和效率是此阶段评价衡量的重要标尺。

对于可行性研究报告，主要分析评价工程项目可研阶段的目标是否明确、合理，内容与深度是否符合规定要求，项目风险分析是否充分；对于工程项目评估，主要分析评估工作深度是否满足决策要求，项目投资估算、主要效益指标的评估意见是否客观，项目风险评估是否到位，对决策的建议是否合理、结论是否可靠等；对于决策，主要分析评价项目决策程序是否合规，决策方法是否科学，决策内容是否完整，决策手续是否齐全。

2. 工程项目建设准备阶段

此阶段回顾与评价的重点是工程项目的各项准备工作是否充分，开工前的各项报批手续是否齐全。效率是此阶段评价衡量的重要标尺。

1）勘察设计：分析勘察结论的可靠性、设计方案的科学性及设计文件完备性。

2）融资方案：分析评价工程项目的资金来源是否按预想方案实现，资金结构、融资方式、融资成本是否合理，风险分析是否到位，融资担保手续是否齐全等。

3）采购招标：评价工程项目招标方式、招标组织形式、招标范围、标段划分的合理性，招标报批手续和招标评标过程以及监督机制等招标投标工作的合法与合规性，招标竞争力度以及招标效果。

4）合同签订：评价工程合同签订的依据和程序是否合规，合同谈判、签订过程中的监督机制是否健全，合同条款的合理性和合法性以及合同文本的完善程度。

5）开工准备：分析评价工程项目开工建设的物资准备、技术准备、组织准备、人员准备，以及许可开工的相关手续等情况。

3. 工程项目建设实施阶段

此阶段回顾与评价的重点是工程建设实施活动的合理性和成功度，项目业主的组织能力与管理水平；此阶段项目执行的效率和效益是评价衡量的重要标尺。

1）合同执行与管理：分析评价各类合同（含咨询服务、勘察设计、设备材料采购、工程施工、工程监理等）执行情况、违约原因及责任，评价项目业主采取的合同管理措施及各阶段合同管理办法及效果。

2）重大设计变更：从技术上分析评价重大设计变更的原因及合理性，从管理上分析评价设计变更报批手续的严谨性、合规性，从经济上分析评价设计变更引起的投资、工期等方面的变化及其对项目预期经济效益的影响。

3）"四大管理"：评价项目业主在"四大管理"（工程质量、进度、投资和安全；随着社会进步，"安全"现已更全面地表现为 HSE）方面采取的措施与效果，分析产生差异的原因及对预期目标的影响，总结四大管理目标的实现程度以及主要的成功经验和失败的教训。

4）资金使用与管理：评价基建财务管理机构和制度健全与否，分析资金实际来源、成本与预测、计划产生差异的原因，评价资金到位情况与供应的匹配程度、资金支付管理程序与制度严谨性、项目所需流动资金的供应及运用状况等。

5）实施过程的监督管理：分析评价工程监理与工程质量监督在项目实施过程中所起的作用，评价项目业主委托工程监理的规范性和合法性、管理方式的适应性，评价项目接受内外部审计的情况等。

6）建设期的组织与管理：以项目建设管理的实际效率和效果为着眼点，分析评价管理体制的先进性、管理模式的适应性、管理机构的健全性和有效性、管理机制的灵活性、管理规章制度的完善状况和管理工作运作程序的规范性等情况。

4. 项目投产运营阶段

此阶段回顾与评价的重点是项目由建设实施到交付生产运营转换的稳定、顺畅。项目效益和可持续性是评价衡量的重要标尺。

1）生产准备：评价各项生产准备内容、试车调试、生产试运行与试生产考核等情况，评价生产准备工作的充分性。

2）项目竣工验收：评价工程项目全面竣工验收工作的合规性与程序的完善性，遗留尾工处理的合理性。

3）资料档案管理：评价工程资料档案的完整性、准确性和系统性，管理制度的完善性等。

4）生产运营：分析评价工艺路线畅通状态、设备能力匹配度、生产线运行稳定性，评价设计生产能力实现程度，评价原材料、能源动力消耗指标与设计要求的差异等。

5）产品营销与开发：评价产品质量、营销策略及效果，产品市场竞争能力和占有率，分析市场开发与新产品研发能力。

6）生产运营的组织与管理：分析评价管理体制、管理机制、管理机构、管理规章制度等。

7）后续预测：对评价时点以后的产品市场需求和竞争能力进行预测，对项目全生命周期财务效益和经济效益预测，对项目运营外部条件预测、分析。

6.2.2 建设工程项目效果效益评价与影响评价

1. 工程项目投资效果效益评价

工程项目效果效益评价是对项目实施的最终效果和效益进行分析评价，即将项目的工程技术效果、经济（财务）效益、环境效益、社会效益和管理效果等，与项目可行性研究和评估决策时所确定的主要指标，进行全面对照、分析与评价，找出变化和差异，分析原因。

（1）技术效果评价　工程项目技术效果评价是针对项目实际运行状况，对工程项目采用的工艺流程、装备水平等进行再分析，主要关注技术的先进性、适用性、经济性、安全性。

1）工艺流程评价：分析评价工艺流程的可靠性、合理性，采用的工艺技术对产品质量的保证程度、工艺技术对原材料的适应性等。

2）装备水平评价：分析评价各主要设备是否与设计文件一致，设备的主要性能参数是否满足工艺要求，自动化程度是否达到要求，设备寿命是否经济合理，评价设备选型的标准和水平等。

3）技术水平评价：将项目规模、能力、功能等技术指标的实现程度与项目立项时的预期水平进行对比，从设计规范、工程标准、工艺路线、装备水平、工程质量等方面分析项目所采用的技术达到的水平，分析评价所采用技术的合理性、可靠性、先进性、适用性等。

4）国产化水平：分析评价设备国产化程度以及自主知识产权拥有水平等。

（2）财务和经济效益评价

1）财务效益评价。财务效益评价与前期评估时的分析内容和方法基本相同，都应进行工程项目的盈利能力分析、清偿能力分析、财务生存能力和风险分析。评价时要同时使用已实际发生数据和根据变化了的内、外部因素更新后的预测数据，并注意保持数据口径的一致性，使对比结论科学可靠。

2）经济效益评价。根据工程项目实际运营指标，根据变化了的内、外部因素更新后的预测数据，全面识别和调整费用和效益，编制项目投资经济费用效益流量表，从资源合理配置的角度，分析项目投资的经济效率和对社会福利所做的贡献，评价项目的经济合理性，判别目标效益的实现程度。

（3）管理效果评价　项目管理效果评价是对项目建设期和运营期的组织管理机构的合理性、有效性，项目执行者的组织能力与管理水平进行综合分析与评价。通常，项目业主应对项目组织机构所具备的能力进行适时监测和评价，以分析项目组织机构选择的合理性，并及时进行调整。管理效果评价的主要内容包括：管理体制与监督机制的评价、组织结构与协调能力的评价、激励机制与工作效率的评价、规章制度与工作程序的评价、人员结构与工作能力的评价、管理者水平与创新意识的评价等。

2. 工程项目影响评价

项目工程技术效果、经济（财务）效益和管理效果又被称为项目直接效益。项目环境效益与社会效益又被称为项目间接效益，一般单独成章，列为项目影响评价。

（1）环境影响评价　随着我国经济发展进入转型阶段，环境影响评价越来越受到重视。环境影响后评价是指对照工程项目前期评估时批准的《环境影响报告书》或《环境影响备案表》，依据环境评价验收文件和运行期间的环境监测数据，重新审查项目环境影响的实际结果。环境影响后评价应采集以下基本数据：项目产生的主要污染物及其排放量，允许排放指标；项目污染治理设施建设内容和环保投入；项目环境管理能力和监测制度；项目对所在地区的生态保护与环境影响情况；项目对自然资源的保护与利用等。

在了解上述情况的基础上，评价工程项目对所在地环境带来的影响以及影响的程度、当地环境对企业后续发展的许可容量。

实施环境影响评价应遵照《中华人民共和国环境保护法》的规定，以及国家和地方环境质量标准和污染物排放标准与相关产业部门的环保规定。在审核已实施的环评报告和评价环境影响现状的同时，要对未来进行预测。对有可能产生突发性事故的项目，要有环境影响的风险分析。如果工程项目生产或使用对人类和生态有极大危害的剧毒物品，或工程项目位于环境高度敏感的地区，或工程项目已发生严重的污染事件，那么还需要提出一份单独的项目环境影响后评价报告。

环境影响后评价一般包括项目的污染控制、区域的环境质量、自然资源的利用、区域的生态平衡和环境管理能力。

（2）社会影响评价　社会影响评价主要是指项目建设对当地经济和社会发展以及技术进步的影响，一般可包含：征地拆迁补偿和移民安置情况；对当地增加就业机会的影响程度；对当地税收与收入分配的影响；对居民生活条件和生活质量的影响；对区域经济和社会发展的带动作用；推动产业技术进步的作用；对民族和宗教信仰的影响等。

社会影响评价首先应确定受影响人群的范围，有针对性地反映其受影响程度及对影响的反作用。社会影响评价的方法是定性和定量相结合，以定性为主，在诸要素评价分析的基础上，做综合评价。恰当的社会影响评价调查提纲和正确的分析方法是社会影响评价成功的先决条件，应慎重选择。

6.2.3　建设工程项目目标评价与可持续性评价

1. 工程项目目标评价

工程项目目标评价的任务在于评价项目实施中或实施后，是否达到在项目前期评估中预定的目标、达到预定目标的程度，分析与预定的目标产生偏差的主观和客观原因；提出在项目以后的实施或运行中应采取的措施和对策，以保证达到或接近达到预定的目标和目的；必要时，还要对有些项目预定的目标和目的进行分析和评价，确定其合理性、明确性和可操作性，提出调整或修改目标和目的的意见和建议。

（1）目标实现程度评价　建设工程项目目标实现程度评价，一般按照项目的投入产出关系，分析层次目标的合理性和实现可能性以及实现程度，以定性和定量相结合的方法，用量化指标进行表述，见表6-1。

表6-1　项目预定目标和目的达到程度分析表

目标或目的内容名称	预定值	项目建成可能达到值	目标目的实现程度（%）	偏离的原因分析	拟采取的对策和措施

项目目标实现、达到预定目标，即项目建成。一个项目建成的标志是多方面的，一般总结为"四个建成"的完成度，即目标实现程度。

1）工程（实物）建成，即工程项目按设计的建设内容完整建成，项目土建完工，设备安装调试完成，装置和设施经过试运行，符合工程设计的质量要求，并已通过竣工验收。

2）项目技术（能力）建成，即装置、设备和设施运行正常，各项工艺参数达到设计技术指标，生产能力和产品质量达到设计要求。

3) 项目经济（效益）建成，即项目的财务和经济目标实现，达到预期指标，包括有市场竞争力、经济上有效益、具备偿还贷款的能力等。

4) 项目影响建成，即项目对国民经济、社会发展、生态环境产生预定的影响效果。

(2) 目标合理性评价　工程项目目标的合理性是指项目原定目标是否符合全局和宏观利益，是否得到政府政策的支持，是否符合项目的性质，是否符合项目当地的条件等。合理的目标是项目目标和目的得以顺利实现的基础。对目标合理性的评价也是对决策效果的分析与判断。

在工程项目投资后评价中，项目目标和目的评价的主要任务是对照项目可研和评估中关于项目目标的论述，找出变化，分析项目目标的实现程度以及成败的原因，但同时也应讨论项目目标的确定是否正确合理，是否符合发展的要求。

目标评价的常用分析方法包括目标树法、层次分析法等。国际上通常采用逻辑框架法，见表6-2，通过项目的投入产出目标进行分析。

1) 项目投入包括资金、物质、人力、资源、时间、技术等投入。
2) 项目产出即项目建设内容，是投入的产出物。
3) 项目目的即项目建成后的直接效果和作用。
4) 项目宏观目标主要是指经济、社会和环境的影响。

表6-2　项目后评价的逻辑框架

目标层次	验证对比指标			原因分析		可持续性风险
	项目原定指标	实际实现指标	差别或变化	主要内部原因	主要外部条件	
宏观目标（影响）						
项目目的（作用）						
项目产出（实施结果）						
项目投入（建设条件）						

2. 工程项目的可持续性评价

工程项目的可持续性是指在项目的建设资金投入完成之后，项目可以按既定目标继续执行和发展，项目投资人和项目业主愿意并可能依靠自己的力量继续去实现既定目标。可持续性评价即实现上述能力的可能性评价。可持续性也是项目目标评价的重要内容之一。

项目可持续性要素受市场、资源、财务、技术、环保、管理、政策等多方面影响，一般可分为内部要素和外部条件。

1) 影响可持续性项目的内部因素，包括项目规模的经济性、技术的成熟性和竞争力、企业财务状况、污染防治措施满足环保要求的程度、企业管理体制与激励机制等，核心是产品竞争力及对市场的应变能力等。

2) 项目外部条件支持能力，包括资源供给、物流条件、自然环境与生态要求、社会环境、政策环境、市场变化及其趋势等。

根据项目持续能力分析要求，列出制约建设项目可持续的主要因素，分析原因。在要素分析的基础上，分析建设项目可持续发展的主要条件，评价项目可持续性，提出合理的建议和要求，见表6-3。

表 6-3　项目可持续发展条件分析框架

	制约因素名称	内部原因分析	外部条件分析	解决方案
1				
2				
⋮				

3. 工程项目的成功度评价

工程项目的成功度评价是在前述章节对项目效果效益和影响的评价的基础上，在项目目标评价层次之上，对项目进行的更为综合的评价判断，综合得出项目总体成功与否的评价结论。

（1）测评等级　工程项目成功度评价一般以表格调查形式表示，见表6-4，由参加评价活动的专家对工程项目的不同内容及其相关重要性进行综合分析，按规定等级判断项目成功的程度。一般分为以下五个等级：

1）完全成功（A）：原定目标全面实现或超过预期，项目功能、效益和影响充分发挥。
2）基本成功（B）：原定目标大部分实现，项目功能、效益和影响基本达到预期要求。
3）部分成功（C）：原定目标部分实现，项目功能有缺陷，效益和影响只有部分实现。
4）不成功（D）：原定目标实现非常少，项目功能有问题，效益和影响很差。
5）失败（E）：原定目标无法实现，项目不得不终止。

表 6-4　项目成功度评价表

测评指标	相关重要性	测评等级	备注
1. 宏观目标（产业政策）			
2. 项目规模			
3. 产品市场			
4. 工程设计（或技术装备）			
5. 资源条件（或建设条件）			
6. 资金来源			
7. 项目进度管理			
8. 项目质量管理			
9. HSE 管理			
10. 项目投资控制			
11. 项目经营管理			
12. 项目财务效益			
13. 项目经济效益和影响			
14. 环境效益			
15. 项目可持续性			
⋮			
项目总评			

（2）测评指标　测评指标是指与该项目成功与否相关的主要因素（包含项目外部条件

和内部因素），如工业项目的测评指标一般主要包括宏观目标、项目布局、项目规模、项目目标、产品市场、工程设计、技术装备水平、资源条件、建设条件、资金来源、工程进度管理、工程质量管理、HSE 管理、项目投资控制、项目经营管理、财务效益、经济效益、社会影响、环境影响、可持续性、项目总评等。

（3）相关重要性　相关重要性是指某项测评指标（因素）在决定该项目成功与否的各因素中所占的权重，这一权重可以是定性的，也可以是定量的。定性的，一般可分为"重要""次重要"和"不重要"三类；定量的，可以根据各因素的重要程度，在总数"1"以内设定数值。

（4）成功度评价结论　根据项目成功度评价表进行的测定结果就是项目成功程度的总评价结论。

4. 后评价结论

后评价工作通过对资料收集、处理，在全面回顾项目过程后，通过目标评价、可持续性评价和项目成功度评价，可以对项目的决策和执行状况及前景有一个完全判断，得出综合性结论。该结论既是一个综合判断，也应根据项目特点或委托方要求有所侧重。

思考题

1. 简述建设工程项目投资后评价的含义和基本特征。
2. 简述建设工程项目投资后评价的目的和作用。
3. 简述建设工程项目投资后评价的指标。
4. 简述建设工程项目全过程回顾与评价的重点。
5. 简述建设工程项目效果效益评价与影响评价的主要内容。
6. 简述建设项目可持续性评价的含义及影响因素。

第 7 章
建设工程项目投资风险分析

本章主要内容：建设工程项目投资风险分析流程和方法，包括工程项目投资风险的识别、工程项目投资风险的估计、工程项目投资风险的评价；建设工程项目投资风险对策，包括风险对策的基本要求、投资项目主要风险对策、不同风险决策准则下的项目决策。

本章重难点：工程项目投资风险的识别、工程项目投资风险的估计、工程项目投资风险的评价，不同风险决策准则下的项目决策。

7.1 建设工程项目投资风险分析流程和方法

工程项目投资风险分析是指认识工程项目投资可能存在的潜在风险因素，估计这些因素发生的可能性及由此造成的影响，研究防止或减少不利影响而采取对策的一系列活动，它包括风险识别、风险估计、风险评价与风险对策研究四个基本阶段。其基本流程如图 7-1 所示。

图 7-1 风险分析基本流程

7.1.1 工程项目投资风险的识别

风险识别就是要识别和确定工程项目可能存在的风险因素，同时初步确定这些风险因素可能给项目带来的影响。风险识别需要在充分认识风险特征的基础上，识别项目潜在的风险和引起这些风险的具体风险因素，只有首先揭示出项目主要的风险因素，才能进一步通过风险评估确定损失程度和发生的可能性，进而找出关键风险因素，提出风险对策。风险识别的结果是建立项目的风险清单。

风险识别应注意借鉴历史经验，特别是后评价的经验。同时可运用"逆向思维"方法来审视项目，寻找可能导致项目不可行的因素，以充分揭示工程项目的风险来源。

1. 风险识别的目的

风险识别是风险分析的基础，作为风险分析的第一步，其目的在于：

1）对于对工程项目产生重要影响的风险，按照风险来源和特征进行分类。项目风险有其自身的特征，要根据这些特征来识别风险因素。

2）分析这些风险产生的原因或发生的条件。每个风险都存在自己的原因，要仔细检查引起这些风险的具体因素。

3) 寻找风险事件，即风险的直接表现。检查风险事件的后果以及表现，决定应对策略，衡量风险处理的成本。

4) 明确风险征兆，即风险发生的间接表现。作为风险预警的重要信号，可以提前采取措施，防范风险或减轻风险的不利影响。

工程项目的风险识别是风险分析过程中比较耗费时间和费用的阶段。特别是对于重大公共投资项目，具有更多的特殊性，面临更多的新情况，存在技术、经济、社会、环境等各个方面的风险因素，从中筛选出主要风险因素更加困难。为此，需要规范风险识别工作：

1) 建立规范化的风险识别框架，明确风险识别的范围和流程，以提高效率，降低成本，节约时间。

2) 选择合理、恰当的风险识别方法，既要经济，又要可靠。随着风险管理的发展，出现了众多风险识别方法，各自具有不同的特点和适用条件，满足不同类型项目风险识别的需要。

3) 组建多专业的风险识别小组。识别内部和外部的风险需要分析者富有经验、创造性和系统观念，但由于个人知识、经验和视野的局限性，较好的方法是选择若干相关专业领域的专家，组成一个风险分析小组来进行风险识别。

2. 风险识别的主要方法

投资项目可行性研究阶段涉及的风险因素较多，工程项目又不尽相同。风险识别要根据工程项目的特点，采用适当的方法进行。风险识别要采用分拆和分解原则，把综合性的风险问题分解为多层次的风险因素。常用的方法包括解析法、风险结构分解法、专家调查法、故障树、事件树、问卷调查和情景分析法等。下面主要介绍解析法、风险结构分解法、专家调查法。

(1) 解析法　解析法是将一个复杂系统分解为若干子系统进行分析的常用方法，通过对子系统的分析进而把握整个系统的特征。例如，市场风险可以细分为如下的子风险，如图 7-2 所示。

1) 经济风险。如全球或区域性的经济萧条带来需求的低增长或负增长，导致购买力低下，从而影响项目产品或服务的消费需求。

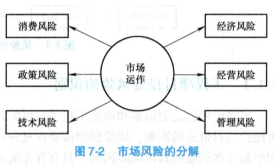

图 7-2　市场风险的分解

2) 政策风险。如国家产业政策、技术政策、土地政策等调整，对部分投资过热行业的行政管制，银行相应控制信贷，导致一些正在建设的项目资金供应中断，面临资金短缺的风险。

3) 技术风险。由于技术的不断创新，新产品的不断出现，原有产品生命周期缩短。

4) 管理风险。如项目组织管理不善、项目团队缺乏经验、主要管理者流失等问题，带来项目管理的风险。

5) 经营风险。如竞争者采用新的竞争策略，或是有新的竞争者加入同一目标市场，导致市场竞争格局发生重大变化，导致企业的市场份额下降等。

6) 消费风险。如消费态度、消费习惯和消费方式的变化，将影响产品销售。

以上因素将影响投资的工程项目产出的数量或价格，并影响项目的销售收入，进而影响项目的盈利能力和正常运营。

解析方法有多种具体途径，基于影响图的解析方法为风险识别提供了更系统观察风险源对项目目标影响的逻辑过程，使风险分析专业人员能够更好地理解风险过程，全面识别项目风险。比如投资某收费的桥梁工程项目的财务风险解析过程：从风险源到中间风险因素到关键风险因素，再到财务效益目标。通过解析，可以发现构成项目财务风险的主要风险源包括设备价格、材料价格、劳动力价格、交通量、工程量、收费标准、收费年限、利率、移民搬迁补偿标准等，如图7-3所示。

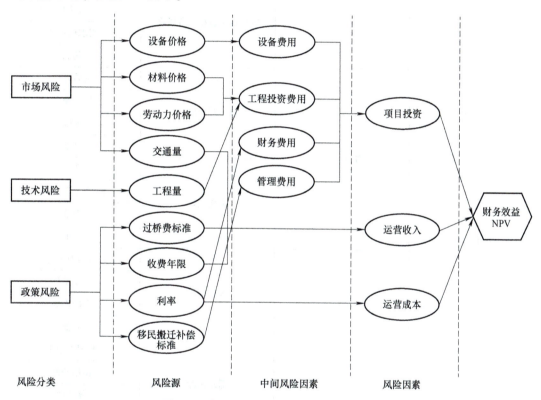

图7-3 某收费桥梁项目的财务风险影响图

（2）风险结构分解法 风险结构分解法是在解析法基础上发展而来，是风险识别的主要方法之一。美国项目管理学会将其定义为："一种基于原因或来源对风险进行垂直分类的方法，它可以描述和组织项目的全部风险，每深一个层次表示项目风险来源描述的进一步详细和明确。它是将一个复杂系统分解为若干子系统进行分析的常用方法，它是一种风险来源的递阶层次分解结构，通过对子系统的分析进而把握整个系统的特征，可以帮助项目分析人员和决策者更好地了解和分析项目潜在的风险，并全面地把握项目的整体风险。"

从规范风险识别的角度，美国项目管理学会又提出了一种通用的风险分解结构框架，见表7-1。它适用于任何组织的任何类型和任何性质的项目，如工业制造、公共设施和商业项目等，包括三个层次：第一层分为管理风险、外部风险和技术风险；第二层，管理风险包括来自企业和客户或相关利益者的风险，外部风险包括自然环境风险、文化风险和经济风险，技术风险包括需求、性能、应用风险,共 8 种风险;第三层包括 31 个具体风险。

表 7-1　通用的项目风险分解结构

层次	层次一	层次二	层次三
项目风险	管理风险	企业风险	历史/经验/文化
			组织稳定性
			财务
			其他
		客户或利益相关者风险	历史/经验/文化
			合同
			需求稳定性
			其他
	外部风险	自然环境风险	物质环境
			项目地点
			当地服务
			其他
		文化风险	政治
			法律/行政管制
			兴趣群体
			其他
		经济风险	劳动力市场
			劳动条件
			金融市场
			其他
	技术风险	需求风险	范围不稳定
			使用条件
			复杂性
			其他
		性能风险	技术成熟性
			技术局限性
			其他
		应用风险	组织经验
			个人能力及组合
			物资资源
			其他

(3) 专家调查法　专家调查法是基于专家的知识、经验和直觉,通过发函、开会或其

他形式向专家进行调查,发现项目潜在风险,对项目风险因素及其风险程度进行评定,将多位专家的经验集中起来形成分析结论的一种方法。它适用于风险分析的全过程。由于专家调查法比一般的经验识别法更具客观性,因此应用更为广泛。

专家调查法有很多,其中头脑风暴法、德尔菲法、风险识别调查表、风险对照检查表和风险评价表是最常用的几种方法。此处只重点介绍后面三种方法。

1) 风险识别调查表,主要定性描述风险的来源与类型、风险特征、对项目目标的影响等。典型的风险识别调查表见表7-2。

表7-2 典型的风险识别调查表

编号:　　　　　　　　　　　　　　　　　　　　　　　　　　　　　　时间:

项目名称	内容
风险类型	
风险描述	
风险对项目目标的影响(费用、质量、进度、环境等)	
风险的来源、特征	

2) 风险对照检查表,是一种规范化的定性风险分析工具,具有系统、全面、简单、快捷、高效等优点,容易集中专家的智慧和意见,不容易遗漏主要风险;对风险分析人员有启发思路、开拓思路的作用。当有丰富的经验和充分的专业技能时,项目风险识别相对简单,并可以取得良好的效果。显然,对照检查表的设计和确定是建立在众多类似项目经验基础上的,需要大量类似项目的数据。而对于新的工程项目或完全不同环境下的工程项目,则难以适应。否则可能导致风险识别的偏差。因此,需要针对项目的类型和特点,制定专门的风险对照检查表,提高风险识别的工作效率。投资项目风险对照检查表示例见表7-3。

表7-3 风险对照检查表示例

风险因素	可能的原因	可能的影响	可能性		
			高	中	低
进度延误风险	资金不足 设计变更 施工能力不足 ……	进度延误		* *	*
投资估算不准确风险	工程量估计不准 设备价格变化 材料价格变动 土地成本增加 ……	投资超资	*	* *	*
项目组织风险	项目复杂程度高 业主经验缺乏 可行性研究深度不足 ……	质量出现问题		*	* *

3) 风险评价表,通过专家凭借经验独立对各类风险因素的风险程度进行评价,最后将各位专家的意见归集起来。风险评价表通常的格式见表7-4,表中风险种类应随行业和项目

特点而异，其层次可视情况细分，同时应说明对程度判定的理由，并尽可能明确最悲观值（或最悲观情况）及其发生的可能性。

表 7-4 风险评价表

风险因素名称	风险程度					说明
	重大	较大	一般	较小	微小	
1. 市场风险：						
市场需求量						
竞争能力						
价格						
2. 原材料供应风险：						
可靠性						
价格						
质量						
3. 技术风险：						
可靠性						
适用性						
经济性						
4. 工程风险：						
地质条件						
施工能力						
水资源						
5. 投资与融资风险：						
汇率						
利率						
投资						
工期						
6. 配套条件：						
水、电、气配套条件						
交通运输配套条件						
其他配套工程						
7. 外部环境风险：						
经济环境						
自然环境						
社会环境						
8. 其他						

3. 投资项目的主要风险

（1）市场风险　市场风险是竞争性投资工程项目常遇到的重要风险。它的损失主要表现在项目产品销路不畅，产品价格低迷等以至产量和销售收入达不到预期的目标。细分起来市场方面涉及的风险因素较多，可分层次予以识别。市场风险一般来自四个方面：①由于消费者的消费习惯、消费偏好发生变化，市场需求发生重大变化，导致项目的市场出现问题，市场供需总量的实际情况与预测值发生偏离。②由于市场预测方法或数据错误，市场需求分析出现重大偏差。③市场竞争格局发生重大变化，竞争者采取了进攻策略，或者是出现了新的竞争对手，对项目的销售产生重大影响。④由于市场条件的变化，项目产品和主要原材料的供应条件和价格发生较大变化，对项目的效益产生了重大影响。

（2）技术与工程风险　在可行性研究中，虽然对投资项目采用技术的先进性、可靠性和适用性进行了必要的论证分析，选定了认为合适的技术。但由于各种主观和客观原因，仍然可能会发生预想不到的问题，使投资的工程项目遭受风险损失。可行性研究阶段应考虑的技术方面的风险因素主要有：对技术的适用性和可靠性认识不足，运营后达不到生产能力、质量不过关或消耗指标偏高，特别是高新技术开发项目这方面的风险更大。对于引进国外二手设备的项目，设备的性能能否如愿是应认真分析的风险因素。另外，工艺技术与原料的匹配问题也是应考察的风险因素。

对于矿山、铁路、港口、水库等工程项目，工程地质情况十分重要。但限于技术水平有可能勘探不清，致使在项目的生产运营甚至施工中就出现问题，造成经济损失。因此在地质情况复杂的地区，应慎重对待工程地质风险因素。

（3）组织管理风险

1）管理风险是指由于工程项目管理模式不合理，项目内部组织不当、管理混乱或者主要管理者能力不足、人格缺陷等，导致工程质量出现问题、投资大量增加、项目不能按期建成投产造成损失的可能性。管理风险主要体现在项目采取的管理模式、组织与团队合作以及主要管理者的道德水平等。因此，合理设计项目的管理模式、选择适当的管理者和加强团队建设是规避管理风险的主要措施。

2）组织风险是指由于工程项目存在众多参与方，各方的动机和目的不一致将导致项目合作的风险，影响项目的进展和项目目标实现的可能性，还包括项目组织内部各部门对项目的理解、态度和行动的不一致而产生的风险。完善项目各参与方的合同，加强合同管理，可以降低项目的组织风险。

（4）政策风险　政策风险主要是指国内外政治经济条件发生重大变化或者政策调整，工程项目原定目标难以实现的可能性。工程项目是在一个国家或地区的社会经济环境中存在的，由于国家或地方各种政策，包括经济政策、技术政策、产业政策等，涉及税收、金融、环保、投资、土地、产业等政策的调整变化，都会对项目带来各种影响。特别是对于海外投资的工程项目，由于不熟悉当地政策，规避政策风险更是项目决策分析与评价阶段的重要内容。

例如产业政策的调整，国家对某些过热的行业进行限制，并相应调整信贷政策，收紧银根、提高利率等，将导致企业融资的困难，可能带来项目的停工甚至破产；又如国家土地政策的调整，严格控制项目新占耕地，提高项目用地的利用率，对建设项目的生产布局带来重大影响。

（5）环境与社会风险

1）环境风险是由于对工程项目的环境生态影响分析深度不够，或者是环境保护措施不当，带来重大的环境影响，引发社会矛盾，从而影响项目的建设和运营。

2）社会风险是指由于对工程项目的社会影响估计不足，或者项目所处的社会环境发生变化，给项目建设和运营带来困难和损失的可能性。有的工程项目由于选址不当，或者因对利益受损者补偿不足，都可能导致当地单位和居民的不满和反对，从而影响项目的建设和运营。社会风险的影响面非常广泛，包括宗教信仰、社会治安、文化素质、公众态度等方面。

（6）其他风险　对于某些工程项目，还要考虑其特有的风险因素。例如，对于矿山、油气开采等资源开发项目，资源风险是很重要的风险因素。在可行性研究阶段，矿山和油气开采等项目的设计规模，一般是根据有关部门批准的地质储量设计的，对于地质结构比较复杂的地区，加上受勘探的技术、时间和资金的限制，实际储量可能会有较大的出入，致使矿山和油气开采等项目产量降低、开采成本过高或者寿命缩短，造成巨大的经济损失；对于投资巨大的项目，还存在融资风险，由于资金供应不足或者来源中断导致建设工期拖延甚至被迫终止建设，或者由于利率、汇率变化导致融资成本升高造成损失；大量消耗原材料和燃料的项目，还存在原材料和燃料供应量、价格和运输保障三个方面的风险；在水资源短缺地区建设项目，或者项目本身耗水量大，水资源风险因素应予重视；对于中外合资项目，要考虑合资对象的法人资格和资信问题，还有合作的协调性问题；对于农业投资项目，还要考虑因气候、土壤、水利、水资源分配等条件的变化对收成不利影响的风险因素。

以上仅是列举出投资项目可能存在的一些风险因素，并不能涵盖所有投资项目的全部风险因素，也并非每个投资项目都同时存在这么多风险因素，而可能只是其中的几种，要根据项目具体情况予以识别。

7.1.2　工程项目投资风险的估计

1. 风险估计的含义

风险估计是在风险识别后对风险事件发生可能性、风险事件影响范围、风险事件发生的时间和风险后果对项目严重程度所进行的估计。投资的工程项目涉及的风险因素有些是可以量化的，可以通过定量分析的方法对其进行分析；同时客观上也存在着许多不可量化的风险因素，它们有可能给项目带来更大的风险，有必要对不可量化的风险因素进行定性描述。因此，风险估计应采取定性描述与定量分析相结合的方法，从而对项目面临的风险做出全面的估计。应该注意到定性与定量不是绝对的，在深入研究和分解之后，有些定性因素可以转化为定量因素。

2. 风险估计的方法

风险估计的方法包括风险概率估计方法和风险影响估计方法两类，前者分为主观概率估计和客观概率估计，后者有概率树分析、蒙特卡罗模拟、决策矩阵等方法。

（1）风险概率估计　风险概率估计包括客观概率估计和主观概率估计。在项目评价中，风险概率估计中较常用的是正态分布、三角形分布、β 分布等概率分布形式，由项目评价人员或专家进行估计。

1）客观概率估计。客观概率是实际发生的概率，不取决于人的主观意志，可以根据历史统计数据或是大量的试验来推定。通常有两种方法：一是将一个事件分解为若干子事件，通过计算子事件的概率来获得主要事件的概率；二是通过足够量的试验，统计出事件的概率。由于客观概率是基于同样事件历史观测数据的，它只能用于完全可重复事件，因而并不适用于大部分现实事件。应用客观概率对项目投资风险进行的估计称为客观概率估计，它利用同一事件的历史数据，或是类似事件的数据资料，计算出客观概率。该法的最大缺点是需要足够的信息，但通常是不可得的。

当工程项目投资的某些风险因素可以找到比较多的历史数据时，就可以基于已有的数据资料统计分析，从而得出这些风险因素出现的概率。

例如，某风险因素有 $Q_1, Q_2, Q_3, \cdots, Q_m$ 等 m 个状态，对应出现的次数分别是 $n_1, n_2, n_3, \cdots, n_m$，则第 i 种状态出现的概率是：$p(x = Q_i) = n_i/n, i = 1,2,3,\cdots,m$，其中，$n = n_1 + n_2 + n_3 + \cdots + n_m$。

2）主观概率估计。主观概率是基于个人经验、预感或直觉而估算出来的概率，是一种个人的主观判断，反映了人们对风险现象的一种测度。当有效统计数据不足或是不可能进行试验时，主观概率是唯一选择，基于经验、知识或类似事件比较的专家推断概率便是主观概率。在实践中许多项目风险是不可预见并且不能精确计算的。主观概率估计的具体步骤有：

a. 根据需要调查问题的性质组成专家组。专家组由熟悉该风险因素现状和发展趋势的专家、有经验的工作人员组成。

b. 估计某一变量可能出现的状态数或状态范围、各种状态出现的概率或变量发生在状态范围内的概率，由每个专家独立使用书面形式反映出来。

c. 整理专家组成员的意见，计算专家意见的期望值和意见分歧情况，反馈给专家组。

d. 专家组讨论并分析意见分歧的原因，再由专家组成员重新独立填写变量可能出现的状态或状态范围、各种状态出现的概率或变量发生在状态范围内的概率，如此重复进行，直至专家意见分歧程度满足要求值为止。这个过程最多经历三个循环，超过三个循环则不利于获得专家们的真实意见。

3）风险概率分布：

a. 离散型概率分布。当输入变量可能值是有限个数，称这种随机变量为离散型随机变量。例如，产品市场销售量可能出现低销售量、中等销售量、高销售量三种状态，即认为销售量是离散型随机变量。各种状态的概率取值之和等于1，它适用于变量取值个数不多的输入变量。

b. 连续型概率分布。当输入变量的取值充满一个区间，无法按一定次序列举出时，这种随机变量称为连续型随机变量。例如，市场需求量在某一数量范围内，无法按一定次序列举，列出区间内 a,b 两个数，则总还有无限多个数 x，$b > x > a$，这时的产品销售量就是连续型随机变量，它的概率分布用概率密度和分布函数表示，常用的连续型概率分布有：

分布一：正态分布。其特点是密度函数以均值为中心对称分布，如图7-4所示，这是一种最常用的概率分布，其均值为 $\bar{x}$，方差为 σ^2，用 $N(\bar{x},\sigma)$ 表示。当 $\bar{x} = 0, \sigma = 1$ 时称这种分布为标准正态分布，用 $N(0,1)$ 表示，适用于描述一般经济变量的概率分布，如销售量、售价、产品成本等。

分布二：三角形分布。其特点是密度函数是由最悲观值、最可能值和最乐观值构成的对称的或不对称的三角形，如图7-5所示。三角形分布适用于描述工期、投资等不对称分布的输入变量，也可用于描述产量、成本等对称分布的输入变量。

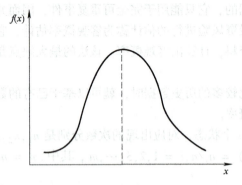

图 7-4　正态分布概率密度图　　图 7-5　三角形分布概率密度图

分布三：β 分布。其特点是密度函数在最大值两边不对称分布，如图 7-6 所示，适用于描述工期等不对称分布的输入变量。

分布四：经验分布。其密度函数并不适合于某些标准的概率函数，可根据统计资料及主观经验估计，它适合于项目评价中的所有各种输入变量。

4）风险概率分析指标。描述风险概率分布的指标主要有期望值、方差、标准差、离散系数等。

a. 期望值。期望值是风险变量的加权平均值。对于离散型风险变量，期望值为

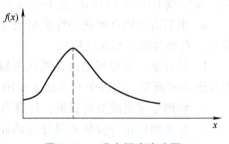

图 7-6　β 分布概率密度图

$$\bar{x} = \sum_{i=1}^{n} x_i p_i$$

式中　n——风险变量的状态数；
　　　x_i——风险变量的第 i 种状态下变量的值；
　　　p_i——风险变量的第 i 种状态出现的概率。

对于等概率的离散型随机变量，其期望值为

$$\bar{x} = \frac{1}{n} \sum_{i=1}^{n} x_i$$

b. 方差和标准差。方差和标准差都是描述风险变量偏离期望值程度的绝对指标。对于离散型变量，方差 S^2 为

$$S^2 = \sum_{i=1}^{n} (x_i - \bar{x})^2 p_i$$

方差的平方根为标准差，计为 S。

对于等概率的离散型随机变量，方差为

$$S^2 = \frac{1}{n-1} \sum_{i=1}^{n} (x_i - \bar{x})^2$$

当 n 足够大（通常 n 大于 30）时，可以近似为

$$S^2 = \frac{1}{n} \sum_{i=1}^{n} (x_i - \bar{x})^2$$

c. 离散系数。离散系数是描述风险变量偏离期望值的离散程度的相对指标，计为 β：

$$\beta = \frac{S}{\bar{x}}$$

【例7-1】 某工程项目投资决策分析与评价中采用的市场销售量为100t。为分析销售量的风险情况,请了15位专家对该种产品销售量可能出现的状态及其概率进行预测,专家意见整理见表7-5。请依据该表计算销售量的概率分布指标。

表7-5 专家意见整理

专家	专家对各销售量预测的概率(%)				
	80t	90t	100t	110t	120t
1	10	15	50	15	10
2	15	25	40	15	5
3	10	15	60	10	5
4	5	12.5	65	12.5	5
5	10	15	55	15	5
6	10	15	50	15	10
7	5	15	55	15	10
8	5	10	60	15	10
9	5	15	50	20	10
10	0	15	70	15	0
11	10	15	75	0	0
12	10	25	60	5	0
13	10	20	60	10	0
14	0	10	60	20	10
15	5	20	60	15	0

【解】

(1) 首先分别计算专家估计值的平均概率 $p_i = \frac{1}{n}\sum_{j=1}^{n} p_{ij}$,其中 n 为专家人数15。

专家估计销售量为80t的平均概率为 = (10%+15%+10%+5%+10%+10%+5%+5%+5%+0%+10%+10%+10%+0%+5%)/15 = 7.33%,同样可以计算出销售量为90t、100t、110t和120t的概率。结果见表7-6。

表7-6 专家预测销售量的概率分布

销售量/t	80	90	100	110	120
概率(%)	7.33	16.17	58.00	13.17	5.33

(2) 计算专家估计销售量的期望值

$$\bar{x} = \sum_{i=1}^{5} x_i p_i = (80 \times 7.33\% + 90 \times 16.17\% + 100 \times 58.00\% + 110 \times 13.17\% + 120 \times 5.33\%)t = 99.30t$$

(3) 计算销售量的方差、标准差和离散系数

$$S^2 = \sum_{i=1}^{5}(x_i - \bar{x})^2 p_i = [(80-99.30)^2 \times 7.33\% + (90-99.30)^2 \times 16.17\% +$$
$$(100-99.30)^2 \times 58.00\% + (110-99.30)^2 \times 13.17\% +$$
$$(120-99.30)^2 \times 5.33\%]t^2 = 79.49t^2$$

标准差 $S = 8.92 t^2$，离散系数 $\beta = 0.09$。

【例 7-2】某项目产品售价服从正态分布，请了 10 位专家对价格的范围及在该范围内的概率进行估计，调查结果见表 7-7。计算专家估计值的期望值和标准差。

表 7-7 专家调查结果表

专家	期望值（元）	范围（元）	范围内概率（%）
1	100	80~120	90
2	100	80~120	95
3	100	80~120	85
4	95	75~115	90
5	95	75~115	95
6	95	75~115	85
7	105	85~125	90
8	105	85~125	95
9	105	85~125	88
10	100	80~120	80

【解】
(1) 首先计算专家估计值的期望值和期望值的方差、标准差和离散系数。

$$期望值 = \frac{1}{n}\sum x_i = \frac{1}{10}(100+100+100+95+95+95+105+105+105+100)元 = 100 元$$

$$方差 S^2 = \frac{1}{n-1}\sum(x_i - \bar{x})^2 = \frac{1}{10-1}[(100-100)^2 + (100-100)^2 +$$
$$(100-100)^2 + (95-100)^2 + (95-100)^2 + (95-100)^2 +$$
$$(105-100)^2 + (105-100)^2 + (105-100)^2 + (100-100)^2]元^2 = 16.7 元^2$$

标准差 $S = \sqrt{16.7} 元 = 4.08 元$，离散系数 $= \frac{S}{\bar{x}} = \frac{4.08 元}{100 元} = 0.04$。

计算结果汇总得出表 7-8。

表 7-8 专家估计值汇总

期望值	100 元
方差	16.7 元²
标准差	4.08 元
离散系数	0.04

(2) 其次，计算各专家估计的正态分布的标准差 σ。

1号专家认为价格在80~120元范围内的概率为90%，即在80~120元范围外的概率为10%。即价格小于80元的概率为5%，大于120元的概率为5%。换言之，价格大于80元的累计概率为0.95。正态分布概率估计图如图7-7所示。

根据标准正态分布的分布函数表，对应0.95概率的x值在1.65与1.64之间，取中间值1.645。因此，低于80元，即比期望值100元少20元的概率为5%，相当于-1.645σ，则$\sigma = 20$元$/1.645 = 12.2$元。

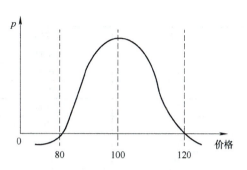

图7-7 正态分布概率估计图

同样，2号专家认为比期望值减少20元的概率为2.5%，相当于-1.96σ，则$\sigma = 20$元$/1.96 = 10.2$元；3号专家认为比期望值减少20元的概率为7.5%，相当于-1.44σ，则$\sigma = 20$元$/1.44 = 13.9$元。依此类推，可计算10位专家对产品价格的期望值与标准差的估计值，见表7-9。

表7-9 专家估计分析表

专家	期望值（元）	范围（元）	范围内概率（%）	标准差σ（元）
1	100	80~120	90	12.2
2	100	80~120	95	10.2
3	100	80~120	85	13.9
4	95	75~115	90	12.2
5	95	75~115	95	10.2
6	95	75~115	85	13.9
7	105	85~125	90	12.2
8	105	85~125	95	10.2
9	105	85~125	88	12.8
10	100	80~120	80	15.6

从上表可计算各专家估计的正态分布的标准差的平均值12.34元。

（3）因此，产品价格的概率分布服从期望值为100元、标准差为12.34元的正态分布。

【例7-3】某工程项目建设投资服从三角形分布，请10位专家对建设投资进行预测。专家意见一致性要求的条件是离散系数小于0.1，如果达不到要求，则需要进行第二轮调查。调查结果见表7-10。

表7-10 专家估计值（调查结果） （单位：万元）

专家	乐观值	最可能值	悲观值
1	950	1000	1150
2	950	1000	1160
3	1000	1050	1180

(续)

专家	乐观值	最可能值	悲观值
4	1000	1050	1200
5	1050	1100	1230
6	1050	1100	1230
7	1100	1150	1250
8	1100	1150	1250
9	950	1000	1180
10	950	1000	1180
合计	10 100	10 600	12 010

【问题】

(1) 请计算投资额的乐观值、最可能值、悲观值。

(2) 计算专家意见的离散系数，判断专家意见的分歧程度，决定是否需要进行第二轮调查。

【解】

(1) 根据表7-10，计算专家估计的平均值，并分别计算各估计值的平均值、方差、标准差和离散系数。

乐观值的平均值：$\bar{x} = \frac{1}{n}\sum_{i=1}^{n} x_i = 1010$ 万元

乐观值的方差：$S^2 = \frac{1}{n-1}\sum_{i=1}^{n}(x_i - \bar{x})^2 = 3778$ 万元^2

乐观值的标准差 $= \sqrt{3778} = 61.46$ 万元

乐观值的离散系数 $= 61.46$ 万元 $/1010$ 万元 $= 0.061$

同样计算，最可能值和悲观值的平均值、标准差和离散系数，计算结果汇总见表7-11。

表7-11　专家估计值汇总

	乐观值	最可能值	悲观值
平均值（万元）	1010	1060	1201
方差（万元^2）	3778	3778	1343
标准差（万元）	61.46	61.46	36.65
离散系数	0.061	0.058	0.031

(2) 可以看出，乐观值、最可能值和悲观值的离散系数都小于0.1，都满足专家调查一致性要求，不再进行第二轮调查。

因此，根据调查，建设投资服从最乐观估计为1010万元、最可能值是1060万元、最悲观值为1201万元的三角形分布。

(2) 概率树分析　概率树分析是借助现代计算技术，运用概率论和数理统计原理进行概率分析，求得风险因素取值的概率分布，并计算期望值、方差或标准差和离散系数，表明项目的风险程度。

1）概率树分析的理论计算法。由于工程项目评价中效益指标与输入变量（或风险因素）间的数量关系比较复杂，概率分析的理论计算法一般只适用于服从离散分布的输入与输出变量。

a. 假定输入变量之间是相互独立的，可以通过对每个输入变量各种状态取值的不同组合计算项目的内部收益率或净现值等指标。根据每个输入变量状态的组合计算得到的内部收益率或净现值的概率为每个输入变量所处状态的联合概率，即各输入变量所处状态发生概率的乘积。

若输入变量有 $A,B,C,\cdots,N$
每个输入变量有状态 $A_1,A_2,\cdots,A_{n_1}$
$B_1,B_2,\cdots,B_{n_2}$
$\vdots$
$N_1,N_2,\cdots,N_{n_n}$
各种状态发生的概率

$$\sum_{i=1}^{n_i} P\{A_i\} = P\{A_1\} + P\{A_2\} + \cdots + P\{A_{n_i}\} = 1$$

$$\sum_{i=1}^{n_i} P\{B_i\} = 1$$

$$\sum_{i=1}^{n_i} P\{N_i\} = 1$$

则各种状态组合的联合概率为 $P(A_1)P(B_1)\cdots P(N_1), P(A_2)P(B_2)\cdots P(N_2),\cdots, P(A_{n_i})P(B_{n_i})\cdots P(N_{n_i})$，共有这种状态组合和相应的联合概率 $n_1 n_2 \cdots n_n$ 个。

b. 评价指标（净现值或内部收益率）由小到大进行顺序排列，列出相应的联合概率和从小到大的累计概率，并绘制评价指标为横轴、累计概率为纵轴的累计概率曲线。计算评价指标的期望值、方差、标准差和离散系数（$\sigma/\bar{x}$）

c. 根据评价指标 $NPV = 0, IRR = i_c$ 或（i_s），由累计概率表计算 $P(NPV(i_c) < 0)$ 或 $P(IRR < i_c)$ 的累计概率，同时也可知：

$$P(NPV(i_c) \geq 0) = 1 - P(NPV(i_c) < 0)$$
$$P(IRR \geq i_c) = 1 - P(IRR < i_c)$$

当各输入变量之间存在相互关联关系时，这种方法不适用。

2）概率树分析案例。

【例7-4】某项目的主要风险变量有建设投资、产品价格和主要原材料价格三个。经调查，每个风险变量有三种状态，其概率分布见表7-12。

表7-12 主要风险变量及概率分布

风险变量	+20%	计算值	-20%
建设投资	0.6	0.3	0.1
产品价格	0.5	0.4	0.1
主要原材料价格	0.5	0.4	0.1

【问题】

(1) 以给出各种组合条件下的 NPV 为基础,计算净现值的期望值(折现率为10%)。

(2) 计算期望盈利概率(即净现值≥0 的累计概率)及风险概率。

【解】因每个变量有三种状态,共组成 27 个组合,见图 7-8 中 27 个分支,圆圈内的数

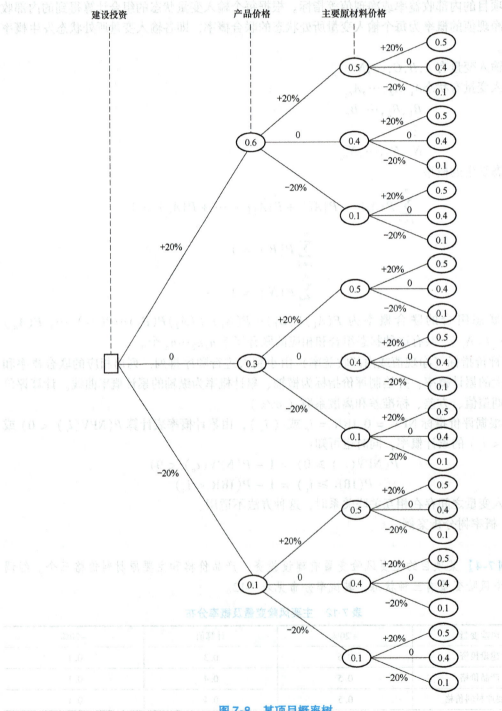

图 7-8 某项目概率树

字表示输出变量各种状态发生的概率,如第一个分支表示建设投资、产品价格、主要原材料价格同时增加20%的情况,以下称为第一事件。

(1) 计算净现值的期望值

1) 分别计算各种可能发生事件发生的概率(以第一事件为例)。

第一事件发生的概率 = P_1(建设投资增加20%)× P_2(产品价格增加20%)× P_3(主要原材料价格增加20%) = 0.6 × 0.5 × 0.5 = 0.15

式中 P——各不确定因素发生变化的概率。

以此类推,计算出其他26个事件可能发生的概率,见表7-13中"发生的可能性"一列数字所示。该列数字的合计数应等于1。

表7-13 可能的事件及其对应的财务净现值

事件	发生的可能性	财务净现值(万元)	加权财务净现值(万元)
1	0.6 × 0.5 × 0.5 = 0.150	32 489	4873.35
2	0.6 × 0.5 × 0.4 = 0.120	41 133	4935.96
3	0.6 × 0.5 × 0.1 = 0.030	49 778	1493.34
4	0.6 × 0.4 × 0.5 = 0.120	-4025	-483.00
5	0.6 × 0.4 × 0.4 = 0.096	4620	443.52
6	0.6 × 0.4 × 0.1 = 0.024	13 265	318.36
7	0.6 × 0.1 × 0.5 = 0.030	-40 537	-1216.11
8	0.6 × 0.1 × 0.4 = 0.024	-31 893	-765.43
9	0.6 × 0.1 × 0.1 = 0.006	-23 248	-139.49
10	0.3 × 0.5 × 0.5 = 0.075	49 920	3744.00
11	0.3 × 0.5 × 0.4 = 0.060	58 565	3513.90
12	0.3 × 0.5 × 0.1 = 0.015	67 209	1008.14
13	0.3 × 0.4 × 0.5 = 0.060	13 407	804.42
14	0.3 × 0.4 × 0.4 = 0.048	22 051	1058.45
15	0.3 × 0.4 × 0.1 = 0.012	30 696	368.35
16	0.3 × 0.1 × 0.5 = 0.015	-23 106	-346.59
17	0.3 × 0.1 × 0.4 = 0.012	-14 462	-173.54
18	0.3 × 0.1 × 0.1 = 0.003	-5817	-17.45
19	0.1 × 0.5 × 0.5 = 0.025	67 351	1683.78
20	0.1 × 0.5 × 0.4 = 0.020	75 996	1519.92
21	0.1 × 0.5 × 0.1 = 0.005	84 641	423.21
22	0.1 × 0.4 × 0.5 = 0.020	30 838	616.76
23	0.1 × 0.4 × 0.4 = 0.016	39 483	631.73
24	0.1 × 0.4 × 0.1 = 0.004	48 127	192.51
25	0.1 × 0.1 × 0.5 = 0.005	-5675	-28.38
26	0.1 × 0.1 × 0.4 = 0.004	2969	11.88
27	0.1 × 0.1 × 0.1 = 0.001	11 614	11.61
	合计 1.000		期望值 24 483

2) 分别计算各种可能发生事件的净现值。

将产品价格、建设投资、主要原材料价格各年数值分别调增20%，通过计算机程序重新计算财务净现值，得出第一事件下的经济净现值为32 489万元，以此类推，计算出其他26个可能发生事件的净现值，见表7-13的"财务净现值（万元）"。此处省去26个事件下财务净现值的计算过程。

3) 将各事件发生的可能性与其净现值分别相乘，得出加权净现值，见表7-13中最后一列数字。然后将各个加权净现值相加，求得财务净现值的期望值。

在上述设定的条件下，该项目的期望值为24 483万元。

(2) 净现值大于或等于零的概率　对单个项目的概率分析应求出净现值大于或等于零的概率，由该概率值的大小可以估计项目承受风险的程度，该概率值越接近1，说明项目的风险越小，反之，项目的风险越大。可以列表求得净现值大于或等于零的概率。

具体步骤为：将上边计算出的各可能发生事件的经济净现值按数值从小到大的顺序排列起来，到出现第一个正值为止，并将各可能发生事件发生的概率按同样的顺序累加起来，求得累计概率，一并列入表7-14。

表7-14　累计概率计算表

净现值（万元）	概率	累计概率
-40 537	0.030	0.030
-31 893	0.024	0.054
-23 248	0.006	0.060
-23 106	0.015	0.075
-14 462	0.012	0.087
-5817	0.003	0.090
-5675	0.005	0.095
-4025	0.120	0.215
2969	0.004	0.219

根据表7-14，可以得出净现值小于零的概率为

$$P(NPV(10\%) < 0) = 0.215$$

即项目的风险概率为21.5%。计算得出净现值大于或等于零的可能性为78.5%，超过投资者所要求的70%。因此，项目期望盈利概率为78.5%。

(3) 蒙特卡罗模拟法　当项目评价中输入的随机变量个数较多，每个输入变量可能出现多个甚至无限多种状态时（如连续随机变量），可考虑采用蒙特卡罗模拟技术。这种方法的原理是用随机抽样的方法抽取一组输入变量的数值，并根据这组输入变量的数值计算项目评价指标，如内部收益率、净现值等，用这样的办法抽样计算足够多的次数可获得评价指标的概率分布及累计概率分布、期望值、方差、标准差，计算项目由可行转变为不可行的概率，从而估计项目投资所承担的风险。

1) 蒙特卡罗模拟的程序包括：

a. 确定风险分析所采用的评价指标，如净现值、内部收益率等。

b. 确定对项目评价指标有重要影响的输入变量。

c. 确定输入变量的概率分布。
d. 为各输入变量独立抽取随机数。
e. 由抽得的随机数转化为各输入变量的抽样值。
f. 根据抽得的各输入随机变量的抽样值组成一组项目评价基础数据。
g. 根据抽样值所组成的基础数据计算出评价指标值。
h. 重复第 d 步到第 g 步，直至预定模拟次数。
i. 整理模拟结果所得评价指标的期望值、方差、标准差和期望值的概率分布，绘制累计概率图。
j. 计算项目由可行转变为不可行的概率。

2）应用蒙特卡罗模拟法时应注意的问题有：

a. 应用蒙特卡罗模拟法时，需假设输入变量之间是相互独立的。在风险分析中会遇到输入变量的分解程度问题，一般而言，变量分解得越细，输入变量个数也就越多，模拟结果的可靠性也就越高；变量分解程度越低，变量个数越少，模拟可靠性降低，但能较快获得模拟结果。对一个具体项目，输入变量分解程度往往与输入变量之间的相关性有关。变量分解过细往往造成变量之间有相关性。例如产品销售收入与产品结构方案中各种产品数量和价格有关，而产品销售往往与售价存在负相关的关系，各种产品的价格之间同样存在或正或负的相关关系。如果输入变量本来是相关的，模拟中视为独立的进行抽样，则可能导致错误的结论。为避免此问题，可采用以下办法处理：

第一，限制输入变量的分解程度。例如，不同产品虽有不同价格，如果产品结构不变，可采用平均价格。又如，销量与售价之间存在相关性，则可合并销量与价格作为一个变量，但是如果销量与售价之间没有明显的相关关系，还是把它们分为两个变量为好。

第二，限制不确定变量个数。模拟中只选取对评价指标有重大影响的关键变量，除关键变量外，其他变量认为保持在期望值上。

第三，进一步搜集有关信息，确定变量之间的相关性，建立函数关系。

b. 蒙特卡罗法的模拟次数。从理论上讲，模拟次数越多，随机数的分布就越均匀，变量组合的覆盖面也越广，结果的可靠性也越高。实务中应根据不确定变量的个数和变量的分解程度确定模拟次数，不确定变量的个数越多，变量分解得越细，需要模拟的次数就越多。

7.1.3 工程项目投资风险的评价

1. 风险评价

风险评价是在工程项目风险识别和风险估计的基础上，通过相应的指标体系和评价标准，对风险程度进行划分，以揭示影响项目成败的关键风险因素，以便针对关键风险因素，采取防范对策。工程项目风险评价的依据主要有工程项目类型、风险管理计划、风险识别的成果、工程项目进展状况、数据的准确性和可靠性、概率和影响程度等。风险评价包括单因素风险评价和整体风险评价。

单因素风险评价即评价单个风险因素对项目的影响程度，以找出影响项目的关键风险因素。评价方法主要有风险概率矩阵、专家评价法等。

项目整体风险评价即综合评价若干主要风险因素对项目整体的影响程度。对于重大投资项目或估计风险很大的项目,应进行投资项目整体风险评价。

风险评价可以按照以下三个步骤进行：

(1) 确定风险评价基准　风险评价基准是项目主体针对每一种风险后果确定的可接受水平。单个风险和整体风险都要确定评价基准,可分别称为单个评价基准和整体评价基准。风险的可接受水平可以是绝对的,也可以是相对的。

(2) 确定项目的风险水平　工程项目整体风险水平是综合所有个别风险之后而确定的。一般工程项目的风险水平取决于工程中存在风险的多少和风险对工程目标的影响程度,通常,工程项目中存在的风险越多或风险事件对工程影响越大,则说明工程项目的风险等级越高。

(3) 确定项目风险等级　将项目风险水平与评价基准对比,判断项目风险是否在可接受的范围之内,确定不同风险对工程项目目标的重要性,按照重要的程度排序,为项目决策提供依据。

2. 风险等级评定

(1) 风险量函数　风险的大小可以用风险量表示。风险量的大小取决于事件发生的可能性和事件发生后对项目目标的影响程度,这里所述的影响特指对项目目标的负面影响。因此,风险量可以用一个二元函数描述:

$$Q = f(P, I)$$

式中　Q——风险量；

　　　P——风险事件发生的概率；

　　　I——风险事件对项目目标的影响。

风险事件发生的概率越大,风险量越大；对项目目标的影响程度越大,风险量越大。

(2) 风险影响　按照风险发生后对项目的影响大小,可以划分为五个影响等级。说明如下：

1) 严重影响：一旦发生风险,将导致整个项目的目标失败,可用字母 S 表示。

2) 较大影响：一旦发生风险,将导致整个项目的目标值严重下降,用 H 表示。

3) 中等影响：一旦发生风险,对项目的目标造成中度影响,但仍然能够部分达到,用 M 表示。

4) 较小影响：一旦发生风险,项目对应部分的目标受到影响,但不影响整体目标,用 L 表示。

5) 可忽略影响：一旦发生风险,对于项目对应部分目标的影响可忽略,且不影响整体目标,用 N 表示。

(3) 风险概率　按照风险因素发生的可能性,可以将风险概率划分为五个档次：

1) 很高：风险发生的概率在81%~100%,意即风险很有可能发生,用 S 表示。

2) 较高：风险发生的概率在61%~80%,意即发生的可能性较大,用 H 表示。

3) 中等：风险发生的概率在41%~60%,意即可能在项目中预期发生,用 M 表示。

4) 较低：风险发生的概率在21%~40%,意即不太可能发生,用 L 表示。

5) 很低：风险发生的概率在0~20%,意即非常不可能发生,用字母 N 表示。

(4) 风险评价矩阵　风险量的大小可以用风险评价矩阵,也称概率影响矩阵来表示,它以风险因素发生的概率为横坐标,以风险因素发生后对项目的影响为纵坐标,发生概率大且对项目影响大的风险因素位于矩阵的右上角,发生概率小且对项目影响小的风险因素位于矩阵的左下角,如图7-9所示。

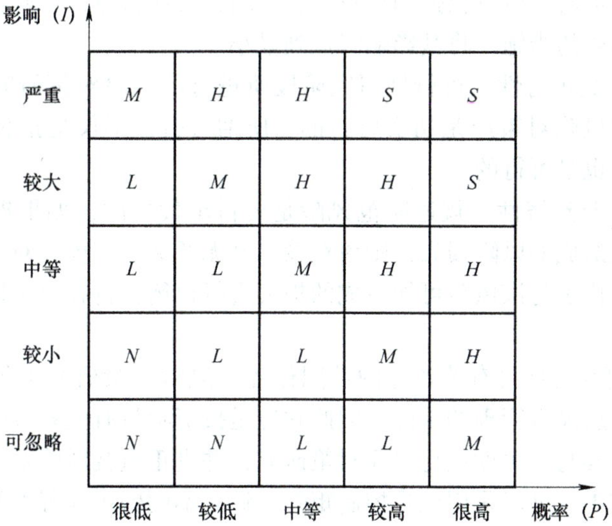

影响(I)	很低	较低	中等	较高	很高
严重	M	H	H	S	S
较大	L	M	H	H	S
中等	L	L	M	H	H
较小	N	L	L	M	H
可忽略	N	N	L	L	M

横轴:概率(P)

图7-9 风险概率-影响矩阵

（5）风险等级　根据风险因素对投资项目影响程度的大小,采用风险评价矩阵方法,可将风险程度分为微小风险、较小风险、一般风险、较大风险和重大风险五个等级：

1）微小风险：风险发生的可能性很小,且发生后造成的损失较小,对项目的影响很小,对应图7-9的 N 区域。

2）较小风险：风险发生的可能性较小,或者发生后造成的损失较小,不影响项目的可行性,对应图7-9的 L 区域。

3）一般风险：风险发生的可能性不大,或者发生后造成的损失不大,一般不影响项目的可行性,但应采取一定的防范措施,对应图7-9的 M 区域。

4）较大风险：风险发生的可能性较大,或者发生后造成的损失较大,但造成的损失是项目可以承受的,必须采取一定的防范措施,对应图7-9的 H 区域。

5）重大风险：风险发生的可能性大,风险造成的损失大,将使项目由可行转变为不可行,需要采取积极有效的防范措施,对应图7-9的 S 区域。

7.2 建设工程项目投资风险对策

7.2.1 风险对策的基本要求

可行性研究阶段的风险对策研究是整个工程项目风险管理的重要组成部分,对策研究的基本要求包括：

（1）风险对策研究应贯穿于可行性研究的全过程　可行性研究是一项复杂的系统工程,而风险因素又可能存在于技术、市场、工程、经济等各个方面。在正确识别出投资项目各方面的风险因素之后,应从方案设计上就采取规避防范风险的措施,才能防患于未然。因此风险对策研究应贯穿于可行性研究的全过程。

（2）风险对策应具针对性　投资项目可能涉及各种各样的风险因素，且各个投资项目又不尽相同。风险对策研究应有很强的针对性，应结合行业特点，针对特定项目主要的或关键的风险因素提出必要的措施，将其影响降低到最小。

（3）风险对策应具可行性　可行性研究阶段所进行的风险对策研究应立足于现实客观的基础之上，提出的风险对策应是切实可行的。所谓可行，不仅是指技术上可行，且从财力、人力和物力方面也是可行的。

（4）风险对策应具经济性　规避防范风险是要付出代价的，如果提出的风险对策所花费的费用远大于可能造成的风险损失，则该对策将毫无意义。在风险对策研究中应将规避防范风险措施所付出的代价与该风险可能造成的损失进行权衡，旨在寻求以最少的费用获取最大的风险效益。

（5）风险对策研究是项目有关各方的共同任务　风险对策研究不仅有助于避免决策失误而且是投资项目以后风险管理的基础，因此它应是投资项目有关各方的共同任务。项目发起人和投资者应积极参与和协助进行风险对策研究，并真正重视风险对策研究的结果。

在风险对策研究中，可以采用风险控制矩阵，针对不同的风险程度和控制能力，采取不同的策略，见表7-15。对于风险程度高、控制能力差的风险因素，应再进行深入分析；对于风险程度中等、控制能力一般的风险因素，要密切跟踪；对于控制能力强、风险程度中低的风险因素，则可以不必过多关注。

表 7-15　风险控制矩阵

		风险程度		
		高	中	低
风险控制能力	差	深入分析	密切跟踪	关注
	一般	密切跟踪	密切跟踪	不必过多关注
	强	关注	不必过多关注	不必过多关注

7.2.2　投资项目主要风险对策

由于风险具有威胁和机会并存的特征，因此应对风险的对策可以归纳为消极风险或威胁的应对策略及积极风险或机会的应对策略。前者的具体对策一般包括风险回避、风险减轻、风险转移和风险接受，针对的是可能对项目目标带来消极影响的风险；后者针对的是可以给项目带来机会的某些风险，采取的策略总是着眼于对机会的把握和充分利用。由于大多数投资项目决策过程中更为关注的是可能给项目带来威胁的风险，因此此处陈述的主要风险对策仅涉及消极风险或威胁的应对策略。

1. 风险回避

风险回避是彻底规避风险的一种做法，即断绝风险的来源。对投资的工程项目可行性研究而言就意味着提出推迟或否决项目的建议或者放弃采纳某一具体方案。在可行性研究过程中，通过信息反馈彻底改变原方案的做法也属风险回避方式。例如，风险分析显示产品市场方面存在严重风险，若采取风险回避的对策，就会做出缓建（待市场变化后再予以考虑）或放弃项目的决策。这样固然避免了可能遭受损失的风险，同时也放弃了投资获利的可能，因此风险回避对策的采用一般都是很慎重的,只有在对风险的存在与发生、对风险损失的严重性有把握的情况下才有积极意义。所以风险回避一般适用于以下两种情况:其一是某种风险可能造成相当大的损失,且发生的频率较高;其二是应用其他风险对策防范风险代价昂贵,得不偿失。

2. 风险减轻

风险减轻是指把不利风险事件发生的可能性和(或)影响降低到可以接受的临界值范围内,也是绝大部分项目应用的主要风险对策。提前采取措施以降低风险发生的可能性和(或)可能给项目造成的影响,比风险发生后再设法补救要有效得多。可行性研究报告的风险对策研究应十分重视风险控制措施的研究,应就识别出的关键风险因素逐一提出技术上可行、经济上合理的预防措施,以尽可能低的风险成本来降低风险发生的可能性,并将风险损失控制在最低程度。在可行性研究过程中所做风险对策研究提出的风险控制措施可运用于方案的再设计;在可行性研究完成之时的风险对策研究可针对决策、设计和实施阶段提出不同的风险控制措施,以防患于未然。典型的风险减轻措施包括通过降低技术方案复杂性的方式降低风险事件发生的概率,通过增加那些可能出现的风险的技术方案的安全冗余度以降低日后一旦风险发生可能带来的负面效果。

风险减轻必须针对项目具体情况提出防范、化解风险的措施预案,见表7-16,既可以是项目内部采取的技术措施、工程措施和管理措施等,也可以采取向外分散的方式来减少项目承担的风险。例如银行为了减少自己的风险,只贷给投资项目所需资金的一部分,让其他银行和投资者共担风险。在资本筹集中采用多方出资的方式也是风险分散的一种方法。

表7-16 风险防范与化解措施

序号	风险发生阶段	风险因素	主要措施	责任主体
1				
2				
3				
⋮				

3. 风险转移

风险转移是试图将项目业主可能面临的风险转移给他人承担,以避免风险损失的一种方法。转移风险是把风险管理的责任简单地推给他人,而并非消除风险。实行这种策略要遵循两个原则,第一,必须让承担风险者得到相应的报酬;第二,对于具体风险,谁最有能力管理就让谁分担。

转移风险有两种方式,一是将风险源转移出去,二是只把部分或全部风险损失转移出去。就投资项目而言,第一种风险转移方式是风险回避的一种特殊形式。例如将已做完前期工作的项目转给他人投资,或将其中风险大的部分转给他人承包建设或经营。

第二种风险转移方式又可细分为保险转移方式和非保险转移方式两种。保险转移方式是在工程项目实施阶段常见的风险对策之一。

工程保险是针对工程项目在建设过程中可能出现的因自然灾害和意外事故而造成的物质损失依法应对第三者的人身伤亡或财产损失承担的经济赔偿责任提供保障的险种。工程项目实施中的保险详见表7-17。一般情况下,建筑工程一切险、安装工程一切险和第三者责任险都属于强制性保险。

表 7-17　工程项目实施中的保险

保险标的	保险类别	险种	可附加险种
财产保险	工程保险	建筑工程一切险	第三者责任保险
		安装工程一切险	
	企业财产保险	财产保险综合险	
		房屋抵押贷款保险	
		房屋利益保险	
	运输工具保险	汽车保险	第三者责任保险
		机动车辆保险	
	货物运输保险	水路、陆路、航空货物运输保险	
责任保险	第三者责任保险	建筑工程第三者责任保险	
		安装工程第三者责任保险	
	公众责任保险	电梯责任保险	
		旅馆责任保险	
	职业责任保险	建筑设计责任保险	
		勘察设计责任保险	
		会计师责任保险	
	雇主责任保险	雇主责任保险	第三者责任保险
	产品责任保险	锅炉、压力容器险	第三者责任保险
		水泥质量信誉险	
信用保证保险	合同保证保险	投标保证保险	
		履约保证保险	
		预付款保证保险	
		质量维修保证保险	
	信用保险	投资保险	
人身保险	人寿保险	死亡保险	第三者责任保险
		生存（年金）保险	
	人身意外伤害保险	人身意外伤害保险	
		经理人身意外伤害保险	
	健康保险	疾病医疗保险	
		疾病死亡保险	

　　非保险转移方式是项目前期工作涉及较多的风险对策，如采用新技术可能面临较大的风险，可行性研究中可以提出在技术合同谈判中注意加上保证性条款。如达不到设计能力或设计消耗指标时的赔偿条款等，以将风险损失全部或部分转移给技术转让方，在设备采购和施工合同中也可以采用转嫁部分风险的条款，如采用总价合同形式将风险转移给卖方。

　　非保险转移主要有三种方式：出售、发包、免责合同。

1）出售。通过买卖契约将风险转移给其他单位。例如，工程项目可以通过发行股票或债券筹集资金。股票或债券的认购者在取得项目的一部分所有权时，也同时承担了一部分风险。

2）发包。发包就是通过从项目执行组织外部获得货物、工程或服务而把风险转移出去。发包时又可以在多种合同形式中选择。例如建设项目的施工合同按计价形式划分，有总价合同、单价合同和成本加酬金合同。

3）免责合同。在合同中列入免责条款，在某些风险事故发生时，项目班子本身不应承担责任。

无论采用何种风险转移方式，风险的接收方应具有更强的风险承受能力或更有利的处理能力。

4. 风险接受

风险接受就是将可能的风险损失留给项目业主自己承担。风险接受分为两种情况：

一种可能是主动的。已知项目有风险，但若采取某种风险措施，其费用支出会大于自担风险的损失时，常常主动接受风险。最常见的主动接受策略是建立应急储备，安排一定的时间、资金或资源来应对风险。

另一种可能是被动的。已知项目有风险，风险事件不影响项目实施，但由于可能获得高额利润而需要冒险，而且此时无法采用其他的合理应对策略，必须被动地保留和承担这种风险。例如，资源开发项目和其他风险投资项目，可能获利而需要冒险时，必须保留和承担该风险。

为了应对风险接受，可以采取事先制定好后备措施。一旦项目实际进展情况与计划不同，就需动用后备措施。主要有费用、进度和技术三种后备措施。

（1）费用后备措施　预备费是一笔事先准备好的资金，用于补偿差错、疏漏及其他不确定性对项目费用估计精确性的影响。预备费在项目预算中要单独列出，不能分散到具体费用项目之下，否则，项目班子就会失去对支出的控制。预备费一般分为基本预备费和价差预备费两类。基本预备费用于补偿估价和实施过程中的不确定性，价差预备费用于对付通货膨胀和价格波动。

（2）进度后备措施　对于项目进度方面的不确定性因素，项目各方一般不希望以延长时间的方式来解决。因此，就要设法制订出一个较紧凑的进度计划，争取项目在各方要求完成的日期前完成。从网络计划的观点来看，进度后备措施就是在关键路线上设置一段时差或浮动时间。项目工序不确定程度越高，任务越含糊，关键路线上的时差或浮动时间也应该越长。

（3）技术后备措施　技术后备措施专门用于应付项目的技术风险，它可以是一段时间或是一笔资金。当预想的情况未出现、并需要采取补救行动时才动用这笔资金或这段时间。

预算和进度后备措施很可能用上，而技术后备措施很可能用不上。只有当不大可能发生的事件发生、需要采取补救行动时，才动用技术后备措施。

以上所述的风险对策不是互斥的，实践中常常组合使用。比如在采取措施降低风险的同时并不排斥其他的风险对策，例如向保险公司投保、引入合作伙伴等。可行性研究中应结合项目的实际情况，研究并选用相应的风险对策。

7.2.3 不同风险决策准则下的项目决策

由于不同的投资者对于项目风险的态度和承受能力是不同的，因而对于风险下建设项目的决策出现差异。按照不同人群对风险的不同态度，可以划分为三类：风险热爱型、风险中性和风险厌恶型，如图7-10所示。有的投资者敢于冒大的风险，以争取获得高的收益，属于风险热爱型；有的投资者害怕风险，不愿意冒风险，而放弃项目，这类投资者属于风险厌恶型；也有的投资者既不喜好风险，也不厌恶风险，属于风险中性。

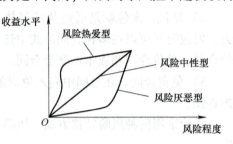

图7-10 风险偏好与收益

1. 风险决策准则

风险决策准则是风险下投资项目的决策依据，因为存在风险导致项目决策的指标不再具有单一确定的结果，而是存在多种可能性，决策变得复杂。决策准则包括最大盈利决策、期望值决策、最小损失决策、满意度决策、最小方差决策等，采取何种决策准则，取决于决策者的风险偏好。

1）最大盈利决策是指在不同的项目中选择可能获得最大收益的项目，或者是按照项目的最大获利能力来对照目标值，如果大于目标值，则项目可行。

2）期望值决策是指在不同的项目中选择可能获得收益期望值最大的项目，或者是按照项目的期望值来对照目标值，如果大于目标值，则项目可行，反之，则项目不可行。

3）最小损失决策是指在不同的项目中选择可能损失最小的项目，或者是按照项目的损失值来对照目标值，如果小于目标值，则项目可行，反之，则项目不可行。

4）满意度决策既可以是决策人想要达到的收益水平，也可以是决策人想要避免的损失水平，因此它对风险厌恶和风险偏爱决策人都适用。当选择最优方案花费过高或在没有得到其他方案的有关资料之前就必须决策的情况下应采用满意度准则决策。

5）最小方差决策是指方案指标值的方差越大则方案的风险就越大。所以，风险厌恶型的决策人有时倾向于用这一原则选择风险较小的方案。这是一种避免最大损失而不是追求最大收益的准则。

2. 政府决策

对于政府投资项目而言，由于政府投资资金主要投资于公共项目，政府对风险的态度通常应该是风险中性，既不追逐风险以获得高收益，也不因为存在项目风险而放弃公共利益建设。同时，由于政府投资建设大量的项目，存在所谓风险库效应，即建设项目的分散使得风险得以分散。因此，政府投资决策主要采用期望值决策准则。

但是，对于重大投资项目、关系弱势群体等特殊群体利益的项目，或是处于决策指标临界点的项目，则需要调整决策准则。可以采用累计概率水平准则，即项目收益水平大于基准目标值的累计概率大于某个数值，如60%或70%等，项目才可行。

3. 企业决策

企业投资决策取决于决策者的风险偏好。对于风险热爱型投资者，一般采取最大盈利决策准则；对于风险中性者，则一般选择期望值决策准则；而对于风险厌恶型投资者，一般则选择风险损失的概率低于某一限度如30%，或是采用最小损失决策准则。

【例7-5】 某一项目投资2300万元，按照常规的项目财务分析，得到了项目净现值NPV的最可能情况是4200万元，由于存在市场风险、政策风险和技术风险，采用蒙特卡罗模拟进行项目风险分析，NPV的期望值为1600万元，NPV的分布如图7-11所示。请问对于不同的决策者，如何进行决策？

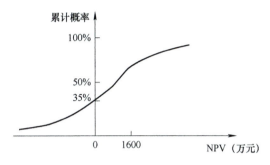

图7-11　某项目NPV的概率分布图

对于风险热爱型的投资者，因为项目NPV的最可能值是4200万元，大于0，所以项目在财务上是可行的。

对于风险中性的投资者，因为NPV的期望值为1600万元，大于0，所以项目在财务上也是可行的。

对于风险厌恶型的投资者，由于存在35%的可能性NPV小于0，因此项目在财务上是不可行的。

思考题

1. 简述工程项目投资风险识别的含义和目的。
2. 简述投资项目的主要风险。
3. 什么是工程项目投资风险的估计？有哪些方法？
4. 什么是工程项目投资风险的评价？基本步骤是什么？
5. 简述工程项目可行性研究阶段的风险对策。

下篇

建设工程项目融资

第 8 章　建设工程项目融资概述
第 9 章　建设工程项目权益性融资管理
第 10 章　建设工程项目债务性融资管理
第 11 章　建设工程项目延伸融资模式
第 12 章　建设工程项目融资方案
第 13 章　建设工程项目融资担保
第 14 章　建设工程项目融资风险

第 8 章
建设工程项目融资概述

本章主要内容：对建设工程项目融资的理解，包括工程项目融资的含义、工程项目融资的作用、我国工程项目融资方式的演进；建设工程项目融资程序，包括工程项目的提出与构思阶段、工程项目的投资决策分析阶段、工程项目的融资决策分析阶段、工程项目融资谈判与合同的签订阶段、工程项目融资的执行阶段；建设工程项目融资参与者与构架，包括项目融资的参与者、项目融资主体。

本章重难点：建设工程项目融资程序，建设工程项目融资参与者与构架。

8.1 对建设工程项目融资的理解

8.1.1 工程项目融资的含义

工程项目融资包括公司融资和特许经营项目融资。公司融资理论和实践发展都较为成熟，而特许经营项目融资虽然已有 20 多年的实践，还没有一个标准的定义。对于"工程项目融资"这一概念，国内分别从广义与狭义两个角度来进行理解。广义的工程项目融资是指为了建设一个新项目，收购一个现有项目或者对已有项目进行债务重组所进行的一切融资活动。欧洲一直沿用该定义，把一切针对具体项目所安排的融资都划归为项目融资的范畴。狭义的工程项目融资专指具有无限追索或有限追索形式的融资，在北美洲，金融界一直沿用该定义。为保证知识结构的完整性，本书拟采用广义的工程项目融资概念，但为了避免对工程项目融资的理解发生偏差，本书用"工程项目融资"专指广义的工程项目融资，其内容包括公司融资与具有有限追索或无追索特性的特许经营项目融资。

公司融资是指公司利用自身的资信能力为某一工程项目所进行的融资活动。公司股票、公司债券的投资者，贷款银行等外部的资金投入者以该公司的资产负债、利润及现金流量等作为是否对该工程项目投资或者为该工程项目提供贷款的依据，而对该工程项目则不是很在意。资金的投入者从公司的经营历史和现状以及公司的信誉中取得对公司的信任，同时针对整体公司资金结构建立不同层次的信用保证，以使其在该工程项目失败的情况下，仍然能够获得投资收益或者贷款的偿还。

对特许经营项目融资的定义，彼得·内维特在其《项目融资》书中做出如下解释：

"为一个特定经济实体所安排的融资，其贷款人在最初考虑安排贷款时，将满足于使用该经济实体的现金流量和收益作为偿还贷款的资金来源，并且将满足于使用该经济实体的资产作为贷款的安全保障。"根据此定义，特许经营项目融资是以被融资项目本身的经济强度作为贷款偿还保证。项目的经济强度从两个方面进行测度：一方面是项目未来的可用于偿还贷款的净现金流量；另一方面是项目本身的资产价值。因此，在特许经营项目融资模式下，工程项目借款人对工程项目所承担的责任与其本身所拥有的其他资产和所承担的其他义务在一定程度上是分离的。这样，现金流量、资产价值以及贷款人在考虑到最坏情况下所要求的其他人的直接担保、间接担保或其他形式给予项目附加的信用支持就形成了。

8.1.2 工程项目融资的作用

1. 为工程项目筹措资金

工程项目融资能够为工程项目提供资金，公司融资通过资产负债表表内融资，筹集小额资金，满足中小型项目发展需要；特许经营项目融资则通过资产负债表外融资，能够提供大额资金，满足大型工程项目大额资金的需要。同时，特许经营项目融资能够将大额投资资金伴随的较大风险分散到各个与工程项目有关的主体中，降低投资风险，从而解决大型工程项目的资金问题。

2. 减轻政府的财政负担

在经济发展过程中，基础设施、能源、交通等大型政府投资项目是各相关产业、支柱产业等发展的基础，而正常情况下，这些大型政府投资项目由于国家经济实力的制约，政府投资建设的项目的数量有限。特许经营项目融资由于其灵活多样的融资方式，能够解决政府繁重的项目建设任务与有限的工程项目资金供给之间的矛盾。例如，政府可以通过提供专营特许权、市场保障等融资优惠条件，而不是以直接投资者或借款人的身份来建设高等级的高速公路。由于特许经营项目融资方式是多种多样的，且融资方式灵活，因此可以解决许多应由政府出资建设的工程项目的资金问题，为政府财政支出减轻负担。

3. 实现项目风险分散和风险隔离，提高项目成功的可能性

公司融资可以激活社会各方资金（包括民间资金），满足工程项目投资多元化需求，提高资金配置效率。特许经营项目融资的多方参与结构能够将项目风险分散于项目发起人、贷款人以及其他项目参与人，各工程项目主体通过鉴定工程项目融资协议明确各方所承担的风险，从而实现工程项目风险的分散。在特许经营项目融资下，其有限追索或无追索权决定贷款人的债权追索对象仅限于项目公司，工程项目发起人可以降低其财务风险，并且可以利用项目融资的债务屏蔽功能，实现资产负债表表外融资。不论是公司融资还是特许经营项目融资，工程项目各参与主体都要求获得与自身投资成比例的回报，这样就形成了工程项目的多方监督机制，提高了工程项目成功的可能性。

8.1.3 我国工程项目融资方式的演进

我国工程项目融资方式已从产业革命初期开始伴随企业这一组织形式起步发展而来的传

统融资（企业融资）形式，发展为适应国际经济形势的深刻变化、企业制度变革和新兴项目发展需求而产生的工程项目融资形式。

1. 公司融资

公司融资是指公司从自身生产经营现状及资金运用情况出发，根据公司未来经营与发展策略的需要，通过一定的渠道和方式，利用内部积累或向公司的投资者及债权人筹集生产经营所需资金的一种经济活动。因此，公司融资方式从来源上可以分为内源融资和外源融资。

内源融资主要是指将公司内部生产经营活动产生的现金流量转化为公司的投资，即将留存收益和折旧作为公司扩大规模的资金进行投资的过程，内源融资不需要公司支付利息或者股息，成本比较低，并在股权结构不变的前提下，实现公司的融资目的。内源融资一般取决于公司的盈利能力和利润水平，具有低风险性、低成本性和自主性的特点，是促进公司不断发展壮大的重要因素，往往作为公司首选的融资方式，一般当内源融资获得的资金无法满足公司需求时，公司才会通过外源融资方式获得资金。

外源融资主要是指从公司外部获得公司发展的资金，并将其转化为自身投资的过程，一般按产权关系可以将外源融资划分为权益融资和债务融资。其中权益融资又可以分为私募股权和公募股权，私募股权是指向特定的投资者发行股票而筹集资金的过程，公募股权是指向社会公众发行股票而筹集资金的过程，权益融资不需要到期还本付息，没有偿还资金的压力，一般被称为公司的永久性资本。债务融资又可分为银行贷款、公司债、融资租赁、商业信用等，除靠公司间的商业信用进行的短期融资外，其他债务融资一般都要求公司定期还本付息，公司面临的压力较大，融资成本较高，而公司的财务风险也主要来源于债务融资。外源融资中公司筹得的资金通常高于内源融资，尤其是需要筹集大量资金的公司，单纯的内源融资无法筹集公司所需要的全部资金，就会采取外源融资的方式。

2. 项目融资

随着我国社会的不断进步，大众对于基础设施、公用事业的需求迅速增长，工程项目建设运营和管理方面的资金缺口也越来越大。而城镇化发展和"一带一路"建设更是进一步拉高了国家对资金的需求。为了更好地缓解传统投融资方式在资金供给方面的缓慢和额度问题，同时有效化解完全依赖政府投资的资金困局，近年来，工程项目融资方式开始逐步兴起。

与企业融资相比，工程项目融资具有一定的优势，如无追索或有限追索、允许有较高的债务比例、享有税务优惠、可以实行多方位融资等。

从狭义角度来理解，工程项目融资可解释为"通过工程项目来融资"，或者理解为通过该项目的期望收益或现金流量、资产和合同权益来融资，且债权人对借款人抵押资产以外的资产没有追索权或仅有有限追索权。

美国财务会计准则委员会（FASB）认为："项目融资是指对需要大规模资金的项目而采取的金融活动。借款人原则上将项目本身拥有的资金及其收益作为还款资金来源，而且将其项目资产作为抵押条件来处理。该项目所有者的一般性信用能力通常不被视作重要因素来考虑。这是因为其项目主体要么是不具备其他资产的企业，要么对项目主体的所有者（母体企业）不能直接追究责任，两者必居其一"。

总之，能以项目融资方式获取资金的项目必须具有以下特征：经济上有一定的独立性、项目本身产生的现金流足够还本付息、法律上有一定的独立性、项目有明确的目标而且常常有限定的运营期。此外，项目融资的各种手续、谈判与合同都比较复杂，因此，并不是所有项目都适合采用项目融资方式，只有满足规模比较大、收益比较稳定、长期合同关系比较清楚等前提条件，项目融资才有发挥作用的空间。

项目融资相对于公司融资有很多优点。但项目融资也有不足。例如，组织实施项目融资时间较长，一个完整的融资计划通常需要半年甚至更长的时间，其成本费用必然很高，即使是这样，从整体而言，项目融资仍不失为一种金融创新，具有很大的发展潜力。

3. 公司融资与项目融资的区别

公司融资和项目融资两者的差异，主要体现在融资基础、追索程度、风险分担、会计处理等方面，见表8-1。

表8-1　项目融资与公司融资的主要区别

项目	项目融资	公司融资
融资主体	项目（SPV）	发起人
融资基础	经济强度	公司资信
追索程度	有限追索或无追索	完全追索
风险分担	项目参与者	发起人、担保人、放贷人
融资抵押物	项目资产	债务人资产
自由现金流使用决定权	贷款银行	公司管理者
财务灵活性的影响	财务灵活性较高	降低债务人的财务灵活性
授信时考虑的主要变量	资产负债表表外业务	资产负债表表内业务
会计处理	未来现金流＋项目资产	客户关系、财务稳定性、盈利性
可承受的财务杠杆	取决于项目产生的现金流	取决于对债务人资产负债表的影响
融资成本	高	低

8.2　建设工程项目融资程序

从工程项目的提出到选择恰当的融资方式为工程项目筹集资金，一直到最后执行工程项目融资大致分为五个阶段，即工程项目的提出与构思、工程项目的投资决策分析、工程项目的融资决策分析、工程项目的融资谈判与合同的签订、工程项目融资的执行，如图8-1所示。

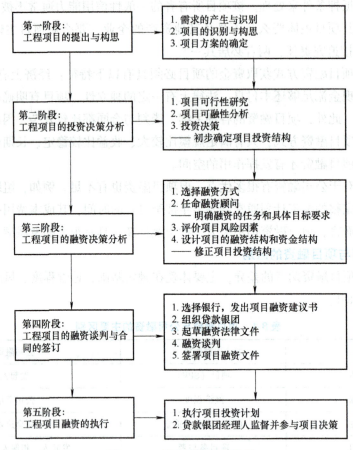

图 8-1 工程项目融资的阶段

8.2.1 工程项目的提出与构思阶段

工程项目的提出与构思是对所要实现的目标进行的一系列想象与描绘，是对未来投资工程项目的目标、功能、范围以及工程项目设计的各主要因素和大体轮廓的设想和初步界定。在此过程中必然涉及工程项目所需经费的估算及筹措，在这个阶段的方案选择中还会考虑到资金筹措的影响因素，以及工程项目融资的运作与步骤。

1. 需求的产生

工程项目产生的基本前提是需求。国防建设、人民生活和社会发展等领域中各种需求以及尚未解决的问题共同构成了项目的来源。在社会生产、分配、消费和流通的不断循环当中均有工程项目需求。例如为改善城市环境，则要实施诸如城市绿化、道路拓宽、旧城区改造等工程项目。

科学研究是工程项目的一个重要来源。使国民经济结构发生重大变化，甚至改变人类的历史的一些项目常常是由科学研究发现产生的，如一些核发电和其他原子能项目都建立在20 世纪初物理学、化学的放射性、核裂变和相对论等研究成果之上。伴随着科学发现和科学研究的发展，诸如废物、废弃电池、废品回收等以前被人类所忽视甚至认为无用的资源也有了新的用途，由此便产生了许多新的工程项目。在此基础上，如矿产开采、输油输气管道的敷设等与自然资源的存在、发现和利用相关的工程项目也日益发展壮大。

在各种新的工程项目不断涌现的同时，政府的经济体制改革和各种新政策，也根据公共需求和民间需求的增多，不断地丰富和拓宽到部分对国民有利的工程项目。

2. 需求的识别

需求的识别始于需求、问题或机会的产生，终于需求建议书的发布，它是一个反复认识的过程。需要收集信息和资料，进行调查研究，并分析所收集的信息和一系列的约束条件，进行反复的认识。例如，重新装修陈旧的房屋，这时产生了项目需求，但从需求的识别角度，还需要分析房屋装修的风格、档次、价格等，就需要对工程项目进行相关的调查研究，包括与相关的装修公司沟通、参考其他房子的装修风格、调查相关装修材料的种类和价格等。总之，需要针对工程项目做许多相关的调查研究工作，以期对工程项目有比较清晰的认识，从而决定最后的方案，形成需求建议书。

需求的识别在工程项目融资中具有较重要的作用，应该结合工程项目的实际情况，明确目标和构思，形成一份比较完整和详细的需求建议书。

3. 需求建议书

需求建议书（Requirement for Payment）是从客户的角度出发，全面、详细地向投资者陈述、表达为了满足其已识别的需求所需做的准备工作。即需求建议书是客户向投资者发出的，用来说明如何满足其已识别需求的文件。好的需求建议书能让投资者了解客户所期待的产品或服务是什么，即他所希望得到的是什么。承约商只有在此基础上才能准确地进行工程项目的识别、构思等。

4. 工程项目的识别

工程项目的识别是指投资者从备选的工程项目方案中挑选出一种能够满足已识别的需求的方案，它属于投资者的行为。接到需求建议书之后，投资者根据具体情况确定客户需求的工程项目，以及客户的成本预算是否足以完成满足需求的工程项目，以分析客户已识别的需求是否经济可行。

5. 工程项目的构思

工程项目的构思是指投资者为了满足客户识别的需求，在需求建议书约定的条件和具体情况下为实现客户的目标而进行的设想。工程项目的构思是一种创造性活动，也可称为工程项目的创意，因为只有保持足够的创意，才能保证工程项目的吸引力和潜力、足够的市场、美好的未来。

工程项目构思的方法有多种，包括工程项目混合法、比较分析法、集体问卷法、头脑风暴法、信息整合法、逆向式创新、发散式创新等。

6. 工程项目方案的确定

投资者需要在可供选择的实施方案中，选择能够满足客户需求，同时在现实中可行、投入少、收益大的工程项目方案。

8.2.2 工程项目的投资决策分析阶段

投资决策分析阶段是指在投资者决定投资之前，对宏观经济形势、工业部分的发展以及工程项目所在工业部门中的竞争性等进行周密分析的阶段。严格意义上讲，此阶段不属于工程项目融资所包含的阶段，但是考虑到投资决策分析所包含的内容与工程项目融资之间的密切关系，本书将它纳入工程项目融资的阶段之中。投资者在决定工程项目投资结构时需要考虑的因素很多，其中主要包括工程项目的产权形式、产品的分配形式、决策程序、债务责任、现金流量控制、税务结构和会计处理等方面。投资结构的选择将影响工程项目融资的结构和资金来源的选择；反过来，工程项目融资结构的设计在多数情况下也将会对投资结构的安排做出调整。

1. 工程项目的可行性研究

在工程项目的可行性研究中，分析工程项目的主要技术经济要素，以及分析和评价许多与工程项目有关的风险因素，可以对工程项目进行综合性的技术和经济效益评价，获得工程项目的净现值、投资收益率、内部收益率、投资回收期等具体的经济效益指标，为工程项目投资决策提供不可缺少的参考依据。一个高质量的工程项目可行性研究报告，能有助于工程项目融资的主体对工程项目风险的分析和判断。可行性研究是工程项目开发的前期准备工作。

工程项目的可行性研究与工程项目融资的风险分析都对工程项目的风险进行分析研究，但是研究的出发点及对风险分析的详细程度稍有不同。工程项目的可行性研究是主要从工程项目投资者的角度出发，分析投资者在工程项目整个生命期内能否达到预期的经济效益，并与同行业的标准投资效益率进行比较，以判断工程项目的经济合理性和技术可行性。工程项目融资的风险分析则是在工程项目可行性研究的基础上，从工程项目债务资金提供者的角度出发，重点考察和分析工程项目融资期内的工程项目风险，以判断工程项目债务资金本息偿还的可靠性和安全程度。工程项目风险存在于工程项目全过程的各个阶段，因此，在工程项目可行性研究的基础上，还有必要按照工程项目融资的要求，对工程项目风险做出详细的分类研究，分析各种风险因素对工程项目现金流量的影响，以设计出可为出资方接受的工程项目融资方案。

2. 项目可融资性分析

如前文所述，工程项目的可行性研究在一定程度上是站在工程项目投资者角度上进行的经济、技术、政策及环境的可行性分析，但这并不能保证工程项目一定能够满足融资的要求。所以，在可行性分析的基础上，工程项目还需要进行工程项目的可融资性分析。

在工程项目融资事务中，工程项目发起人或项目公司在说服资金提供者接受该工程项目时，应注意利用不可抗力因素，将其列入免责条款。因此，对这一条款的理解对于工程项目发起人（或项目公司）和资金提供者来说都是非常重要的。针对不同的工程项目，不可抗力不尽相同，不是所有的工程项目都可以将上述事件视为不可抗力。例如，能源供应中断就不构成电力项目的不可抗力，项目发起人或项目公司必须对此承担责任。

综上所述，只有解决了上述问题之后，才能打消银行以及其他的资金提供者的顾虑，银行或其他资金提供者才能将大量资金长期注入工程项目中。

3. 工程项目投资结构的确定

工程项目投资结构的确定是指在工程项目所在国家的法律、法规、会计、税务等外在客观因素制约的条件下，寻求一种能够最大限度地实现其投资目标的工程项目资产所有权结构。当工程项目的投资者有两个或两个以上时，工程项目投资各方的利益协调也是投资结构设计的重要考虑因素。此处的投资目标是一组复杂的综合目标集，它包括投资者对融资方式和资金来源等与工程项目融资直接相关的目标要求，同时也包括投资者对工程项目资产拥有形式、产品分配、现金流量控制、投资者公司本身资产负债比例控制等与工程项目融资间接相关的目标要求。

国际上较为普遍的投资结构包括单实体投资结构、双实体投资结构、多实体投资结构。无论工程项目采用的是复杂的还是简单的投资结构，带有共性的关键性问题是所有的工程项目都会面对的，并且需要通过投资者之间的谈判对工程项目的法律结构、投资者的性质和战略目标、工程项目的生产管理和市场安排、工程项目的融资方式等一系列问题加以协商和解决。这些问题的处理结果将会直接影响贷款银行以及其他资金提供者对工程项目的信心和工程项目融资安排的成效。

8.2.3 工程项目的融资决策分析阶段

工程项目投资者决定采用何种融资方式为该工程项目筹集资金是此阶段的任务。是否采用特许经营项目融资，取决于投资者对债务责任分担上的要求、贷款资金数量上的要求、时间上的要求、融资费用上的要求以及诸如债务会计处理等方面要求的综合评价。如果决定选择采用特许经营项目融资作为融资手段，投资者就要选择和任命融资顾问，开始研究和设计项目的融资结构。当项目的投资者自己无法明确判断采取何种融资方式时，投资者可以聘请融资顾问对项目的融资能力以及可能的融资方案做出分析和比较，获得一定信息反馈后，再做出工程项目的融资方案决策。

1. 工程项目融资模式的选择

融资模式是工程项目融资整体结构组成中的核心部分。工程项目融资模式的设计需要考虑工程项目投资结构的设计情况，在投资结构确定的条件下，细化、完成融资模式的设计工作。特别注明，融资顾问从工程项目开始融资起就需要参与到工程项目融资的组织安排中。工程项目融资顾问有时除担任工程项目投资者的顾问，也作为贷款银团的成员和经理人参与贷款。多数情况下，当工程项目融资安排完成后，融资顾问也加入贷款银团并成为其代理人，代表银行参加一定的工程项目管理和决策；有时也会根据银团的要求控制项目的现金流量，安排项目资金的使用，确保从项目的收益中拨出足够的资金用于贷款的偿还。

2. 工程项目融资资金的结构与选择

完成工程项目的投资结构和融资模式后，剩下的工作就是安排和选择工程项目的资金构成与来源。工程项目融资的资金构成有两部分：股本资金与债务资金。工程项目中债务资金和股本资金之间的比例关系，工程项目资金的合理使用结构以及税务安排对融资成本的影响，是确定工程项目的资金结构和资金形式的三个主要因素。

在不影响工程项目抗风险能力的条件下尽可能降低工程项目的资金成本是安排工程项目资金的一个基本原则。国际上大多数国家税法都约定贷款的利息支出可以在税前利润中除去，所以债务资金的资金成本较股本资金的资金成本低。如果某一工程项目使用的资金全部是债务资金，那么它的资金成本是最低的，但是工程项目的财务状况和风险抵抗能力因为高额债务而变得脆弱；如果工程项目使用的资金全部是股本资金，其股本资金的机会成本将提高，但它具有超强的风险抵抗能力。所以，确定债务资金与股本资金的比例是安排工程项目资金所要考虑的主要因素之一。

不论是对投资者还是对资金供给者而言，统筹考虑工程项目资金的合理使用结构都十分重要。确定工程项目资金的合理使用结构，除了需要考虑建立合理的债务资金和股本资金的比例关系之外，还要考虑以下因素：

1）工程项目的资金需求总量。保证工程项目融资中的资金安排可以满足项目的不同阶段和不同用途的资金需求。

2）资金的使用期限。债务资金都是有固定期限的，根据不同阶段的资金需求安排不同期限的贷款，就可以起到优化工程项目债务结构、降低工程项目债务风险的作用。

3）资金成本和构成。资金成本包括股本资金的机会成本和债务资金的利息成本。

4）混合融资结构。不同利率结构、不同贷款形式或者不同货币种类的贷款结合得当，可以降低工程项目融资成本，减少工程项目风险。

另外，当工程项目采取特许经营项目融资方式进行融资时，预提税也是工程项目资金结构的重要影响因素。预提税是一个主权国家对外国资金的一种管理方式，分为红利预提税和利息预提税两大类，其中以利息预提税应用最为广泛，利息预提税税率通常为贷款利息的10%~30%。预提税一般由借款人缴纳，其应付税款金额可以从向境外支付的利息总额中扣减，也可以是应付利息金额之上的附加成本，这取决于借、贷双方之间的协商安排。由于国际债务资金是项目融资的一个重要资金来源，利息预提税则会增加工程项目的资金成本，因此在考虑工程项目的资金结构时，利息预提税是一个重要的研究因素。

3. 工程项目融资的信用保证

信用保证的核心是融资的债权担保。工程项目融资包括公司融资与特许经营项目融资。公司融资的特点是无限追索权，它的债权以公司的信誉、实力、财务状况等能力为保证，还有其他一些直接或间接的担保。而特许经营项目融资的资金安全来自于工程项目的经济强度与工程项目之外的各种直接或间接的担保。这些直接或间接的担保可以由工程项目的投资者提供；可以由与工程项目有直接或间接利益关系的相关方提供；也可以是直接的财务保证，如完工保证、成本超支保证等；还可以是间接的或非财务性的担保，如长期供货协议等。所有这些担保形式的组合，就构成了工程项目的信用保证结构。

4. 工程项目融资风险的分析与评价

风险伴随着工程项目融资的各个阶段，风险情况在一定程度上决定着工程项目融资的成败，因此风险的分摊与控制就显得十分重要。工程项目融资中的大量工作都是围绕风险展开的，包括风险识别、风险评价、风险分摊和风险控制等过程。

8.2.4 工程项目融资谈判与合同的签订阶段

1. 选择银行，发出工程项目融资建议书

工程项目融资中，采取银团贷款取得工程项目所需资金时，项目公司或项目投资者会将贷款要求通知给几家潜在贷款银行，然后进行贷款条件谈判，初步谈判之后，邀请几家银行提出正式建议书，做出要约。在这期间，其他未受邀请的银行也可以自动提出建议书。

建议书可以由一家银行单独提出，也可以由两家或两家以上的银行根据各自需要联名提出。对银行来说，联名或单独提出建议书是一项重要的决定。银行的建议书一旦被借款人接受，该家或多家银行就正式成为受托银行，担当贷款人的角色。

银行的受托形式有"全力"与"包揽"两种。在建议书中，首先需要说明受托银行的承担形式。"全力"的承担是为了组织银团而投入人力、物力的承担。在该种承担形式下，受托银行需要组织一个愿意提供全部贷款的银团，否则受托银行就要退出整项计划，或者与

借款人协商降低贷款额度，以达到银团愿意提供的数额。如果受托银行竭尽全力后仍不能组成银团，受托银行是不需要负担法律责任的，但信誉可能遭受严重损失。所以，为避免信誉损失，受托银行一般不会与借款人协商减少贷款额或退出整个计划，而是尽力改变贷款方案，极力去说服别的银行接受这项贷款。

"包揽"性质的承担是受托银行贷出借款人所需要的资金，可分为全部包揽要约和局部包揽要约。全部包揽要约是受托银行承诺达成贷款协议后贷出借款人所需的全部资金；局部包揽要约是指受托银行承诺贷出它所包揽的款额，其他款额则不在它的承诺范围之内。

无论是"全力"的承担还是"包揽"的承担，受托银行均有一个"保留"指标和一个"出让"指标。"保留"指标是指受托银行本身所保留的由自己贷出的贷款数额，而"出让"指标则指受托银行希望其他银行承担的贷款数额。

受托银行发出要约时，风险是其重点考虑的因素，"全力"承担和"包揽"承担在市场风险承担主体上稍有不同，受托银行需要结合自身抵抗风险能力，合理选择承担形式。"全力"承担时的市场风险由借款人承担，"包揽"承担的市场风险则由受托银行承担。

从受托银行提出建议书到借款人接受建议书期间，受托银行与借款人需要进行协商，并有可能修改现有的建议书，直到借款人接受建议书。借款人接受建议书之后，委托协议正式生效，有关银行正式成为借款人的受托银行。

2. 工程项目融资谈判

起草和签订协议是一项十分复杂且需要必要的知识和技能、高超的谈判艺术和经验的工作。从借款人的角度出发，起草和签订好工程项目融资协议需做好以下几个方面的工作：

（1）做好谈判班子的组建工作　谈判班子对谈判能否成功是非常重要的，谈判班子中成员的谈判水平直接关系着当事人在协议中的利益和谈判工作的成败。实践经验表明好的工程项目融资谈判班子至少包括技术专家、工程专家、融资专家、律师、税务顾问等专业人才。参与谈判的人，必须是在某一方面有特长、技能或经验的人员，谈判班子必须能团结一致，在实际谈判过程中，要互相配合，取长补短。谈判班子事先要确定谈判的主谈人，并制订严密而周详的谈判方案。

（2）事先做好工程项目的可行性研究及必要的谈判准备工作　借款人在谈判之前首先要明确针对该工程项目的技术要求、技术规范及工程项目所应具备的技术条件等技术方面的问题，并且要对合同协议所涉及的一些商务问题有充分的准备和对策。借款人应争取一切可能和条件事先起草好协议和相关文件，以期将制定协议的主动权掌握在自己手中，在整个谈判和协议中占据有利地位。

（3）掌握好政策、法律尺度　借款人的谈判班子在谈判开始之前，一定要对该协议可能涉及的本国或本地区的政策和法律有充分而明确的了解，包括土地征用、技术转让、外商投资等方面的相关法律，并针对每一个问题，先行拟定内部策略。在谈判过程中，不可随意脱离原定方案和对策，更不可随意对贷款人提出的要求任意许诺，否则既可能使贷款人怀疑借款人的诚意和能力，也可能给借款人带来不可挽回的损失。

（4）做好协议的外围工作　为了保证该项谈判能顺利进行和取得成功，借款人在谈判开始之前，应尽量充分研究与该项协议有关的一些外围工作。例如保证能源供应、电力购买及电力上网等在电站的项目融资中与业主政府履行其特许权有关的直接外围工作。充分且有效的外围工作能够帮助工程项目谈判的顺利进行，并能取得在谈判中的有利地位和条件。

(5) 与贷款方建立起相互充分信任的协议关系 工程项目融资的合同关系复杂，若使其成功，除了良好的工程项目运作机制外，谈判双方在谈判协议过程中建立起来的充分信任关系也起到重要作用。如果谈判双方能够建立起充分信任的协议关系，就能做到互相理解、互相尊重、密切配合，齐心协力地朝着该工程项目合同谈判成功的方向努力以及朝着日后履行该项协议的方向发展，将取得事半功倍的效果；否则可能会使谈判工作旷日持久，浪费谈判双方宝贵的时间和财富，而最终还不能达成任何协议。

3. 签订工程项目融资合同

(1) 贷款文件

1) 资料备忘录。资料备忘录是关于借款人和工程项目的资料性文件。它通常是由借款人在首席经理人的协助下起草，由首席经理人代表借款人发给要求取得这些资料的贷款参与人。资料备忘录的内容包括：借款人的财务状况、过去的业绩和当前的经营管理结构、计划的可行性、产品市场成本估算、作价和现金流量。

2) 邀请电文。邀请电文是管理集团向受邀参加银团的贷款人发出的电文，内容包括贷款的全部基本条款，这些基本条款必须符合借款人所接受的受托银行发出的建议书中列举的条件。邀请电文是贷款合约的基础，它的内容包括：金额和货币币种、贷款目的、提款、宽限期、偿还和最终到期日、取消贷款和提前偿还借款、利息、各种银行收费、全额付款、管辖法律、管辖权、放弃管辖豁免权、需要使用的标准文件、需要偿还的费用、建议期满日期等。

3) 贷款合约。贷款合约中的标准条款包括先决条件、陈述和保证、约定、违约事件。

(2) 特许权协议 在特许经营项目融资中，特许权协议是融资合同中一项重要的内容，如 BOT 项目基本围绕特许权展开。《牛津法律大辞典》对"特许权"（concession）的解释是："政府机构授予个人以某种事务上的权利，例如耕耘土地、经营工业、提炼矿物等。"在这里，特许权是指业主政府授予国内外的项目主办者在其境内或本地区从事某一工程项目的建设、经营、维护和转让等的权利。特许权是约定和规范工程项目业主政府与该工程项目主办者之间权利、义务关系的法律文件，它往往是项目融资中所有协议合同的核心和依据。

8.2.5 工程项目融资的实施阶段

在正式签署工程项目融资的法律文件之后，结束融资的组织安排工作，工程项目融资将进入执行阶段。在公司融资方式中，一旦进入融资的执行阶段，合同关系就变得相对简单。然而，在特许经营项目融资中，合同关系比较复杂。比如，贷款银团通过其经理人（一般由项目融资顾问担任）将会经常性地监督工程项目的进展，根据融资文件的约定，参与部分工程项目的决策程序，管理和控制工程项目的贷款资金投资及部分现金流量。

1. 执行工程项目投资计划

(1) 工程项目施工阶段 此阶段承包商将进行实际的工程项目施工。在特许经营项目融资模式下，可能需要进一步进行工程项目的融资工作。工程项目施工通常采用的方法是交钥匙、固定价格承包方式。承包商的总包价格不应受通货膨胀的影响，同时承包商还需要承担不可预见的场地情况所带来的风险。在特许经营项目融资模式下，承包商为了保证施工工作的合理进行和正确执行，常雇用独立的检查机构对工程项目进行检查，包括工程项目的施工设计、施工质量和费用控制以及工程项目的管理等。

(2) 工程项目运行阶段　此阶段工程项目运行和维护者将管理合同中运行的实施，并负责在该阶段收回投资并取得适当的利润，以归还贷款，支付运营费用、政府税收及股东分红等。如果是 BOT 等特许权融资项目，那么在约定的特许期限到期后，应将合同设施的所有权或业主权无偿归还政府或其指定的接收单位。

2. 贷款银团经理人监督并参与工程项目决策

在特许经营项目融资中，由于贷款银团的贷款金额大，贷款银团一般参与工程项目的决策，对工程项目建设、运营进行监督。在工程项目实施的不同阶段，贷款银团参与的事项不尽相同。在工程项目的建设期，贷款银团经理人（一般由项目融资顾问担当）将经常性地监督工程项目的建设进展，根据资金预算和建设日程表安排贷款的提取。如果融资协议包括有多种货币贷款的选择，银团经理人可以为工程项目主办者提供各种资金安排上的策略性建议。在工程项目的试生产期，银团经理人监督项目试生产情况，将实际的工程项目生产数据和技术指标与其融资文件约定的商业完工标准进行比较，判断工程项目是否达到了融资文件约定的商业完工标准。在工程项目的正常运行期，工程项目投资者所提供的完工担保将被解除，贷款的偿还将主要依赖工程项目本身的现金流量。银团经理人将按照融资文件的约定管理全部或一部分工程项目的现金流量，以确保债务的偿还。除此之外，银团经理人也会参加一部分工程项目的生产经营决策，在工程项目的重大决策问题上（如新增资本支出、减产、停产和资产处理等）有一定的发言权。因为工程项目融资的债务偿还与其工程项目的金融环境和市场环境密切相关，所以帮助工程项目投资者加强对工程项目风险的控制和管理，也成为银团经理人在工程项目正常运行阶段的一项重要的工作。

3. 工程项目风险的控制与管理

(1) 国家风险的管理　针对国家风险，其切实可行的管理方法主要有寻求政治风险担保，通过谈判向东道国政府争取更多应对政治风险的权利，引入多边机构参与工程项目贷款，引入当地大企业参与工程项目的建设和经营。

(2) 金融风险的管理　金融风险的管理方法主要有将工程项目收入货币与支出货币相匹配，在当地筹集债务，将合同中涉及的工程项目收入尽量以硬货币形式支付，与东道国政府谈判取得东道国政府保证优先获得外汇的协议或由其出具外汇可获得的担保，利用政治风险保险也能降低一些外汇不可获得的风险，利用衍生金融工具减少货币贬值风险等。

(3) 完工风险的管理　为了限制及转移工程项目的完工风险，贷款人通常要求采取管理此种风险的方式有：①由工程项目发起人自己承担工程项目的建设，或按照交钥匙总承包的方式交给另一家工程总承包商来完成；②提供债务承购保证。该管理方法一般应用于特许经营项目融资模式中，此法要求工程项目发起人在工程项目最终不能达到商业完工标准的条件下，收购工程项目债务或将其转化为公司债务，即由有限追索的特许经营项目融资转化为完全追索的公司融资；③由投资者提供无条件完工担保；④技术保证承诺；⑤由工程项目发起人提供并建立完工保证基金。

(4) 经营风险的管理　经营风险的管理措施有：①保证工程项目的各种供应及销售收入；②建立储备基金账户，保证有足够的收入来应付经营成本、特别设备检修费和偿还债务等。

(5) 市场风险的管理　为了将市场风险置于可控范围，除了在工程项目初期做好充分的工程项目可行性研究工作外，还要在产品销售合同上确定产品的定价策略。

(6) 环保风险的管理　根据工程项目对周围环境影响程度的不同，需要采取相应的防范措施将工程项目对环境造成的影响降至最低。

8.3　建设工程项目融资参与者与构架

8.3.1　项目融资的参与者

1. 所有项目融资中都有的参与方

(1) 项目发起人　项目发起人可能是具有当前项目实施和运营方面经验的自然人或者企业组织。例如，电厂项目的发起人经常是一个独立的发电供应商或电力公司，公路项目的发起人可能是一个收费公路的运营商或在建设和运营收费公路方面具有经验的建筑公司。

(2) 项目实体　为了实施和运营筹划的项目，发起人一般注册一个专用（公司制或非公司制）载体。在组织了合营公司或有限合伙企业后，筹集资金、管理、利润分享、利息支付、项目终止等问题都会在股东协议或合作协议中得以规范。

(3) 工程建设承包商　工程建设承包商是按照设计、采购和建设（EPC）合同建设项目的经济主体。EPC合同条款明确了项目的固定价格、既定的规范及建设和委托时间表。一般工程建设有众多分包商和很多活动，而这种安排可以让银行只面对一个责任主体。工程建设实际安排时，有时也可能由两个关联的参与方签订两个独立合同，如与一家承包商签订建筑安装合同，而与另一家公司签订设备供应合同。为了达到面对一个责任主体的要求，融资机构要求两家承包商实施交叉担保。

(4) 贷款人　贷款人包括多边和双边的金融机构。多边机构如世界银行、多边投资担保机构（MIGA），还包括地区性的开发银行如亚洲开发银行（ADB）、美洲开发银行（IADB）。双边机构在新兴市场也很活跃，如出口信贷机构（ECA）和像美国海外私人投资公司（OPIC）等商业性金融机构。

(5) 其他参与主体　有些项目还有其他参与主体。例如第三方资本金提供者（与项目发起人不相关联的参与方）或次级投资人或贷款人（如通过获得可转换债券参与到项目中来）。次级投资人比较被动，不参与项目的经营。还有由项目发起人指定的、具体负责项目运营的项目管理者，以及参与建设和运营过程的财务顾问、工程顾问、环境咨询、律师等。

2. 项目中的部分参与方

(1) 包销商　根据一个正式协议，包销商负责项目的全部产出。

(2) 第三方运营商　第三方运营商是负责项目的运营和维护（O&M）的主体。运营商根据项目运营结果的好坏上下调整管理费。如果不由第三方运营商经营，项目就会由某个发起人直接经营。如果运营商是项目实体的股东，则项目实体和运营商在运营和维护协议的谈判与实施过程中就会产生利益冲突。

(3) 资源供应商　资源供应商是负责向项目实体提供必备的燃料（如电厂）、原水供应（如水处理厂）或公共服务（项目所需要的水电等）的提供者。

(4) 政府　主要是地方政府作为特许权转让的主体，也就是作为招标或授予特许权的主体。中央政府或其附属机构在项目建设中发挥重要的辅助作用。这些作用包括特许权转让主体的工作，如通过购买项目的产品或服务为项目提供间接的融资支持，作为供应商，提供主要的资源投入，提供财政或为其他的激励措施提供必要的特别担保。

虽然以上界定了各个参与主体在项目融资中的角色，但项目参与者可以在项目融资过程中同时扮演多个角色。例如，在废热发电项目中，承包商可以是项目发起人、项目建筑商，还可是项目运营商；既可是独资，也可是与其他方合资。在废物转化为能量的设施中，城市管理部门、社区联营企业或市政公司可能既是 SPV 的股东，又是原材料的供应商。银行可以既是项目发起人，又是项目贷款人。为促使项目参与主体之间有效合作，实现项目成功运作，这些参与主体是以合同、协议方式联系的。

8.3.2 项目融资主体

项目融资主体是指进行融资活动并承担融资责任和风险的项目法人单位。按照融资主体的不同，项目的融资方式可分为既有法人融资和新设法人融资两种。

1. 既有法人

以既有法人为融资主体的融资方式的建设项目，既可以是改扩建项目，也可以是非独立法人的新建项目。既有法人融资方式的基本特点是：由既有法人发起项目、组织融资活动并承担融资责任和风险；建设项目所需的资金来源于既有法人内部融资、新增资本金和新增债务资金；新增债务资金依靠既有法人整体（包括拟建项目）的盈利能力偿还，并以既有法人整体的资产和信用承担债务担保。

既有法人作为项目融资主体适合下列情况：

1）既有法人具有为项目进行融资和承担全部融资责任的经济实力。
2）项目与既有法人的资产以及经营活动联系密切。
3）项目的盈利能力较差，但项目对整个企业的持续发展具有重要作用，需要利用既有法人的整体资信获得债务资金。

2. 新设法人

这是以组建新的具有独立法人资格的项目公司为融资主体的融资方式。采用这种融资方式的建设项目，项目法人大多是企业法人。社会公益性项目和某些基础设施项目也可能组建新的事业法人实施。采用新设法人融资方式的建设项目，一般是新建项目，但也可以是将既有法人的一部分资产剥离出去后重新组建的新的项目法人的改扩建项目。

新设法人融资方式的基本特点是：由项目发起人发起组建新的具有独立法人资格的项目公司，由新组建的项目公司承担融资责任和风险；建设项目所需资金的来源，可包括项目公司股东投入的资本金和项目公司承担的债务资金；依靠项目自身的盈利能力来偿还债务；一般以项目投资形成的资产、未来收益或权益作为融资担保的基础。

新设法人作为项目融资主体适合于下列情况：

1）拟建项目的投资规模较大，既有法人不具有为项目进行融资和承担全部融资责任的经济实力。
2）既有法人财务状况较差，难以获得债务资金，而且项目与既有法人的经营活动联系不密切。
3）项目自身具有较强的盈利能力，依靠项目自身未来的现金流量可以按期偿还债务。

确定项目的融资主体应考虑项目投资的规模和行业特点，项目与既有法人资产、经营活动的联系，既有法人财务状况，项目自身的盈利能力等因素。

【例8-1】试分析下列三种情形下新项目的融资主体。

情形A：上海电气公司投资5000万元，在南京建立一家电气分厂A，其中3000万元为自有资金，2000万元为贷款。

情形B：上海电气公司借款2500万元，动用公司内部资金500万元，总计投资并注册3000万元，在南京建立一家电气子公司B。注册后，子公司贷款2000万元，完成总计5000万元的投资项目。

情形C：上海电气公司和南京秦淮电气公司商定，按七三比例共同投资并注册3000万元在深圳建设一家合资电气公司C。注册后，合资公司借款2000万元，完成总计5000万元的投资项目。上海电气公司和南京秦淮电气公司所投资金中，各含50%的借款。

【分析】以上三种情形的具体分析如下：

情形A：尽管上海与南京相距较近，但分厂A是没有法人地位的，从物理形态上看完全是"新建"，但这个项目属于既有法人融资主体兴建的扩建项目。其项目财务分析是针对上海电气公司，按5000万元进行项目现金流量分析，其中：3000万元进行增量资本金现金流量分析，2000万元进行清偿能力分析。

情形B：上海电气公司的南京子公司B具有法人地位，属于新设法人，是项目的融资主体。项目财务分析是针对上海电气公司的南京子公司B，遵循新设法人项目财务评价方法：按5000万元进行项目现金流量分析，其中3000万元进行资本金现金流量分析，按2000万元进行清偿能力分析。

情形C：深圳合资公司C是项目法人，属于新设法人。合资公司遵循新设法人项目财务评价方法按5000万元进行项目现金流量分析，按3000万元进行资本金现金流量分析，其中：分别按2100万元、900万元进行上海电气公司和南京秦淮电气公司方投资的现金流量分析，按2000万元进行清偿能力分析。

思考题

1. 简述工程项目融资的含义及作用。
2. 简述公司融资与项目融资的区别。
3. 简述建设工程项目融资程序。
4. 简述建设工程项目融资中的主要参与方。
5. 简述既有法人作为项目融资主体的情况。
6. 简述新设法人作为项目融资主体适合的情况。

第 9 章
建设工程项目权益性融资管理

本章主要内容：对工程项目权益性融资的基本理解；股票类权益性融资，包括对股票融资的理解、股票融资的发行、普通股股票融资、优先股股票融资；其他权益类融资，包括认股权证、吸收直接投资、留存收益融资、股权众筹。

本章重难点：普通股股票融资、优先股股票融资；认股权证、股权众筹。

9.1 对工程项目权益性融资的基本理解

企业筹集中长期资金的方式，从性质上可分为两大类：权益性资本和负债性（债务）资本。权益性资本又称主权资本，是企业依法筹集并可长期拥有、自主支配的资金。具体包括实收资本、资本公积、盈余公积和未分配利润等。

1. 权益性融资概述

（1）权益性融资的含义　权益性融资（Equity Financing）是指通过扩大企业的所有权益，如吸引新的投资者、发行新股、追加投资等来实现融资的一种方式。权益性融资稀释了原有投资者对企业的控制权。权益性资本的主要渠道有自有资本或风险投资公司。为了改善经营或进行扩张，特许人可以利用多种权益性融资方式获得所需的资本。

权益性融资不是借款，不需要偿还，实际上权益投资者成了企业的部分所有者，通过股利支付获得他们的投资回报。由于权益投资蕴含较大风险，权益投资者对企业的要求非常苛刻，具有独特商业机会、高成长潜力、产权明确界定的项目以及能力得到证明的管理层的企业才是理想候选者。

（2）权益性融资的特点

1）永久性。筹措的资金具有永久性，无到期日，不需归还。
2）不可逆性。不需要还本，投资人如果想要收回本金，需借助于流通市场。
3）无负担性。没有固定的股利负担，股利的支付与否和支付多少视公司的经营需要而定。

（3）权益性融资的作用

1）由于权益性融资筹措的资金具有永久性特点，无到期日，不需归还，可以是保证项目法人对资本的最低需求，是维持项目法人长期稳定发展的基本前提。
2）没有固定的按期还本付息压力，股利的支付与否和支付多少，视项目投产运营后的实际经营效果而定，因此项目法人的财务负担相对较小，融资风险较小。

3）它是负债融资的基础。权益性融资是项目法人最基本的资金来源。它体现着项目法人的实力，是其他融资方式的基础，尤其可为债权人提供保障，增强公司的举债能力。

2. 权益性融资的优缺点

权益性融资的优点为所筹集的资本具有永久性，没有固定的股利负担，是企业最基本的资金来源，容易吸收资金。

权益性融资的缺点为成本较高，会转移企业的控制权。

9.2 股票类权益性融资

9.2.1 对股票融资的理解

1. 股票的定义

股票是股份公司发行的所有权凭证，是股份公司为筹集资金而发行给各个股东作为持股凭证并借以取得股息和红利的一种有价证券。每股股票都代表股东对企业拥有一个基本单位的所有权。每家上市公司都会发行股票。同一类别的每一份股票所代表的公司所有权是相等的。每个股东所拥有的公司所有权份额的大小，取决于其持有的股票数量占公司总股本的比重。

股票是股份公司资本的构成部分，可以转让、买卖，是资本市场的主要长期信用工具。股票实质上代表了股东对股份有限公司的所有权，股东凭借股票可以获得公司的股息和红利，参加股东大会并行使自己的权利，同时也承担相应的责任与风险。

2. 股票的特征

（1）收益性 收益性是指持有者凭其持有的股票，有权按公司章程从公司领取股息和红利，获取投资收益的性能。认购股票就有权享有公司的收益，这既是股票认购者向公司投资的目的，也是公司发行股票的必备条件。股票收益的大小取决于公司的经营状况和盈利水平。

股票的收益性还表现在持有者利用股票可以获得价差收入和实现货币保值。即股票持有者可以通过低进高出赚取价差利润；或者在货币贬值时，股票因为公司资产的增值而升值；或以低于市价的特价或无偿获取公司配发的新股而使股票持有者得到利益。

（2）风险性 股票的风险性与股票的收益性相对应。认购了股票，投资者既有可能获取较高的投资收益，同时也要承担较大的投资风险。在市场经济活动中，由于不确定因素的影响，股票的收益是事先难以确定的动态数值，它随公司的经营状况和盈利水平而波动，同时也受到股票市场行情的影响。公司经营得越好，股票持有者获取的股息和红利就越多；公司经营不善，股票持有者能分得的盈利就会减少，甚至无利。这样，股票的市场价格就会下跌，股票持有者就会因股票贬值而遭受损失。由此可见，股票的风险性是与收益性并存的，股东的收益在很大程度上是对其所担风险的补偿。股票收益的大小与风险的大小成正比。因此，股票在交易市场上作为交易对象，有自己的市场行情和市场价格。由于股票价格要受到诸如公司经营状况、供求关系、银行利率、大众心理等多种因素的影响，其波动有很大的不确定性。正是这种不确定性，有可能使股票投资者遭受损失。价格波动的不确定性越大，投资风险也越大。因此，股票是一种高风险的金融产品。

股票持有者不能退股，即不能向股票发行公司要求抽回本金，同样，股票持有者的股东身份和股东权益也不能改变，但可以通过股票交易市场将股票卖出，使股份转让给其他投资者，以收回自己原来的投资。

（3）价格与面值的不一致性　股票本身没有价值，它只是真实资本的"纸制的副本"。但作为一种特殊"金融商品"在交易时也有一定的价格，这种价格实际上是一种资本化的收入。股票价格受企业经营状况及其他社会、政治和经济等诸多因素的影响，往往与其票面价值不一致，从而吸引了大批以获取股市差价利益为目的的投机者，并为其奠定了活跃的基础。

（4）流通性　股票的流通性是指股票在不同投资者之间的可交易性。流通性通常以可流通的股票数量、股票成交量以及股价对交易量的敏感程度来衡量。股票具有很高的流通性。在股票交易市场上，股票可以作为买卖对象或抵押品随时转让。股票转让意味着转让者将其出资金额以股价的形式收回，而将股票所代表的股东身份及各种权益让渡给受让者。流通性是股票的一个基本特征，是商品交换的特殊形式，持有股票类似于持有货币，随时可以在股票市场兑现。股票的流通性促进了社会资金的有效利用和资金的合理配置。可流通股数越多，成交量越大，价格对成交量越不敏感（价格不会随着成交量一同变化），股票的流通性就越好，反之就越差。

（5）股份的伸缩性　股份的伸缩性是指股票所代表的股份既可以拆细，又可以合并。

股份的拆细是将原来的一股分为若干股。股份拆细并没有改变资本总额，只是增加了股份总量和股权总数。当公司利润增多或股票价格上涨后，投资者购入一股股票所需的资金增多，股票市场交易就会发生困难。在这种情况下，就可以将股份拆细，即采取分割股份的方式来降低单位股票的价格，以争取更多的投资者，扩大市场的交易量。

股份的合并是将若干股股票合并成较少的几股。股份合并一般是在股票面值过低时采用。公司在公司资本减少、公司合并或是股票市价由于供应减少而回升时实行股份合并。

（6）价格的波动性　股票价格的高低不仅与公司的经营状况和盈利水平紧密相关，而且与股票收益与市场利率的对比关系密切相连。此外，股票价格还会受到国内外经济、政治社会以及投资者心理等诸多因素的影响。

（7）经营决策的参与性　根据法律的规定，股票的持有者即是发行股票的公司的股东，有权出席股东大会，选举公司的董事会，参与公司的经营决策。股票持有者的投资意志和享有的经济利益，通常是通过股东参与权的行使而实现的。股东参与公司经营决策的权利大小，取决于其所持有股份的多少。

3. 股票的分类

（1）按照上市地区分为 A 股、B 股、H 股、S 股和 N 股。

1）A 股：人民币普通股票，是由我国境内的公司发行，供境内机构、组织或个人（不含台、港、澳投资者）以人民币认购和交易的普通股股票。主要有以下特点：①在我国境内发行只许本国投资者以人民币认购的普通股；②在公司发行的流通股中占最大比重的股票，也是流通性较好的股票，但多数公司的 A 股并不是公司发行最多的股票，因为目前我国的上市公司除了发行 A 股外，多数还有非流通的国家股或国有法人股等；③被认为是一种只注重盈利分配权，不注重管理权的股票，这主要是因为在股票市场上参与 A 股交易的人士，更多地关注 A 股买卖的差价，对于其代表的其他权利并不上心。

2）B股：人民币特种股票，是指在中国大陆注册、在中国大陆上市的特种股票。以人民币标明面值，只能以外币认购和交易。B股不是实物股票，依靠无纸化电子记账，实行"T+3"交割制度，有涨跌幅（10%）限制，参与投资者为我国香港、澳门、台湾地区居民和外国人，持有合法外汇存款的大陆居民也可投资。

3）H股：国企股，是指国有企业在香港（Hong Kong）上市的股票。H股为实物股票，实行"T+0"交割制度，无涨跌幅限制。机构投资者可以投资于H股，内地个人目前尚不能直接投资于H股。

4）S股：主要生产或者经营等核心业务在中国大陆、而企业的注册地在新加坡（Singapore）或者其他国家和地区，但是在新加坡交易所上市挂牌的企业股票。

5）N股：在中国大陆注册、在纽约（New York）上市的外资股。

(2) 根据利润财产分配权利分为普通股和优先股

1）普通股。普通股是指在公司的经营管理和盈利及财产的分配上享有普通权利的股份，代表满足所有债权偿付要求及优先股东的收益权与求偿权要求后对企业盈利和剩余财产的索取权，它构成公司资本的基础，是发行量最大最为重要的股票。目前在上海和深圳证券交易所交易的股票，都是普通股。普通股股票持有者按其所持有股份比例享有以下基本权利：

a. 公司决策参与权。普通股股东有权参与股东大会，并有建议权、表决权和选举权，也可以委托他人代表其行使其股东权利。

b. 利润分配权。普通股股东有权从公司利润分配中得到股息。普通股的股息是不固定的，由公司盈利状况及其分配政策决定。普通股股东必须在优先股股东取得固定股息之后才有权享受股息分配权。

c. 优先认股权。如果公司需要扩张而增发普通股股票时，现有普通股股东有权按其持股比例，以低于市价的某一特定价格优先购买一定数量的新发行股票，从而保持其对企业所有权的原有比例。

d. 剩余资产分配权。当公司破产或清算时，若公司的资产在偿还欠债后还有剩余，其剩余部分按先优先股股东、后普通股股东的顺序进行分配。

2）优先股。优先股是相对于普通股而言的，在利润分红及剩余财产分配的权利方面，优先于普通股。优先股有两种权利：

a. 在公司分配盈利时，拥有优先股的股东比持有普通股的股东，分配在先，而且享受固定数额的股息，即优先股的股息率都是固定的。

b. 在公司解散、分配剩余财产时，优先股在普通股之前分配。

(3) 根据业绩分为ST股、垃圾股、绩优股和蓝筹股

1）ST股是指境内上市公司连续两年亏损，被进行特别处理的股票；*ST是指境内上市公司连续三年亏损的股票。

2）垃圾股是指经营亏损或违规的公司的股票。

3）绩优股是指公司经营很好，业绩很好，每股收益0.5元以上的股票。

4）蓝筹股是指股票市场上，那些在其所属行业内占有重要支配性地位、业绩优良、成交活跃、红利优厚的大公司股票。

(4) 按是否记名分为记名股票和无记名股票

1) 记名股票是指在股票票面和股份公司的股东名册上记载股东姓名的股票。《中华人民共和国公司法》（以下简称《公司法》）规定，公司发行的股票可以为记名股票，也可以为无记名股票。股份有限公司向发起人、法人发行的股票应当为记名股票，并应记载该发起人、法人的名称或者姓名，不得另立户名或者以代表人姓名记名。股票票面上记载股东姓名的股票转让时，有严格的法律程序和手续，需办理过户手续。

记名股票的特点主要有：股东权利归属于记名股东；可以一次或分次缴纳出资；转让相对复杂或受限制；便于挂失，相对安全。

2) 无记名股票是指在股票票面和股份公司股东名册上均不记载股东姓名的股票。无记名股票也称不记名股票，与记名股票的差别不是在股东权利等方面，而是在股票的记载方式上。无记名股票发行时一般留有存根联，它在形式上分为两部分：一部分是股票的主体，记载了公司的事项，如公司名称、股票所代表的股数等；另一部分是股票息，用于进行股息结算和行使增资权利。股票票面上不记载股东姓名的股票转让灵活方便，无须办理过户手续。

无记名股票的特点主要有：股东权利所属股票的持有人；认购股票时要求一次缴纳出资；转让相对简便；安全性较差。

(5) 按股票票面是否标明金额分为有面值股票和无面值股票

1) 有面值股票是指在股票票面上记载一定金额的股票。记载的金额也称为票面金额、票面价值或股票面值。《公司法》规定，股份有限公司的资本划分为股份，每一股的金额相等。

2) 无面值股票是指在股票票面上不记载股票面额，只注明它在公司总股本中所占比例的股票。无面值股票也称比例股票或份额股票。无面值股票的价值随股份公司净资产和预期未来收益的增减而相应增减。它与有面值股票的差别仅在表现形式上，即都代表着股东对公司资本总额的投资比例，股东享有同等的股东权利。

9.2.2 股票融资的发行

1. 发行条件

股票发行条件是股票发行者在以股票形式筹集资金时必须考虑并满足的因素，通常包括首次发行条件、增资发行条件和配股发行条件等。《公司法》《中华人民共和国证券法》和相关法规对首次公开发行股票、上市公司配股、增发、发行可转换债券、公开发行股票、非公开发行股票，以及首次公开发行股票并在创业板上市的条件分别做出了规定。在中国，设立股份有限公司申请公开发行股票，按照《股票发行与交易管理暂行条例》，应当符合下列条件：

1) 股票经国务院证券管理部门批准已经向社会公开发行。

2) 公司股本总额不少于人民币5000万元。

3) 开业时间3年以上，最近3年连续盈利。

4) 持有股票面值达人民币1000元以上的股东人数不少于1000人（千人千股），向社会公开发行的股份占公司股份总数的25%以上；股本总额超过4亿元的，向社会公开发行的比例为15%以上。

5) 公司在最近3年内无重大违法行为，财务会计报告无虚假记载。

上市公司发行股票的条件除了前面的盈利和股本等影响要求外，还需要对上市公司自身软实力进行勘察，上市公司发行股票的条件主要包括：股票发行人是股份有限公司，且持续经营3年以上；股票发行公司具有完整的业务体系和直接面向市场独立经营的能力，各个部分独立性不得有缺陷；组织架构清晰合理，公司已依法建立健全股东大会、董事会、监事会、独立董事、董事会秘书制度，相关机构和人员能够依法履行职责；募集资金原则上用于主营业务。

2. 股票的发行方式

股票发行可分为有偿增资发行和无偿增资发行两种。

（1）有偿增资发行股票的方式

1）股东配股的股票发行方式，即赋予股东以新股认股权利的发行方式。股东拥有这个权利，应认购的股数要按原持有的股数比例进行分配。

2）第三者配股的股票发行方式，即公司在新股票发行时，给予和公司有特定关系的第三者以新股认购权。

3）公开招股发行方式，即公募发行，以不特定的多数投资者为发行对象。它可以是直接公募发行，也可以是间接公募发行。此方式是股票上市公司的主要发行方式。

（2）无偿增资发行股票的方式

1）无偿交付方式，即公司以资本公积转增股本，向股东发行新股票时，股东无须支付现款就可获得股票。

2）股票分红方式，即上市公司以股票形式给股东进行股利分配。上市公司通常是以现金形式对股东进行股利分配，但为了给公司保留更多的现款和资产，也可以采用股票分红发行方式。

3）股份分割方式，即将原来大额股票实行细分化，使之成为小额股票。股份分割只是增加股份的份额，而公司的资本数额并不发生变化。

3. 股票发行价格

股票的发行价格是股份公司发行股票时所使用的价格，也是投资者认购股票时所支付的价格。股票发行价格通常由发行公司根据股票面额、股市行情和其他有关因素决定。在以募集设立方式设立公司首次发行股票时，股票价格由发起人决定，在公司成立以后再次增资发行新股时，由股东大会或董事会决定。

（1）平价发行　平价发行是指按股票面额出售其新发行的股票，即股票发行价格等于股票面额。这种发行方式较为简便易行且不受股市变动影响，但缺乏灵活性和市场性。按面额发行，由于市场价格往往高于股票面额，因此可使得认购者获得差价收益，绝大多数投资者都乐于认购，所以这种方式一般在股东配股方式发行股票时采用。

（2）时价发行　时价发行是指企业发行新股时，以已发行的在流通中的股票或同类股票现行价格为基准来确定股票发行价格的一种发行方式。采用时价发行时，股票面额与发行价格之间差异归发行者所有，并转入公司资本。因此，发行公司可用较少的发行股数即可得到与采用面额发行等额的资金，同时还可在公开招股和第三者配股发行时采用。

（3）中间价发行　中间价发行即以股票市场价格与面额的中间值作为股票的发行价格。采用时价或中间价发行股票，股票的发行价格可能会高于或低于面额，前者被称为溢价发行，后者被称为折价发行。我国法律规定，股票发行时可以采取面值发行和溢价发行，不允许采用折价发行。溢价发行扣除发行费用后还有余额，记入公司的资本公积。

4. 股票的销售方式

股票的销售方式是指股份有限公司向社会公开发行股票时所采取的股票销售方法。

（1）自销方式　自销方式是指发行公司自己直接将股票销售给认购者。此种销售方式由发行公司直接控制发行过程，可节省发行费用，但往往筹资时间长，发行公司要承担全部发行风险。发行公司要具有较高的知名度和实力才能保证发行成功。

（2）承销方式　承销方式是指发行公司将股票销售业务委托给证券经营机构代理。此种销售方式是发行股票时普遍采用的。股票承销分为包销和代销两种具体方式。

在我国，公开发行股票，必须由证券经营机构承销。

5. 股票发行的程序

（1）设立时发行股票的程序

1）申请发行股票的公司向直属证券管理部门正式提出发行股票的申请。公司公开发行股票的申请报告由证券管理部门受理，考察汇总后进行预选资格审定。

2）被选定股票公开发行公司向直属证券管理部门呈报企业总体情况资料，经审核同意并转报中国证监会核定发行额度后，公司可正式制作申报材料。

3）聘请具有证券从业资格的会计师、资产评估机构、律师事务所、主承销商进行有关工作，制作正式文件。

4）准备向拟选定挂牌上市的证券交易所呈交上市所需材料，提出上市申请，经证券交易所初审通过后，出具上市承诺函。

5）直属证券管理部门收到公司申报材料后，根据有关法规，对申报材料是否完整、有效、准确等进行审查，审核通过后，转报中国证监会审核。

6）证监会收到复审申请后，由中国证监会发行监管部对申报材料进行预审，预审通过后提交中国证监会股票发行审核委员会（简称发审委）复审。

7）发审委通过后，证监会出具批准发行的有关文件，并就发行方案进行审核，审核通过后出具批准发行方案的有关文件。

8）拟发行公司及其承销商在发行前2~5个工作日内将招股说明书概要刊登在至少一种中国证监会指定的上市公司信息披露报刊上。

9）股票发行。

（2）增资发行新股的程序

1）股东大会做出发行新股的决议。

2）由董事会向国务院授权的部门或省级人民政府申请并经批准。

3）公告新股招股说明书和财务会计报表及附属明细表，与证券经营机构签订承销合同，定向募集时向新股认购人发出认购公告或通知。

4）招认股份，缴纳股款。

5）改组董事会、监事会，办理变更登记并向社会公告。

9.2.3　普通股股票融资

普通股是最基本、最常见的一种股票，其持有者享有股东的基本权利和义务。普通股的股利完全随公司盈利的高低而变化。在公司盈利较多时普通股股东可获得较高的股利收益，但在公司盈利和剩余财产的分配顺序上列在债权人和优先股股东之后，故其承担的风险也较大。与优先股相比，普通股是标准的股票，也是风险较大的股票。

1. 普通股股东的权利

普通股股东对公司的管理权，主要体现在其在董事会选举中有选举权和被选举权。通过选出的董事会来代表所有股东对企业进行控制和管理。具体来说，普通股股东的权利主要表现为：

（1）表决权　出席或其委托代理人出席股东大会，并依公司章程规定行使表决权，这是普通股股东参与公司经营管理的基本方式。普通股股东有权投票选举公司董事会成员并有权对修改公司章程、改变公司资本结构、批准出售公司某些资产、吸收或兼并其他公司等重大问题进行投票表决。

（2）股份转让权　股东持有的股份可以自由转让，但必须符合《公司法》、其他法规和公司章程规定的条件和程序。股东出售或转让股票而无须其他股东同意或知道。在公司股票上市后，股东可以在证券市场上自由转让或出售股票。

（3）股利分配请求权　普通股股东有权参与企业股利的分配，以获得投资收益。

（4）优先认购权　当公司增发普通股时，现有股东有权按持有公司股票的比例，优先认购新股票。主要是为了保证现有股东在公司股份中原来所占的百分比，保证他们的控制权。

（5）查账权　普通股股东有对公司账目和股东大会决议的审查权和对公司事务的质询权。从原则上来讲，普通股股东具有查账权。在实践中，这种权利是通过委托注册会计师查证公司的各项财务报表来实现的

（6）剩余财产的要求权　当公司解散、清算时，普通股股东对剩余财产有要求权。但是公司破产清算时，财产的变价收入首先要用来清偿债务，然后支付优先股股东，最后才能分配给普通股股东。所以在破产清算时，如果公司资不抵债，普通股股东实际上就分不到剩余财产。

（7）公司章程规定的其他权利　普通股股东也基于其资格对公司负有义务。《公司法》中规定了股东具有遵守公司章程、缴纳股款、对公司负有限责任、不得退股等义务。

2. 对普通股融资的评价

（1）普通股融资的优点

1）普通股融资支付股利灵活。普通股股利分配政策完全由公司决定，可以根据公司的经营状况和财务政策决定是否分配股利和分配的多少。公司没有盈利就可以选择不支付股利；公司有盈利，并认为适合分配股利就向股东分配；公司盈利较少，或虽有盈利但资金短缺或有更有利的投资机会，就可以少支付或不支付股利。

2）普通股一般不用偿还股本。利用普通股筹集的是永久性资金，普通股股东不可以退股，只可以进行转让。因此普通股只有在公司清算时才需要偿还，这就大大节约了公司的成本。

3）普通股融资风险小。由于普通股股本没有固定的到期日，股利支付与否和支付多少都可以视公司经营情况和财务政策而定，在股利分配上较为灵活，因此不存在还本付息的压力，筹资风险较小。

4）由于普通股的预期收益较高并可在一定程度地抵消通货膨胀的影响（通常在通货膨

胀期间，不动产升值时普通股也随着升值），因此普通股筹资更容易吸收资金。

（2）普通股融资的缺点

1）不能获得财务杠杆带来的利益。利用债务融资时，如果债务的融资成本低于公司的收益率，公司就可以获得财务杠杆带来的好处，但是若采用普通股融资进行分红就不能获得这部分比率差额带来的成本节约。

2）普通股股利不具备抵税作用。普通股股利是从税后利润中支付的，而债券利息可以从税前支付，因此采用普通股融资的资金成本较债券融资高。

3）增加普通股发行量，将导致现有股东对公司控制权的削弱。增发股票可以使企业融入更多资金，但是也导致了公司控制权的稀释。普通股融资的策略是在充分权衡风险和收益的情况下，合理确定普通股权益占企业总资金来源的比重，选择合适的发行时间和发行方式，使普通股权益收益率在可承受风险范围内最大化。

4）普通股的资本成本较高。首先，从投资者的角度讲，投资于普通股风险较高，相应地要求有较高的投资报酬率。其次，对于筹资公司普通股股利从税后利润中支付，不具抵税作用。此外，普通股的发行费用一般也高于其他证券。

9.2.4　优先股股票融资

优先股与普通股相比，有一定的优先权，主要是指优先分得股票和剩余财产。在公司分配盈利时，拥有优先股的股东比持有普通股的股东分配在先，而且享受固定数额的股利。在公司解散分配剩余财产时，优先股在普通股之前分配。

优先股是一种特殊的股票，在其股东权利、义务中附加了某些特别条件。优先股的股利率固定，其持有者的股东权利受到一定限制，但在公司盈利和剩余财产分配上比普通股股东享有优先权。

1. 优先股的权利

（1）优先分配股利的权利　优先股股利分配上的优先权，是优先股的最主要特征。优先股通常有固定的股利，通常按票面价值的一定百分比来计算。例如，票面价值为100元股利率为5%时，则每年支付给优先股的股利应为5元。优先股股利除数额固定外，还必须在普通股股利之前支付。

（2）对资产的优先要求权　在企业破产清算时，出售资产所得的收入，优先股位于债权人的求偿之后，但先于普通股。其金额只限于优先股的票面价值，加上累积未支付的股利。为了保护优先股的这些优先权，发行协议有时也会有一些限制条款，比如禁止发行对资产拥有更加优先或同等求偿权的证券。

（3）管理权　优先股股东的管理权限是有严格限制的。通常在公司的股东大会上优先股股东没有表决权，但是当公司研究与优先股有关的问题时有权参加表决。例如，如果讨论把一般优先股改为可转换优先股时，或推迟优先股股利的支付时，优先股股东都有权参加股东大会并有权表决。

2. 优先股的种类

（1）累积优先股和非累积优先股　累积优先股是指如果公司因故不能按期发放优先股股利，则这些优先股股利将累积到以后年度一并发放，公司在发放完全部欠的优先股股利之前，不得向普通股股东支付任何股利。非累积优先股则无上述权利。

（2）可转换优先股与不可转换优先股　可转换优先股是指有权按照发行时的规定，在将来的一定时期内转换为普通股的优先股。不可转换优先股则没有上述权利。

（3）参加优先股与非参加优先股　参加优先股是指其股东在获取定额股利后，还有权与普通股股东一起参与剩余利润的分配。非参加优先股则无此权利。

（4）有投票权优先股与无投票权优先股　有的优先股在公司一定时期内始终未能发放优先股股利时，可以被赋予投票权，参加公司董事的选举，以保证公司管理当局能够维护优先股股东的利益。有些优先股则不能获得这一权利，称为无投票权优先股。

3. 对优先股融资的评价

（1）优先股融资的优点

1）财务负担较发行债券要轻。与债务融资相比，优先股财务负担较轻，这是因为优先股股利不是发行公司必须偿付的一项法定债务，如果公司财务状况恶化，优先股股利可以不付从而减轻了企业的财务负担。

2）财务上较为灵活。由于优先股没有规定的最终到期日，实质上是一种永续性借款。优先股票的回收由企业决定，企业可在有利条件下收回优先股，具有较大灵活性。

3）保持普通股股东对公司的控制权。因为优先股一般没有表决权，通过发行优先股，公司普通股股东可避免与新投资者一起分享公司的盈余和控制权。当公司既想向外筹措自有资金，又想保持原有股东的控制权时，利用优先股融资较为恰当。

4）有利于增强公司信誉。从法律上讲优先股股本属于公司的自有资金，可以作为公司其他筹资方式的基础，并且可以适当增强公司的信誉，提高公司的借款举债能力。

（2）优先股融资的缺点

1）融资成本高。优先股必须以高于债券利率的股利支付率出售，其成本虽然低于普通股但一般高于债券，加之优先股支付的股利要从税后利润中支付，使得优先股融资成本较高。

2）融资限制较多。发行优先股，通常有许多限制条款。

3）财务负担重。优先股需要支付固定股利，但又不能在税前扣除，当公司盈利下降时，优先股的股利可能成为公司一项较重的财务负担，有时不得不延期支付，以致影响公司形象。

9.3 其他权益类融资

9.3.1 认股权证

1. 认股权证的概述

认股权证通常是指由发行人所发行的附有特定条件的一种有价证券。从法律角度看，认股权证本质上为一种权利契约，投资人使用支付权利金购得权证后，有权在某一特定期间或约定的到期日，按约定的价格认购一定数量的股票。认股权证的交易实属一种期权的买卖。与所有期权一样，认股权证持有人在支付权利金后获得的是一种权利，而非义务，行使与否由权证持有人自主决定；而认股权证的发行人在权证持有人按规定提出履约要求之时，负有提供履约的义务，不得拒绝。简言之，认股权证是一项权利：投资人可于约定的期间或到期日，以约定的价格（而不论该标的资产市价如何）认购股票。

2. 认股权证的特点

1）认股权证代表的是一种买入权利，主要主体是出售人和买家，而在签订合约之后权证持有人不承担相应的义务，只享有权利。

2）因为其认股权证本身是拥有期权条款的，在持有者认购股份之前，对发行权证的公司既不拥有债权也没有股权，只是拥有了股票认购权。

3）发行认股权证的公司，通过发行该合约获得现金的同时，还可以用于公司成立时对承销商的一种补偿。

4）认股权证有狭义和广义之分。从狭义来说就是股本认股权证；而广义的说法就是备兑权证，适合上市公司之外的证券公司和银行等发行，主要是不增加股份公司股本。

5）认股权证交易的风险有限，对其的可控性较强，还为投资者提供了杠杆效应。

6）本身的结构简单和交易方式比较单一，其发行不会涉及发行新股或者配股。

3. 认股权证的种类

（1）按发行方式可分为单独发行认股权证与附带发行认股权证

1）单独发行认股权证是指不依附于公司债券、优先股、普通股或短期票据而单独发行的认股权证。认股权证的发行，最常用的方式是在发行债券或优先股之后发行，将认股权证随同债券或优先股一同寄往认购者。在无纸化交易制度下，认股权证将随同债券或优先股一并由中国证券登记结算有限责任公司划入投资者账户。

2）附带发行认股权证是指依附于债券、优先股、普通股或短期票据发行的认股权证。

（2）按照发行人不同可以分为股本权证和备兑权证

1）股本权证是由上市公司自己发行的，一般以融资为目的，它授予持有人一项权利，在到期日前特定日期（也可以有其他附加条款）以行权价购买公司发行的新股（或者是库藏的股票）。

2）备兑权证是由上市公司之外的第三方发行的，目的在于提供一种投资工具，同时发行人也获取一定的发行利润。备兑权证是权证市场上的主流形式，例如香港权证市场，99%的权证都是由券商等金融机构发行的备兑权证。

4. 对认证股权的评价

（1）认证股权的优点

1）股权融资需要建立较为完善的公司法人治理结构。公司的法人治理结构一般由股东大会、董事会、监事会、高级经理组成，相互之间形成多重风险约束和权力制衡机制。降低了企业的经营风险。

2）在现代金融理论中，证券市场又称公开市场，它指的是在比较广泛的制度化的交易场所，对标准化的金融产品进行买卖活动，是在一定的市场准入、信息披露、公平竞价交易、市场监督制度下规范进行的。

3）如果借款人在企业股权结构中占有较大份额，那么他运用企业借款从事高风险投资和产生道德风险的可能性就将大为减小。

（2）认证股权的缺点

1）容易分散企业的控制权。利用股权筹资，由于引进了新的投资者或出售了新的股票，必然会导致企业控制权结构的改变，分散了企业的控制权。控制权的频繁迭变，势必要影响企业管理层的人事变动和决策效率，影响企业的正常经营。

2）资本成本负担较重。尽管股权资本的资本成本负担比较灵活，但一般而言，股权筹资的资本成本要高于债务筹资。

3）信息沟通与披露成本较大。

9.3.2 吸收直接投资

1. 吸收直接投资概述

吸收直接投资是指企业按照"共同投资、共同经营、共担风险、共享利润"的原则来吸收国家、法人、个人、外商投入资金的一种筹资方式。

2. 吸收直接投资的种类

（1）吸收国家投资　国家投资是指有权代表国家投资的政府部门或机构，以国有资产投入公司，这种情况下形成的资本叫国有资本。根据财政部的《企业国有资本与财务管理暂行办法》中的规定，在企业持续经营期间，以盈余公积、资本公积转增实收资本的，国有企业和国有独资公司由企业董事会或经理办公会决定，并报主管财政机关备案；股份有限公司和有限责任公司由董事会决定，并经股东大会或股东会审议通过。吸收国家投资一般具有以下特点：①产权归属国家；②资金的运用和处置受国家约束较大；③在国有公司中采用比较广泛。

（2）吸收法人投资　法人投资是指法人单位以其依法可支配的资产投入公司，这种情况下形成的资本称为法人资本。吸收法人资本一般具有以下特点：①发生在法人单位之间；②以参与公司利润分配或控制为目的；③出资方式灵活多样。

（3）吸收外商直接投资　企业可以通过合资经营或合作经营的方式吸收外商直接投资，即与其他国家的投资者共同投资，创办中外合资经营企业或者中外合作经营企业，共同经营、共担风险、共负盈亏、共享利益。

（4）吸收社会公众投资　社会公众投资是指社会个人或本公司职工以个人合法财产投入公司，这种情况下形成的资本称为个人资本。吸收社会公众投资的特点有：①参加投资的人员较多；②每人投资的数额相对较少；③以参与公司利润分配为基本目的。

3. 对吸收直接投资的评价

（1）吸收直接投资的优点

1）吸收直接投资所筹的资金属于企业的权益性资本，与负债资本相比较，它能提高企业的资信和借款能力。

2）与负债资本相比，吸收直接投资所筹的资金不需要归还，并且没有固定的利息负担，因此财务风险较低。

3）吸收直接投资不仅可以筹取现金，而且能够直接获得所需的先进设备和技术，与仅筹取现金的筹资方式相比较，它能较快地形成生产经营能力。

（2）吸收直接投资的缺点

1）吸收直接投资通常资本成本较高。

2）吸收直接投资由于没有证券作为媒介，因而产权关系有时不够明晰，不便于产权交易。

9.3.3 留存收益融资

留存收益融资是指企业将留存收益转化为投资的过程，将企业生产经营所实现的净收益留在企业，而不作为股利分配给股东，其实质为原股东对企业追加投资。留存收益一方面可以满足企业维持或扩大再生产经营活动的资金需求；另一方面可以保证企业有足够的资金弥补以后年度可能出现的亏损，也保证企业有足够的资金用于偿还债务，保护债权人的权益。

留存收益主要包括盈余公积和未分配利润两大类，具体的内容有：法定盈余公积、任意盈余公积、未分配利润。留存收益主要用于弥补亏损、转增资本、发放现金股利或利润。

（1）留存收益融资的优点

1）不发生实际的现金支出。不同于负债筹资，不必支付定期的利息，也不同于股票筹资，不必支付股利。同时还免去了与负债、权益筹资相关的手续费、发行费等开支。但是这种方式存在机会成本，即股东将资金投放于其他项目上的必要报酬率。

2）保持企业举债能力。留存收益实质上属于股东权益的一部分，可以作为企业对外举债的基础。先利用这部分资金筹资，减少了企业对外部资金的需求，当企业遇到盈利率很高的项目时，再向外部筹资，而不会因企业的债务已达到较高的水平而难以筹到资金。

3）企业的控制权不受影响。增加发行股票，原股东的控制权分散；发行债券或增加负债，债权人可能对企业施加限制性条件。而采用留存收益筹资则不会存在此类问题。

（2）留存收益融资的缺点

1）期间限制。企业必须经过一定时期的积累才可能拥有一定数量的留存收益，从而使企业难以在短期内获得扩大再生产所需资金。

2）与股利政策的权衡。如果留存收益过高，现金股利过少，则可能影响企业的形象，并给今后进一步的筹资增加困难。利用留存收益筹资须要考虑公司的股利政策，不能随意变动。

9.3.4 股权众筹

1. 股权众筹的含义

众筹（Crowd Funding）是近年来借助互联网兴起的一种创新权益融资模式，集合众多小额资金来投入某个项目。一般单笔投资额度很小，投资者人数众多。投资者按照出资比例分享项目投资收益。2012年4月，美国通过JOBS法案（《初创期企业推动法案》），允许小企业通过众筹融资获得股权资本，这使得众筹融资替代部分传统证券业务成为可能。

2. 股权众筹的参与主体

股权众筹运营当中，主要参与主体包括筹资人、出资人和众筹平台三个组成部分，部分平台还专门指定托管人。

（1）筹资人　筹资人又称发起人，通常是指融资过程中需要资金的创业企业或项目，他们通过众筹平台发布企业或项目融资信息以及可出让的股权比例。

（2）出资人　出资人往往是数量庞大的互联网用户，他们利用在线支付等方式对自己觉得有投资价值的创业企业或项目进行小额投资。待筹资成功后，出资人获得创业企业或项目一定比例的股权。

（3）众筹平台　众筹平台是指连接筹资人和出资人的媒介，其主要职责是利用网络技术支持，根据相关法律法规，将项目发起人的创意和融资需求信息发布在虚拟空间里，供投资人选择，并在筹资成功后负有一定的监督义务。

（4）托管人　为保证各出资人的资金安全，以及出资人资金切实用于创业企业或项目和筹资不成功的资金及时返回，众筹平台一般都会指定专门银行担任托管人，履行资金托管职责。

3. 股权众筹的分类

（1）无担保的股权众筹　无担保的股权众筹是指投资人在进行众筹投资的过程中没有第三方的公司提供相关权益问题的担保责任。目前国内基本上都是无担保的股权众筹。

（2）有担保的股权众筹　有担保的股权众筹下，担保是有固定期限的。但国内目前只有贷帮网的众筹项目提供担保服务，尚未被多数平台接受。

4. 股权众筹的模式

（1）凭证式众筹　凭证式众筹主要是指在互联网通过买凭证和股权捆绑的形式来进行募资，出资人付出资金取得相关凭证，该凭证又直接与创业企业或项目的股权挂钩，但投资者不成为股东。

（2）会籍式众筹　会籍式众筹主要是指在互联网上通过熟人介绍，出资人付出资金，直接成为被投资企业的股东。

（3）天使式众筹　与凭证式、会籍式众筹不同，天使式众筹更接近天使投资或风险投资（VC）的模式，出资人通过互联网寻找投资企业或项目，付出资金或直接或间接地成为该公司的股东，同时出资人往往伴有明确的财务回报要求。互联网给诸多潜在的出资人提供了投资机会，再加上对出资人几乎不设门槛，因此这种模式又有"全民天使"之称。

5. 股权众筹的流程

1）创业企业或项目的发起人发布融资需求，包括融资金额和出让股权比例。

2）众筹平台对筹资人提交的项目策划或商业计划书进行审核，审核的范围具体，但不限于真实性、完整性、可执行性以及投资价值。

3）具备一定条件的专业投资者率先认缴一定的金额，充当了领投人角色。其他投资者为跟投人，认缴各自的金额。

4）对该创业企业或项目感兴趣的个人或团队，可以在目标期限内承诺或实际交付一定数量的资金。

5）领投人与跟投人在规定期限内合计认缴金额达到或超过融资额后即停止认缴，并在认缴金额实际出资后成立有限合伙企业。

6）有限合伙企业出资到目标公司并取得股东地位，众筹股权融资宣告完成。

7）目标期限截止，筹资成功的出资人与筹资人签订相关协议，筹资不成功的，资金退回各出资人。

根据中国证券业协会2019年公布的《股权众筹融资管理办法（试行）》，融资者或融资者发起设立的融资企业的股东人数累计不得超过200人，对投资者提出了投资单个融资项目的最低金额不低于100万元人民币、金融资产不低于300万元人民币或最近三年个人年均收入不低于 50 万元人民币等相关规定。由此可知，股权众筹也逐步开始得到国家政策的支持。

思考题

1. 简述权益性融资的含义、特点及作用。
2. 简述项目公司设立时股票融资发行的程序。
3. 简述普通股股票融资下股东的权利。
4. 进行优先股融资有哪些优缺点？
5. 什么是认股权证？有何特点？
6. 简述吸收直接投资的优缺点。
7. 简述留存收益融资的优缺点。
8. 简述股权众筹的流程。

第 10 章
建设工程项目债务性融资管理

本章主要内容：债务资金概述；商业银行贷款；债券融资，包括债券融资概述、债券的分类、债券融资的优缺点、发行债券融资的相关规定；其他债务性融资，包括商业票据融资、融资租赁、商业信用融资。

本章重难点：商业银行贷款，发行债券融资的相关规定，商业票据融资，融资租赁，商业信用融资。

10.1 债务资金概述

1. 项目债务资金制度

（1）项目债务资金的含义　债务资金又称负债资金、借入资金，是企业依法筹措并依约使用、按期偿还的资金。债务资金主要包括银行和金融性公司借款、应付债券、应付票据等。与主权资本比较，债务资金具有以下特征：

1）债务资金体现企业与债权人的债权债务关系，属于企业债务。

2）企业对债务资金在约定期限内享有使用权，并承担按期还本付息的责任，偿债压力和筹资风险较大。

3）债权人有权按期索取利息并到期要求还本，但无权参与企业经营，对企业的经营状况不承担责任。

4）企业的债务资金主要通过银行、金融性公司等渠道，采用银行借款、发行债券、融资租赁、商业信用等方式筹措取得。在特定的条件下，有些债务资金可转换为主权资本，如可转换企业债券转换为股票。但主权资本不能转换为债务资金。

（2）项目债务资金的结构　项目债务资金的筹集是解决项目融资的资金结构问题的核心。在确定项目债务资金结构比例时，需要在融资成本和融资风险之间取得平衡，既要降低融资成本又要控制融资风险，选择债务融资的结构应考虑债务期限配比、债务偿还顺序等方面。对于有外债的项目，由于有汇率风险，通常应先偿还硬货币的债务，后偿还软货币的债务；同时还要考虑境内外借款占比、利率结构、货币结构、还款币种等因素。

2. 项目债务资金的来源

投资项目债务资金的来源渠道和融资方式主要有信贷方式融资、债券方式融资和租赁方式融资。

1）信贷方式融资主要包括商业银行贷款、政策性银行贷款、出口信贷、外国政府贷款、国际金融机构贷款、银团贷款和股东借款。

2) 债券方式融资主要包括企业债券和可转换债券。

3) 租赁方式融资主要包括经营租赁和融资租赁。

3. 项目债务性融资

债务性融资是指企业通过向个人或机构投资者出售债券、票据筹集营运资金或资本开支。个人或机构投资者借出资金，成为公司的债权人，并获得该公司还本付息的承诺。债务性融资需支付本金和利息，能够带来杠杆收益，但会提高企业的负债率。

4. 债务性融资的特点

1) 短期性。债务性融资筹集的资金具有使用上的时间性，需到期偿还。

2) 可逆性。企业采用债务性融资方式获取资金，负有到期还本付息的义务。

3) 负担性。企业采用债务性融资方式获取资金，需支付债务利息，从而形成企业的固定负担。

4) 流通性。债券可以在流通市场上自由转让。

10.2 商业银行贷款

1. 商业银行贷款概述

商业银行贷款是公司融资和项目融资中最基本和最简单的债务资金形式。商业银行贷款可以由一家银行提供，也可以由几家银行联合提供。贷款形式可以根据借款人的要求设计，包括定期贷款、建设贷款、流动资金贷款等。

（1）商业银行贷款的形式

1) 以贷款形式来分，有项目长期贷款、项目流动资金贷款和过桥贷款。

2) 以贷款银行参与数来分，有单一银行贷款、多家银行双边贷款（由多家银行分别签署贷款合同）、银团贷款（参加银行共同签署贷款文本、共担风险、共享利益，大多数大型项目融资都是通过银团贷款筹集到所需资金）。

（2）商业银行贷款的具体类型

1) 工程贷款：对建筑工程发放的短期不动产贷款。这种贷款按实际需要根据事先拟订的计划分期支付。工程完工后，用抵押贷款的资金偿还这种贷款，利率一般较高。

2) 定期贷款：发放的中长期（2~10年）有担保贷款。定期贷款用于购买资本设备或营运资金，按协议分期偿还。

3) 转换贷款：俗称桥梁贷款或过桥贷款。这是借款人希望得到中长期资金而暂时使用的一种贷款种类，以满足借款人对资金的临时需求。期限不长，具有过渡性。

4) 抵押贷款：以某项财产的留置权作为还款抵押而取得的银行贷款。项目融资中，常以项目公司的资产和现金流量作为抵押而取得银行的贷款安排。

5) 运营资金贷款：也称流动资金贷款，是短期贷款，目的是补充借款人运营资金不足。这种贷款由项目公司根据需要灵活进行提款和还款，一般由长期贷款银行一并提供，避免了贷款法律地位、监管等纠纷。

6) 双货币贷款：利息的计算和支付采用一种货币，本金的计算和支付采用另一种货币。

7）商品关联贷款：①贷款本金的商品价格参与，即本金的偿还额部分或全部取决于当时该种商品的价格。如低于预定价格，则偿还本金原值；如高于预定价格，需按预定公式增加银行贷款本金的偿还数额。②贷款利息的商品价格参与。利息水平与商品价格在同一时期内的变化水平相联系。如实际的商品价格与预期的相接近，只需支付较低利率；反之借款人将承担较高的贷款利率。

2. 国内商业银行贷款

早在1995年和1996年，我国相继颁布《中华人民共和国中国人民银行法》《中华人民共和国商业银行法》和《贷款通则》，实行政策性银行和商业性银行分业经营，企业与商业银行的关系逐步变成按市场规则动作的商业信贷关系。根据《贷款通则》的规定，我国商业银行贷款有如下分类：

1）根据承担风险的主体不同，分为自营贷款、委托贷款和特定贷款。

2）根据贷款期限不同，分为短期贷款、中期贷款和长期贷款。

3）根据贷款的担保情况，分为信用贷款、担保贷款（保证贷款、抵押贷款、质押贷款）和票据贴现贷款。其中，信用贷款是指不需抵押品，企业仅凭借自身的信用或保证人的信用而取得的借款。抵押贷款是指以特定的抵押品为担保的借款，作为借款担保的物品可以是不动产、机器设备等实物资产，也可以是股票债券等有价证券。

根据相关规定，申请商业性贷款应当具备产品有市场、生产经营有效益、不挤占挪用信贷资金、恪守信用等基本条件，并符合以下要求：

1）有按期还本付息的能力，原应付贷款和到期贷款已清偿，没有清偿的已经制订贷款人认可的偿还计划。

2）除自然人和不需要经工商部门核准登记的业务法人外，应当经过工商部门办理年检手续。

3）已开立基本账户或一般存款账户。

4）除国务院规定外，有限责任公司和股份有限公司对外股本权益性投资累计额未超过其净资产总额的50%。

5）申请中期、长期贷款的，新建项目的企业法人所有者权益与项目所需总投资的比例不低于国家规定的投资项目的资本金比例。

我国申请商业性贷款的一般程序是：

1）提出贷款申请。《借款申请书》应包括借款金额、用途、偿还能力及还款方式等内容。

2）对借款企业进行信用等级分析。主要评价领导者素质、经济实力、融资结构、履约情况、经营效益和发展前景。

3）贷款调查。主要调查企业的信用等级、借款的合法性、安全性、营利性，核实抵押物、质押物、保证人情况，测定贷款的风险度。

4）贷款审批。建立审贷分类、分级审批的贷款管理制度，审查贷款申请资料，复测贷款风险度。

5）签订借款合同。我国有关法规规定借款合同应包括的基本内容为借款种类、借款用途、借款金额、借款利率、借款期限、还款资金来源及还款方式、保证条款、违约责任及其他有关事项。

6）贷款发放。按合同规定按期发放，否则应付违约金。

7）贷后检查。对借款合同执行情况及借款人的经营情况进行追踪调查和检查。

8）贷款归还。借款人应按合同规定按时足额归还贷款本息，否则应加罚利息或依法起诉。企业偿还借款的方式主要有三种：到期一次偿还；定期偿还等额的本金；分次偿还，但每次金额不等。

3. 国际金融组织贷款

目前全球性的国际金融组织主要有国际货币基金组织（IMF）、国际复兴开发银行（世界银行）（IBRD）、国际清算银行等。影响较大的区域性国际金融组织包括亚洲开发银行、美洲开发银行、非洲开发银行、欧洲复兴开发银行等。这些国际金融机构由许多国家政府参与，并向特定的对象国政府提供优惠性的多边信贷，其贷款有软硬之分，是另一种官方资本来源。目前，向我国提供多边贷款的国际金融机构主要有世界银行、亚洲开发银行、国际农业发展基金组织和国际货币基金组织。

（1）世界银行集团贷款

世界银行集团共有五个经济单位，其中与融资有关的机构有以下三个：

1）世界银行（国际复兴开发银行）。贷款对象是会员国官方、国有企业、私营企业。私营企业要有政府担保。其贷款分为项目贷款、部门贷款、结构调整贷款、技术援助贷款、紧急复兴贷款共五类，其中项目贷款所占比例、影响和作用最大。项目贷款期限平均为6~9年，有的长达20年，宽限期5年，利率低于市场利率，定期调整利率，收取杂费较低。

目前在世界银行贷款中，最主要的贷款对象为农业和农村发展项目，其次是交通、能源、社会业务、工业等。世界银行对我国交通行业的贷款主要是公路、铁路和港口项目，能源侧重于电力项目（包括火电和水电），社会业务主要包括教育、卫生、环境保护和城市建设项目，工业侧重于机床、基础化工等项目。

贷款程序一般经过项目的初选、项目准备（可行性研究，初步设计）、项目分析、贷款条件谈判、项目的执行与监督和总结评价六个阶段。

贷款的主要条件包括：①只有会员国才能申请贷款；②贷款对象可以是会员国的政府及其机构、企业，对私营企业贷款需有政府担保；③申请贷款一定要有项目计划；④一般只贷进口货物和服务所需的外汇，不贷项目的国内费用，但在某些情况下国内费用占总投资比例较大时，也可用于国内费用；⑤申请贷款的项目须经世界银行调查，并与会员国研究商定，对经济上优先项目才提供贷款；⑥贷款专款专用，受世界银行监督；⑦项目实施中采购货物和劳务应按照其规定程序进行国际竞争性招标，通过对采购货物规格、招标程序、投标人资格、评标和授标建议的审查，对采购进行监督，除绝大部分采购要求进行国际性招标外，还有一小部分可以采取其他采购形式，但都需事先商定并在贷款协定中明确规定。

2）国际开发协会。贷款对象是人均收入水平低的发展中国家，其贷款俗称"软贷款"，条件十分优惠。我国按人均国民生产总值（GNP）考核，已超出其提供贷款的标准，因此这一贷款不再向中国发放。

3）国际金融公司。主要是向会员国，特别是发展中国家的私营企业提供资金，形式是贷款或参股，不需政府担保，每笔金额不超过200万~400万美元，贷款期限5~15年，执行商业利率。贷款对象为较贫穷的发展中国家的私营企业，贷款用途为制造业、加工业、开采业、公用业务、旅游业项目。贷款需以原借款时的货币偿还。贷款条件比较灵活，可用于国内外全部投资（包括流动资金），用于采购货物时不需进行国际竞争性招标，但限于在会员国或瑞士范围内采购。

(2) 亚洲开发银行贷款

1) 硬贷款，即普通贷款。按平均借入贷款的成本外加 0.5% 的利差来确定利率，定期调整。期限为 10～30 年，宽限期为 2～7 年。主要用于基础设施项目，贷款条件要求较严。

2) 软贷款，也称特别基金贷款。期限长达 40 年，宽限期为 10 年，宽限期后的 10 年，每年还本 2%，以后 20 年每年还本 4%，为无息贷款，只收 1% 的手续费。另外，还为科技落后的成员提供用于项目咨询的技术援助特别基金，属于赠款。

3) 联合融资。这是指亚洲开发银行和外来资金共同资助一个项目，分为平行融资、共同融资、伞形融资（后备融资）、窗口融资、参与性融资五种类型。

亚洲开发银行也以项目贷款为主，同时还有部门贷款、规划贷款、中间金融机构贷款等，主要领域包括农业和农产品加工业（重点支持水利、林业和渔业）、能源（重点是电力，特别是水电的发展）、工业（主要用于化学工业、水泥、机械制造、采矿和科技开发）、开发金融机构、交通运输及通信（重点支持港口、铁路、公路、电信等项目）基础设施和社会发展（包括供排水、环境保护、城市发展、住房、卫生、教育、人口控制）等项目。

(3) 国际农业发展基金组织贷款　国际农业发展基金组织是按照世界粮食会议决定，于 1977 年设立的一个联合国专门机构，是专门为发展中国家提供优惠贷款发展粮食生产的国际组织。它以优惠条件帮助发展中国家发展农业，特别是加强粮食生产，消灭贫困和营养不良。国际农业发展基金组织提供的贷款分为三类：一是优惠贷款，偿还期为 50 年，含宽限期 10 年，每年收取 1% 的服务费；二是中等贷款，偿还期为 20 年，宽限期 5 年，年利率 4%；三是普通贷款，偿还期为 15～18 年，宽限期 3 年，年利率 8%。该组织提供的贷款：在增加粮食生产方面，主要是扩大和改进现有灌溉设施，改良品种，改进耕作技术和土壤管理，兴修水利工程等；在消除贫困方面，强调贷款项目要直接有利于经济条件差、贫困和无地农民。贷款原则上不能用于发展盈利业务。

(4) 国际货币基金组织贷款　国际货币基金组织的宗旨是促进国际货币合作，支持国际贸易的发展和均衡增长，稳定国际汇兑，以及提供临时性融资，以帮助成员调整国际收支的暂时失调。它不向成员提供一般的项目贷款，而是在成员发生国际收支暂时不平衡时，通过出售特别提款权或其他货币换取成员货币的方式向成员提供资金援助。该组织贷款条件严格，它按成员在基金中的份额、面临国际收支困难的程度及解决这些困难的政策是否能奏效等条件来确定贷款的数额。该组织的贷款种类包括以下几个：

1) 普通贷款，用于解决会员一般国际收支逆差的短期资金需要。贷款期限为 3～5 年，每一会员借款累计最高额为该会员认缴份额的 125%，并根据贷款额度的不同，收取不同的贷款利率和手续费。

2) 中期贷款，用于解决会员较长期国际收支逆差需要。贷款额度较大，期限为 4～8 年，贷款利率随借用年限递增。会员使用这种贷款的最高额为认缴份额的 140%，该项贷款与普通贷款两项总额不超过会员认缴份额的 165%。使用中期贷款时，应先向基金组织提交申请，并附有为克服国际收支困难所应采取的有关措施。基金组织经审查同意后才能提供贷款。会员在贷款期间还需定期向基金组织提供有关资料，以便进行监督检查。

4. 银团贷款

银团贷款也是商业贷款的一种，因为项目融资中大量采用，此部分专门对其进行详细阐述。银团贷款又称为辛迪加贷款，是由获准经营贷款业务的一家或数家银行牵头，多家银行与非银行金融机构参加而组成的银行集团（banking group）采用同一贷款协议，按商定的期限和条件向同一借款人提供融资的贷款方式。国际银团是由不同国家的多家银行组成的银行集团，通常会选定一家银行作为代理行代表银团成员负责管理贷款事宜。

银团贷款是国际银行业中一种重要的信贷模式。银团贷款是商业银行贷款概念在国际融资实践中的合理延伸。国际上大多数大型项目融资案例，其资金需求规模之大、结构之复杂，只有大型跨国银行和金融机构联合组织起来，才能承担得起融资的任务。

（1）在项目融资中使用银团贷款的优点

1）有能力筹集到数额很大的资金。银团贷款可以满足借款人长期、大额的资金需求。银团贷款市场是国际金融市场中规模最大、竞争最激烈的一个组成部分，同样的项目风险条件下，市场上可以筹集到数量较大、成本较低的资金。从项目融资的借贷实践来看，发展中国家超过3000万美元、工业国家超过1亿美元数额的债务资金可考虑采用国际银团贷款的方式。

2）贷款货币的选择余地大，对贷款银行的选择范围同样也比较大。这一点为借款人提供了很大的方便，借款人可以根据项目的性质、现金流量的来源和货币种类来组织最适当的资金结构。

3）银团贷款操作形式多样。在同一银团贷款内，可根据借款人需要提供多种形式贷款，如定期贷款、周转贷款、备用信用证额度等。同时，还可根据借款人需要，选择人民币、美元、欧元、英镑等不同的货币或货币组合。

4）融资所花费的时间和精力较少。借款人与安排行商定贷款条件后，由安排行负责银团的组建。在贷款的执行阶段，借款人无须面对所有银团成员，相关的提款、还本付息等贷款管理工作由代理行完成。

5）参与银团贷款的银行通常是国际上具有一定声望和经验的银行，具有理解和参与复杂项目融资结构和承担其中信用风险的能力。成功地组建银团基于各参与行对借款人财务和经营情况的充分认可，借款人可以借此业务机会扩大声誉。

6）提款方式和还款方式比较灵活。

（2）银团贷款主要角色　银行通常分为安排行、参与行、代理行、工程银行、中介机构等。这些银行都提供贷款，但又各自承担不同的责任。

1）安排行：牵头银行，通常在贷款条件和担保文件的谈判中起主导作用，它签订贷款协议并承购全部或部分贷款，风险较大，须是有丰富经验的大银行。

2）参与行：参加银团并按各自承诺份额提供贷款的银行。

3）代理行：主管项目贷款的日常事务，并收取管理费，其责任是协调用款，帮助各方交流融资文件，送达通知和传递信息。

4）工程银行：其责任是监控技术进程和项目的业绩，并负责项目工程师和独立的专家间的联络。工程银行可能是代理行或安排行的分支机构。

5）中介机构：主要包括银团法律顾问/律师。结构复杂的项目，银团要求聘请保险顾问、技术顾问、会计顾问、工程顾问、商业顾问、税务顾问、环境顾问等，费用由借款人支付。

6）管理行：在项目的文件和围绕项目的公开场合，可能指定项目的管理行或主要管理行。管理行的身份反映了对项目相当大程度的参与，但管理行通常不对借款人或贷款人承担任何特殊的责任。

（3）银团贷款的基本要点　银团贷款的一个基本原则是每个贷款银行应该按其贷款比例分配从借款人方面得的任何偿债资金，借款人不能歧视其中任何一家银行。所有借款人的偿债资金都支付给代理行，然后由代理行再按比例分配给每一家贷款银行。其基本要点有：

1）利益共享。银团的成员按照融资协议规定的份额比例享有贷款利息，以及其他保证、抵押/质押物或担保等权利。

2）风险共担。银团的成员按照贷款份额，承担贷款本息无法获得清偿的风险。

3）统一管理。安排负责组建银团，并与项目公司谈判。组建完成后，由借款代理行负责审查并管理借款人对提款先决条件的满足，负责召集银团会议、代表银团向贷款人违约求偿等。

4）份额表决。贷款银行根据各自承诺贷款额所占的比例或全额所占的比例，对银团重大事宜进行表决。对个别特殊事宜（事先约定），允许任何单个银行行使否决权。银行必须服从银团表决结果，放弃绝对的独立判断及行为能力。银团贷款做出这样的规定是为了限制银团中某一家银行行使其债务抵消权或者合并借款人银行账户的权利而损害其他贷款银行的利益。因为持有借款人存款的贷款银行有可能利用该存款抵消借款人在银团中所欠债务，而其他银行则未必有此便利，故而得不到相同比例的补偿，尤其是在借款人发生还款困难的情况下。

（4）银团借款的组建流程　银团贷款由于涉及的银行数目较多，有时这些银行又分别在不同的国家，因此，无论是在谈判上、准备法律文件的具体程序上，还是在贷款的管理上均要比商业银行贷款复杂。银团借款的组建流程包括前期准备、银团组建、银团管理三个阶段，其中前期准备和银团组建是关键。

（5）在项目融资中使用银团贷款时的注意点

1）国际银团的贷款资金一般来源于欧洲货币市场，以浮动利率为主。

2）由于贷款资金来源于欧洲货币市场，贷款银团比一般商业银行更关心借款人能否准时偿还债务。

3）为了保障其收益，贷款人一般要求收到的利息必须是"净利息"，即扣除利息预提税后的利息。

4）银团贷款一般给予借款人多种货币选择权，即在贷款期间可以改变货币的币种，给予借款人在不同时间提取不同币种的贷款的选择权。但是借款人必须确定以一种货币作为贷款协议的基本货币，用来确定贷款的总金额和利率结构，而且供借款人选择的货币必须是所有贷款银行可以接受的并能自由地与基本货币相兑换的货币。

5. 国际贸易性贷款

（1）出口信贷及多边机构贷款　出口信贷是一国政府为支持和扩大本国大型设备等产品的出口、增强国际竞争力，对出口产品给予利息补贴、提供出口信用保险及信贷担保，鼓励本国的银行或非银行金融机构对本国的出口商或外国的进口商（或其银行）提供利率较低的贷款，以解决本国出口商资金周转的困难，或满足国外进口商对本国出口商支付货款需要的一种国际信贷方式。特别是对工业成套设备，许多国家都提供出口信贷。出口信贷可分为买方信贷和卖方信贷。

1) **买方信贷**。买方信贷是给予国外进口商的贷款，是出口商所在地银行为促进本国商品出口发放的贷款。买方信贷是给外国进口商以满足支付货款（对本国出口商）需要的贷款，有了此种贷款，进口方就可以用现汇购买商品和设备，因此，出口方可及时收回货款。买方信贷的金额一般不超过合同金额的85%。贷款通常是在卖方交货完毕或工厂建成投产后分期偿还，每半年还本付息一次，期限不超过10年。买方信贷除了支付利息外，还需支付管理费、保险费和承诺费。

2) **卖方信贷**。卖方信贷是出口方银行向本国出口商提供的商业信贷，是出口商所在地银行为便于该国出口商以延期付款形式出口商品而给的贷款。卖方信贷是为本国出口商提供解决资金周转困难的贷款，出口商以此贷款为垫付资金，允许买方赊购自己的产品，分期支付货款。使用卖方信贷，进口商一般先付合同金额的15%作为定金，其余货款可在项目投产后陆续支付。出口商收到货款后向银行归还贷款。出口商除支付利息外，也要承担保险费、管理费和承诺费，一般将这些费用计入出口货价中，把贷款成本转移到进口方。出口信贷由于有出口国政府的政策性补贴，利率比国际金融市场相同期限的利率略低，这对于购置经济建设急需的成套设备和大型专用设备的项目来说，是获得巨额资金的重要渠道。由于有多个国家出口商彼此竞争，所以进口和借款单位可进行选择，降低设备进口价格和筹资成本。但由于出口信贷和出口货物一般绑在一起，有时某国出口信贷条件虽然优惠，但该国设备并不适合；有时设备虽然适用，但价格却高于公开招标的价格，故使用出口信贷也会受到一定的限制。

(2) 出口信贷的特点

1) **利率较低**。对外贸易中长期信贷的利率一般低于相同条件资金贷放的市场利率，由国家补贴利差。大型机械设备制造业在西方国家的经济中占有重要地位，其产品价值和交易金额都十分巨大。为了加强该国设备的竞争力，削弱竞争对手，许多国家的银行竞相以低于市场的利率为外国进口商或该国出口商提供中长期贷款即给予信贷支持，以扩大该国资本货物的国外销路。银行提供的低利率贷款与市场利率的差额由国家补贴。

2) **与信贷保险相结合**。由于中长期对外贸易信贷偿还期限长、金额大，发放贷款的银行存在着较大的风险。为了减缓出口国国家银行的后顾之忧，保证其贷款资金的安全发放，国家一般设有信贷保险机构，对银行发放的中长期贷款给予担保。

3) **由专门机构进行管理**。发达国家提供的对外贸易中长期信贷，一般直接由商业银行发放，若因为金额巨大，商业银行资金不足时，则由国家专设的出口信贷机构给予支持。不少国家还对一定类型的对外贸易中长期贷款，直接由出口信贷机构承担发放的责任。它的好处是利用国家资金支持对外贸易中长期信贷，可弥补私人商业银行资金的不足，改善该国的出口信贷条件，加强该国出口商夺取国外销售市场的力量。

(3) 出口信贷的方式

1) **直接贷款**：由进出口银行直接向国外进口商提供贷款，贷款只能用于购买进出口银行所在国的资本品和设备等。

2) 间接贷款：也叫银行转贷款，在这种结构下，进出口银行贷款给一家商业银行，由其将款项再发放给进口单位。

3) 利率补贴：在这种结构下，先由一家商业银行以低于市场的利率向借款人发放贷款，然后由进出口银行对市场利率与贷款人发放该笔贷款的利率差给予补贴。

(4) 出口信贷的优缺点

1) 优点：①协议有效期内利率固定，有利于成本核算；②出口卖方信贷的利率一般比较优惠；③可购买机械设备和技术，符合工程融资的要求；④出口国竞争激烈，项目单位可选择对自己有利的方案。

2) 缺点：①只能从提供的国家进口设备，质量不一定一流；②设备价款可能高于国际招标购买价。

6. 外国政府贷款

政府贷款是政府间利用国库资金提供的长期低息优惠贷款，具有援助性质。年利率从无息到2%~3%；偿还期限平均为20~30年，有的长达50年，其中包含10年左右只付息不还本的宽限期。政府贷款一般规定用于基础设施建设，且有一定的附加条件。目前对我国进行政府贷款的国家主要有日本（国际协力银行贷款、"黑字还流"贷款）、比利时、意大利、法国、加拿大、科威特、瑞典、英国、德国、瑞士、以及丹麦、芬兰、挪威、澳大利亚、荷兰、卢森堡、奥地利、西班牙等国。

政府贷款通常由政府有关部门出面洽谈，也有的是政府首脑出国访问时，经双方共同商定，签订贷款协议。例如法国对外提供贷款时，由其主管部门（法国财政部国库司）代表法国政府对外谈判，签订贷款总协议，拟定贷款的额度、期限等一般条件，然后听取法国国民议会有关机构的意见。

各国政府贷款的程序不尽相同，一般有以下几个步骤：①贷款接受国选定贷款项目，进行贷款前准备工作；②借款国向贷款国提供贷款申请；③贷款国对项目进行分析审查；④借款国如接受对方提供的条件，双方对贷款的基本条款和条件进行谈判；⑤双方签订贷款协议；⑥政府指定银行实施贷款协议；⑦支付贷款；⑧贷款机构对项目执行和经营阶段的活动进行监督管理；⑨返还贷款。

外国政府贷款分为以下两种：

1) 纯政府贷款，即完全由政府财政性资金提供的贷款，一般无息或者利息很低，还款期长，用于城市基础设施等非营利的开发性项目。

2) 政府混合的贷款，由政府财政性资金与商业性贷款混合而成，是外国政府贷款的主要形式。主要有三种类型：①政府财政资金与一般商业性贷款资金混合起来，比一般商业性贷款更加优惠；②一定比例的赠款和信贷混合而成，赠款部分占25%~45%；③政府财政资金和商业银行出口信贷混合，这是最普通的贷款形式。

10.3 债券融资

作为直接融资的重要方式，债券融资在利用资本市场进行融资中具有重要作用。债券可分为政府债券（国库券）、地方债券、金融债券、公司（企业）债券等。投资项目的资金筹措，主要分析公司（企业）债券，即企业以自身的信用条件为基础，通过发行债券，筹集资金用于项目投资建设的融资方式。债券融资因从资本市场直接融资，资金成本（利率）一般应低于银行贷款。由于有较为严格的证券监管规定，只有实力很强的企业才有能力进行债券融资。除在国内金融市场发行债券融资外，我国政府、银行、企业还可以在国际金融市场上通过发行海外债券募集外汇资金。

10.3.1 债券融资概述

1. 债券融资的特点

（1）时间上的有期限性　发债人在发行债券时，就必须向投资者做出具有法律效力的承诺，债券便因此具有期限性。不同债券之间的区别之一在于期限的长短不同。

（2）收益的相对固定性　投资债券的收益表现为债券的利息，而利息是发债时便已确定的，因而不受发债人的经营业绩及市场利率变动的影响，其收益是固定的。

（3）较强的流动性　债券是一种社会化、标准化的投资工具，在证券市场健全的情况下，债券持有人可以随时在证券交易市场将债券出售变现。因而，债券具有较好的流动性。

（4）较高的安全性　债券投资也有一定的风险，但相对于其他资本证券而言，债券的风险相对较小，因而具有较高的安全性。因为：①债券的利率是事先确定的，除非发债企业因资不抵债而宣告破产，否则投资者一般都可以获得固定的利息收益并收回本金；②债券本息的偿还和支付有法律保障；③债券的发行需符合一定的资信条件，只有资信级别较高的企业方被允许发债（也有例外情况，如垃圾债券），至于政府发行的债券，一般不用担心还本付息的问题。

（5）权益的单一性　一般而言，债券的持有人只有获取债息、索偿本金，以及转让债券的权利；除此外，投资者既无权过问发债企业的决策及管理事务，也无权在应得利息之外参与企业的利润分配；发债人与投资者之间是一种很简单的债权债务关系。

2. 债券融资的基本要素

（1）债券面值　债券面值包括两个基本内容：一是币种，二是票面金额。面值的币种可用本国货币，也可用外币，这取决于发行人的需要和债券的种类。债券的发行人可根据资金市场情况和自己的需要选择适合的币种。债券的票面金额是债券到期时偿还债务的金额，不同债券的票面金额大小可能相差悬殊，但考虑到买卖和投资的方便，多趋向于发行小面额债券。面额印在债券上，固定不变，到期必须足额偿还。

（2）债券发行价格　债券发行价格是指债券发行时确定的价格。债券的发行价格可能不同于债券的票面金额。当债券的发行价格高于票面金额时，称为溢价发行；当债券发行价格低于票面金额时，称为折价发行；当债券发行价格等于票面金额时，称为平价发行或等价发行。债券的发行价格通常取决于二级市场的交易价格以及市场的利率水平。

（3）债券偿还期限　债券偿还期限是指债券从发行日起至清偿本息之日止的时间。债券的偿还期限分为三类：偿还期限在1年或1年以内的，称为短期债券；偿还期限在1年以上、10年以下的，称为中期债券；偿还期限在10年以上的，称为长期债券。

（4）债券票面利率　债券票面利率是指债券发行人预计1年内向投资者支付的利息占票面价值的比率。票面利率不同于实际利率。实际利率通常是指按照复利计算的1年期的利率。

10.3.2 债券的分类

1. 按发行主体分为政府公债、金融债券、公司债券、项目债券

（1）政府公债　政府公债也称为国债、政府债券或国库券，指由国家、中央政府代理机构发行的债券。目的是弥补国家预算赤字、建设大型工程项目、归还旧债本息等。政府公债可分为国家债券和政府机构债券两种。国家债券专指由各国中央政府、财政部发行的债券，如美国的国库券、日本的国债、英国的金边债券等。政府机构债券是由各国政府有关机构发行的债券，一般由各种政府担保，是具有准国家性质的信用较高的债券。

（2）金融债券　金融债券是指银行或其他非银行性金融机构发行的债券。

（3）公司债券　公司债券又称企业债券，是股份公司为筹措资金而发行的债券。发行债券的公司或企业向债券持有者做出承诺，在指定的时间，按票面额还本付息。公司债券的持有者是公司债权人，而不是公司的所有者，这是与股票持有者最大的不同点。

（4）项目债券　项目债券是指为某一特定的工程项目而在金融市场（主要是国际金融市场）发行的债券。这是20世纪90年代之后发展起来的项目融资渠道。与项目贷款相比，项目债券的特点是期限相对较长、利率稳定、融资渠道宽、谈判过程简单。发展中国家采用项目债券筹集资金较为普遍。发行人既可以在欧洲债券市场发行项目债券，也可以在亚洲（如新加坡）或美国债券市场发行项目债券。

2. 按期限长短分为短期债券、中期债券、长期债券、永久债券

短期债券的偿还期限一般在1年以下。比如政府发行短期债券多是为了平衡预算开支，企业发行短期债券则主要是为了筹集临时性周转资金。中期债券的偿还期限为1~10年，发行中期债券的目的是获得较长期的稳定的资金。长期债券的偿还期限为10年以上，发行长期债券的目的是筹集可供长期使用的资金。永久债券是没有到期日，无限期地定期支付利息的债券。

3. 按利息支付方式分为附息债券、贴现债券

附息债券是券面上附有各种息票的债券，到期时凭剪下的息票领取本期利息；贴现债券又称贴水债券，发行时按规定的折扣率（贴水率）以低于券面价值的价格发行，到期时按券面价值偿还本金，发行价与券面价值的差价即为利息。

4. 按发行方式分为公募债券、私募债券

公募债券是证券主管机构批准在市场上公开发行的债券，它面向社会不特定的多数投资者公开发行，这种方式的证券发行的允准比较严格，并采取公示制度；私募债券是向少数投资者发行的债券，投资者多为银行或金融机构，其审查条件相对宽松，也不采取公示制度。

5. 按有无担保分为信用债券、抵押债券、担保债券

信用债券又称无担保债券，凭发行人的信用发行，是无任何担保，只凭企业的信誉发行的债券，通常只有信誉强的大企业才能发行这种债券；抵押债券是凭发行人的不动产或有价证券作抵押品的债券；担保债券是由第三者担保偿还本息的债券。

6. 按是否记名分为记名债券、不记名债券

（1）记名债券　记名债券是指在债券券面上记载持有人姓名的债券。由于记名，支取本息时必须凭券面载明的持有人的印鉴，转让时必须背书并办理过户手续；另外，可以挂失并防止冒领。但这类债券也因此流通性较差。

（2）无记名债券　无记名债券是指券面上不记载持有人姓名的债券。这类债券只凭债券本身支取本息而不管持有人的身份，转让时不需背书、过户，只需把债券交付给受让方即可，因而流通较方便。但这类债券不能挂失，一旦遗失或被窃，容易被冒领，因而存在风险。

7. 按票面利率是否变动分为固定利率债券、浮动利率债券、变动利率债券

固定利率债券是偿还期内利率固定不变的债券；浮动利率债券是利率随市场利率定期变动的债券；变动利率债券是随债券期限的增加，利率累进的债券。

8. 按发行人是否给予投资者选择权分为附有选择权的债券、不附有选择权的债券

附有选择权的债券有可转让公司债券，可退还的债券，以及有认股权证、认债权证、货币转换权、产品购买权的债券。可转换公司债券的持有者，能够在一定时间内按照规定的价格将债券转换成企业发行的股票；有认股权证的债券持有者，可凭认股权证购买所约定的公司的股票；可退还的债券，在规定的期限内可以退还。反之，债券持有人没有上述选择权的债券，即是不附有选择权的债券。

9. 按发行地的不同分为本国债券、外国债券和欧洲债券

本国债券是发行人国家与发行地一致的债券，外国债券是发地人国家与发行地不一致的债券，欧洲债券是在国际金融市场柜台交易的债券。

10.3.3　债券融资的优缺点

1. 债券融资的优点

（1）融资成本较低　发行债券融资的成本要比股票融资的成本低。这是因为债券发行费用较低，其利息允许在所得税前支付，可以享受扣减所得税的优惠，所以企业实际上负担的债券成本一般低于股票成本。

（2）保障股东控制权　债券持有人无权干涉企业的管理事务，因此，发行企业债券不会分散股东对企业的控制权。

（3）发挥财务杠杆作用　不论企业盈利水平如何，债券持有人只收取固定的利息，而更多的收益可用于分配给股东，或留归企业以扩大经营。

（4）便于调整资本结构　企业通过发行可转换债券，或在发行债券时规定可提前赎回债券，有利于企业主动地、合理地调整资本结构，确定负债与资本的合理比率。

2. 债券融资的缺点

（1）可能产生财务杠杆负效应　债券必须还本付息，是企业固定的支付费用。随着这种固定支出的增加，企业的财务负担和破产可能性增大，一旦企业资产收益率下降到债券利息率之下，会产生财务杠杆的负效应。

（2）可能使企业总资金成本增大　企业财务风险和破产风险会因其债务的增加而上升，这些风险的上升又导致企业债务成本、权益资金成本上升，因此，增大了企业总资金成本。

（3）经营灵活性降低　在债券合同中，各种保护性条款使企业在股息策略融资方式和资金调度等多方面受到制约，经营灵活性降低。

（4）融资数量有限　企业发行债券融资一般会受到一定额度的限制。例如规定发行公司在外流通的债券累计总额不得超过公司净资产的40%。

（5）限制条件较多　发行债券的限制条件一般要比长期借款、租赁融资严格，从而影

响了企业对债券融资方式的运用。

10.3.4 发行债券融资的相关规定

1. 我国发行公司债券的相关规定

（1）发行公司债券的条件 我国的公司债券是指公司依照法定程序发行的，约定在一定期限内还本付息的有价证券。公司债券是公司债的表现形式，基于公司债券的发行，在债券的持有人和发行人之间形成以还本付息为内容的债权债务法律关系。我国债券发行的主体主要是公司制企业。公司发行债券的条件是：

1）股份有限公司的净资产额不低于人民币3000万元，有限责任公司的净资产额不低于人民币6000万元。

2）累计债券总额不超过净资产的40%。

3）公司3年平均可分配利润足以支付公司债券1年的利息。

4）筹资的资金投向符合国家的产业政策。

5）债券利率不得超过国务院限定的利率水平。

6）其他条件。

公司债券发行时一般由投资银行等金融中介机构承购包销，帮助企业或项目实体确定发行规模、发行价格、发行方式及发行费用，并把债券推销给投资者。公司债券的等级对发行人和投资者都十分重要，是债券倒账风险的衡量指标。债券等级越高，其债务的偿还越有保证，因而风险越小，其债券利率越低，筹资成本也越低。故公司或项目实体应评上较高的等级，在此条件下发行债券，对公司或项目实体最有利。

（2）公司债券发行方案的制订

1）债券发行数量的确定。债券发行数量的确定，是债券融资方案制订的基础。发行规模过小，筹集资本不足，达不到最初的发行目的，或影响公司正常经营；发行规模过大，造成资本闲置和浪费，则加重公司债务负担，影响资金使用效果。确定债券发行合理规模应考虑的因素有：

① 公司经营规模目标。以公司合理的资金占用量和投资项目的资金需要为前提，对公司的未来经营规模进行规划，对投资项目进行可行性研究。

② 公司的财务状况，尤其是偿债能力和未来获利能力。偿债能力、获利能力越强，债务融资的规模就可以越大。

③ 各种融资方式的资金成本和方便程度。各种融资方式的资金成本不同，取得资金的难易程度也不同，公司应选择最经济、最方便的融资方式，通过比较分析，就可以确定是否采用债券融资方式以及发行的规模。

公司发行债券的规模不能超过负债界点，负债界点反映了公司偿还债务、支付本息的盈利状况，公司债券融资的规模如果超过了负债界点，则不仅偿还债务有问题，且会因支付的利息过大而发生亏损。

2）债券发行价格的确定。债券发行价格是指债券从发行公司转移到初始投资者手中的价格，其决定因素为：

a. 债券面值。债券面值越高，发行价格越高。

b. 票面利率。即公司债券票面规定的固定不变的利率，亦称"息票利率""设定利率"

或"名义利率"，以之乘债券面值，即为债券发行公司每年应付的债券利息。票面利率越高，发行价格越高。

c. 实际利率。即债券发行公司实际负担的利率，是债券发行当时流通的市场利率，亦称"市场利率"。债券发行时实际利率越高，债券价格越低。

d. 债券期限。期限越长，债权人风险越大，要求支付的利息越高，发行价格就越低。

债券的发行可采用折价发行、溢价发行和等价发行三种方式。债券票面利率与市场利率的差异决定采用何种发行方式。通常市场利率高于票面利率，则折价发行；市场利率低于票面利率，则溢价发行；市场利率等于票面利率，则等价发行。

债券发行价格由两部分构成：一是债券到期还本面额按实际利率折成的现值；二是债券名义利率规定的各期利息按实际利率折成的现值。

债券的发行费用包括承购费、推销费、管理费、还款代理费，以及印刷费和杂费等。

发行公司在选择发行方式时，除按上式计算出发行价格外，必须综合分析市场利率的变动趋势、社会经济状况、发行公司未来的盈利能力和偿还能力等因素。

3) 债券发行种类的确定。债券发行公司在确定发行债券的类型时，应首先考虑不同债券对投资者的吸引力。发行公司的收益水平高低和偿债能力大小，是债券吸引力强弱的决定性因素。因此，发行公司应对自身的知名度、收益水平、偿债能力与其他发行公司进行横向比较，分析其优势，扬长避短，才能做出债券发行合适种类的决策。如果公司通过比较，认为本公司在投资者心目中有相当高的吸引力，即公司已经具有良好的信誉和知名度，可选择发行普通的、无附加条件的债券；如果发行公司认为普通债券对投资者的吸引力不足，则应选择有附加条件的债券，如可转换债券、抵押债券、担保信托债券、设立偿债基金债券，以促进债券的推销。附加条件越多，对发行公司的束缚也就越多。

4) 债券期限的确定。确定债券还本期限，应综合考虑以下因素：

a. 投资项目的性质。投资项目的期限是决定偿债期的主要依据，若为生产性建设项目筹集资金而发行债券时，期限应长，因为只有在该项目投产获利之后，才有偿债能力；若是设备更新改造融资，则期限可以相对短；若仅为了满足暂时周转资金的需要而发行债券，则债券期限可安排在几个月内。总之，债券期限要与融资用途或者投资项目的性质相适应，目的是付出最小的代价，最大限度地满足融资需要。

b. 债券交易的方便程度。证券市场的完善程度对发行债券的期限有很大的影响。如果证券市场十分完善，债券流通活跃，交易方便，就应发行短期债券。债券期限越长，则债券利率越高，融资成本加大，因此应在证券市场许可的情况下尽量发行期限较短的债券。

c. 证券市场利率变化趋势的预期。如果预测未来利率将要降低，就选择发行期限较短的债券，以便将来再以较低的债券利率发行新的债券，以降低融资成本；反之，如果预测将来利率将要提高，则宜发行期限较长的债券，以避免利率上涨后发行新债券导致融资成本增加。

为了规避利率变动风险，发行公司可提前偿还债券，在发行公司债券时就规定，举债公司有提前偿还权，可以通知债权人提前偿还，或者在债券到期日前选择适当的有利时机，在证券市场上陆续购回发行在外的公司债券。当市场利率下降时，提前偿还旧债券，再发行利率较低的公司债券，以减轻利息负担。

为了保障投资者的利益，确保到期日举债公司有足够的偿还能力，某些公司的债券信托合同中有专门的条款，规定债券发行公司须在债券到期以前，即在公司债券存续期间，按期由公司从资产设备折旧或利润中提存一定数额的专门款项，交由银行或信托公司等公司债券的信托人保存和运用。为公司债券偿还而提存的专款一般称为"偿债基金"。

5) 债券发行利率的确定。确定发行债券的利率，既要符合国家有关规定，又要考虑发行公司的支付能力，并对投资者有吸引力，以利于债券的推销。根据我国目前的实际情况，确定债券利率应主要考虑以下因素：

a. 现行银行同期储蓄存款的利率水平。银行储蓄和债券是可供投资者、居民选择的两种投资形式，由于债券信用不如银行储蓄，因此通常债券利率应略高于同期储蓄存款利率水平，现行银行同期储蓄存款利率是公司债券利率的下限。

b. 国家有关债券利率的规定。我国规定公司债券的利率一般不得高于银行同期储蓄存款利率的40%，这是公司债券利率的上限。

c. 发行公司的承受能力。为保证债券到期还本付息和债券发行公司的信用，需要测算投资项目的经济效益，量入为出，投资项目的预计投资报酬率是债券利率决策极其重要的依据。

d. 发行公司的信用级别。如果发行公司的社会知名度高，信用较好，则可以相应降低利率，反之则相应提高利率。

e. 债券发行的其他条件。如果发行的债券附有抵押、担保等保证条款，利率可适当降低；反之，利率应适当提高。

6) 利息支付方式的确定。公司发行债券的利息支付方式有三种：一是息票方式，即持有者凭债券定期取得或到期一次取得累计利息，这是利息支付的主要方式；二是折扣方式，即持券者在购买债券时，按照规定的折扣率，以低于票面额的价格买进到期按面额收回本金的债券，相当于先取得利息，其投资收益来自购买价格与期满收回本金之间的差额；三是实物利息方式，这是一种以购买某种特殊的紧俏物品的优先权作为利息支付的方式。

7) 债券发行方式的确定。债券的发行可以采取公募和私募两种方式。公募就是公开发行，发行的债券可在市场上流通、买卖，发行人要选定某家投资银行或其他金融机构为经销机构，委托其发行债券和处理有关法律事务，并在发行之后经办还本付息和有关的管理工作，如发行额较大，受托银行常组织银团先予认购，再推销给其他投资者。私募是发行人向特定的投资者直接定向销售债券以募集资金，一般以少数与发行人或经办单位业务交往较密切的投资者为发行对象，不向其他投资者公开，也不进入公开市场流通。由于认购人了解发行人的信用和经营状况，发行人可以不提供有关报表和资料。私募时间短、手续简单，费用较低，适用于发行额较小的债券。

2. 海外债券融资

(1) 海外债券的种类　海外债券是指我国政府、银行、企业或单位在国际市场上以外国货币为面值发行的债券，分为外国债券和欧洲债券两大类。

1) 外国债券的特点：发行人属于一个国家，债券币种及发行市场则在另一个国家。例如我国在日本发行的日元债券。著名的外国债券市场有纽约市场（扬基债券）、日本市场（武士债券）、伦敦市场（猛犬债券）、瑞士市场（世界上最大的外国债券市场）、法兰克福市场等。采取这一融资方式的多为发展中国家。

2) 欧洲债券的特点：发行人属于一个国家，发行地是另一个国家，采用的面值货币是第三个国家的。例如我国在日本发行的美元债券。西方各国普遍采用这一融资方式。相对于外国债券，欧洲债券的管制较松、币种多样化、期限多样化、交易集中、税收有优惠、资金调拨方便。

海外债券一般采用下列主要形式：

a. 一般利率债券，即利率和期限均为固定不变的债券。

b. 浮动利率债券，即以银行间的拆借利率为基准，再加一定的加息率，每3个月或6个月调整一次利率的债券。

c. 锁定利率债券，即债券发行时，只确定一个基础利率，待债券发行之后，如市场利率降到预先确定的水平时，则将债券的利率锁在一定的利率水平上，成为固定利率，直至债券到期时止的债券。

d. 授权债券，即债券发行时附有授权证，持有者可在未来某一时间内，按确定的价格购买指定的债券或股票的债券。

e. 复合欧洲债券，即利率水平较高并以一揽子货币为面值发行的债券。

（2）海外债券的发行程序　境外发行债券的具体程序会因国家不同、市场不同、时间不同而有所差异，但大致经过以下步骤：

1）发行企业选定一家金融公司作为此债券发行的组织者，即主干事银行或主干事证券公司，双方就此债券的形式、发行市场、发行数量、币种、利率、价格、期限，以及发行的费用进行磋商。

2）向当地外汇管理部门提出发行债券申请，经该部门审查并提出意见后，报经国家外汇管理部门审查和中国人民银行总行批准。

3）向国外有关信用评审机构申请评级。申请评级以前，须先向国内的审查管理机构提出书面申请，并提供评级机构名称和用于评级的资料等。发行人应在得到评级结果的3日内向审批管理部门报告评级结果。

4）向拟发行证券的市场所在国政府提出申请，征得市场所在国政府的许可。

5）发行人在得到发行许可后，委托主干事银行组织承销团，由其负责债券的发行与包销。

（3）企业利用海外债券融资的条件　海外债券市场一般有严格的管理制度，但也有一些国家的债券市场相当自由，管理较严的国家一般对发行人均有如下要求：

1）必须经过正式申请、登记，由专门的评审机构对发行人进行审查。

2）发行人必须公布其财政收支状况和资产负债情况。

3）在发行期间，每年应向投资者报告资产负债盈亏情况。

4）债券发行获得批准后，必须根据市场容量，统一安排发行的先后次序。

5）债券的发行与销售一般只许证券公司或投资银行经营，代理登记及还本、付息、转让等业务。

6）一般须由发行人所在国政府或中央银行担保，担保必须是无条件的和不可撤销的。

境外发行债券已成为发展中国家融资的一种主要形式。发行海外债券与其他融资方式相比，优点在于投资者一般对筹款的使用没有严格要求，也不会出现干预发债国财政和金融政策的现象，而且一旦通过了评级并发行了债券，还可提高发行人在国际市场上的信誉，从而拓宽其他融资渠道。但海外债券的发行费用较高，且在评级过程中需要发行人提供很多有关材料，发债手续也比银团贷款复杂。因此，我国企业选择发行海外债券进行融资，应权衡利弊，慎重决策。

3. 可转换债券

（1）可转换债券融资的基本要素　可转换债券在转换成股票之前，持有人可得到合同中规定的利息，也可以将可转换债券在市场上出售。它具有一般债券的特点。如果股价上涨，持有者可将之换成股票，从股市上中获益；而在股价下跌时，债券持有者可保留债券获取利息，避免股市不景气造成的损失。因此，同股票和普通债券相比，可转换债券为投资者提供了更大的选择余地。

可转换债券的发行方案由债券的发行人、发行规模、发行时间、债券面值、发行价格、债券利率、债券期限和转换期限、转换价格、未换成股票的债券的偿还方式九大因素决定。这九项因素中，债券利率、债券期限和转换期限、转换价格是最为关键的三个因素。可转换债券的利率一般低于普通债券的利率。期限为3~10年，转换期限大多为债券期限的后半段，但也有一些可转换债券的转换期限与债券期限完全相同。转换价格是指可转换债券在转换期限内可以据此转换成基准股票的每股价格。转换价格在发行时就必须确定，而且在债券期限内不能改变，除非发生某些特殊情况，如送配股、合并或收购等可能引起股票价格改变的重大事件。转换价格多数高于发行时的股票市场价格，但也可以低于发行时的股票市价。

（2）可转换债券的发行方式　公司一般在当时的市场条件不适宜发行普通股票或者一般公司债券的利率很高两种情况下发行可转换债券。发行可转换债券实际上是一种延迟的普通股融资方式，因为在一般情况下，投资者都会在债券到期前把债券换成股票。同时发行可转换债券的利率一般比普通债券利率低，因此公司发行可转换债券可节省利息支出。

国际市场上可转换债券的转换期权有两种类型：欧式期权和美式期权。欧式期权只允许投资者在债券到期时行使转换权，由于对投资者限制过多，实际中较少采用；美式期权则允许投资者在债券发行一定时间后至到期前任何时候都可以转换，这为投资者自由转换提供了很大的活动空间，因此在实践中被广泛采用。为了满足可转换债券的发行人的特殊要求和投资者的喜好，可转换债券也有不同的设计风格：

1）高利率/高溢价发行。高利率是相对普通债券（固定利率债券）利率而言的，可转换债券的利率略低于普通债券；高溢价是指转换价格比债券发行时公司股票的市场价格要高出相当大的百分比。这种模式下可转换债券更接近普通债券发行，债券转换成股票的可能性不大。

2）低利率/低溢价发行。这是指发行人以远低于普通债券市场的利率和接近公司股票当时市价的条件发行可转换债券。这种模式下，发行人可降低融资成本，投资者可以支付低溢价获得股权。因此这种发行使债券转换成股票的可能性增大，更接近于股票的发行。

3）投资者前期溢价估计。在这种结构下，投资者有权在债券发行完毕的一段时间要求发行人以一定的溢价水平购回所发行的可转换债券。这时投资者所获得的回报率高于可转换债券原来的票面利率，但仍低于普通债券的利率。这相当于给投资者提供了选择，可以增加对投资者的吸引力。而对于发行人来说，可以降低债券的票面利率，提高溢价，但是一旦投资者行使该项权利，债券的存续期就会缩短，公司相当于发行了一笔短期债券，需要准备一笔偿债资金。

4）到期溢价收回。在这种模式下，如果投资者没有行使转换权，债券到期时，要用高于票面本金的价格来清偿，用以提高投资者的回报率，使之高于可转换债券的票面利率，但仍低于同期普通债券利率。

5）强制转换。在这种模式下，发行人可以实行期前购回，通常是当公司股价在连续一段时间中超过一定百分比的转换价格时，发行人事先公告，允许投资者在一定期限内将其转为股票，否则公司将以高于面值的事先确定的价格强制购回。由于可转换债券的利率低于普通债券的利率，发行人进行强制回购的目的是迫使投资者在规定时间内做出决策，以增强股票的吸引力。

10.4 其他债务性融资

10.4.1 商业票据融资

商业票据融资是指通过商业票据进行融通资金。商业票据是一种商业信用工具，是指由债务人向债权人开出的、承诺在一定时期内支付一定款项的支付保证书，即由无担保、可转让的短期期票组成。商业票据的主要投资者是工业企业、保险公司、各种基金（如退休基金、养老基金等）及个人，票据的销售价格是基于国际资本市场情况和主要的评级公司如标准普尔公司和穆迪公司所授予的信用等级而定的，一般以贴现方式发行。通过发行新的商业票据偿还旧的商业票据，就可以达到融通长期资金的目的。

1. 商业票据融资的优点

（1）公司获取的资金成本低　大公司发行商业票据，融资成本通常低于银行的短期借款成本，因为它是直接从投资者处获得资金，节省了部分利润。

（2）公司筹资的灵活性强　公司在发行商业票据筹资时，可以根据自己某段时间对资金的需求确定发行量、利率、次数。只要发行人和交易商达成书面协议，在约定时期内发行人可不限次数及不定期发行，以满足自身短期资金的需求。

（3）有利于提高公司的信誉　公司有能力发行兑付票据，表明公司有较高信誉，发行后也有利于提高公司形象。公司也可借此来向银行争取较好的借贷条件。

（4）投资者投资可享有盈利性、流动性、安全性之利　投资者购买公司票据后，可以获取比银行更高的利息收入，票据如经信用评级、银行担保，也比较安全。需要资金时也可以把持有的未到期票据到二级市场出售，可以取得流动性之便。

2. 商业票据发行要素

发行商业票据，通常并无法律规定的准则和程序，仅依据发行需要和商业惯例进行操作。一般要考虑以下要素：

（1）发行成本　对各种借款方式进行成本比较，确定是否采取发行商业票据筹资。

（2）发行数量　通常，公司发行商业票据是为了筹集所需短期资金，用于短期临时性的周转需要。其发行数量主要取决于资金需要量和市场需求量。

（3）发行方式　主要分为直接发行和间接发行。直接发行须为大公司，且其发行数量巨大，发行次数频繁。间接发行（也称为交易商发行）是通过交易商的发行，实施较简便，但费用高。

（4）发行时机　发行商业票据往往与其资金使用计划相衔接，发行过早，筹到的资金不能立即使用，就会增加利息负担；发行时间过晚，需用资金时又无法使用，从而影响生产周转。

（5）发行承销机构　直接发行由大公司附设的金融公司发行，交易商发行则需选择好承销机构，便于顺利发行筹足资金。通常应选择那些资力雄厚、社会信誉高，又与发行公司有密切合作关系的交易商作为代理发行人。

（6）发行条件　主要包括贴现率、发行价格、发行期限、兑付和手续费。贴现率主要根据发行人的资信等级、市场资金供求情况、发行期限等因素确定，通常应参考当时中央银行贴现率、国库券及大额可转让存单利率、商业银行优惠放款利率、同业拆放利率等。发行期限视筹资需要及发行方式而确定。直接发行的商业票据期限可由投资者指定。

（7）到期偿付能力测算　通常由评级机构和自身两方面测算组成。与测算中长期偿债能力不同，商业票据的偿付通常从流转资金中偿付，需要比较精确的计算。

（8）评级　虽然作为短期票据，法律并未规定必须通过评级程序，但是未经评级的商业票据发行较为困难，特别是资信不为投资者了解者发行的商业票据难以发行。一般是由发行人或委托代理发行的交易商向信用评级机构申请评级，并提供必要的财务资料。

3. 商业票据发行方式

商业票据的发行方式有直接发行和间接发行两种。直接发行是由发行人直接将商业票据销售给最终投资者，采用此方式的主要是某些大公司附设的金融公司，它们承担着为母公司发行商业票据、提供金融服务的职能，由于发行规模较大，发行次数频繁，它们大多建立了自己的销售网点，直接面向市场发售票据，从而大大节约发行费用。在金融公司发行的商业票据中，有70%左右是直接出售的。间接发行则是通过票据经销商承销发行，这种方式简单易行，但是费用较高，发行人按一定的比例向承销人支付手续费。

经销商承销发行的形式通常有两种：

（1）代销发行　即经销商与发行人议定承销期限，按照发行人制定的承销价格，由经销商代理销售，承销期满未售完部分退回发行人，经销商不承担发行风险，只按销售金额提取一定比例的手续费。

（2）包销发行　这是最主要的承销方式，经销商与发行人签订承销协议后，会先以一定的价格从发行人处购入商业票据，然后以较高价格出售给其他投资者，从中再赚取一笔价差收入。在商业票据包销过程中，具体可以通过一次性发行来完成筹资目标，也可以利用循环式包销协议发行。所谓循环式包销协议，是发行人与包销商签订协议，由后者承诺在一定期间内（例如3年），负责包销发行人所发行的一切商业票据，包销责任以指定总额为限，发行人在任何时候，已发行商业票据的累计总额不能超越此限，若已发行票据期满赎回后，不足限额部分可再继续循环使用。循环式包销协议保证了发行人在协议有效期内，可随时获得限额之内的资金供应，令资金周转更加灵活。当然，为得到包销商的承诺，发行人须按年缴付包销商一项承诺费用。目前，商业票据中的绝大部分是通过此方式发售的。

4. 商业票据发行成本

商业票据发行成本主要由以下几方面构成：

1）按规定利率所支付的利息。

2）承销费。主要根据金额大小及时间长短计付，通常为0.125%至0.25%。

3）签证费。为证明商业票据所记载事项正确，通常由权威中介机构予以签证。一般按签证金额收费，规定最低起收点。签证收费标准随发行人有无保证而有差别。

4）保证费。金融机构为发行商业票据者提供信用保证，收保证费。收费标准通常按商业票据保证金的利率1%计付，如发行量大，对资信良好的公司可酌减。

5）评级费。

10.4.2 融资租赁

1. 对融资租赁的理解

资本货物的租赁公司，在一定期限内将财产租给承租人使用，由承租人分期付给租赁公司一定的租赁费，这种融物与融资相结合的融资方式，就是融资租赁。这是一种以金融、贸易与租赁相结合，以租赁物品的所有权与使用权相分离为特征的信贷方式。这种融资方式既不是直接放贷，也不同于传统的财产租赁，而是集融资和融物于一身，兼有金融与贸易双重职能的融资方式。

"融资租赁"一词是从"Financing Lease"或"Financial Lease"翻译而来。它是20世纪90年代发展起来的资产租赁形式，因此也被称作现代租赁。由于融资租赁在各国的发展程度不同，各国的法律和会计制度也不同，因此在世界各国尚未形成一个统一的概念。

融资租赁的主要特征是：由于租赁物件的所有权只是出租人为了控制承租人偿还租金的风险而采取的一种形式所有权，在合同结束时最终有可能转给承租人，因此租赁物件的购买由承租人选择，维修保养也由承租人负责，出租人只提供金融服务。租金计算原则是：出租人以租赁物件的购买价格为基础，按承租人占用出租人资金的时间为计算依据，根据双方商定的利率计算租金。它实质是依附于传统租赁上的金融交易，是一种特殊的金融工具。融资租赁是一种租赁期限相对较长、承租人不能随意提前终止的租赁协议。在财务租赁期内，资产的使用价值在该资产的全部使用价值中占有较高的比重，有时可以高达90%。在财务租赁期间，出租人虽然拥有被出租的资产，但是实质责任只限于提供一种融资，占有和使用被出租资产所需要的一切费用和成本，包括维修、保养、保险，以至有关税收（出租人本身的公司所得税除外）均需要由承租人负担。承租人按照租赁协议定期支付租金，并且可向出租人保证在租赁期满时支付一笔资金购进所租赁资产。

2. 融资租赁的类型

（1）直接租赁　直接租赁是融资租赁的基本形式，也是最常采用的一种方式，其他融资租赁方式都是在此基础上发展起来的。其特点是租赁公司根据与承租人达成的租赁协议，按照承租人提出的设备规格、技术要求，向承租人选定的供货厂商购买设备，取得设备的所有权，并将设备直接租赁给承租人使用。

（2）转租赁　转租赁是指由两家租赁公司同时承继性地经营一笔融资租赁业务，由租赁公司A根据最终承租人（用户）的要求先以承租人的身份从租赁公司B租进设备，然后以租赁公司的身份转租给用户使用的一项租赁交易。根据与供货商洽谈签订购货合同的当事人不同，转租赁又分为以下两种主要模式：

第一种转租赁模式的程序：①租赁公司A根据用户的要求与供货商签订购货合同；②租赁公司A以租赁公司B为其融资为条件，与租赁公司B签订购货合同的转让合同——将租赁设备的所有权转让给租赁公司B，但保留其他权利；③租赁公司A以承租人身份与租赁公司 B 签订租赁合同，租进原要购买的设备；④租赁公司 A 与用户签订转租赁合同，再将从租赁公司 B 租进的设备转租给用户。

第二种转租赁模式的程序：①由用户与供货商就设备规格、性能、价格及交货条件等问题进行洽谈，草签购货协议；②租赁公司 B 根据购货协议与供货商正式签订购货合同；③租赁公司 A 与租赁公司 B 签订租赁合同；④租赁公司 A 与用户签订转租赁合同。

（3）售后回租　售后回租又称回租租赁，一般采用两种方式。一种是承租人首先借入资金购买设备，然后将该设备转卖给租赁公司以归还贷款，最后从租赁公司租入该设备以供使用。另一种是承租人将原有的设备甚至生产线、厂房卖给租赁公司，同时即向租赁公司租用同一资产，这样在不影响使用原资产的情况下，又拿出一笔现金可以进行新的项目投资。对承租企业而言，当其急需现金周转时，售后回租是改善企业财务状况的一种有效手段。此外，有的时候，承租人通过对能够升值的设备进行售后回租，还可获得设备溢价的现金收益。对非金融机构类的租赁公司来说，售后回租是扩大其业务种类的一种简便易行的方法。

（4）杠杆租赁　杠杆租赁又称平衡租赁，是 20 世纪 70 年代末首先在美国发展起来的一种融资租赁的最高级形式，适用于价值在几百万美元以上、有效寿命在 10 年以上的高度资本密集型设备的长期租赁业务，如飞机、火车车厢、船舶、海上石油钻井平台、通信卫星设备和成套生产设备等。杠杆租赁的出现是现代租赁业的一个重大发展，现已成为美国、日本等国租赁业的重要组成部分。它是指在一项租赁交易中，租赁公司只需投资租赁设备购置款项的 20%～40% 的资金，即可在法律上拥有该设备的完整所有权，享有如同对设备 100% 投资的同等税收待遇。设备购置款项的 60%～80% 由银行等金融机构提供的无追索权贷款解决，但需租赁公司以租赁设备做抵押，以转让租赁合同和未来租金收入的权利进行担保。参与交易的当事人、交易程序及法律结构均比融资租赁的基本形式复杂。

杠杆租赁的杠杆作用主要体现在租赁物的较高折旧率，因为租赁公司购买租赁物品的资金大部分来自贷款，自有资金只占较小比例。这样，购买一项租赁物品以后，租赁公司本身垫资很少，却可以按物品的全部价值提留折旧，起到避税作用，降低融资成本，提高竞争能力。

3. 融资租赁筹资的优点

（1）筹资速度快，租赁与设备购置同时进行　筹资企业或项目实体不必预先筹集一笔相当于设备价格的资金即可取得设备投入使用。

（2）增加投资者运用资金的灵活性　租赁具有 100% 融资的特性，采用这种方式可以使项目投资者保留较高的自有资金和银行信用额度，将其用于其他投资和业务发展机会。

（3）限制条款少　相比于债券和长期借款，租赁合同条款中对承租人的限制比债券合同少，方式也更灵活。

（4）设备淘汰风险小　租赁期限为资产使用年限的 75%，租赁可使企业或项目实体避免设备过时的风险，大型设备、飞机、轮船、建筑机械和电子计算机等均采用租赁的方式。

（5）财务风险小，会计安排较灵活　租金在整个租期内分摊，而且在租赁期间，租赁费用可以比一般债务资金更灵活地根据项目的现金流量和利润情况加以设计和调整，可以使公司的收益有一个相对平稳发展的水平。

(6) 税收负担轻，税务安排灵活　承租人的租金支出是在缴纳所得税之前扣除的，具有抵免所得税的效用；项目公司能将税务好处直接转移给投资者。资产出租人可利用项目在建设期和生产期拥有的大量税务亏损，并将一部分利益以降低租赁费用的方式转让给承租人，可以较为有效地降低投资成本，提高项目的综合经济效益。

(7) 对公司的负债状况不会产生影响　大多数国家的财务规定都将租金作为一项固定费用支出在公司资产负债表的注脚加以说明，从而使其成为一种非公司负债型融资。

4. 融资租赁筹资的缺点

租赁筹资成本较高。租金包括了设备价格、租赁公司为购买设备的借款利息及投资收益，比银行借款或发行债券所负担的利息高得多。

10.4.3　商业信用融资

商业信用是指商品交易中的延期付款或延期交货所形成的借贷关系，是企业之间的直接信用关系。商业信用融资是一种形式多样、适用范围很广的短期资金筹措方式。

1. 商业信用融资的方式

(1) 应付账款融资　应付账款是指企业购买货物未付款而形成的对供货方的欠账，即卖方允许买方在购货后的一定时间内支付货款的一种商品交易形式。在规范的商业信用行为中，债权人（供货商）为了控制应付账款期限和额度，往往向债务人（购货商）提出信用政策。信用政策包括信用期限和给买方的购货折扣与折扣期，如"2/10, n/30"，表示客户若在 10 天内付款，可享受 2% 的货款折扣，若 10 天后付款，则不享受购货折扣优惠。应付账款的商业信用期限最长不超过 30 天。应付账款融资最大的特点在于易于取得，无须办理筹资手续和支付筹资费用，而且它在一些情况下是不承担资金成本的。其缺点在于期限较短，放弃现金折扣的机会成本很高。应付账款融资，对于融资企业而言，意味着放弃了现金交易的折扣，同时还需要负担一定的成本，因为往往付款越早，折扣越多。

(2) 预收货款融资　预收货款是指销货企业按照合同或协议约定，在交付货物之前向购货企业预先收取部分或全部货物价款的信用形式。它相当于销货企业向购货企业先借一笔款项，然后再用货物抵偿。这是买方向卖方提供的商业信用，是卖方的一种短期资金来源，信用形式应用非常有限，仅限于市场紧缺商品，买方急需或必需商品，生产周期较长且投入较大的建筑业、重型制造等。

2. 商业信用融资的有利因素

1) 商业信用容易获得。
2) 企业有较大的机动权。
3) 企业一般不用提供担保。

商业信用融资的最大优越性在于容易取得，对于多数企业来说，商业信用是一种持续性的信用形式，且无须办理复杂的筹资手续。

3. 商业信用融资的不利因素

1) 商业信用筹资成本高。
2) 商业信用筹资使企业风险控制的难度增加。

3）商业信用筹资期限短，还款压力大。
4）商业信用筹资受外部影响较大。

思考题

1. 什么是项目债务性融资？有何特点？
2. 什么商业银行贷款？有哪些形式？
3. 简述债券融资的特点及基本要素。
4. 简述债券融资的优缺点。
5. 简述可转换债券融资的要素组成和转换方式。
6. 什么是商业票据融资？简述其优点。
7. 简述商业票据发行要素。
8. 什么是融资租赁？简述融资租赁筹资的优缺点。
9. 什么是商业信用融资？简述其有利因素和不利因素。

第 11 章
建设工程项目延伸融资模式

本章主要内容：工程项目的 BOT 融资，包括 BOT 融资模式概述、BOT 项目的参与人、BOT 项目融资的运作程序、BOT 项目融资中的风险；工程项目资产证券化，包括 ABS 项目融资模式概述、ABS 融资的基本要素及当事人、ABS 融资的运行程序；PPP 融资模式，包括对 PPP 融资模式的理解、PPP 项目各阶段的融资安排、PPP 项目的融资风险管理；PPP、BOT、ABS 融资模式的比较。

本章重难点：BOT 项目的参与人、BOT 项目融资的运作程序、BOT 项目融资中的风险；ABS 融资的基本要素及当事人、ABS 融资的运行程序；PPP 项目各阶段的融资安排。

11.1 工程项目的 BOT 融资

11.1.1 BOT 融资模式概述

1. BOT 融资模式的概念及特点

BOT 是 Build（建设）—Operate（经营）—Transfer（移交）英语单词的缩略语。BOT 融资模式是指国家或地方政府部门通过特许权协议，授予签约方的外商投资企业（包括中外合资、中外合作、外商独资）承担公共性基础设施（基础产业）项目的投融资、建造、经营和维护；在协议规定的特许期限内，项目公司拥有投资建造设施的经营使用和收益权，允许向设施使用者收取适当费用，由此回收项目投融资、经营和维护成本并获得合理的回报，特许期届满，项目公司将设施无偿地移交给签约方的政府部门。

BOT 融资模式的特点：

1）BOT 项目融资不是主要依赖项目发起人的资信或涉及的有形资产，贷款人只考虑项目本身是否可行以及项目的现金流量和收益是否可以偿还贷款，其放贷收益取决于项目本身的效益。

2）BOT 项目的融资负债比一般较高，结构较为复杂，多为中长期融资，资金需求量和风险较大，融资成本相应较高，所融资金专款专用。

3）为项目而成的作为独立法人实体的项目公司是项目贷款的直接债务人。

4）项目发起人对项目贷款（即项目公司的贷款）提供某种担保，但一般不涉及项目的所有风险。

5）BOT 项目融资的合同文件较多能合理分担风险，项目保险较多能规避不可抗力和政治风险。

2. BOT 项目融资模式的产生及其在中国的发展

BOT 的建造方式从出现至今已有至少 300 年的历史。17 世纪英国的领港公会负责管理海上事务，包括建设和经营灯塔，并拥有建造灯塔和向船只收费的特权。据统计从 1610 年至 1675 年的 65 年当中，领港公会未建成一个灯塔，而同期私人建成的灯塔至少有 10 座，这种私人建造灯塔的投资方式与现在的 BOT 方式具有类似性。19 世纪初，美国也采用此方式修建桥梁、电站、运河，如苏伊士运河就是由私人投资以特许方式修建的。20 世纪 80 年代中期以前，多数国家基础设施建设投资全部是由国家出资，政府主办。随着经济发展，基础设施建设资金需求量与政府资金短缺之间的矛盾日益突出，特别是在发展中国家这种情形尤为严重。从 80 年代开始，以中国、马来西亚等为代表的发展中国家先后出现了一些 BOT 项目。

目前，BOT 建设方式已被广泛运用在各国的基础设施建设中，并且成为国际建设工程承包市场营业额增长最快的一种建设方式。如英法海底隧道、澳大利亚的悉尼港口隧道等都采用了 BOT 方式。中国、泰国、土耳其、新加坡等国家也都有通过 BOT 方式建设的项目。

BOT 项目融资模式在我国称为特许权投融资方式。

我国第一个基础设施 BOT 项目是深圳的沙角 B 电厂，由于该项目在改革开放初期运作，因此项目结构比较简单，加上国内缺乏 BOT 的经验，造成了一些遗留问题。虽然该项目开创了中国基础设施融资的新途径，但是并没有使 BOT 在国内得到推广。

1994 年，中国政府开始研究 BOT 方式。1995 年 8 月，国家计委、电力部和交通部联合下发了《关于试办外商投资特许权项目审批管理有关问题的通知》，为国内运作 BOT 项目提供了法规依据。同时，国家计委选择了广西来宾 B 电厂、成都第六水厂、长沙电厂和广东电白高速公路等项目作为 BOT 试点项目，标志着中国 BOT 项目进入了规范运作的发展阶段。

3. BOT 项目建造的具体形式

（1）BOT（Build-Operate-Transfer，建设—经营—移交）　该形式的基本思路是：由一国财团或投资人作为项目发起人，从一个国家的政府或所属机构获得某些基础设施的建设特许权，然后，由其独立或联合其他方组建的项目公司，负责项目的融资、设计、建造和运营，整个特许期内项目公司通过项目的运营来获得利润，并利用此利润来偿还债务。在特许期满，整个项目由项目公司无偿或以极少的名义价格转交给东道主政府。有时，BOT 模式被称为"暂时私有化"过程。

（2）BOOT（Build-Own-Operate-Transfer，建设—拥有—经营—转让）　BOOT 是指由私人部门融资建设基础设施项目，项目建成后，在规定的期限内拥有项目所有权并进行经营，期满后将项目移交给政府的一种融资方式。BOOT 方式与 BOT 方式的区别主要两个方面：一是所有权的区别，BOOT 项目建成后，在规定的期限内有经营权和所有权，而 BOT 项目在此期间内只有经营权；二是时间上的差别，采取 BOT 方式，从项目建成到移交给政府的时间一般比 BOOT 方式短一些。

（3）BOO（Build-Own-Operate，建设—拥有—经营）　BOO 是指私营部门根据政府赋予的特许权，建设并经营某项基础设施，但是，并不将此项基础设施项目移交给公共部门。

此外，由于具体项目的条件不同和实际操作的差异，在实践中 BOT 还有一些其他变通形式。例如：①BLT（Build-Lease-Transfer，建设—租赁—移交）是指政府出让项目建设权，在项目运营期内政府成为项目的租赁人，私营部门成为项目的承租人，租赁期满结束后，所有资产再移交给政府公共部门的一种融资方式。②BTO（Build-Transfer-Operate，建设—移交—经营），由于某些项目的公共性很强，如发电厂、铁路等，不宜让私营机构在运营期间享有所有权，因此采用 BTO 的形式，要求项目公司在项目完工后移交所有权，其后再由项目公司进行经营维护。③DBFO（Design-Build-Finance-Operate，设计—建设—投资—经营）方式是从项目设计开始就特许给某一私人部门进行，直到项目经营期收回投资，取得投资收益，但项目公司只有经营权没有所有权。

上述方式虽然存在着一些差别，但其基本特点是一致的，即项目公司必须得到有关部门授予的特许经营权，由于它们的结构与 BOT 并无实质上的差别，在基本原则和思路上相一致，因此习惯上将它们统称为 BOT 融资建造方式。

11.1.2　BOT 项目的参与人

BOT 项目的参与人主要包括政府、项目承办人、投资者、贷款人、保险和担保人、总承包商、运营开发商等。此外，项目的用户也因投资、贷款或保证而成为 BOT 项目的参与者。各参与人之间的权利义务依各种合同、协议而确定。例如，政府与项目承办人之间订立特许权协议，各债权人与项目公司之间签订贷款协议等。

BOT 项目的全过程涉及项目发起与确立、项目资金的筹措、项目设计、建造、运营管理等诸多方面和环节。BOT 结构总的原则是使众多参与方的分工责任与风险分配明确合理，把风险分配给与该风险最接近的一方。

BOT 模式主要由以下三方组成：

1. 项目发起人（项目的最终所有者）

项目发起人是项目所在国政府、政府机构或政府指定的公司。从项目所在国政府的角度考虑，采用 BOT 融资模式的主要吸引力在于以下方面：

1）可以减少项目建设的初始投资。大型基础设施项目，如发电站、高速公路、铁路等公共设施的建设，资金占用量大、投资回收期长，而资金紧缺和投资不足是政府面临的一个普遍性问题。利用 BOT 模式，政府部门可以将有限的资金投入到更多领域。

2）可以吸引外资，引进先进技术，改善和提高项目管理水平。

在 BOT 融资期间，项目发起人在法律上既不拥有项目，也不经营项目，而是通过给予项目特许经营权和一定数额的从属性贷款或贷款担保作为项目建设开发和融资安排的支持。在融资期间结束后，项目发起人通常无偿获得项目的所有权和经营权。由于特许权协议在BOT 模式中处于核心地位，因此有时 BOT 模式也被称为特许权融资。

2. 项目经营者（项目直接投资者和经营者）

项目经营者是 BOT 融资模式的主体。项目经营者从项目所在国政府获得建设和经营项目的特许权，负责组织项目的建设和生产经营，提供项目开发所必需的资金和技术、安排融资、承担项目风险，并从项目经营中获得利润。项目经营者的角色一般由专门组织起来的项目公司承担。项目公司的组成以在这一领域具有技术能力的经营公司和工程承包公司作为主体，有时也吸收项目产品的购买者和金融性投资者参与。因为在特许权协议结束时，项目要最终交还给项目发起人，所以从项目所在国的角度，选择项目经营者的标准和要求如下：

1）项目经营者要有一定的资金、管理和技术能力，保证在特许权协议期间能够提供符合要求的服务。

2）经营的项目要符合环境保护标准和安全标准。

3）项目产品的收费要合理。

4）项目经营要保证做好设备的维修和保养工作，保证在特许权协议终止时，项目发起人接收的是运行正常的项目，而不是过度运用的超期服役项目。

3. 项目的贷款银行

BOT 模式中的贷款银行组成较为复杂。除了商业银行组成的贷款银团之外，政府的出口信贷机构和世界银行或地区性开发银行的政策性贷款在 BOT 模式中通常也扮演很重要的角色。BOT 项目贷款的条件取决于项目本身的经济强度、项目经营者的经营管理能力和资金状况，但是，在很大程度上依赖于发起人和所在国政府为项目提供的支持和特许权协议的具体内容。

BOT 项目的资金需求较大，因此，融资工作是 BOT 项目成功运行的前提。而且 BOT 项目的融资与一般的项目融资存在着显著的不同，投资单位要加强调查研究，根据项目特点，积极稳妥地制订融资方案。通常建设资金由项目公司进行融资，提供融资的银行一般要求项目建设期间由股东担保，经营期间用政府授予项目公司的经营权质押担保。资本金筹措落实后可开展其余资金的筹集工作。要根据项目的大小，选择相适应的金融机构合作，比如应当与已经建立了长期的良好合作伙伴关系的银行合作，避免临时找合作伙伴，增加融资难度和成本；或者是根据项目额度大小，选择具备实力的银行。一般情况下，BOT 项目融资有独家贷款（包销）、联合贷款、银团贷款三种模式。

（1）独家贷款　即由一家金融机构提供贷款。独家贷款的优点是融资方案审批比较容易，相对节省时间。缺点是风险比较集中，一旦合作银行资金遇到困难，项目运作会受到影响。

（2）联合贷款　即项目公司分别向几家银行单独贷款。优点是风险相对分散，缺点是项目公司分别要与几家银行商谈，由几家银行分别单独上报其上级审批，报批时间长；且政府授予项目的特许经营权只有一个，在担保和质押上需要协调解决，增加了难度。

（3）银团贷款　即由几家银行组成银团，其中一家为牵头银行，占比例略大，其他银行分别占一定比例。优点是项目公司只与牵头银行谈判，一旦达成协议，牵头银行的融资方案审批通过，其他银行则会比较顺利地通过，利率相对较低，风险相对分散，不至于因某一家银行资金困难影响项目融资。缺点是银团内部各银行之间需要协调，会增加相应的费用。

11.1.3　BOT 项目融资的运作程序

BOT 项目融资运作程序可以分为三个阶段，即准备阶段、实施阶段和移交阶段。

1. 准备阶段

对于发起 BOT 项目的东道国政府及其代理机构而言，从确定方案阶段到实施阶段之前的各阶段，是 BOT 项目的前期工作，需要落实各种建设条件、选定投资人、落实项目资金来源、基本确定建设方案。此阶段被称为项目的准备阶段。准备阶段主要是选定 BOT 项目，通过资格预审与招标，选定项目承办人。这一过程可以采用协商方式，也可采用招标方式。大型的或者复杂的 BOT 项目，往往采用招标方式来选择投资人。

项目的准备阶段主要包括以下阶段：确定项目方案；项目立项；招标、投标、评标；合同谈判；融资和审批。

（1）确定项目方案　该阶段主要目标是研究并提出项目建设的必要性、确定项目需要实现的目标。

确定项目是否采用 BOT 融资方式，必须先确定采用 BOT 融资方式的可能性和收益。这项工作通常是通过政府规划来完成的。首先要确定政府部门在这一时期的基础设施建设项目的必要性。有时也会由项目单位确定项目，再向政府提出项目设想。然后政府将重点研究采用 BOT 融资方式满足该项目需要的可能性。这种可能性主要考虑的因素是项目是否具备合理的投资收益，即政府是否准备允许投资人获得合理的投资回报。只有允许投资人获得合理的回报，项目采取 BOT 方式才能取得成功。不可能盈利的项目，只有由政府或者公共机构进行投资建设，除非政府能够采取财政补贴等方式保证项目投资人获得合理的回报。

如果决定采用 BOT 方式，则下一步就要进行项目立项的工作，主要是编制项目意见书或预可行性研究报告。

（2）项目立项　项目立项是指计划管理部门对项目意见书或预可行性研究报告以文件形式进行同意建设的批复。目前，随着我国经济体制改革的深化等客观实际的需要，立项管理的程序和审批权限正在改革之中。

BOT 项目在发布招标文件之前，按照国家的基本建设程序完成项目立项具有必要性。已经立项的项目可以降低招标后的项目审批风险，提高投标人参与项目的积极性。在项目没有立项的情况下进行招标工作，如果投资人确定后政府不批准项目，将会给中标人造成很大的损失。因此，项目立项通过的审批文件一般被作为招标的依据。

目前，通常外资 BOT 项目需要得到国家发改委的批复，内资 BOT 项目也可以由地方政府批复。在前期工作准备不足的情况下，计划管理部门也可以不批复项目意见书或预可行性研究报告，而是批复同意项目融资招标，这种批复也可作为招标的依据。

（3）招标、投标、评标　BOT 融资在我国的运作，是采用公开竞争性的招标投标方式进行的，一旦项目意见书得到批准，即进入招标投标程序。

1）资格预审。要对投资者的法人资格、资信情况、项目的产业能力（包括技术、组织、管理、投资、融资等能力）、以往的经验和业绩进行公开评审。

2）招标。BOT 融资的招标文件包括主件和附件，主要有以下内容：投标人须知（含评标标准与程序），投标书内容的最终要求，项目的最低标准、规格与经济技术参数的规范，特许权协议草本，政府部门提供的条件。附件至少对以下参数做出说明：外汇汇率、通货膨胀及贴现率、建设期和项目筹备期、项目经营和收费标准、收费标准调整所使用的方式和参照的指数等。

3）投标。投标人一般均为联合体，投标人至少应按投标人须知提供以下文件：投标函、项目可行性研究报告、项目融资方案、项目建设工期与进度安排、投标保证金、招标文件要求的其他文件。

4）评标与揭标。由国家发改委组织中央、地方政府有关部门、项目发起人，以及熟悉项目的技术、经济、法律专家参加，进行公开评标。选出最具有资格的投标人，对特许权协议进行确认谈判后进行公示。国家发改委的主要职责是保证评标的公平、公开和公正。整个过程应依法由公证机构进行监督。

（4）合同谈判　决标后，招标委员会应邀请中标人与政府进行合同谈判。BOT项目的合同谈判时间较长，而且非常复杂，因为项目牵扯到一系列合同以及相关的条件，谈判的结果是要中标人能为项目筹集资金，并保证政府把项目交给最合适的投标人，在特许权协议签字之前，政府和中标人都必须准备花费大量的时间和精力进行谈判和修改合同。如果政府与排名第一的中标候选人不能达成协议，政府可能会转而与排名第二的中标候选人进行谈判，以此类推。

由于投标人之间竞争激烈，政府在谈判中占据了主动的地位。政府与私营机构间的合同必须做到以下几点：

1）使中标人按商定的条款，对提供合同上规定的服务承担义务。

2）给中标人以项目的独占权以及使工程得以实施的各项许可。

3）如果需要的话，由政府或政府机构承担根据商定的条款购买项目产品或服务的义务，如承担或取或付义务。

4）特许权协议必须得到同时签署的许多其他协议的支持，并以此为条件，以使中标人能够完成其任务。通常情况下，中标人在谈判结束后必须签署的相关协议有：与项目贷款方的信贷协议、与建筑承包商的建设合同、与供应商的设备和材料供应合同、与保险公司的保险合同。

中标人是否能够顺利地签订上述相关合同，取决于其与政府商定的合同条款。因此，从中标人的角度，政府应提供项目所需的一揽子基本的保障体系。

在这一过程中，政府将与项目公司就最后的特许权协议或项目协定进行谈判，并就最后的贷款协定、建筑合同、供应合同及实施项目所必需的其他附属合同进行谈判。

（5）融资与审批　谈判结束且草签特许权协议后，中标人应报批可行性研究报告，并组建项目公司。项目公司将正式与贷款人、建筑承包商、运营维护承包商和保险公司等签订相关合同，最后与政府正式签署特许权协议。经过谈判达成并签订协议后，项目将开始进行财务交割，财务交割日即贷款人和股本投资者预交或开始预交用于详细设计、建设、采购设备及其顺利完成项目所必需的其他资金的日期。

至此，BOT项目的前期工作全部结束，项目进入实施阶段。

2. 实施阶段

项目公司在签订所有合同后，进入项目的实施阶段，即按照合同规定，聘请设计单位开始工程设计，聘请总承包商开始工程施工，工程竣工之后开始正式运营，在特许期限届满时将项目设施移交政府或其指定机构。通过以上的流程，可以看出BOT项目的实施阶段主要包括了两个重要的过程，即项目建设阶段和项目运营阶段。

建设阶段正式开始的标志主要是财务交割。有些情况下，一些现场组装或开发，甚至某些初步建设可能先于财务交割。但项目的主要建筑工程和主要设备的交货一般都是在财务交割后，交割后才有资金支付这些费用。工程竣工后，项目通过规定的竣工试验，项目公司最后接受而且政府也原则上接受竣工的项目，建设阶段即告结束。

进入项目运营阶段，项目公司直接或者通过与运营者缔结合同，按照项目协定的标准和各项贷款协议及与投资者协定的条件来运营项目。在整个项目运营期间，项目公司都应按照协定要求对项目设施进行保养。为了确保运营和保养按照协定要求进行，贷款人、投资者、政府都拥有对项目进行检查的权利。

需要强调的是，在实施阶段的任何时间，政府都不能放弃监督和检查的权利。因为项目最终要由政府或其指定的机构接管并在相当长的时间内继续运营，所以，必须确保项目从设计、建设到运营和维护都完全按照政府和中标人在合同中规定的要求进行。

3. 移交阶段

特许经营权期满后，项目最终向政府进行移交。通常，项目的设计应能使 BOT 发起人在特许经营期间还清项目债务并有一定利润。这样项目最后移交政府时是无偿的移交，或者项目发起人象征性地得到一些政府补偿。政府在移交日应注意项目是否处于良好状态，以便政府能够继续运营该项目。

11.1.4 BOT 项目融资中的风险

1. BOT 项目融资方式面临的风险

BOT 项目融资中的风险是指在 BOT 项目融资的准备、实施、移交三个阶段损失发生的不确定性，是一种潜在的危险因素。因此，在项目融资过程中有效的风险识别及管理成为整个项目成功的前提。以项目发起人和项目公司对风险能否控制为标准，可将风险划分为非系统风险和系统风险。

（1）非系统风险 非系统风险又称不可控风险，一般是指与东道国宏观经济环境有关的、超出发起人和项目公司控制范围的风险。其内容主要包括：

1）不可抗力风险。不可抗力是指当事人不能预见、不能避免并且不能克服的自然事件和社会事件。不可抗力风险又可分为自然风险和社会风险。自然风险是指因地震、洪水、台风、海啸、雷击、火山爆发以及其他意外事故等引起的风险。社会风险即战争、罢工、内乱、政变、恐怖袭击等。这些风险都是 BOT 项目融资参与各方无法控制的。

2）违约风险。违约风险系指项目融资中有关当事人因故无法履行或拒绝履行合同中规定的义务而导致的风险。

3）政策及法律风险。政策及法律风险是指由于土地管理法、税法、劳动法、环保法等法律法规的变化以及其他政府宏观经济政策的变化而导致的风险。这种风险可能引起增加成本、降低收益的后果。例如，东道国环保部门为了提高污水处理水平的质量，修改了原来的有关法规，要求使用更先进的污水处理设备，从而增大了项目的支出，减少了运营收益。

（2）系统风险 系统风险又称可控风险，是 BOT 项目融资中的参与各方可以自行控制和处理的风险。系统风险的管理主要是通过项目参与各方相互之间的约束和制约来完成的，各方通过反复协商谈判，达成各种内部协议。这些协议明确界定了 BOT 项目融资参与各方的权利、义务，相关的系统风险也被有效地分配和管理。系统风险主要包括：

1）融资风险。融资风险主要包括利率变动风险、外汇汇率风险、通货膨胀风险、货币自由兑换和汇出风险。此外还有原材料来源和价格变动风险、能源供应和其他辅助设施不配套风险、资产评估风险等。

2）市场风险。由于 BOT 项目投资大、回收期长，面临变幻莫测的市场，股本投资者不希望其投资收益完全取决于其产品在市场中的表现，不希望直接面对市场风险。比如项目建成投入运行后，因市场竞争、新技术的出现以及管理机制等因素影响，造成实际收入低于设计收入，现金流量不足，难以补偿项目经营成本支出和按时归还贷款的风险。

3）技术及完工风险。BOT 项目融资在完成有关手续、正式签署有关文件并经政府批准之后便进入工程营建阶段。对项目公司来说，在这一阶段面临的最大风险是工程无法顺利完工的风险。工程能否顺利完工，决定着项目能否顺利运营，项目发起人的投资能否得到回报，债权人的本息能否按期收回。完工风险包括两方面：一是指由于设计缺陷造成的工程延期；二是指是由于原材料涨价从而导致工程超支等。

4) 运营维护风险。该类风险是指在 BOT 项目运营过程中，由于运营商的疏忽，发生重大经营问题，如原材料供给不上，设备安装使用不合理，产品或服务质量低劣，发生重大工伤事故以及职工队伍混乱等，致使 BOT 项目达不到一定的运营指标。这些问题如不妥善处理，可能使项目无法按计划运营，最终影响债权人和项目发起人的利益。

5) 环境风险。工业化进程的加快，对环境的影响日益显著，人们越来越关心全球范围内的环境问题。"谁污染、谁治理"也已成为各国普遍接受的原则。东道国政府在审批项目申请时，会要求项目发起方提供环境分析报告。事实证明，不遵守环境保护法律法规造成的损失是巨大的。

2. BOT 项目的风险规避

规避 BOT 项目风险主要方式如下：

(1) 不可抗力风险的规避　这种风险具有不可预测性和损失额的不确定性，有可能是毁灭性损失。对于大型 BOT 项目，可以通过投保规避此类风险。另外，在项目合同中政府和项目公司还应约定该风险的分担方法。

(2) 违约风险的规避　对于违约风险的规避，主要是在项目正式合作前对合作方的信用进行调查，对于信用不良的公司不予合作，或者要求其提供资信状况良好的公司的第三方担保。

(3) 政策及法律风险的规避　对于这部分风险，可以在谈判中获得政府的某些特许以部分抵消。另外，可寻求政治风险担保，如美国的海外私人投资公司（OPIC）和英国的出口信贷担保署（ECGD）对本国企业跨国投资的政治及法律风险提供担保。

(4) 融资风险的规避　工程融资是 BOT 项目贯穿始终的重要内容。融资技巧对项目费用大小影响较大。首先，工程过程中分步投入的资金应分步融入，否则大大增加融资成本；其次，在约定产品价格时应预期利率和通胀的波动对成本的影响。若是从国外引入外资的 BOT 项目，应考虑货币兑换问题和汇率的预期。在这里，可以借鉴西方国家的经验，要尽量采用国内融资方式，以回避汇率风险。

(5) 市场风险的规避　规避此类风险，可借鉴许多成功经验。例如悉尼过海隧道的建设，交通量的风险由政府承担，若交通量低于某一低限，则政府给予补贴；又如英法海底隧道工程，特许期长达 55 年，协议规定运营初期 33 年内不再设立英法间的二次连接设施。在产品购买协议中，约定"照付不议条款"，以保障项目公司股东的最低利润率。

(6) 技术及完工风险的规避　对于工程延期和工程缺陷应在分包合同中做出规定，与承包商的经济利益挂钩。项目公司还应在工程费用以外留下一部分维修保证金或施工后质量保证金，以便顺利解决工程缺陷问题；工程超支风险则应由项目公司做出一定预期，项目公司在原材料供应合同中，订有"照供不议条款"，以减少原材料供应数量和价格变化的风险。

(7) 运营维护风险的规避　对于运营维护风险的规避主要从运营和维护两个方面来避免。在运营过程中要建立合理有效的风险监控机制，一旦运营监控指标超过某一范围就要对其进行报告和处理,以防止风险的发生;在维护方面,要加强项目的管理,将日常的维护与保养落到实处,防止风险的发生。

(8)环境风险的规避 对于环境风险,通过增强环境保护意识和加强环境方面的管理来规避。在项目的实施和运行过程中都要遵守东道国的环境法规,以防止环境风险的发生。

11.2 工程项目资产证券化

11.2.1 ABS 项目融资模式概述

1. ABS 融资的定义

ABS（Asset Backed Securitization）即资产证券化,是指以目标项目所拥有的资产为基础,以该项目资产的未来收益为保证,通过在国际资本市场上发行高档债券来筹集资金的一种项目证券融资方式。

ABS 方式的本质在于,通过其特有的提高信用等级的方式,使原本信用等级较低的项目照样可以进入国际高档证券市场,利用该市场信用等级高、债券安全性和流动性高、债券利率低的特点,大幅度降低发行债券筹集资金的成本。按照规范化的证券市场的运作方式,在证券市场发行债券,必须对发行主体进行信用评级,以揭示证券的投资风险及信用水平。债券的筹资成本与信用等级密切相关。信用等级越高,表明债券的安全性越高,债券的利率越低,从而使通过发行债券筹集资金的成本越低。如根据标准普尔公司的信用等级划分方法,信用等级 AAA、AA、A、BBB 为投资级,即债券的信用等级只有达到 BBB 以上级别时,才具有投资价值,才能在证券市场上发行债券募集资金。在投资级债券中,AAA 级和 AA 级属于高档投资债券,信用风险小,融资成本低。因此,利用证券市场筹集资金,一般都希望进入高档投资级证券市场。但是,对于不能获得权威性资信评估机构较高级别信用等级的企业或其他机构,无法进入高档投资级证券市场。ABS 运作的独到之处就在于,通过信用增级计划,使没有获得信用等级或信用等级较低的机构,照样可以进入高档投资级证券市场,通过资产的证券化来筹集资金。因此,即使加入了一些前期分析、业务构造和信用增级成本,它仍然为融资业务提供了新的、成本更低的资本来源。而且当公司或项目靠其他形式的信用进行融资的机会很有限时,证券化就成为该公司一个至关重要的融资来源。这是因为资产支持证券的评级仅取决于作为证券支持的资产的信用质量,而与这些证券的公司的财务状况或金融信用无关。

2. ABS 融资产生的背景

ABS 融资作为一种融资技术的创新,最早起源于美国,后来在美、英、法、日、德等西方国家得到了广泛的应用。

ABS 融资在美国起源的一个重要原因是美国采取特殊的金融政策。在美国历史上,人们普遍认为总分行式的银行制度不利于竞争,许多州的法律都限制银行分行的发展,使得单一银行制在美国成为一种普遍的形式,就数量而言,单一银行组织占到美国 12 000 多家银行的一半,众多的小银行在经营中经常面临着客户要求的贷款数额大于其信贷额度的难题。为了不因拒绝提供贷款而失去客户,小银行常常通过向大银行出售其贷款以维持与关键客户的关系。随着贷款出售这一做法的发展,获得更多的利润和优化资产结构及投资技巧逐渐演变成为主要目的。尽管被出售的贷款还不能被称为证券，但它却为证券化的产生埋下了伏笔。

ABS 的第二个背景是银行本身面临的日益严峻的外部生存环境。由于银行业的革命，竞争日趋激烈，银行的融资成本上升，存贷利差收入下降，利润也随之下降。而银行的利率风险和破产风险却在不断上升，到了 20 世纪 70 年代初，美国的整个储蓄机构已面临着严峻的生存危机。此时，抵押证券市场的出现和发展成为储蓄机构走出困境的转折点，它们纷纷将低收益的固定利率资产经过技术处理通过证券市场出售给投资者，以增加流动性资产，抵御风险。这极大地促进了美国抵押证券市场的发展，进而促进了 ABS 融资的发展。

ABS 融资这种具有革命性的业务首先始于抵押转递证券的发展。美国政府代理机构抵押证券的发行额从 1995 年开始就呈不断上升趋势。

3. ABS 融资的主要特点

1）ABS 融资方式的最大优势是通过在国际高档证券市场上发行债券筹集资金，债券利率一般较低，从而降低了筹资成本。而且，国际高档证券市场容量大，资金来源渠道多样化，因此，ABS 方式特别适合大规模地筹集资金。

2）通过证券市场发行债券筹集资金，是 ABS 不同于其他项目融资方式的一个显著特点，无论是产品支付项目融资，还是 BOT 项目融资模式，都不是通过 ABS 形式融资的，而 ABS 融资代表着项目融资的未来发展方向。

3）ABS 方式隔断了项目原始权益人自身的风险，使其清偿债券本息的资金仅与项目资产的未来现金收入有关，加之在国际高档证券市场上发行的债券由众多投资者购买，从而分散了投资风险。

4）ABS 是通过 SPV 发行高档债券募集资金，这种负债不反映在原始权益人自身的资产负债表上，从而避免了原始权益人资产质量的限制。同时，SPV 利用成熟的项目融资改组技巧，将项目资产的未来现金流量包装成高质量的证券投资对象，充分显示了金融创新的优势。

5）作为证券化项目融资方式的 ABS，由于采取了利用 SPV 增加信用等级的措施，从而能够进入国际高档证券市场，发行那些易于销售、转让以及贴现能力强的高档债券。同 BOT 等融资方式相比，ABS 融资方式涉及的环节较少，在很大程度上减少了酬金、手续费等中间费用。

6）由于 ABS 方式是在国际高档证券市场筹资，它接触的多为国际一流的证券机构，按国际规范操作规程行事，这将有助于增加东道国在国际项目融资方面的专门人才，规范国内证券市场。

4. ABS 融资在金融市场中的作用

1）对于信用等级较低的金融机构，存款和债务凭证的发行成本高昂，通过证券化和出售一部分资产组合，因证券有较高信用等级，可以获得较低的发行成本。

2）证券化能够使金融机构减少甚至消除其信用的过分集中，同时继续发展特殊种类的组合证券。

3）证券化使得金融机构能够更充分地利用现有的能力，实现规模经济。

4）证券化能将非流动资产转换成可流通证券，使其资产负债表更具有流动性，而且能改善资金来源。

5）证券出售后，将证券化的资产从其资产负债表中移出，可以提高资本比率。

另外，ABS 融资还具有明确的金融创新意义。ABS 具有信用风险转移创新、提高流动性创新和信用创造创新的作用。从其功能作用看，ABS 并非迫使银行为其客户提供不同的服务，而是显示了商业银行在竞争中取胜所必须具备的技术和必须遵循的原则。

5. ABS 融资的种类

（1）抵押转递证券　抵押转递证券是指贷款发放人（项目发起人）将抵押贷款组合起来并以不可分的利益出售给投资者，使投资者对抵押贷款及其每月还款现金流拥有直接所有权。从基础抵押贷款中产生的现金流被"转递"给证券的投资者。现金流是指每月的抵押支付，包括利息、计划偿还的本金和提前偿还的本金。从抵押贷款中产生的现金流和转递给证券投资者的现金流在金额和时间上都是不同的，转递利率低于基础抵押贷款利率，其差额等于服务费和担保费。每月从借款人处收到月度抵押支付，但支付给证券持有者时有延期，延期时间的长短随转递证券类型而变动。但转递证券的投资者要承担随之产生的提前还款风险或再投资风险，即借款人因利率变动等原因提前还款带来的现金流量的不确定性、收益率减少等风险。

因此，本质上抵押转递证券代表着原始组合资产的直接所有权，这些组合资产保存于信托机构，所有权证书则出售给投资者，发起人要为这些资产提供服务，并收取本金和利息，从中扣除服务费后，将剩余款项转递给投资者。图 11-1 所示通过抵押转递证券结构揭示了证券发行的程序。

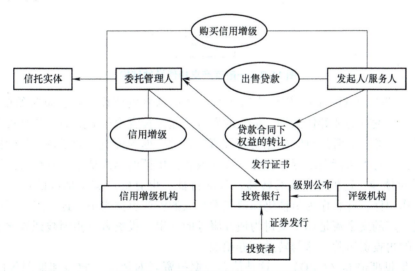

图 11-1　抵押转递证券的发行示意图

发起人将资产出售给信托机构，然后，受托管理人代表信托机构签发证书给投资者，每个证书即代表整个贷款组合不可分割的利益，随着贷款的出售，为了维护投资者的利益，在信用增级的前提下，发起人把资产的各项权利如资产所有权、利息以及收取所有到期付款的权利，都转让给信托实体。

（2）资产支持债券　最简单、最古老的资产支持证券形式可能就是资产支持债券。以抵押贷款支持债券为例，资产支持债券是发行人的负债义务，这项义务以贷款组合为抵押，在美国，有时以政府国民抵押协会的转递证券组合为抵押，作为抵押的贷款组合仍在发行人的账簿上以资产表示，资产支持债券以负债表示。由抵押物产生的现金流并不用于支付资产支持债券的本金和利息。利息通常半年支付一次，本金到期才支付。

资产支持债券的一个重要特征就是它们一般都是超额抵押。抵押物以 1/4 计价，并且当抵押物的价值低于债券契约中规定的水平时，为了保证安全，就要求在抵押物中增加更多的贷款或证券。这样操作的原因有：①贷款组合的现金流归于发起人，而不是资产支持债券的持有者，所以，任一贷款组合的未结余额可能比资产支持债券的本金下降得更快。②超额抵押对债券持有人提供了额外保护，保护债券持有人免受组合中个别贷款违约的影响。③超额抵押物保护债券持有人免受在估价期间抵押物市价下降的影响。而且，因为本金和利息款项首先是归于发行人且可以用这些款项进行再投资，所以发行人一般愿意进行超额抵押。投资者不承担因被证券化资产提前偿付而产生的再投资风险。图 11-2 所示为一般资产支持债券的结构。

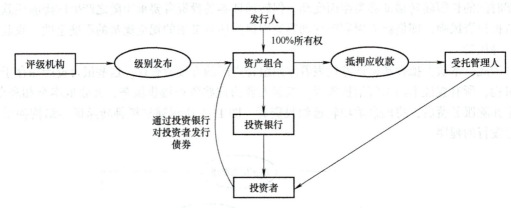

图 11-2　一般资产支持债券的结构

图 11-2 中发行人对一部分资产进行组合，并把这些资产作为担保抵押给受托管理人，这些资产就为它发行的债券作抵押，债券的发行是通过投资银行完成的，并且投资银行和投资者一起私募债券。通常发行时担保物的价值要超过票据的价值，为了替代超额抵押或者作为一种补充，发行人可能会以保险债券的形式或者信用证的形式从第三方购买信用增级。

（3）转付债券　这种债券既有转递证券的特征，也有资产支持债券的特征。它是由一组资产组合作担保，并且作为负债仍保留在发行人的资产负债表中，这一点与资产支持债券相似。但是资产的现金流是用来支付为债券服务的支出，投资者承担因被证券化的资产提前偿还而产生的再投资风险。这与转递证券相似。

（4）担保抵押债券（CMO）　这种债券根据投资者对风险、收益和期限等的不同偏好而对抵押贷款组合的现金流的要求不同，将证券划分为不同的级别，使风险以不同形式分配给不同类别的投资者，以满足投资者的多品位要求。最典型的 CMO 结构包括四个正规级债券和一个剩余级债券。前三个正规级债券（A、B、C 三级）自债券发行结束之日起就开始付息，并依次偿还本金。第四个正规级债券（称为 Z 级）在前三级本金未偿清之前只按复利计算利息，并不进行实际支付（所以，Z 级债券又被称为应计债券）。当前三级本息全部支付完毕后，Z 级债券才开始支付利息和本金。四个正规级的本息偿清后，所有剩余的现金流量全部属于剩余级债券的持有人。由于此特点，CMO 有效地创立了具有不同最后期限和不同平均寿命的多级别债券，因此可吸收各类投资者。例如支付最快的债券（如 A 级债券）可以和美国国库券、欧洲商业票据等金融产品竞争，吸引短期投资者。支付不算快也不算慢的债券（如 B、C 级债券）可以和公司债券竞争，吸引中期投资者。而支付最慢的债券（如 Z 级债券）可以和长期的美国国库券及欧洲债券竞争，吸引长期投资者。因此 CMO 成为应用最广的一种抵押支持证券。1983 年 6 月，美国联邦国家抵押协会发行了首批 CMO。每批发行分为三类到期，每类都收到半年的利息付款，并且每类都顺序收回。第一类债券持有者收到了本金的第一次付款和持有债券在付清之前的所有预付款；接着，第二类债券持有者才收到本金和相应的预付款；最后第三类债券持有者才收到本金付款。每级债券都是半年付息一次，各级按顺序偿还本金。此后，这种多等级的转付证券得到了迅速发展。1988 年美国发行的 CMO 总额已超过 1983 年的 16 倍。现有发行的 CMO 包括 3 ~ 6 个以上不同期限的债券。

典型的 CMO 结构如图 11-3 所示，典型的 CMO 现金流如图 11-4 所示。

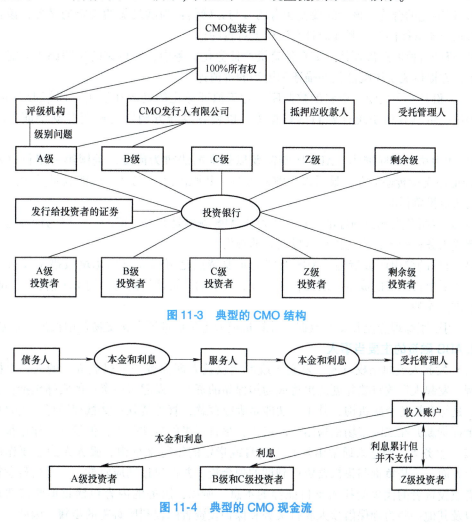

图 11-3 典型的 CMO 结构

图 11-4 典型的 CMO 现金流

（5）剥离式抵押担保证券 这种证券产生于 20 世纪 80 年代下半期，是在 CMO 基础上进一步创新的金融工具，当把证券化资产组合中所收取的本金和利息从等比例分配给证券所有人改成非等比例分配时，就产生了剥离的抵押支持证券。例如，平均合同利率为 10% 的一组居民抵押贷款组合被剥离成息票利率为 14% 的溢价证券和息票利率为 6% 的折价证券。

最典型的剥离形式是发行只付利息证券和只付本金证券。即抵押贷款收回的利息支付给利息证券的持有者，而收回的本金支付给本金证券的持有者。这种证券的吸引力在于它对投资者和发行者都有益。剥离证券的发行人能够通过分割转递证券得到比只发行一种转递证券更多的收入；投资者能够获得溢价抵押证券，并且只需付出很低的预付费率，即使在利率下降期间也是如此，同时那些想要用高预付款得到折价抵押证券的投资者即使在利率上升时期也可以做到。

11.2.2 ABS融资的基本要素及当事人

1. ABS融资的基本要素

成功的ABS融资需要坚实的"基础设施"，即基本构成要素，主要表现为以下方面：

1）标准化的合约。该合约要使所有的参与方确信：为满足契约规定的义务，该合约的存在形式应能够提供界定明确而且在法律上可行的行为。

2）资产价值的正确评估。如在信贷资产证券化业务中，银行家的尽职调查应能够向感兴趣的各方提供关于风险性质的描述和恰当的价值评估。

3）一份具有历史统计资料的数据库。对于拟证券化的资产在过去不同情形下的表现，必须提供一份具有历史统计资料的数据库，以使各参与方确定这些资产支持证券的风险程度。

4）适用法律的标准化。ABS融资需要以标准的法律为前提。美国第一银行曾发行过AAA级抵押支持转递证券，最后以失败而告终，其原因之一就是它未能满足美国所有州所要求的法定投资标准。

5）确定服务人地位的标准。这一点对于ABS融资是非常关键的。一般的标准是服务人的破产或服务权的转让不应该导致投资者的损失。

6）可靠的信用增级措施。ABS融资的重要特点是可以通过信用增级措施发行高档债券，以降低项目融资的成本。因此，如果没有可靠的、资信较高的信用增级措施，ABS融资将是很难操作的。

7）用以跟踪现金流和交易数据的计算机模型也是促进证券化交易量增长的重要基础。

2. ABS融资的主要当事人

（1）发起人或原始权益人　发起人或原始权益人即拥有一定权益资产的人，以抵押贷款为例，发起人发放贷款并创造出将成为担保品的资产。发起这些资产的实体包括：①商业银行，是综合性的金融机构，其主要功能是吸收存款，管理贷款；②抵押银行，主要功能是发放抵押贷款并在二级市场销售给政府机构，尽管提供的贷款很少，但发挥的作用很大。

（2）服务人　服务人通常由发起人自身或指定的银行来承担。服务人的主要作用体现在两个方面：一是负责归集权益资产到期的现金流，并催讨过期应收款；二是代替发行人向投资者或投资者的代表受托人支付证券的本息。所以，服务的内容包括收集原借款人的还款，以及其他一些为确保借款人履行义务和保护投资者的权利所必需的步骤。因此，资产支持证券的大多数交易与服务人（通常就是发起人）的信用风险存在着直接的关系，因为服务人持有那些要向投资者分配的资金。信用风险的高低是由服务人把从资产组合中得到的支付转交给投资者时的支付频率决定的。

（3）发行人　作为发行人，它可以是中介公司，也可以是发起人的附属公司或参股公司或者是投资银行。有时，受托管理人也承担这一责任，即在证券化资产没有卖给上述公司或投资银行时，它常常被直接卖给受托管理人。该受托管理人是一个信托实体，一般是一家SPV，其创立的唯一目的就是购买拟证券化的资产和发行资产支持证券。该信托实体控制着作为担保品的资产并负责管理现金流的收集和支付。信托实体经常就是发起人的一家子公司，或承销本次证券发行的投资银行的一家子公司。在某些情况下，由于各单个发起人的资产都不足以创造一个合格的资产组合，因此这时就要由几个发起人的资产共同组成一个资产组合。

当发行人从原始权益人手中购买权益资产在未来收取一定现金流的权利后，再对其进行组合包装，然后以发行证券的方式将其在二级市场上出售给投资者。在资产证券化最早出现的美国，充当住房抵押贷款支持证券发行人的主要机构有两类：①政府性质的机构，如联邦国民抵押协会等，购买无政府保险的住房抵押贷款并使之证券化；政府国民抵押协会，使有担保的住房抵押贷款证券化；联邦住房抵押公司，购买未经政府保险但经私人保险的常规抵押贷款并以之为担保在资本市场上发售债券。②非政府性质的机构，如住房融资公司等，它们购买不符合政府或政府资助机构有关条件的住房抵押贷款并使之证券化。

（4）证券商　ABS由证券商承销。证券商或者向公众出售其包销的证券，或者私募债券。作为包销人，证券商从发行人处购买证券，再出售给公众。如果是私募债券，证券商并不购买证券，而只是作为发行人的代理人，为其提供更多的购买者。发行人和证券商必须共同合作，确保发行结构符合法律、规章、财务、税务等方面的要求。

（5）信用增级机构　在资产证券化过程中，有一个环节显得尤为关键，这就是信用增级环节。从某种意义上说，得以提高等级的证券将不再按照原发行人的等级或原贷款抵押资产等级来进行交易，而是按照提供担保的机构的信用等级来进行交易。

信用增级一般采取两种方式：发行人提供的信用增级即内部信用增级和第三者提供的信用增级即外部增级。

1）内部信用增级。由发行人提供的内部信用增级有两种基本的方法，即直接追索权和超额担保。两种形式均完成同样的目的，即减少投资者承担的与资产组合有关的信用风险，具体又可分为三种操作方法，即优先/次级证券结构、超额抵押和储备基金，利用这三种方法来提高信用等级。SPV可以单独使用其中某一种方法，也可以同时使用这三种方法或者其中的某两种方法。

a. 优先/次级证券结构是指所有的损失首先由次级债券承担，充当优先债券的缓冲器，其最大承担额相当于该类债券的总额。即用高收益的次级证券在本金和利息支付顺序上的滞后处理，来保证低收益的优先证券获得本金和利息的优先支付，从而提高优先证券的信用级别。

b. 超额抵押是指组合中的资产价值超过所发行证券的金额，如果抵押价值下降到该水平之下，信用增级机构必须以新的抵押品弥补该缺口。如在资产证券化中，就要求被证券化的项目贷款的实际价值高于证券的实际发行额。具体就是要求所发行的债券总额不得超过作为基础资产的项目贷款组合的一定比例。

c. 储备基金是指通过事先设立用以弥补投资者损失的现金账户以防范风险。在资产证券化中，就是SPV将收到的项目贷款的本息与债券支付成本之间的差额以及SPV在现金收付之间因时间差异而产生的再投资收入存入基金账户，在项目贷款出现违约时，动用基金账户以保证对证券投资者的支付。

2) 外部信用增级。由第三者提供的外部信用增级可分为部分信用增级和完全信用增级两种形式。部分信用增级的目的是减少投资者承担的组合资产的信用风险，完全信用增级的目的则不仅仅要减少这些风险，而且还要完全消除这些风险。与发行人提供的信用增级不同的是，第三者信用增级一般不带有相关风险的特征，这是因为第三者的信用质量总的来讲与被提高的信用资产质量没有关系。

外部信用增级方式通常是通过提供银行信用证由一家保险公司提供保险以及第三者设立的储备账户基金来形成。这些信用增级依赖于担保人而不是资产本身的信用等级。

(6) 信用评级机构　信用评级机构就像给公司债券评定等级一样给 ABS 评级。ABS 的投资人依赖信用评级机构为其评估资产支持证券的信用风险和再融资风险。主要的评级机构有穆迪、标准普尔等公司，这些评级机构从整体来看，其历史记录和表现一直很好，特别是在资产支持证券领域口碑极佳。信用评级机构须持续监督资产支持证券的信用评级。证券的发行人要为评级机构提供的服务支付费用。因为如果没有评级机构的参与，这些结构复杂的资产支持证券可能就卖不出去。当存在评级机构时，投资者就可以把投资决策的重点转移到对市场风险和证券持续期的考虑上。所以，信用评级机构是证券化融资的重要参与者之一。

发行人需要评级机构的评级是因为它们希望证券的流通性更强，其支付的利息成本更低。当投资者通过评级系统的评级而相信了证券的信用质量时，他们对投资的收益要求通常就会降低。许多受到管制的投资者未被允许购买那些级别低于投资级的证券，更不能购买那些未经评级的证券。所以，证券评级机构的存在拓宽了投资者的范围，创造了对证券的额外需求，对发行人来说节省的成本也非常可观。

(7) 受托管理人　在证券化的操作中，受托管理人是不可或缺的，它充当着服务人与投资者的中介，也充当着信用增级机构和投资者的中介。受托管理人的职责包括以下三个方面：

1) 作为发行人的代理人向投资者发行证券，并由此形成自己收益的主要来源。

2) 将借款人归还的本息或权益资产的应收款转给投资者，并且在款项没有立即转给投资者时有责任对款项进行再投资。

3) 对服务人提供的报告进行确认并转给投资者，当服务人不能履行其职责时，受托管理人应该并且能够起到取代服务人角色的作用。

11.2.3　ABS 融资的运行程序

ABS 融资在实际操作中要涉及很多的技术性问题，但是证券化过程的基础是比较简单的。发起人将要证券化的资产进行组合后，以之为担保或出售给一个特定的交易机构，由其向投资者进行证券融资。它一般要经过以下阶段：

1. 确定资产证券化（ABS）融资的目标

原则上，投资项目所附的资产只要在未来一定时期内能带来稳定可靠的现金收入，都可以进行 ABS 融资。能够带来现金流入量的收入形式有：信用卡应收款；地产的未来租金收入；飞机、汽车等设备的未来运营收入；项目产品的出口贸易收入；收费公路及其他公用设施收费收入；税收及其他财政收入等。

一般情况下，代表未来现金收入的资产，本身具有很高的投资价值，但由于各种客观条件的限制，它们无法获得权威性资信评估机构授予的较高级别的资信等级。因此，无法通过证券化的途径在资本市场上筹集项目建设资金。

通常，将拥有这种未来现金流量所有权的企业或公司称为原始权益人。原始权益人将这些未来现金流的资产进行估算和信用考核，并根据资产证券化的目标确定要把多少资产用于证券化，最后把这些资产汇集组合形成一个资产池。

2. 组建特别目的公司（SPV）

SPV一般是由在国际上获得了权威资信评估机构给予较高资信评定等级（AAA或AA级）的投资银行、信托投资公司、信用担保公司等与证券投资相关的金融机构组成。有时，SPV由原始权益人设立，但它是以资产证券化为唯一目的的、独立的信托实体。其经营有严格的法律限制，例如，不能发生证券化业务以外的任何资产和负债，在对投资者付完本息之前不能分配任何红利，不得破产等。其收入全部来自资产支持证券的发行。为降低资产证券化的成本，SPV一般设在免税国家或地区，设立时往往只投入最低限度的资本。

3. 实现项目资产的"真实出售"

SPV成立之后，与原始权益人签订买卖合同，原始权益人将资产池中的资产过户给SPV。这一交易必须以真实出售方式进行，买卖合同中应明确规定：一旦原始权益人发生破产清算，资产池不列入清算范围，从而达到"破产隔离"的目的。破产隔离使资产池的质量与原始权益人自身的信用水平分割开来，投资者对资产支持证券的投资就不会再受到原始权益人的信用风险影响，这也正是项目融资的本质特点。

达到项目资产或收益的"真实出售"主要有以下三种操作方式：

（1）债务更新　先行终止发起人与资产债务人之间的债务合约，再由SPV与债务人之间按原合约还款条款订立一份新合约来替换原来的债务合约，从而把发起人与资产债务人之间的债权债务关系转换为SPV与资产债务人之间的债权债务关系。此方式一般用于资产组合涉及少数债务人的场合。

（2）转让　通过一定的法律手续把待转让资产项下的债权转让给SPV，作为转让对象的资产要由有关法律认可具备可转让性质。资产权利的转让要以书面形式通知资产债务人，如无资产转让书面通知，资产债务人享有终止债务支付的法定权利。

（3）从属参与　SPV与资产债务人之间无合同关系，发起人与资产债务人之间的原债务合约继续有效，资产也不必从发起人手中转让给SPV，而是由SPV发行资产支持证券，取得投资者的款项，然后转贷给发起人，转贷金额等同于资产组合金额，贷款附有追索权，其偿还资金来源于资产组合的现金流量。

无论采取何种形式，资产的出售均要由有关法庭判定其是否为"真实出售"，以防范资产证券化下涉及的发起人的违约破产风险。影响法庭裁定"真实出售"的主要因素是：①当事人意图符合证券化目的；②发起人的资产负债表已进行资产出售的账务处理；③出售的资产一般不得附加追索权；④资产出售的价格不能盯着贷款利率；⑤出售的资产已经过"资产分离"处理，即已通过信用增级方式将出售的资产与发起人的信用风险分离。不符合上述条件的将不能被视为真实出售，而是被当作担保贷款或信托。

与资产出售对应的是资产的购买，SPV购买资产的形式有两种：①整批买进一个特定的资产组合；②买进资产组合中的一项不可分割的权利。前者与票据的直接转让相似，SPV 买下特定资产项目卖方的全部权益，资产转归买方所有，这种形式主要用于期限较长的资产证券化。在后一种形式下，SPV 的权益不限于组合中的特定资产，因此这项权益不会由于某一特定资产的清偿而终止，随着组合中资产的清偿，新资产的不断补进，SPV 的权利亦随之周转，这种形式适合于资金期限较短、周转速度较快的资产组合，主要用于工商贷款与交易应收款的证券化。

4. 完善交易结构，进行内部评级

SPV 与原始权益人或其指定的资产服务公司签订服务合同，与原始权益人一起确定一家受托管理银行并签订托管合同，与银行达成必要时提供流动性资金的周转协议，与证券承销商达成证券承销协议等，来完善资产证券化的交易结构。然后请信用评级机构对这个交易结构以及设计好的资产支持证券进行内部评级。信用评级机构通过审查各种合同和文件的合法性及有效性，对交易结构和资产支持证券进行考核评价，给出内部评级结果。一般而言，这时的评级结果并不理想，较难吸引投资者。

5. 划分优先证券和次级证券，办理金融担保

为了吸引更多的投资者，改善发行条件，SPV 必须提高资产支持证券的信用等级，即必须进行信用增级。信用增级如前所述可通过外部增级和内部增级来实现。但无论哪种，为了操作的方便，必须做到以下几点：

（1）"破产隔离" 剔除原始权益人的信用风险对投资收益的影响，提高资产支持证券的信用等级。

（2）划分优先证券和次级证券 通过把资产支持证券划分为两类，使对优先证券支付本息先于次级证券，付清优先证券本息之前仅对次级证券付息，付清优先证券本息之后再对次级证券还本，这样就降低了优先证券的信用风险，提高了它的信用等级。

（3）进行金融担保 即 SPV 向信用级别很高的专业金融担保公司办理金融担保，由担保公司向投资者保证 SPV 将按期履行还本付息的义务，如 SPV 发生违约，由金融担保公司代为支付到期证券的本息。

6. 进行发行评级，安排证券销售

信用增级后，SPV 应再次委托信用评级机构对即将发行的经过担保的 ABS 债券进行正式的发行评级，评级机构根据经济金融形势、发起人、证券发行人等有关信息，SPV 和原始权益人资产债务的发行情况、信用增级情况等因素将评级结果公布于投资者。然后由证券承销商负责向投资者销售资产支持证券。由于这时资产支持证券已具备了较好的信用等级，因此能以较好的发行条件售出。

7. SPV 获得证券发行收入，向原始权益人支付购买价格

SPV 从证券包销商那里取得证券的销售收入后，即按资产买卖合同签订的购买价格向原始权益人支付购买资产池的价款，而原始权益人则达到了筹资目的，可以用这笔收入进行项目投资和建设。

8. 实施资产管理

原始权益人或由 SPV 与原始权益人指定的服务人对资产池进行管理，负责收取、记录由资产池产生的全部收入，并把这些收款全部存入托管行的收款专户。托管行按约定建立积累金，准备用于 SPV 对投资者还本付息。

9. 按期还本付息，对聘用机构付费

到了规定的期限，托管行将积累金拨入付款账户，对投资者付息还本。待资产支持证券到期后，还要向聘用的各类机构支付专业服务费。由资产池产生的收入在还本付息、支付各项服务费之后，若有剩余，全部退还给原始权益人。整个资产证券化过程至此结束。

以上过程以抵押贷款资产证券化为例可以用图 11-5 表示。

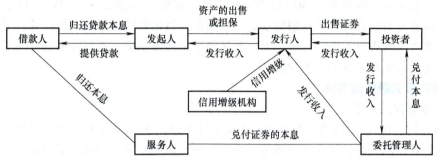

图 11-5　资产证券化融资简单示意图

11.3　PPP 融资模式

11.3.1　对 PPP 融资模式的理解

1. PPP 融资模式的概念

PPP 融资（或称 PPP 项目的融资）是为保障 PPP 项目的顺利开展而通过各种合法方式在项目设计、建设、运营、维护、移交等各环节安排融资方案及实现融资的总称。PPP 模式融资特点如下：

（1）项目导向性　PPP 模式强调项目主体的概念，不依赖于项目投资人或发起人的资信状况或其有形资产，而是根据项目的预期收益、现金流量和项目资产价值安排融资，项目因素直接影响项目融资的结构和进程。

（2）有限追索性　PPP 项目在融资过程中也常仅以项目资产和项目在运行中产生的现金流量作为项目融资的担保或债务偿还的来源（引进外资举债不计入国家外债），同时在项目产生风险时仅对项目资产和现金流量有追索权，而对项目发起人的其他财产没有追索权或仅有有限追索权。PPP 模式融资项目的有限追索权实现了合理分配风险，加强了对项目收益的控制并保留了较高的投资回报。

（3）表外融资性　通过设立具有独立法人性质的 SPV 公司，区隔 SPV 公司和项目发起人之间的联系。SPV 公司成为项目贷款的直接债务人，使得项目发起人不会因为该项目的大量负债在资产负债表中体现，而对其债务信用评级产生影响，从而减轻其还本付息的责任及债务负担，且不影响其继续筹集所需资金。

（4）项目的长期稳定性　我国目前采用 PPP 模式的公共服务领域包括能源、交通运输、水利、环境保护等，事关国计民生，项目的持续稳定是地方政府关注的首要问题，这决定了地方政府在维系项目运营方面的间接责任。

(5) 项目风险难以预测和控制　PPP项目实施时间普遍较长，一般10~30年，涉及原材料价格上涨、市场需求降低、国内外政治经济环境变化等风险，都会对项目的实际盈利情况产生影响，也就间接影响项目债务融资的还本付息能力，从而导致金融机构尤其是商业银行对项目的传统贷款等比较谨慎。

(6) 项目经济强度较高　项目经济强度是指最初安排投资时，如果项目可行性研究中假设条件符合未来实际情况，项目是否能够生产出足够的现金流量，用以支付生产经营费用、偿还债务并为投资者提供理想的收益，以及在项目运营的最好或者最坏的情况下项目本身的价值能否作为投资保障。经济强度一般从两个方面来测度：项目未来的可用于偿还贷款的净现金流量和项目本身的资产价值。

2. PPP模式融资的目标

(1) 政府部门角度

1) 低层次目标：满足基础设施建设和服务的资金需求。政府推动PPP项目，主要目标在于增加公共产品数量，提升服务质量，满足社会大众的需要。对政府部门而言，PPP模式融资的短期目标在于满足基础设施建设和服务的资金需求。因此，必须在现有基础上通过引入社会资本，大幅度缓解新建、维护和改造城市基础设施对地方政府造成的资金压力。

2) 高层次目标：财政资金和社会资本的有效利用。从长远角度来看，PPP模式融资功能的发挥，有助于政府部门实现财政资金和社会闲置资本的有效利用。一方面，它可以减少政府财政的负担，使政府有限的财政资金投入到更需要公共资金的领域；另一方面，又可以提高整个社会的资金利用效率，使得全社会的资源配置更加优化。

PPP模式在为政府部门提供融资的同时，也为政府部门带来了社会资本的新生产技术和管理技术，从而提高了公共产品和服务提供的效率和水平，实现了资源的优化配置。

(2) 社会资本角度

1) 低层次目标：获取利润，扩展企业业务范围。社会资本的短期决策是建立在利润最大化的基础上的。随着规模的扩大，企业会追求更稳定的可持续发展。而基础设施项目投资规模大、现金流量充足、收益回报稳定的特点正好满足这种需求。

2) 高层次目标：增加市场份额，实现市场资金在行业内的合理分配。一方面，企业参与PPP项目的融资可以增加该企业产品与服务的知名度，提高企业在市场的竞争力；另一方面，企业通过自身资金或吸引外部资金参与到PPP项目中，使市场资金在行业内能够得到更合理的分配，实现产业链上下游紧密对接。

3. PPP项目的融资应用条件

1) 选择PPP模式运作项目是否能够有效提高项目的融资效率。
2) 项目物权的最终归属是否清晰且可行。
3) 政府和社会资本的权利与义务是否明确、完整且合理。

4. PPP模式融资的意义

(1) 盘活民间资本存量，解决城镇化和"一带一路"建设资金需求　2014年12月24日国务院常务会议已明确指出，"一带一路"倡议需要采取PPP融资方式等带动社会资本，吸收社会资本参与，采取债权、基金等形式，为"走出去"企业提供长期外汇资金支持。

推广PPP模式融资是促进经济转型升级、支持新型城镇化建设、完善"一带一路"建设的必然要求。政府通过PPP模式向社会资本开放基础设施和公共服务项目，可以拓宽融资渠道，为城镇化和"一带一路"建设构建多层次、多元化、多主体可持续的融资模式，有利于整合社会资源，盘活社会存量资本，激发民间投资活力，拓展企业发展空间，提升经济增长动力，促进经济结构调整和转型升级。

（2）微观层面的"操作方式升级"（融资运营管理模式创新） PPP在发展初期主要聚焦于基础设施建设和运营方面的问题，政府在这些公共服务领域往往因资金不足，而让社会资本进行投资和运营，再由社会资本通过收费形式收回投资。随着这些领域PPP模式的成功应用，尤其是PPP融资功能的有效发挥，更多公共服务领域也开始在项目操作方式上进行升级，如公共卫生与医疗、基础教育、养老、环保等领域都出现了积极应用PPP模式、发挥PPP融资功能的趋势，以弥补政府向社会提供公共产品和服务过程中资金的不足。

（3）有效控制政府部门风险 推行PPP模式，发挥PPP融资功能，吸引社会资本和政府合作参与公共领域的服务，尤其是让社会资本接盘存量项目的运营维护和管理，不仅能让地方政府腾出更多精力和资金用于社会发展，更成为化解地方政府债务危机、保持地方经济稳定增长的有力推手。

此外，PPP模式在项目实施过程中强调风险共担，通过"风险由最适宜的一方承担，旨在实现整个项目风险的最小化"[《政府和社会资本合作模式操作指南（试行）》]这一原则，把融资风险更多地赋予社会资本承担。而社会资本相对于地方政府，对PPP项目的资金需求、资金获得和资金成本更为了解，对融资供给方的认识也更为深刻。因此，发挥PPP的融资功能会让项目更容易获得最合适的资金，降低项目融资风险，进而降低项目整体风险。

5. PPP项目的生命周期

在项目实施机构与中选社会资本签署项目合同后，社会资本可以发起设立SPV公司，由SPV公司具体负责项目的融资、建设、运营等活动。SPV公司根据项目所处的准备期、建设期、运营期、项目移交等不同阶段的资金需求，可以向银行、信托、基金、券商等金融机构申请融资。根据《政府和社会资本合作模式操作指南（试行）》的要求，PPP项目工作流程包括项目识别、项目准备、项目采购、项目执行、项目移交五个部分。其中，项目执行和项目移交两部分内容涵盖了PPP项目生命周期中所涉及的准备、建设、运营、移交主要环节，如图11-6所示。

6. PPP融资项目的基本运作流程

1）政府和社会资本按比例投入一定资本金筹建SPV公司。通常情况下，政府部门出资比例较小，以契合PPP项目的特点撬动社会资金。与此同时，SPV公司的股本金占PPP项目所需全部投资额的比例相对较小，一般在10%~30%。

2）通过银行等金融机构获得债权融资。PPP项目的另一特点是高负债运行，一般债权资金占SPV公司总资产的70%及以上。融资方式大多是通过银行贷款（含银团贷款）和发行债券。

3）政府部门与SPV公司签订合约，由政府部门购买SPV公司提供的公共服务或由SPV公司对基础设施进行建设、运营、维护和管理。

4）承建商与SPV公司签订建造合同；供应商与SPV公司签订设备采购或供货合同。承建商可以通过垫资等方式、供应商可以通过经营租赁等方式给PPP项目提供中短期融资甚至长期融资。

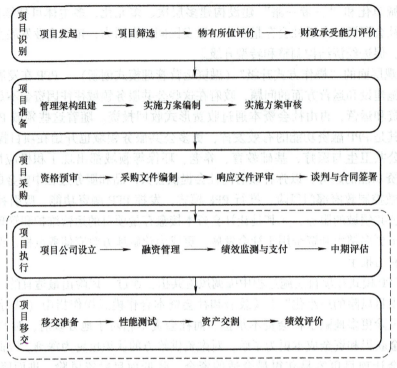

图 11-6 PPP 项目生命周期

5）SPV 公司向承建商、供应商支付相关费用。有时，SPV 的发起方会同时作为项目承建商或供应商，因此对社会资本而言，可以从以下两方面获得收入：一是初始股权投资回报，即资金回报；二是建造合同收入或供货合同收入，即服务回报。

6）运营商与 SPV 公司签订运营维护合同。

7）SPV 公司向运营商支付相关费用。同样，运营商一方面可以获得资金回报，另一方面可以通过后期运营维护取得服务回报。

8）SPV 公司向债权资本和股权资本分配收益。在有的 PPP 项目中，后期由于运营等方面的问题可能会出现债务重组而改变原有资本结构的情况（即再融资），在这种情况下，项目收益的分配应做相应调整。

9）在项目运营结束后，政府对项目进行性能测试、资产评估等，由 SPV 公司将项目移交给政府，移交方式分为有偿和无偿两类，具体的移交方式和移交程序按照之前和政府签订的协议执行。

11.3.2 PPP 项目各阶段的融资安排

1. PPP 项目前期融资安排

（1）项目投资分析

1）项目分析。主要包括以下方面：

a. 项目建设可行性。了解拟参与 PPP 项目的具体建设方案，分析项目是否符合社会资本方的近期和中长期发展规划，项目实施后分析其对企业带来的效益和竞争力，分析项目建设的必要性。

b. 项目建设内容。分析项目的总体建设规模，所处的地址，所需的原材料、燃料、动力供应，运输条件；项目采取的工艺技术及设备；项目对承建单位的技术能力、承建资格要求等；对项目建设的进度计划和建设工期的要求。

c. 项目的投资效益情况。评估项目的固定资产投资、配套流动资产、项目总投资额，项目建设资金来源及融资结构，项目实现的成本、收入、税收、利润；进行项目的全部投资和资本金现金流量分析，盈亏平衡分析和敏感性分析等。

2）收费机制分析。在对 PPP 项目进行前期评估时，应该意识到 PPP 项目的市场状况决定了项目的经济生存能力，决定了项目的风险分配和收益回报，也决定了社会资本方是否能够收回投资和取得预期回报。社会资本承担角色不同，所分担的风险也有所不同。

3）股权安排分析。当政府部门与社会资本合资成立 SPV 公司时，双方应就项目所在地的市场监管环境、社会资本各方筹集资金能力、投资各方对股权比例的市场接受程度以及行业特点等众多因素，做出合理的股权结构设计和权利义务安排。

（2）项目现金流测算　PPP 项目能够吸引投资的基本条件在于项目可以形成稳定的现金流。应结合 PPP 项目可能的产品或服务的当期市场价值，考虑合理的折现率，对所要进行的项目进行现金流量测算，若得出的净现金流为负值，则对是否要进行该项目多加考虑。

（3）财务顾问　在 PPP 项目的实施过程中，SPV 公司可以选择聘请商业银行、投资银行等机构担任财务顾问，通过参与项目的投标方案、融资方案的设计，最大限度地保护 SPV 公司的利益。

（4）融资方式的选择　PPP 项目的融资方式有股权融资、银行贷款、债券融资、保险融资、资产证券化等。其中，产业投资基金比较适合项目前期资金的筹集。上述融资方式各有特色，需根据项目的自身特色和实际情况选择，见表 11-1。

表 11-1　适合 PPP 项目前期资本金融资的金融产品对比

金融产品	投资标的	优势	收益	不足
产业投资基金（银行理财资金）	以增资或购买股权、股权收益权等方式，投资于社会资本母公司、社会资本参与 PPP 的子公司或者 SPV 公司等	利用银行理财资金，可投资的范围广	一般以固定收益为主	融资成本较高，融资期限一般在 3 年以下，对融资主体要求较高
产业投资基金（保险资金、企业年金等）	投资于社会资本母公司、社会资本参与 PPP 的子公司或者 SPV 公司等	国家政策支持、可投资范围广、融资期限较长	一般以固定收益为主	保险资管产品在监管部门报备时间长，借用信托通道模式会提高融资成本，风险偏谨慎
产业风险投资基金	投资于社会资本参与 PPP 的子公司或者 SPV 公司等	该资金一般来源于高净值人群，期限灵活，投资范围广	固定收益＋浮动/浮动收益	投资者会在项目回报与风险性上做出选择，这对项目盈利模式、运作方式等诸多方面提出了较高要求

2. PPP 项目建设期融资安排

（1）融资方案和方式

1）融资方案。SPV 公司应根据前期对项目的投资决策分析，结合项目主要中标和成交条件（包括合作期限、服务要求、项目概算、回报机制等），设计项目融资方案。具体操作流程如下：

  a. 确定项目投资中社会资本方和项目实施机构计划投入的自有资金的金额，测算计划融资规模。

  b. 确定可以采取的融资方式，并从中选取最优的一种或几种方式组合筹集项目建设资金。

  c. 确定 SPV 公司能接受的最大融资成本，尽可能降低融资成本。

  d. 确定合理的融资期限和银行的融资偿还方式，保证 SPV 公司的偿债能力。

  e. 确定建设期资金的使用计划。

  2）主要的融资方式：①项目贷款；②银团贷款；③信托贷款；④融资租赁；⑤股权基金；⑥股东借款；⑦外围政府贷款。

  3）其他适合 PPP 建设期融资的金融产品。PPP 项目建设期具有持续时间长、投资额大等特点，且不同类型的 PPP 项目的特性也大相径庭。表 11-2 列出了除传统融资外，其他适合 PPP 项目建设期融资的金融产品，当进行 PPP 项目建设期融资时，SPV 公司需结合具体的项目情况及金融产品特点适当选择。

表 11-2 其他适合 PPP 项目建设期融资金融产品的比较

金融产品	优势	不足
保险债权投资计划	资金匹配度高、国家政策支持、可投资范围广、融资期限较长、企业用款比较灵活	保险资金风险偏谨慎，要求融资人主体高评级或者有相关金融机构提供增信
保险资产支持计划	资金匹配度高、国家政策支持、可投资范围广	保险资管第一次开展该业务需要报监管部门，风险偏谨慎
项目收益票据（PRN）	规模不受净资产限制，发行人没有成立年限要求，存续期限较长等，可以满足 SPV 公司在项目成立阶段和建设初期的融资需求	项目收益债以项目为基础，基于项目的资信。项目收益债实行严格的账户管理，确保募集资金专款专用和项目现金流闭合运行
结构性融资	利用银行理财资金，融资方式较为灵活	融资成本较高，融资期限一般在 3 年以下
项目开发贷款	银行传统业务，管理制度明确，融资成本不高	在融资前需在主管部门完成立项以及取得各项规证

  （2）融资磋商

  1）选择融资银行。在项目融资方案确定后，SPV 公司应通过与银行及其他金融机构进行磋商，确定合作的融资机构。对于投资金额较小的项目，可直接选择有业务往来的银行或其他金融机构商谈，从中选择一家，达成合作意向后，最终确定融资机构。

  2）融资提供资料。SPV 公司向融资机构申请融资，应提供相关的资料，根据融资产品的不同，提供资料内容有所差别，基本上需要提供包含但不限于以下资料：①融资申请书；②基础资料；③合同文本；④项目建设期间融资资料；⑤融资机构要求提供的其他资料。

  （3）合同组织 项目建设期间，签署的融资合同可能包括 SPV 公司与融资方签订的项目贷款合同、担保合同，政府与融资方及 SPV 公司签订的直接介入协议等多个合同，其中项目贷款合同为主要的融资合同。

  （4）融资方对现金流的控制 项目的融资方在融资发放后，需要对 SPV 公司的资金使用情况进行监控。

1）银行贷款。SPV 公司在银行申请项目贷款，按照银保监会的要求，原则上要实行受托支付，对资金的使用进行监管。

2）其他融资。SPV 公司使用其他融资方式时，融资机构可以在银行开立托管账户，在资金发放时，托管银行按照融资机构出具的支付指令要求把资金划至 SPV 公司账户。融资机构往往要求 SPV 公司在银行同样开立托管账户，SPV 公司使用资金时，托管银行在审核资金用途、商务合同等文件后，将资金支付给 SPV 公司的交易对象。

3. PPP 项目运营期融资（再融资）安排

（1）PPP 项目再融资情况

1）维持项目正常运营或者重新改建需要再融资。部分项目进入运营阶段后，随着运营期限的增加，采用的工艺、技术设备会逐步落后，设备逐渐老化，运营效率逐渐下降，需要通过改进运营项目的相关技术，以达到满足项目运营绩效要求或获得更高的收益，因此为了维持项目正常运营或者进行重新改建需要再融资。

2）降低融资成本或延长融资期限需要再融资。随着项目工程建设的结束以及稳定现金流的产生，违约风险大幅下降，银行等金融机构将会更积极地将资金提供给 PPP 项目，随着更多金融机构信心的增加，PPP 项目可以获得更长期限且更低成本的资金。

3）有投资人退出需要再融资。项目进入稳定运营期，产生稳定的现金流，原始投资者出让股权则更加容易，股权转让的高对价可能降低新进入一方的内部收益率，但是较低的风险对于稳健的投资者来说仍然具有吸引力。当项目完工并成功运行时，出售部分或全部股权为股东提供了一个改善项目收益率的机会，并可以获得最初的投资收益目标。此种情况下，PPP 项目可通过股权转让方式实现再融资。

（2）再融资主要方式

1）债权融资。债权融资是指 SPV 公司通过借贷的方式，向公司外部（也可以向股东借款）融资。债权融资具有期限，且要求按照合同约定支付本金及利息。PPP 项目的债权形式的再融资主要是银行贷款、发行债务融资工具、信托贷款、保险债权投资计划等形式。

2）股权融资。股权融资是指 SPV 公司利用向投资者增发股份的方式获得资金。股权融资的资金没有固定到期日，SPV 公司无须利用公司自有资金进行偿还，在投资者入股时，通常也没有给予每年分红比例的承诺，对 SPV 公司来说并没有增加现金流出的压力，也没有财务成本的压力，这是 PPP 项目再融资的一个好的选择。

3）资产融资。资产再融资主要有资产证券化、资产支持票据等金融产品；通过资产融资可将 PPP 项目资产放到金融市场进行流通。通常该项资产需要具有价值或稳定现金流，之后通过公开发行的方式在金融市场出售，使资产获得流动性。对于 PPP 项目而言，资产融资主要包括两种类型的基础资产：一类是既有债权类，例如已进入运营期的 PPP 项目的回收款和企业的应收账款；另一类是收益权类资产，包括市政公用事业收费权和公共交通收费权等。

4. PPP 移交期（社会资本退出）融资安排

项目移交通常是指在项目合作期限结束或者项目合同提前终止后，项目实施机构或政府指定的其他机构代表政府收回项目合同约定的项目资产。对于项目合作期限结束的移交，要求项目资产必须在无债务、未被用于抵押、设备状况完好的情况下移交给政府指定机构。通常PPP项目合同中应明确约定移交形式、补偿方式、移交内容和移交标准。其中，补偿方式包括无偿移交和有偿移交。

采用有偿移交方式的，项目应在合同中明确约定补偿方案；没有约定或约定不明的，项目实施机构应按照"恢复相同经济地位"原则拟定补偿方案，报政府审核同意后实施。有偿移交过程中，项目实施机构或政府指定的其他机构在收购项目资产或SPV公司股权时可能涉及融资行为。融资主体可能是原SPV公司股东（政府部门代表），也可能是其他国有企业，但通常是地方政府控股企业。

由于原SPV公司的控股方即社会资本，通过项目移交出让资产或股权后，收购方都会成为项目资产或SPV公司的实际控制人，因此项目移交行为实质上也是一种并购行为，适用各种并购融资方式。融资主体可通过并购贷款、并购基金、并购债券、信托、证券资管等融资产品获得并购资金，详见表11-3。

表11-3 PPP项目移交常用金融产品对比

金融产品	优势	不足
并购贷款	融资期限较长，最长可达7年 融资规模最多可达并购交易金额的60% 融资成本较低 操作流程简便，所需时间短，融资效率高 可以为企业提供税收挡板，提升企业价值	有欠灵活
并购基金	实施并购不受上市公司信息披露要求约束，有利于上市公司市值管理 利用商业银行优先资金放大杠杆，有利于提高并购整体收益率 并购基金作为并购主体，而非上市公司，有利于并购价格谈判	融资成本较高，融资期限一般在3年以下

项目移交期的融资主体通常是以政府为背景、实力雄厚的国有企业，移交后会成为项目资产和SPV公司的实际控制人。且项目经过社会资本方在经营期内的培育，一般来说运营状况均较好。强大的融资主体和优质的项目资产都会给金融机构更多的信心，提高金融机构对融资方资金支持的积极性。

5. PPP项目不同付费方式的金融产品选择

在PPP模式下对项目进行融资，不仅针对不同的项目阶段需要选择不同的金融产品，不同的项目付费方式也会影响其融资方式或金融产品的选择，详见表11-4。

表11-4 PPP项目不同付费方式的金融产品解决方案

付费方式	收入分析	付费方式的金融解决方案
政府付费模式	该PPP合作模式下以政府付费作为SPV公司唯一收入方式，政府在符合相应采购管理办法的前提下采购SPV公司服务，政府按照《中华人民共和国预算法》的相关要求将资金安排纳入政府预算	由于政府采购，并纳入政府预算，对SPV公司的回款有了强有力的保证，可以使用应收账款质押/转让、保险资产支持计划等金融解决方案实现未来现金流的有效利用；同时根据不同SPV公司的实际情况可以考虑流动资金贷款、银行承兑汇票、融资租赁等传统融资模式

(续)

付费方式	收入分析	付费方式的金融解决方案
使用者付费模式	该PPP合作模式下最终使用者付费作为SPV公司唯一收入方式	可以使用应收账款质押/转让、ABS、ABN等金融解决方案实现未来现金流的有效利用；同时根据不同SPV公司的实际情况可以考虑流动资金贷款、银行承兑汇票、融资租赁等传统融资模式
可行性缺口补助模式	该PPP合作模式不以用户付费、政府补贴作为SPV公司的唯一收入方式，政府按照《中华人民共和国预算法》的相关要求将补贴安排纳入政府预算	可以使用应收账款质押/转让、ABS、ABN等金融解决方案实现未来现金流的有效利用；同时根据不同SPV公司的实际情况可以考虑流动资金贷款、银行承兑汇票、融资租赁等传统融资模式

1. **政府付费模式下融资方式的选择**

由于政府是政府付费模式的付费主体，因此政府采购并将其纳入政府预算，对SPV公司的回款是强有力的保证，可以使用应收账款质押/转让、保险资产支持计划等金融解决方案实现未来现金流的有效利用；同时根据不同SPV公司的实际情况可以考虑流动资金贷款、银行承兑汇票、融资租赁等传统融资模式。

2. **使用者付费模式下融资方式的选择**

使用者付费模式下是由项目产品或服务的最终消费者来承担费用，其预期现金流稳定性相较政府付费而言更弱，因此可以使用应收账款质押/转让、ABS、ABN⊖等金融解决方案实现未来现金流的有效利用，同样也可以考虑政府付费模式下的相关传统融资模式。

3. **可行性缺口补助模式下融资方式的选择**

该模式下，由政府和使用者共同承担费用，与使用者付费模式对融资的要求相似，同样可以使用应收账款质押/转让、ABS、ABN、流动资金贷款、银行承兑汇票、融资租赁等金融方式。

11.3.3 PPP项目的融资风险管理

1. **PPP项目的融资风险识别**

（1）PPP项目的融资风险识别概述　融资风险识别是融资风险管理的首要步骤，由风险管理人员在收集资料和调查研究之后，运用一种或多种风险识别方法组合，连续、系统地对可能影响项目的各种融资风险事件进行系统归类和全面识别。PPP项目的融资风险识别是PPP项目融资风险管理的基础，是贯穿于PPP项目全生命周期的连续的、动态的过程。

采用PPP项目的融资容易受到金融机构偏好和金融市场波动的影响。通常PPP项目的融资风险划分为资金可获得性风险、金融机构信用风险、汇率风险、利率风险、通货膨胀风险、流动性风险、金融机构监管风险和再融资风险。

（2）PPP项目的主要融资风险

1）资金可获得性风险。PPP项目的融资体量大，资金使用时间长，融资结构不合理、金融市场不健全、融资渠道不畅通等因素，会进一步增加项目资金筹措的困难。资金可获得

⊖ ABN为资产支持票据。

性风险主要存在于项目开发阶段和再融资阶段，随着经济情况的变化，银行提供长期信贷资金的能力可能降低，信贷期限更多集中于短期，需要 SPV 公司不断滚动融资，若资金可获得性差，则有可能存在资金链条断掉的风险，导致项目最终失败。

2）金融机构信用风险。目前金融机构为 PPP 项目提供融资及服务均以融资合同或协议作为保证，保证合同双方实现合同利益。而 PPP 项目能否按照融资合同的约定及时得到融资支持，很大程度上依赖于金融机构的信用状况，金融机构信用风险最简单和常见的表现形式就是违约，即金融机构未按照合同履行相应义务和承诺。

3）汇率风险。PPP 项目如果存在外资引入或外币支付等方面的内容，就很可能存在汇率风险，应该说在项目的全生命周期内部可能存在汇率风险。汇率风险可细分为外汇波动风险、外汇的不可获得风险以及外汇的不可转移风险。

4）利率风险。对于 PPP 项目的融资，其融资杠杆比例高、投资回收期长，使得项目的贷款利息支付与本金偿还长期面临利率波动带来的价值变化，从而影响项目的成本和收益。利率风险主要表现为浮动利率融资下利率上升时融资成本的增加，以及固定利率融资下利率下降时资金机会成本的损失。

5）通货膨胀风险。在 PPP 项目实施过程中，如果出现通货膨胀，带来的直接影响便是项目运行原材料和设备涨价、劳动力涨价，导致项目建设运营成本支出增加、收费困难等，进而影响项目发起人的收益。

6）流动性风险。PPP 项目流动性风险一般是指由于项目运营收入（现金）不足以偿还债务，项目缺少流动资金的风险。对于 PPP 项目而言，在项目建设期，服务以及营收能力尚未发挥，因此容易出现流动性问题。但在进入运营阶段后应该能够表现出能产生足够流动资金以偿还债务以及为项目运营维护提供足够资金的能力，否则，就说明该项目存在很大的流动性风险，而且流动资金往往在运营期投入，在建设期易被忽视或为了控制总投资规模而被调整，造成运营期缺少足够的流动资金，这也会造成项目运行过程中的流动性风险。

7）金融机构监管风险。PPP 项目建设运营资金的来源渠道具有多样化的特点，但为了确保专款专用，投入资金被用于项目建设，项目现金流入能用以偿还负债，金融机构往往会对项目运作过程进行财务监管，并及时掌握项目的建设经营情况。但在监管过程中，金融机构可能因直接介入条款而对项目进行干预，造成监管权滥用，这反而会增加项目运行管理方的危机感，干扰项目的正常运行。

8）再融资风险。PPP 项目合同复杂、特许期长、关联方多，政府部门和社会资本很难准确预测项目各阶段现金流和把握存在的风险，导致项目实际融资需求与原计划存在较大差异，往往需要通过再融资来降低财务成本或补充缺乏资金。

以上融资风险在具体的 PPP 项目中并非都会出现。在不同的 PPP 项目中，因建设环境、项目参与方、项目特征等不同，这些风险对项目的影响程度也不一样。因此，需要采取一些风险识别方法对具体 PPP 项目的融资风险进行识别，如头脑风暴法、核对表法等。

2. PPP 项目的融资风险分担

（1）融资风险分担主体分析　PPP 项目过程一般包括准备阶段、招标投标阶段、合同组织阶段、融资阶段、建造阶段、经营和移交阶段。在项目的全生命周期涉及的参与方有政府、私人投资者、SPV 公司、债权人、最终用户、保险公司以及承包商、供应商、运营商等。各参与方结构如图 11-7 所示。

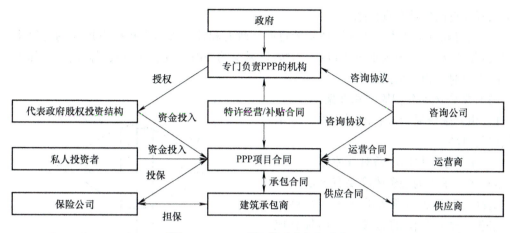

图 11-7　PPP 项目典型参与方结构

从 PPP 项目的融资风险分担主体角度分析认为，可将政府和社会资本（私人投资者、金融机构、咨询公司等）作为 PPP 项目的融资风险的主要承担者。因此，以下主要从政府和社会资本在 PPP 项目的融资过程中承担的角色、担当的责任以及相关利益关系等方面进行分析。

1）政府。政府是 PPP 项目的主要发起人，在项目的融资阶段给予项目一定数额的项目资本金或者贷款担保作为项目建设、开发和融资安排的支持。政府对于 PPP 的态度以及在 PPP 项目的融资与实施过程中给予的支持力度直接影响项目成败。

2）社会资本。社会资本也可以成为 PPP 项目的发起人，和代表政府方的出资机构合作成立 SPV 公司。通常，政府可采用公开招标、邀请招标、竞争性谈判、单一来源采购、询价等方式选择合适的社会资本参与到 PPP 项目中。社会资本一般是项目在融资过程中的主要执行者。通过项目的投融资活动和经营活动，获得投资收益，通过组织 PPP 项目的融资，实现投资项目的综合目标要求。

3）金融机构。在 PPP 项目的整体资金构成中，来自民间资本和政府的直接投资所占比例通常较小，而大部分资金主要还是来源于金融机构。向 PPP 模式提供贷款的金融机构主要有国际金融机构、商业银行、信托投资机构等。

4）其他社会主体。在整个融资服务链条中，除了以上参与方外还会涉及各类与融资服务相关的其他社会主体，如评估公司、担保公司、抵质押登记机构、会计师事务所、律师事务所、咨询公司、发债评级机构、登记托管清算机构等。

(2) 影响融资风险分担的因素

1）PPP 项目的融资模式的特点对风险分担的影响。由于 PPP 项目投资大、时间长、合同关系复杂等，政府和社会资本对融资风险均持非常谨慎的态度。

2）政府和社会资本对 PPP 融资模式的理解误区。除为了盘活民间资本、有效控制政府部门风险、提高公共设施提供服务效率等原因外，政府采用 PPP 模式的主要动机是利用社会资本资金、管理和技术优势来协助解决政府财政预算不足以及目前我国基础设施短缺、公共服务缺位等问题，通过社会资本的介入提高项目效率并为社会带来其他经济效益。但政府也需要认识到，采用 PPP 模式并非是将项目中存在的所有融资风险都转移给社会资本。对社会资本而言，开放投资的基础设施和公共服务领域是全新的，参与到其中不仅仅是为了获取利润、促进企业发展，还应该意识到基础设施和公共服务领域的公益性，这就要求企业需要不断提升自己的社会责任感。

3）政府和社会资本承担融资风险的意愿。政府和社会资本承担融资风险的意愿将直接影响谈判的进程，有关因素主要包括：对融资风险的一般态度、对融资风险的认识深度、融资风险发生时承担后果的能力。

（3）融资风险分担原则和框架

1）由对融资风险最有控制力的一方承担相应的风险。

2）坚持融资风险收益对等原则。

3）各方承担的融资风险要有上限。

提高公共设施或服务的效率（简称效率）和控制融资风险的总成本（简称总成本）与融资风险分担的关系如图11-8所示。可以看出，三者不是简单的正相关或负相关的关系，只有达到最优风险分担时，才能达到效率最高和总成本最低。

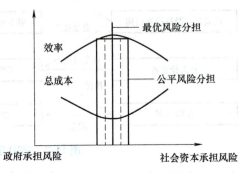

图11-8 提高效率和控制总成本与融资风险分担的关系

综上，对于PPP项目的融资风险的分担，不能从项目利益相关者的某一方的角度出发，需从项目的整体利益出发来考虑。在上述分担原则的基础上，又提出了融资协议中的风险分担机制的设计思路，具体内容如图11-9所示。

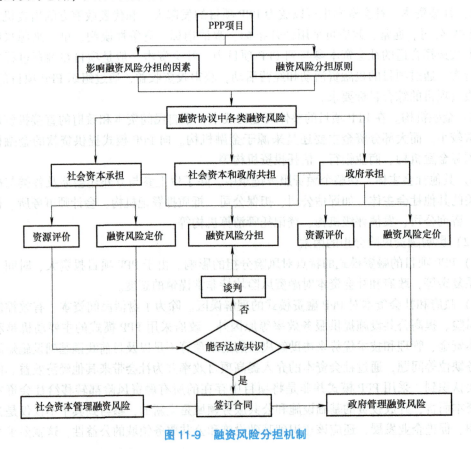

图11-9 融资风险分担机制

（4）融资风险分担建议方案 由于在不同进展阶段，PPP项目所面临的融资风险存在较大差异，根据融资风险分担原则及分担机制，结合已有相关研究，分析总结得出适合PPP项目的政府和社会资本间的融资风险分担框架如图11-10所示。

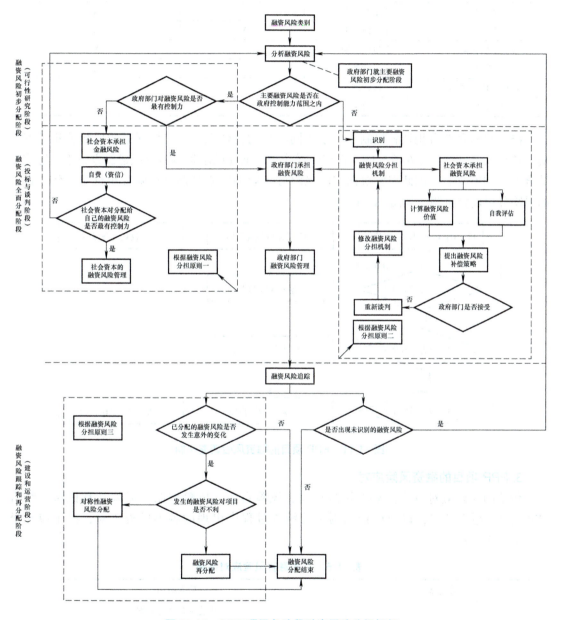

图11-10 PPP项目各阶段融资风险分担框架

结合融资风险分担框架，政府和社会资本即可就识别出的各类融资风险进行合理分配。

融资风险合理分担是PPP模式融资风险管理的重要核心。根据风险分担的原则和行业经验，一般情况下PPP项目的融资风险分担建议方案见表11-5。

表 11-5　PPP 项目的融资风险分担建议方案

风险类别	发生阶段	政府承担	社会资本承担
资金可获得性风险	全生命周期		√
金融机构信用风险	全生命周期		√
汇率风险	全生命周期	√	√
利率风险	全生命周期	√	√
通货膨胀风险	全生命周期	√	√
流动性风险	运营期		√
金融机构监管风险	运营期		√
再融资风险	运营期		√

（5）融资风险分担调整机制　由于不同项目的特殊性，一般情况下的风险分担偏好与实际项目风险分担是存在差异的，在实际操作中，前述的融资风险分担建议方案不一定完全适合所有 PPP 项目，因此需要根据实际风险分担影响因素来调整风险分担框架，建立良好的风险分担调整机制，如图 11-11 所示。

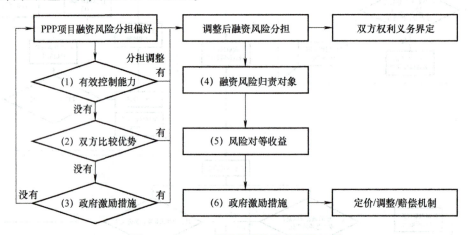

图 11-11　PPP 项目的融资风险调整机制

3. PPP 项目的融资风险应对

传统的风险应对方式主要有风险规避、风险自留、风险控制和风险转移四种。结合 PPP 项目的融资特点，以及前期识别出的融资过程中出现的各类融资风险，提出应对措施，见表 11-6。

表 11-6　八种融资风险应对措施

风险类型	应对措施
资金可获得性风险	优化项目本身方案
	预防政府影响及政策改变
	控制作假与腐败
金融机构信用风险	利用银行信用评价等级
	获得政府支持
	寻求法律保障

(续)

风险类型	应对措施
汇率风险	投资和收入流动性的选择
	货币的选择
	利用金融衍生工具
	合同中规定外汇保值条款
	外汇风险均担法
	与东道国政府谈判取得保证
利率风险	固定利率贷款
	利率交换
	利率期权交易
	利率封顶和其他工具
通货膨胀风险	灵活的调价机制
	估算通货膨胀率
	补偿机制
	增加收费或延长特许经营期
流动性风险	政府和金融机构担保
	建立资金流动性风险预警模型
	安排流动性支持者
金融机构监管风险	平衡债资比
	选择经验丰富的建设运营和维护承包商
	避免直接介入条款发生
	订立限制监管权力的合同条款
再融资风险	运用相关金融工具
	保持项目良好状况

11.4 PPP、BOT、ABS 融资模式的比较

工程项目的融资模式有其各自的优点和缺点，其应用条件有别、适应环境各异，而且政府在其中所起的作用、承担的风险和代价也不同。对 PPP 融资模式、BOT 融资模式和 ABS 融资模式进行比较，见表 11-7。

表 11-7 PPP、BOT 和 ABS 筹资模式对比

	PPP	BOT	ABS
短期内筹资的难易程度	较易	难	难
项目的所有权	部分拥有	拥有	不完全拥有
项目的经营权	部分拥有	失去（转交之前）	拥有
融资成本	一般	最高	最低

(续)

	PPP	BOT	ABS
融资需要的时间	较短	最长	较长
政府风险	一般	最大	最小
政策风险	一般	大	小
对宏观经济的影响	有利	利弊兼具	有利
适用范围	有长期、稳定现金流的项目	有长期、稳定现金流的项目	有长期、稳定现金流的项目，在国际市场上大规模筹集资金的项目

思考题

1. 简述 BOT 融资模式的概念及特点。
2. 简述 BOT 项目融资的运作阶段。
3. 简述 BOT 项目融资方式面临的风险。
4. 什么是 ABS 融资？
5. 简述 ABS 融资的基本要素及当事人。
6. 简述 ABS 融资的运行阶段。
7. 什么是 PPP 融资模式？简述其特点。
8. 简述 PPP 融资项目的基本运作流程。
9. 简述 PPP 项目不同付费方式的金融产品选择。

第 12 章
建设工程项目融资方案

本章主要内容：项目融资计划方案的编制，包括工程项目投资预测、项目融资计划、还本付息方案；资金成本，包括对资金成本的理解、资金成本的计算；工程项目融资的杠杆原理，包括经营杠杆、财务杠杆、综合杠杆；融资结构分析，包括权益与债务融资比例、资本金融资结构、债务融资结构、融资结构方案比选方法。

本章重难点：项目融资计划、还本付息方案；对资金成本的理解、资金成本的计算；经营杠杆、财务杠杆、综合杠杆；权益与债务融资比例、资本金融资结构、债务融资结构、融资结构方案比选方法。

12.1 项目融资计划方案的编制

12.1.1 工程项目投资预测

工程项目融资计划方案的编制基础是对项目投资的合理估计。工程项目建设投资是指从项目策划开始到项目竣工试运行为止过程中为项目建设花费的全部费用。一般新项目的建设投资主要构成为建筑工程费、安装工程费、设备购置费、工程建设其他费、预备费、流动资金等费用。

1. 建筑工程费

建筑工程费主要包括场地清理平整、永久性主体工程及辅助公用工程建筑、水电管线敷设、道路绿化及有关户外工程建筑等费用。建筑工程费由直接费、间接费、利润和税金组成。直接费包括人工费、材料费、施工机械使用费和其他直接费，可按工程量和预算综合指标计算。间接费包括施工管理费和其他间接费，一般以直接费基础，按间接费费率计算。利润以工程的直接费与间接费之和为基数计算。

2. 安装工程费

安装工程费包括设备及室内外管线安装等费用，由直接费、间接费、计划利润和税金构成。直接费按每吨设备或设备原价的百分比估算。间接费按照间接费费率计算。计划利润以安装工程的直接费与间接费之和为基数，按照一定的费率记取。税金按有关规定计算。

3. 设备购置费

设备购置费包括需要安装和不需要安装的全部设备、工器具及生产用家具购置费等。后者是指新建项目为保证初期正常生产所必须购置的第一套不够固定资产标准的设备、仪器、工卡模具、器具等的费用，不包括备品备件购置费，该费用应随同有关设备列入设备费中。

4. 工程建设其他费

工程建设其他费包括土地使用费、研究试验费、勘察设计费等。研究试验费是按照建设项目提供或验证设计数据资料进行必要的研究试验、按照方案要求在施工过程中必须进行的试验所需的费用，以及支付科技成果、先进技术的一次性技术转让费。按照可行性研究方案提出的研究试验内容和要求编制。勘察设计费是指委托勘察设计单位设计时，按规定应支付的费用，以及为建设项目进行可行性研究而支付的费用，同时，也包括在规定范围内由建设单位进行勘察设计所需的费用。按照国家发放委颁发的工程勘察设计收费标准和有关规定进行编制。

5. 预备费

在确定工程造价时，还必须考虑影响造价的变动因素，比如投资估算一般按当时当地的设备、材料预算价格计算，因此，在投资估算的过程中应考虑设备、材料价格的浮动因素，以及其他影响工程造价变动的因素。同时，对于由一些不可抗力而导致的工程的停顿、工程的损坏等而造成的损失进行一部分资金的预算。

6. 流动资金

流动资金是指项目投产后，为进行正常的运营，用于购买原料、维修设备及其他运营等所必不可少的周转资金。

在资金使用计划的编制过程中应着重考虑以下方面：①项目实施进度规划是否能与资金筹措方式和筹资规划相吻合，是否有调整和修改意见，资金使用规划能否与项目实施进度规划相衔接。②各项不同渠道来源的资金使用是否合理、是否符合国家规定，特别是外汇的使用是否符合国家有关政策规定和使用者签订的协议，有无外汇偿还能力。③投资使用规划的安排是否科学合理，是否能够达到保证项目顺利实施和资金最优利用的目的。

12.1.2 项目融资计划

资金筹措和投资方案的选择是既有联系又有区别的两个方面，建设资金是项目建设的基本前提条件，只有在相当明确的筹措资金前景的情况下，才有条件进行项目策划和可行性研究。如果筹集不到资金，投资方案再合理，也不能付诸实施。而建设项目的资金需求量必须在进行深入的产品需求研究、工艺技术及财务经济研究之后才能进行较为符合实际情况的估算。因此，要分析投资方案在技术和商业上的生命力以及筹资方案是否适当，并将它们联系起来同时做出评价。

项目融资计划方案应有两部分构成：①项目资本金及债务融资资金来源与构成；②以分年投资计划为基础，编制资金筹措计划。

1. 项目资本金及债务融资资金来源与构成

项目融资的来源主要有国家政策性银行贷款、商业银行贷款、世界银行贷款、发行股票、发行债券、流动资金贷款等方式。在融资计划方案中，应对资金的融资渠道、金额、融资条件和融资可信程度进行详细说明，并编制投资项目资金来源计划表。

2. 分年投资计划与资金筹措计划

估算出项目总投资后，应根据项目计划进度的安排，编制分年投资计划。在此基础上，编制资金筹措计划，使资金筹措在时间和数量上与资金需求平衡。项目总投资使用计划与资金筹措表的参考格式见表 12-1。

表 12-1　项目总投资使用计划与资金筹措表

序号	项目	合计			1			2		
		人民币	外币	小计	人民币	外币	小计	人民币	外币	小计
1	总投资									
1.1	建设投资									
1.2	流动资金									
1.3	建设期利息									
2	资金筹措									
2.1	项目资本金									
2.1.1	用于建设投资									
	××方									
	……									
2.1.2	用于流动资金									
	××方									
	……									
2.1.3	用于建设期利息									
	××方									
	……									
2.2	债务资金									
2.2.1	用于建设投资									
	××借款									
	××债券									
	……									
2.2.2	用于建设期利息									
	××借款									
	××债券									
	……									
2.2.3	用于流动资金									
	××借款									
	××债券									
	……									
2.3	其他资金									
	××									
	……									

资料来源：《建设项目经济评价方法与参数》（第 3 版）。

在编制过程中要考虑以下几个方面：

1）分析鉴定可行性研究报告中提出的各种筹资渠道是否可行、可靠和能否落实。考察其落实程度和资金提供的条件,即项目建设所需总投资和分年所需投资能否得到足够的、持续的资金供应。

2) 分析资金来源方案是否满足项目要求。项目需要引进先进技术,则可选用现汇引进或合资经营方式;项目主要需要扩大出口、增加外汇,则可采用合资、合作、补偿贸易方式;项目投资大、见效慢、利润低,则可申请外国政府低息贷款或国际金融机构贷款等。

3) 分析资金来源是否正当、合理,是否符合国家政策规定。固定资产投资需验证资金落实证件,贷款要有贷款银行意见,并分析其资金来源的合理性和筹资能力的可靠性。同时,要根据项目特点,按照国家规定的政策法规,选择政策允许的资金来源方式。

4) 对于利用外资项目,需要复核外汇来源和外汇额度是否落实和可靠,外汇数额能否满足项目的要求。

12.1.3 还本付息方案

对于一项工程项目,在分析其融资及投资计划之外,还要编制债务融资的还本付息方案,计算贷款偿还期。

对一般国内项目,贷款偿还期是指固定资产投资贷款偿还期。因为流动资金虽然也包括自由资金和借款两部分,但是,流动资金借款在生产经营期内并不归还银行。因此,贷款偿还期就是指在国家财政规定及项目具体财务条件下,项目投产后可用作还款的利润、折旧、摊销及其他收益额偿还固定资产投资贷款本金和利息所需要的时间,其表达式为

$$I_d = \sum_{t=1}^{P_d} (R_p + D' + R_o - R_r)_t$$

式中　I_d——固定资产投资本金和利息之和;

P_d——贷款偿还期(从建设开始年算起);

R_p——年利润总额;

D'——年可用作偿还借款的折旧;

R_o——年可用作偿还借款的其他收益(含摊销费等);

R_r——还款期间的年企业留利。

因此,$(R_p + D' + R_o - R_r)_t$ 为第 t 年可用于还款的收益额。

涉及外资的项目,国外贷款部分的还本付息应按已经明确的或预计可能的贷款偿还条件计算。

12.2 资金成本

12.2.1 对资金成本的理解

1. 资金成本的概念

每个工程项目的融资都是有成本的,与传统公司融资相比其成本较高。各种融资方式筹集的资金不可能无偿使用,都需要付出代价,即要向资金提供者如股东、银行、债券持有人等支付股息、利息等作为报酬,产生资金成本。资金成本,较准确的定义为:为筹集和使用资金而付出的代价,包括资金筹集费(简称筹资费)和资金占用费。筹资费是指在资金筹

集过程中支付的各项费用，如发行股票、债券的印刷费，发行手续费，律师费，资信评估费，公证费，担保费，银团贷款管理费等。资金占用费是指占用资金的费用，如借款利息、债券利息、股息、红利等。资金占用费与所筹资金金额的大小以及占用时间长短有关，是筹资企业经常发生、需定期支付的，它构成了融资资金成本的主要内容。相比之下，资金筹集费则通常在筹集资金时一次性发生，属于一次性费用，它与筹资次数有关。因此，在计算成本时可作为筹资金额的一项扣除。融资资金成本的一般计算公式为

$$K = \frac{D}{M - F}$$

式中　K——融资资金成本；
　　　D——资金占用费；
　　　M——所筹资金金额；
　　　F——资金筹集费。

2. 资金成本的作用

资金成本是比较融资方式、选择融资方案的依据。资金成本有个别资金成本、综合资金成本、边际资金成本等形式，在不同情况下有各自的作用。

（1）个别资金成本是比较各种融资方式优劣的一个尺度　工程项目筹集长期资金一般有多种方式可供选择，如长期借款、发行债券、发行股票等。由于融资渠道和融资方式的不同，其个别资金成本也不同。资金成本的高低可作为比较各种融资方式优劣的一个依据。

（2）综合资金成本是项目资金结构决策以及评价融资方案的基本依据　通常项目所需的全部长期资金是采用多种融资方式筹集组合构成的，这种融资组合通常有多个融资方案可供选择。所以，综合资金成本的高低就是比较各个融资方案，做出最佳资金结构决策的基本依据。

（3）边际资金成本是比较选择追加融资方案的重要依据　项目公司为了扩大工程规模，增加所需资产或投资，通常会需要追加筹集资金。在这种情况下，边际资金成本就成为比较选择各个追加融资方案的重要依据。

有资料表明，相对于公司融资（既有项目法人融资）而言，项目融资（新设项目法人融资）在取得债务资金时，要支付更多的前期筹资费用和利息成本。这就需要项目管理者更重视资金成本的测算。

12.2.2　资金成本的计算

1. 个别资金成本

个别资金成本是指使用各种长期资金的成本，分为普通股和优先股、项目借款和债券融资、融资租赁等。

（1）普通股资金成本　普通股股东收益一般不固定，它随投资项目的经营状况而改变。普通股股东拥有的财富等于他将来从投资项目预期得到的收益按股东的必要收益率进行贴现而得到的总现值，即股东愿意投资的最低限度为他必须获得的收益率。低于这个收益率，投资者则把资金投向别处，此收益率就是普通股的资金成本。股东的预期收益由两部分组成：一部分是股利，其收益率称为股利收益率；二是资本利得，即预期以后股票涨价给股东带来的收益，其收益率称为资本利得收益率。鉴于普通股成本计算考虑的因素，普通股成本的测

算方法一般有三种：

1）股利折现模型：

$$P_e(1-F_c) = \sum_{t=1}^{+\infty} \frac{D_t}{(1+K_c)^t}$$

式中　P_e——普通股融资额；
　　　D_t——普通股第 t 年的股利；
　　　K_c——普通股资金成本率；
　　　F_c——普通股融资费用率。

根据股利折现模型测算普通股资金成本，因实行的股利政策而有所不同。如果公司采用固定股利政策，即每年分配现金股利 D_c 元，则其资金成本率计算公式为

$$K_c = \frac{D_c}{P_e(1-F_c)}$$

如果公司采用固定增长股利，股利固定增长比率为 G，则其资金成本率为

$$K_c = \frac{D_1}{P_e(1-F_c)} + G$$

式中　D_1——第 1 年的股利。

【例 12-1】某项目公司发行普通股总价格 5000 万元，融资费用率为 4%，第 1 年股利率为 12%，以后每年增长 5%。普通股资金成本率为

$$\frac{5000 \text{ 万元} \times 12\%}{5000 \text{ 万元} \times (1-4\%)} + 5\% = 17.5\%$$

2）资本资产定价模型。资本资产定价模型阐述为普通股投资的必要报酬率 K_s 等于无风险报酬率加上风险报酬率，公式为

$$K_s = R_f + \beta(R_m - R_f)$$

式中　R_f——无风险报酬率；
　　　R_m——市场平均报酬率；
　　　β——股票的贝塔系数。

3）债券投资报酬率加股票投资风险报酬率模型。从投资者的角度，股票投资的风险高于债券。因此，股票投资的必要报酬率可以在债券利率的基础上再加上股票投资高于债券投资的风险报酬率。

(2) 优先股资金成本　优先股的最大特点是每年的股利是固定不变的，当项目运营过程中出现资金紧张时可暂不支付。但是，因其股利是在税后支付，无法抵消所得税，因此筹资成本大于债券。这对项目企业来说是必须支付的固定成本。由于优先股的股利是固定的，优先股的资金成本率计算公式为

$$K_p = \frac{D_p}{P_p(1-F_p)}$$

式中　P_p——优先股融资额；
　　　D_p——优先股股利；

K_p ——优先股资金成本率；
F_p ——优先股融资费用率。

【例 12-2】某工程公司发行优先股总面额为 1000 万元，总发行价为 1250 万元，融资费用率为 6%，规定年股利率为 14%。则优先股资金成本率计算如下：

$$\frac{1000 \text{ 万元} \times 14\%}{1250 \text{ 万元} \times (1-6\%)} = 11.91\%$$

（3）项目借款资金成本 项目借款成本包括借款利息和筹资费用两部分。借款利息计入税前成本费用，可以起到抵税的作用。一次还本、分期付息借款的资金成本率可表示为

$$K_L = \frac{I_t(1-T)}{L(1-F_L)}$$

式中 K_L ——项目借款资金成本率；
I_t ——项目借款年利息；
T ——所得税税率；
L ——项目借款筹资额（借款本金）；
F_L ——项目借款筹资费用率。

上式也可以改为

$$K_L = \frac{R_L(1-T)}{(1-F_L)}$$

式中 R_L ——项目借款的利率。

当项目借款的筹资费（主要是借款的手续费）很小时，也可以忽略不计。

考虑货币的时间价值，可先采用计算现金流量的方法确定长期借款税后成本，公式为

$$L(1-F_L) = \sum \frac{I_t(1-T)}{(1+K_L)^t} + \frac{P}{(1+K_L)^n}$$

式中 P ——第 n 年年末应偿还的本金；
K_L ——项目借款融资成本率（税后）。

【例 12-3】某项目公司取得长期借款 1500 万元，年利率为 10%，期限 5 年，每年付息一次，到期一次还本。筹措这笔借款的费用率为 0.2%，所得税税率为 25%。长期借款资金成本率为

$$\frac{1500 \text{ 万元} \times 10\% \times (1-25\%)}{1500 \text{ 万元} \times (1-0.2\%)} = 7.52\%$$

（4）债券融资资金成本 发行债券的成本主要是指债券利息和筹资费用。债券利息的处理与项目借款利息的处理相同，应以税后的债务成本为计算依据。债券的筹资费用主要包括发行债券的手续费、注册费用、印刷费以及上市推销费用等，费用较高，不可在计算资金成本时省略。

1) 债券以面值发行时融资成本的计算。按照一次还本、分期付息的方式，以面值发行

债券时融资资金成本率的计算公式为

$$K_b = \frac{I_b(1-T)}{B_0(1-F_b)}$$

式中　K_b——债券融资资金成本率；
　　　I_b——债券年利息；
　　　T——所得税税率；
　　　B_0——债券面值；
　　　F_b——债券筹资费用率。

或

$$K_b = \frac{R_b(1-T)}{(1-F_b)}$$

式中　R_b——债券利率。

2）债券折价或溢价发行时融资资金成本的计算。当债券溢价或折价发行时，融资资金成本的计算公式为

$$K_b = \frac{\left(I - \dfrac{B_1 - B_0}{n}\right)(1-T)}{B_1(1-F_b)}$$

式中　I——债券年利息；
　　　B_0——债券面值总金额；
　　　B_1——债券的实际发行总金额；
　　　n——债券偿还期。

3）考虑时间价值的债券融资成本的计算。若考虑时间价值，则债券融资资金成本率的计算公式为

$$B_1(1-F_b) = \sum \frac{I_b(1-T)}{(1+K_b)^n} + \frac{B_0}{(1+K_b)^n}$$

【例12-4】某项目公司发行总面额为4000万元的债券8000张，总价格4500万元，票面利率为12%，期限为5年，发行费用占发行价值的5%，公司所得税税率为25%。则该债券融资资金成本率计算如下：

债券票面年利息 I = 4000万元 × 12% = 480万元

债券融资资金成本率为

$$K_b = \frac{480\,万元 - \dfrac{4500\,万元 - 4000\,万元}{5} \times (1-25\%)}{4500\,万元 \times (1-5\%)} = 9.47\%$$

（5）融资租赁资金成本　融资租赁是项目企业在资金短缺情况下取得生产所需设备的手段之一，它具有融资和融物相结合的特点，其实质是一种信贷行为。在融资租赁中，承租方以向出租方支付租金为代价，取得了资产大部分使用年限的使用权，并实现了资产所有权上附带的报酬和风险由出租方向承租方的转移。因此，融资租赁和其他筹资方式一样，对于

承租方而言具有资金成本。融资租赁的成本包括设备购置成本和租息两部分。设备购置成本是租金的主要组成部分，由设备的买价、运杂费和途中保险费构成。租息又分为租赁公司的融资成本、租赁手续费等，融资成本是指租赁公司为购置租赁设备而筹措资金的费用，即设备的营业费用和一定的盈利。融资租赁资金成本率的计算公式为

$$A = \sum_{t=1}^{n} \frac{F_t - D_t T}{(1 + K_r)^t}$$

式中　K_r——融资租赁承租方资金成本；
　　　A——租赁设备的公允价值（一般可以采用设备的现行市价，它和设备的入账价值是两个概念）；
　　　n——租赁期；
　　　F_t——第 t 个租赁期支付的租金（一般情况下各期租金额是相同的）；
　　　D_t——第 t 个租赁期设备计提折旧额；
　　　T——所得税税率。

2. 综合资金成本

上述几种筹资模式各有利弊。借债是成本最低的一种资金来源，但是，不能无限度地使用债务，借债过多会使偿债缺乏保障而加大风险，使资金成本升高。以较低的债务成本筹资，必须以牺牲将来借债的机会为代价。股票筹资的好处很多，不用还本付息，财务风险低，但其缺点是筹资成本高，出售普通股的同时，也把选举权出售给了新股东，可能会发生公司控制权的转移，而且对老股东来说，发售新股票会稀释每股的收益。所以，筹资者必须设计出一个最优的目标资本结构，即确定债权和股权的合理比例。对此就应考虑项目融资的加权平均资金成本，它是以各种资金占全部资金的比重为权数，对个别资金成本进行加权平均确定的。加权平均资金成本可根据公司的债务成本、权益成本计算出来。其计算公式为

$$K_w = \sum_{j=1}^{n} K_j W_j$$

式中　K_w——加权平均资金成本；
　　　K_j——第 j 种个别资金成本；
　　　W_j——第 j 种个别资金占全部资金的比重（权数）；
　　　n——个别资金的种数。

【例 12-5】某项目公司共有长期资金（账面价值）10 000 万元，其中长期借款 1500 万元、债券 2000 万元、优先股 1000 万元、普通股 3000 万元、融资租赁 2500 万元，其资金成本率分别为 5%、6%、10%、14%、8%。该公司的加权平均资金成本可分为两步分别计算如下：

第一步，计算各种不同性质的资金占全部资金的比重：

长期借款　　　　　$W_1 = \dfrac{1500 \text{ 万元}}{10\ 000 \text{ 万元}} = 0.15$

债券　　　　　　　$W_2 = \dfrac{2000 \text{ 万元}}{10\ 000 \text{ 万元}} = 0.2$

优先股　　　　　　$W_3 = \dfrac{1000 \text{ 万元}}{10\ 000 \text{ 万元}} = 0.1$

普通股 $\quad W_4 = \dfrac{3000\ 万元}{10\ 000\ 万元} = 0.3$

融资租赁 $\quad W_5 = \dfrac{2500\ 万元}{10\ 000\ 万元} = 0.25$

第二步，计算加权平均资金成本：

$K_w = 5\% \times 0.15 + 6\% \times 0.2 + 10\% \times 0.1 + 14\% \times 0.3 + 8\% \times 0.25 = 9.15\%$

上述计算的个别资金占全部资金的比重，是按账面价值确定的，其资料容易取得。但是当资金的账面价值与市场价值差别较大时，比如股票、债券的市场价格发生较大变动，计算结果会与实际有较大差距，从而影响投资决策。为了克服此缺陷，个别资金占全部资金比重的确定还可以按市场价值或目标价值确定，分别称之为市场价值权数、目标价值权数。

市场价值权数是指债券、股票以市场价格确定的权数。这样计算的加权平均资金成本能反映企业目前的实际状况。同时，为弥补证券市场价格变动频繁的缺陷，也可选用平均价格。

目标价值权数是指债券、股票以未来预计的目标市场价值确定权数。这种权数能体现期望的资本结构，而不像账面价值权数那样只反映过去和现在的资本结构，所以，按目标价值权数计算的加权平均资金成本更适用于企业筹集新资金。

3. 边际资金成本

工程项目在建设过程中追加筹资时，不能仅仅考虑目前所使用的资金的成本，还必须考虑新筹资金的成本，即边际资金成本。边际资金成本是工程项目追加筹资的成本，是项目建设过程中确定追加权益资金和债务资金比例的重要标准。边际资金成本是一个动态的概念，对边际资金成本的计算也应从一个动态的过程考虑，具体可以分为两种情况：

（1）项目新增资金的成本与项目现有资金的成本相同，且在任何筹资范围内都能保持不变　当新增资金的结构与项目现有资金结构相同时，综合边际资金成本将与项目现有综合资金成本相同；当新增资金的结构与项目现有资金结构不同时，综合边际资金成本将不同于项目现有的综合资金成本，这时的综合边际资金成本则要根据各项新增资金的成本及其结构计算。显然，各项新增资金的成本与企业现有各项资金的成本相同，且在任何筹资范围内都保持不变的情况是不常见到的。

（2）各项新增资金的成本将随着筹资规模的扩大而上升　这时边际资金成本的确定比较复杂，需要按一定的方法步骤来计算。首先，要分析资金市场的资金供需状况等相关因素，以确定各种筹资方式的资金成本分界点。所谓资金成本分界点，是指使资金成本发生变动的筹资额。例如，当项目借款在1000万元时，其贷款利率为12%，如果借款超过1000万元时，由于风险的增加，超过部分的资金成本或利率就要上升为15%，则1000万元就为该种筹资方式的成本分界点。其次是要确定新筹资金的资金结构，即用各种筹资方式筹得资金之间的比例结构关系。最后是要确定筹资总额的资金成本分界点及与之对应的筹资范围。所谓筹资总额的资金成本分界点，是指使用某项资金成本发生变动的筹资总额，这是根据已定的资金结构及各种筹资方式的资金成本分界点确定的。例如，若项目确定的新筹资金结构中，银行借款占20%，银行借款的资金成本分界点为1000万元，则项目的筹资总额在1000万元/20% = 5000万元之内时，银行的资金成本不会上升；若筹资总额超过5000万元，按

20%的银行借款资金比例结构,银行借款就会超过1000万元,银行借款的资金成本就会上升。因此,这5000万元就是针对银行借款的资金成本而言的筹资总额资金成本分界点。

【例12-6】 某项目公司目前拥有长期资本10 000万元,其中,长期债务2000万元,优先股500万元,普通股权益7500万元。为了适应扩大投资的需要,公司准备筹措新资。测算追加融资的边际资金成本率可按下列步骤进行:

第一步,确定目标资金结构。公司目前的资本结构处于目标资本结构范围,在今后增资时应予以保持,即

长期债务:2000万元/10 000万元=0.20

优先股:500万元/10 000万元=0.05

普通股:7500万元/10 000万元=0.75

第二步,测算各种资金的成本率。随着公司筹资规模的扩大,各种资金的成本率也会发生变动,测算结果见表12-2。

表12-2 公司追加融资测算资料表

资本种类	目标资本结构 (1)	追加融资数额范围(元) (2)	个别资金成本率(%) (3)
长期债务	0.20	10 000以下	6
		10 000~40 000	7
		40 000以上	8
优先股	0.05	2500以下	10
		2500及以上	12
普通股	0.75	22 500以下	14
		22 500~75 000	15
		75 000以上	16

第三步,测算融资总额资金成本分界点。根据公司目标资金结构和各种资金的成本率变动的分界点,测算公司融资总额资金成本分界点。其测算公式为

$$BP_j = \frac{TF_j}{W_j}$$

式中 BP_j——融资总额资金成本分界点;

TF_j——第j种资本的成本率分界点;

W_j——目标资本结构中第j种资本的比例。

公司的追加融资总额范围的测算结果见表12-3。

表12-3 公司的追加融资总额资金成本分界点测算

资本种类	个别资金成本率(%)	追加融资数额范围(元)	融资总额资金成本分界点(元)	融资总额范围(元)
长期债务	6	10 000以下	10 000/0.20=50 000 40 000/0.20=200 000	50 000以下
	7	10 000~40000		50 000~200 000
	8	40 000以上		200 000以上

(续)

资本种类	个别资金成本率（%）	追加融资数额范围（元）	融资总额资金成本分界点（元）	融资总额范围（元）
优先股	10	2500 以下	2500/0.05 = 50 000	50 000 以下
	12	2500 及以上		50 000 以上
普通股	14	22 500 以下	22 500/0.75 = 30 000 75 000/0.75 = 100 000	30 000 以下
	15	22 500 ~ 75 000		30 000 ~ 100 000
	16	75 000 以上		100 000 以上

第四步，测算边际资金成本率。根据测算的融资总额资金成本分界点，可以得出下列五个新的融资总额范围：①30 000 元以下；②30 000 ~ 50 000 元；③50 000 ~ 100 000 元；④100 000 ~ 200 000 元；⑤200 000 元以上。

对这五个融资总额范围分别测算其加权平均资金成本率，即可得到边际资金成本率，测算结果见表 12-4。

表 12-4　边际资金成本率规划

序号	融资总额范围（元）	资金种类	目标资金结构	个别资金成本率（%）	边际资金成本率（%）
1	30 000 以下	长期债务	0.20	6	1.20
		优先股	0.05	10	0.50
		普通股	0.75	14	10.50
第一个融资总额范围的边际资金成本率 = 12.20%					
2	30 000 ~ 50 000	长期债务	0.20	6	1.20
		优先股	0.05	10	0.50
		普通股	0.75	15	11.25
第二个融资总额范围的边际资金成本率 = 12.95%					
3	50 000 ~ 100 000	长期债务	0.20	7	1.40
		优先股	0.05	12	0.60
		普通股	0.75	15	11.25
第三个融资总额范围的边际资金成本率 = 13.25%					
4	100 000 ~ 200 000	长期债务	0.20	7	1.40
		优先股	0.05	12	0.60
		普通股	0.75	16	12.00
第四个融资总额范围的边际资金成本率 = 14.00%					
5	200 000 以上	长期债务	0.20	8	1.60
		优先股	0.05	12	0.60
		普通股	0.75	16	12.00
第五个融资总额范围的边际资金成本率 = 14.20%					

第五步，根据上述各个融资方案的融资总量、边际资金成本率及其预计的边际投资报酬率的比较，判断并选择有利的投资及融资机会。

12.3 工程项目融资的杠杆原理

杠杆原理是物理学中的概念,财务管理中用杠杆原理来描述一个量的变动会引起另一个量的更大变动。财务管理中的杠杆有经营杠杆、财务杠杆、综合杠杆。

12.3.1 经营杠杆

1. 经营杠杆效应

企业在生产经营中会有这么一种现象:在单价和成本水平不变的条件下,销售量的增长会引起息税前利润以更大的幅度增长。这就是经营杠杆效应。经营杠杆效应产生的原因是,当销售量增加时,变动成本将同比增加,销售收入也同比增加,但固定成本总额不变,单位固定成本以反比例降低,这就使得单位产品成本降低,每单位产品利润增加,于是利润比销售量增加得更快。

【例 12-7】考察某集团连续 3 年的盈利资料,见表 12-5。

表 12-5 某集团盈利资料 (金额单位:元)

项目	第 1 年	第 2 年	第 3 年
单价	150	150	150
单位变动成本	100	100	100
单位边际贡献	50	50	50
销售量	10 000	20 000	30 000
边际贡献	500 000	1 000 000	1 500 000
固定成本	200 000	200 000	200 000
息税前利润(EBIT)	300 000	800 000	1 300 000

由表 12-5 可见,从第 1 年到第 2 年,销售量增加了原来的 100%,息税前利润增加了原来的 166.67%;从第 2 年到第 3 年,销售量增加了原来的 50%,息税前利润增加了原来的 62.5%。

利用经营杠杆效应,企业在可能的情况下适当增加产销会取得更多的盈利,这就是经营杠杆利益。但也必须注意到,当企业遇上不利而销售量下降时,息税前利润会以更大的幅度下降,即经营杠杆效应也会带来经营风险。

2. 经营杠杆系数及其计算

经营杠杆系数也称经营杠杆率(DOL),是指息税前利润变动率相对于销售量变动率的倍数。其定义公式为

$$DOL = \frac{息税前利润变动率}{销售量变动率} = \frac{\frac{\Delta EBIT}{EBIT_0}}{\frac{\Delta x}{x_0}}$$

按表 12-5 中的资料可以算得第 2 年经营杠杆系数为 1.6667,第 3 年经营杠杆系数

为 1.25。

12.3.2 财务杠杆

1. 财务杠杆效应

企业在核算普通股每股利润时，在资金构成不变的情况下，息税前利润的增长会引起普通股每股利润以更大的幅度增长，这就是财务杠杆效应。财务杠杆效应产生的原因是，当息税前利润增长时，债务利息不变，优先股股利不变，就使得普通股每股利润比息税前利润增加得更快。

【例12-8】 假设某集团年债务利息 100 000 元，所得税税率 25%，普通股 100 000 股，连续 3 年普通股每股利润资料见表 12-6。

表 12-6　某集团连续 3 年普通股每股利润资料　　　　　　　　　　（金额单位：元）

项目	第1年	第2年	第3年
息税前利润（EBIT）	300 000	800 000	1 300 000
债务利息	100 000	100 000	100 000
税前利润	200 000	700 000	1 200 000
所得税	50 000	175 000	300 000
税后利润	150 000	525 000	900 000
普通股每股利润（EPS）	1.5	5.25	9.00

由表 12-6 可见，从第 1 年到第 2 年，EBIT 增加了 166.67%，EPS 增加了 250%；从第 2 年到第 3 年，EBIT 增加了 62.5%，EPS 增加了 71.43%。利用财务杠杆效应，企业适度负债经营，在盈利条件下可能给普通股股东带来更多的得益，这就是财务杠杆利益。但也必须注意到，当企业遇上不利而盈利下降时，普通股股东的得益会以更大幅度减少，即财务杠杆效应也会带来财务风险。

2. 财务杠杆系数及其计算

财务杠杆系数也称财务杠杆率（DFL），是指普通股每股利润变动率相对于息税前利润变动率的倍数。其定义公式为

$$\mathrm{DFL} = \frac{普通股每股利润变动率}{息税前利润变动率} = \frac{\Delta \mathrm{EPS}/\mathrm{EPS}_0}{\Delta \mathrm{EBIT}/\mathrm{EBIT}_0}$$

按表 12-6 中的资料，可以算得第 2 年财务杠杆系数为 1.5，第 3 年财务杠杆系数为 1.1429。

对于无优先股的股份制企业或非股份制企业，财务杠杆系数的计算公式为

$$\mathrm{DFL} = \frac{\mathrm{EBIT}_0}{\mathrm{EBIT}_0 - I} = \frac{基期息税前利润}{基期税前利润}$$

12.3.3 综合杠杆

1. 综合杠杆效应

由于存在固定的生产经营成本，会产生经营杠杆效应，即销售量的增长会引起息税前利

润以更大的幅度增长。同时，由于存在固定的财务成本（债务利息和优先股股利），会产生财务杠杆效应，即息税前利润的增长会引起普通股每股利润以更大的幅度增长。一个企业会同时存在固定的生产经营成本和固定的财务成本，则两种杠杆效应会共同发生，产生连锁作用，形成销售量的变动使普通股每股利润以更大幅度变动。综合杠杆效应就是经营杠杆和财务杠杆的综合效应。

2. 综合杠杆系数及其计算

综合杠杆系数也称复合杠杆系数，又称总杠杆系数（DTL），是指普通股每股利润变动率相对于销售量变动率的倍数。其定义公式为

$$DTL = \frac{普通股每股利润变动率}{销售量变动率} = \frac{\Delta EPS/EPS_0}{\Delta x/x_0}$$

综合杠杆系数可以由经营杠杆系数与财务杠杆系数相乘得到，也可以由基期数据直接计算得到。考察某集团表 12-5、表 12-6 中的资料，计算各年 DTL 为

第 2 年 DTL = 1.6667 × 1.5 = 2.5 或者 $DTL = \frac{(5.25 元 - 1.5 元)/1.5 元}{(20\,000 - 10\,000)/10\,000} = 2.5$

第 3 年 DTL = 1.25 × 1.1429 = 1.4286 或者 $DTL = \frac{(9.00 元 - 5.25 元)/5.25 元}{(1\,300\,000 - 800\,000)/800\,000} = 1.4286$

12.4 融资结构分析

在项目资金筹集过程中有很多资金来源可供选择，包括权益性资本和债务资本两大类，具体又包括很多种不同的来源。采取项目融资筹集资金的项目也是一样，在其投资结构基本确定以后，都要涉及资金的来源和筹资的方式问题。因此，在项目融资结构设计中有一个关键问题需要解决，这就是项目投资的资本结构和债务资金的来源问题。由于各种资金来源在成本和风险等方面存在差异，因此，这一问题通常是与项目的投资结构和融资模式设计紧密联系在一起的。

项目融资的资金构成有三部分：股本资金、准股本资金（亦称为从属性债务或初级债务资金）、债务资金（亦称为高级债务资金）。虽然这三部分资金在一个项目中的构成以及相互之间的比例关系在很大程度上受制于项目的投资结构、融资模式和项目的信用保证结构，但是，也不能忽略资金结构安排和资金来源选择在项目融资中可能起到的特殊作用。通过灵活巧妙地安排项目的资金构成比例，选择适当的资金形式，可以达到既减少投资者自身资金的直接投入，又能够提高项目综合经济效益的双重目的。

12.4.1 权益与债务融资比例

项目资本金与项目债务资金的比例是项目资金结构中最重要的比例关系，在确定时要受到如下因素的制约：

1. 项目参与各方的利益平衡

项目投资者希望投入较少的资本金，获得较多的债务资金，尽可能降低债权人对股东的追索。而提供债务资金的债权人则希望项目能够有较高的资本金比例，从而降低债权人的风

险。若资本金比例过低，债权人可能拒绝提供贷款。

2. 资金成本和风险的平衡

由于项目的债务资本和权益性资本在资金成本和风险程度上存在差异，因此，项目资本结构的确定事实上是项目资金成本和可承受风险的权衡问题。安排项目资金的基本原则是：在不会因为借债过多而伤害项目经济强度的前提下尽可能地降低项目的资金成本。对于具体项目，在考虑到公司所得税的基础上，债务资金成本相对于股本资金要低得多，这是因为税法规定公司贷款的利息支出可以计入公司成本冲抵所得税，所以实际贷款利息成本为

$$IC = ID(1 - T)$$

式中　IC——实际债务资金成本；
　　　ID——贷款利率；
　　　T——公司所得税税率。

由于此原因，理论上如果一个项目使用的资金全部是债务资金，它的资金成本应该是最低的，然而项目的财务状况和抗风险能力则会由于承受如此高的债务而变得相对脆弱；相反，如果一个项目使用的资金全部是股本资金，则项目将会有一个非常稳固的财务基础，而且项目的抗风险能力也会由于减少了金融成本得以加强，但是，这样一来却大大提高了资金使用的机会成本，使综合资金成本增加。

对于绝大多数项目，实际的资金构成和比例是在以上两个极端中间加以选择的。项目融资没有标准的"债务/股本资金比率"可供参考，确定一个项目资金比例的主要依据是该项目的经济强度，而且这个比例也会随着工业部门、投资者情况、融资模式等因素的不同而发生变化，并在一定程度上也反映出安排资金当时当地的借贷双方在谈判中的地位、金融市场上的资金供求关系和竞争状况，以及贷款银行承受风险的能力。

与公司融资方式相比，项目融资的一个重要特点就是可以提高项目的债务承受能力。在项目融资中，通过对项目的全面风险分析，可确定项目最小现金流量水平和债务承受能力；通过对整体融资结构的综合设计，可以减少和排除许多风险因素和不确定因素，对潜在的风险会有较为清楚的认识。因此，与传统的公司融资相比较，采用项目融资方式可以获得较高的债务资金比例。但是，项目融资的这一特点并不意味着项目融资可以不需要或很少需要股本资金投入，而完全依靠贷款来解决项目的全部资金需求。事实上，项目融资所做的只是使资金的投入形式多样化，最大限度地利用项目的信用保证结构来支持项目的经济强度。

12.4.2　资本金融资结构

项目资本金融资结构是指项目资本金的出资形式和各方的出资比例。对于采用新设法人融资方式的，应根据投资各方在资金、技术和市场开发方面的优势，通过协商确定各方出资比例、出资形式和出资时间。对于采用既有法人融资方式的，资本金结构与比例要考虑既有法人的财务状况和筹资能力。

1. 出资形式

在项目融资中，资本金融资包含了股本资金与准股本资金。相对于贷款银行提供的债务资金而言，股本资金与准股本资金在项目融资中没有区别，承担的风险相同，只是在形式上有所不同。但对于项目投资者，准股本资金相对于股本资金在安排上具有较高的灵活性。

（1）股本资金　项目中的股本投入是风险资金，构成了项目融资的基础，贷款银行将

项目投资者的股本资金看作为其融资的安全保障，因为在资金偿还序列中股本资金排在最后一位。然而，作为项目投资者，股本资金不仅有其承担风险的一面，更重要的是由于项目具有良好的发展前景，从而能够为其带来相应的投资收益。增加股本资金的投入，实际上并不能改变或提高项目的经济效益，但是，可以增加项目的经济强度，提高项目的风险承受能力。在项目融资中，应用最普遍的股本资金形式是认购项目公司的普通股和优先股。股本资金所起到的作用可以归纳为以下三个方面：

1）项目资金总额中股本资金所占比例往往影响到项目债务资金的风险程度。项目预期的现金流量（在偿还债务之前）在某种意义是固定的。项目承受的债务越高，现金流量中用于偿还债务的资金占用比例就越大，贷款银行所面对的潜在风险也就越大；相反，在项目中股本资金投入越多，项目的抗风险能力就越强，贷款银行的风险也就越小。

2）投资者在项目投入资金的多少与其对项目管理和前途的关心程度是成正比的。

贷款银行总是希望项目投资者能够全力以赴地管理项目，尤其是在项目遇到困难的时候千方百计渡过难关。如果要实现这一点，要求投资者在项目中投入相当大数量的资金是最好的方法之一。如果投资者在项目中只承担很少的责任，则他们就会在对其自身伤害很少的情况下从项目中脱身。

3）在项目中的股本资金代表着投资者对项目的承诺和对项目未来发展前景的信心，对于组织项目融资可以起到很好的心理鼓励作用。这样可以为贷款银行提供一个比较好的项目发展信号，减少贷款银行对贷款项目的风险顾虑。

（2）准股本资金　准股本资金是相对于股本资金而言的，是一种介于股本资金和债务资金之间的资金形式，主要包括无担保贷款、可转换债券和零息债券等形式。它主要的特征有两点：①其本金的偿还具有一定的灵活性，不能规定在某一特定期间强制性地要求项目公司偿还；②其偿还顺序要低于其他债务资金，但是要高于股本资金。与股本资金相比，准股本资金具有以下几点优势：

1）投资者在安排资金上具有较大的灵活性。作为一个投资者，任何资金的使用都有成本，特别是如果在项目中投入的资金是投资者通过其他渠道安排的债务资金，投资者就会希望利用项目的收入承担部分或全部的融资风险。由此投资者投入准股本资金会使其在安排资金上更为灵活。

2）在项目融资安排中，对于项目公司的红利分配通常有着十分严格的限制。但是，可以通过谈判减少对准股本资金在这方面的限制，尤其是对债务利息支付的限制。然而为了保护贷款银行的利益，通常要求投资者在从属性债务协议中加上有关债务和股本资金转换的条款，用以减轻在项目经济状况不好时的债务负担。

3）准股本资金为投资者设计项目的法律结构提供了较大的灵活性。首先，作为债务，利息的支付是可以抵税的。其次，债务资金的偿还可以不用考虑项目的税务结构，而股本资金的偿还则会受到项目投资结构和税务结构的各种限制，其法律程序要复杂得多。

根据股本资金与准股本资金各自的优势，合理地安排股本和准股本资金结构可以更加有效地利用资金，合理地降低融资成本并进一步降低融资风险。

2. 项目资本金出资比例

项目资本金的不同出资比例决定了各投资方对项目建设和运营的决策权、责任和项目收益分配的比例。

在进行融资方案分析时，应注意出资人出资比例的合法性。按照我国现行规定，有些项目不允许国外资本控股，有些项目则要求必须是国有资本控股。例如，《外商投资产业指导目录》（2017年修订）中规定，核电站、电网、铁路干线路网等项目，必须由中方控股。

12.4.3 债务融资结构

在一般情况下，项目融资中债务融资占有较大的比例，因此，项目债务资金的筹集是解决项目融资的资金结构问题的核心。项目投资者所面对的债务资金市场可以分为本国资金市场和外国资金市场两大部分。而债务资金具有多种多样的形式和种类，如企业借款、银行贷款、国际借款等。作为借款人，应该如何选择适合于具体项目融资需要的债务资金呢？

首先，根据融资要求确定债务资金的基本结构框架。债务资金形式多种多样，并且每种形式均具有一些与其他形式不同的特征。借款人只有在众多的资金形式中找出具有共性的主要特征，才能根据项目的结构特点和项目融资的特殊要求，在共同的基础上对各种形式的债务资金加以分析和判断，确定和选择出债务资金的基本框架。

其次，根据市场条件确定债务资金的基本形式。在确定了债务融资的基本框架后，还需要根据融资安排当时当地的市场条件进一步确定可供选择的资金形式，针对这些资金形式的特点从中选择出一种或几种可以保证项目融资获得最大利益的债务资金形式。

选择债务融资的结构应该考虑以下几个方面：

1. 债务期限

债务的到期时间是区别长期债务和短期债务的一个重要界限。在资产负债表中，短于1年的债务被称为流动负债，超过1年的债务则被称为长期负债。项目融资结构中的债务资金基本上是长期性的资金，即便是项目的流动资金，多数情况下也是长期资金框架内的短期安排。有的资金形式，如商业银行贷款、银团贷款、融资租赁等可以根据项目的需要灵活地安排债务的期限，但是，如果使用一些短期资金形式，如期票、商业票据等作为项目融资的主要债务资金来源，如何解决债务的合理展期就会成为资金结构设计的重要问题。另外，在项目负债结构中，短期借款利率一般会低于长期借款，适当安排一些短期融资可以降低总的融资成本，但是如果过多地采用短期融资，会使项目公司的财务流动性不足，项目的财务稳定性下降，产生过高的财务风险。长期负债融资的期限应当与项目的经营期限相协调。

2. 债务偿还

长期债务需要根据一个事先确定下来的比较稳定的还款计划表来还本付息。对于从建设期开始的项目融资，债务安排中一般还有一定的宽限期。在此期间，贷款的利息可以资本化。由于项目融资的有限追索权，还款需要通过建立一个由贷款银团经理人控制的偿债基金方式来完成。每年项目公司按照规定支付一定数量的资金到偿债基金中，然后由经理人定期按比例分配给贷款银团成员。如果资金形式是来自资金市场上公开发行的债券，则偿债基金的作用就会变得更为重要。项目借款人通常希望保留提前还款的权利，即在最后还款期限之前偿还全部的债务。这种安排可以为借款人提供较大的融资灵活性，根据金融市场的变化或者项目风险的变化，对债务进行重组，获得成本节约。但是，某些类型的债务资金安排对提前还款有所限制。例如，一些债券形式要求至少一定年限内借款人不能提前还款。又如，采用固定利率的银团贷款，因为银行安排固定利率的成本原因，如果提前还款，借款人可能会被要求承担一定的罚款或分担银行的成本。通常，在多种债务中，对于借款人来讲，在时间上由于较高的利率意味着较重的利息负担。所以，应当先偿还利率较高的债务，后偿还利率较低的债务。但是为了使所有债权人都有一个比较满意的偿还顺序，在融资方案中应对此做出妥善安排。

3. 境内外借款

对于借款公司来讲，使用境外借款或国内银行外汇贷款，如果贷款条件一样，并无区别。境内外借款主要取决于项目使用外汇的额度，同时可能主要由借款取得可能性及方便程度决定。但是，对于国家来讲，项目使用境外贷款，相对于使用国内银行的外汇贷款而言，国家的总体外汇收入增加，对于当期的国家外汇平衡有利。但是，对于境外贷款偿还期内的国家外汇平衡会产生不利影响。从项目的资金平衡利益考虑，如果项目的产品销售不取得外汇，应当尽量不要使用外汇贷款，投资中如果需要外汇，可以采取投资方注入外汇，或者以人民币购汇。如果项目使用的外汇额度很大，以至于项目大量购汇将会对当期国家的外汇平衡产生难以承受的影响，则需要考虑使用外汇贷款。如果国家需要利用项目从境外借款融入外汇，改善国家当期外汇平衡，也可以考虑由项目公司在国际上借贷融资，包括向世界银行等国际金融机构借款。

4. 利率结构

项目融资中的债务资金利率主要为浮动利率、固定利率以及浮动/固定利率三种机制。评价项目融资中应该采用何种利率结构，需要综合考虑三方面的因素：

首先，项目现金流量的特征起着决定性的作用。对于一些工程项目而言，项目的现金流量相对稳定，可预测性很强。采用固定利率机制有许多优点，有利于项目现金流量的预测，减少项目风险。相反，一些有关产品或资源项目的现金流量很不稳定，采用固定利率就有一定的缺点，在产品价格不好时将会增加项目的风险。

其次，对进入市场中利率的走向分析在决定债务资金利率结构时也起到很重要的作用。在利率达到或接近谷底时，如果能够将部分或全部浮动利率债务转换成为固定利率债务，无疑对借款人是一种有利的安排，这样可以在较低成本条件下将一部分融资成本固定下来。

最后，任何一种利率结构都可能为借款人带来一定的利益，但是会相应增加一定的成本，最终取决于借款人如何在控制融资风险和减少融资成本之间的权衡。如果借款人将控制融资风险放在第一位，在适当的时机将利率固定下来是有利的，然而，短期内可能要承受较高的利息成本。如果借款人更趋向于减少融资成本，问题就变得相对复杂得多，要更多地依赖金融市场上利率走向的分析。因此，近几年来在上述两种利率机制上派生出几种具有固定利率特征的浮动利率机制，以满足借款人的不同需要。

简单地说，具有固定利率特征的浮动利率机制是对浮动利率加以优化，对于借款人来讲，在某个固定利率之下，贷款利率可以自由浮动，但利率如果超过该固定水平，借款人只按照该固定利率支付利息。这种利率安排同样是需要成本的。

5. 货币结构

项目融资债务资金的货币结构可以依据项目现金流量的货币结构加以设计，以减少项目的外汇风险。不同币种的外汇汇率总是在不断变化。如果条件许可，项目使用外汇贷款需要仔细选择外汇币种。外汇贷款的借款币种与还款币种有时是可以不同的。通常主要应当考虑的是还款成本，选择币值较为软弱的币种作为还款币种。这样，当这种外汇币值下降时，还款金额相对降低了。当然，币值软弱的外汇贷款利率通常较高。这就需要在汇率变化和利率差异之间做出预测权衡和抉择。

12.4.4 融资结构方案比选方法

不同的融资结构会给项目带来不同的经济后果。虽然负债资金具有双重作用，通过适当利用负债，可以降低项目资金成本，但是，当项目负债率太高时，也会带来较大的财务风险。所以，项目公司必须权衡财务风险和资金成本的关系，确定最佳资金结构。项目资金结构决策也就是确定最佳融资结构。所谓最佳融资结构，是指在适度的财务风险条件下，使其预期的加权平均资金成本率最低，同时使其收益及项目价值最大的资金结构。确定项目的最佳融资结构，可以采用每股利润分析法和比较资金成本法。

1. 息税前利润——每股利润分析法

息税前利润——每股利润分析法是利用每股利润无差别点来进行资金结构决策的方案。所谓每股利润无差别点，是指两种或两种以上融资方案下普通股每股利润相等时的息税前利润点，也称息税前利润平衡点或融资无差别点。根据每股利润无差别点，分析判断在什么情况下可利用什么方式融资来安排及调整资金结构，进行资金结构决策。

每股利润无差别点的计算公式如下：

$$\frac{(EBIT - I_1)(1-T) - D_{P_1}}{N_1} = \frac{(EBIT - I_2)(1-T) - D_{P_2}}{N_2}$$

式中 $EBIT$ ——息税前利润平衡点，即每股利润无差别点；

I_1, I_2 ——两种增资方式下的长期债务年利息；

D_{P_1}, D_{P_2} ——两种增资方式下的优先股年股利；

N_1, N_2 ——两种增资方式下的普通股股数。

分析者可以在依据上式计算出不同融资方案间的无差别点之后，通过比较相同息税前利润情况下的每股利润值大小，分析各种每股利润值与临界点之间的距离及其发生的可能性，来选择最佳的融资方案。当息税前利润大于每股利润无差别点时，增加长期债务的方案要比增发普通股的方案有利；而息税前利润小于每股利润无差别点时，增加长期债务则不利。

所以，这种分析方法的实质是寻找不同融资方案之间的每股利润无差别点，以使项目能够获得对股东最为有利的最佳资金结构。

这种方法既适用于既有项目法人融资决策，也适用于新建项目法人融资决策。对于既有项目法人融资，应结合公司整体的收益状况和资本结构，分析何种融资方案能够使每股利润最大；对于新建项目法人而言，可直接分析不同融资方案对每股利润的影响，从而选择适合的资本结构。

【例12-9】（既有项目法人融资）某公司原有资本700万元，其中债务资本200万元（利息率为12%，每年负担利息24万元），普通股资本500万元（发行普通股10万股，每股面值50元）。由于项目投资需要，需追加筹资300万元，其筹资方式如下：

一是全部发行普通股：增发6万股，每股面值50元。

二是全部筹借长期债务：债务利率仍为12%，利息36万元。

公司所得税税率为25%。现将项目融资的有关资料代入每股利润无差别点计算公式：

$$\frac{(EBIT - 24\ 万元) \times (1 - 25\%)}{10\ 万股 + 6\ 万股} = \frac{(EBIT - 60\ 万元) \times (1 - 25\%)}{10\ 万股}$$

得到 EBIT = 120 万元

当息税前利润大于 120 万元时，增加长期债务要比增发普通股有利；而当息税前利润小于 120 万元时，增加长期债务则不利。

【例 12-10】（新建项目法人融资）某项目公司拟筹资 1000 万元，筹资方案如下：

一是发行普通股 16 万股，每股面值 50 元；债务资金 200 万元，利息率 12%，每年负担利息 24 万元。

二是发行普通股 10 万股，每股面值 50 元；债务资金 500 万元，利息率 12%，每年负担利息 60 万元。

所得税税率为 25%。现将项目融资的有关资料代入每股利润无差别点计算公式：

$$\frac{(EBIT - 24\ 万元) \times (1 - 25\%)}{16\ 万股} = \frac{(EBIT - 60\ 万元) \times (1 - 25\%)}{10\ 万股}$$

$$EBIT = 120\ 万元$$

当息税前利润大于 120 万元时，采用债务资金比例大的方案二融资更有利；而当息税前利润小于 120 万元时，长期债务比例大则不利。

2. 比较资金成本法

比较资金成本法是指在适度财务风险的条件下，测算可供选择的不同资金结构或融资组合方案的加权平均资金成本率，并以此为标准比较确定最佳资金结构的方法。

项目融资可分为创立初始融资和发展过程中追加融资两种情况。与此相应地，项目资金结构决策可分为初始融资的资金结构决策和追加融资的资金结构决策。

（1）初始融资的资金结构决策　项目公司对拟订的项目融资总额，可以采用多种融资方式和融资渠道来筹集，每种融资方式的融资额也可有不同安排，因而形成多个资金结构或融资方案。在各融资方案面临相同的环境和风险情况下，利用比较资金成本法，可以通过加权平均资金成本率的测算和比较来做出选择。

【例 12-11】某项目公司在初创期需资本总额 10 000 万元，有如下三个融资方案可供选择。假设这三个融资方案的财务风险相当，相关资料见表 12-7。

表 12-7　某项目公司初始融资方案测算表

融资方式	融资方案 1		融资方案 2		融资方案 3	
	金额（万元）	资金成本率	金额（万元）	资金成本率	金额（万元）	资金成本率
长期借款	800	6%	1000	6.5%	1600	7%
长期债券	2000	7%	3000	8%	2400	7.5%
优先股	1200	12%	2000	12%	1000	12%
普通股	6000	15%	4000	15%	5000	15%
合计	10 000		10 000		10 000	

根据给出的数据测算各方案各种融资方式的融资额占融资总额的比例以及加权平均资金成本率，见表12-8。

表 12-8　各方案融资方式融资额比例

融资方式	融资方案1	融资方案2	融资方案3
长期借款	800万元/10 000万元=0.08	1000万元/10 000万元=0.1	1600万元/10 000万元=0.16
长期债券	2000万元/10 000万元=0.20	3000万元/10 000万元=0.3	2400万元/10 000万元=0.24
优先股	1200万元/10 000万元=0.12	2000万元/10 000万元=0.2	1000万元/10 000万元=0.10
普通股	6000万元/10 000万元=0.60	4000万元/10 000万元=0.4	5000万元/10 000万元=0.50
加权平均资金成本率	12.32%	11.45%	11.62%

融资方案1、2和3的加权平均资金成本率经比较，方案2的加权平均资金成本率最低，应选择方案2作为最佳融资组合方案。

(2) 追加融资的资金结构决策　项目有时会因扩大投资规模而需要追加筹措新资，即追加融资。因追加融资以及融资环境的变化，项目原有的最佳资本结构需要进行调整，在不断变化中寻求新的最佳资金结构，实现资金结构的最优化。

项目追加融资可有多个融资方案可供选择。按照最佳资金结构的要求，在适度财务风险的前提下，选择追加融资方案可用两种方法：一种方法是直接测算各备选追加融资方案的边际资金成本率，从中比较选择最佳融资组合方案；另一种方法是分别将各备选追加融资方案与原有的最佳资金结构汇总，测算比较各个追加融资方案下汇总资金结构的加权资金成本率，从中比较选择最佳融资方案。

【例 12-12】某项目公司拟追加融资10 000万元，现有两个追加融资方案可供选择，有关资料测算见表12-9。

表 12-9　追加融资方案资料测算

融资方式	融资方案1追加融资额（万元）	融资方案1资金成本率	融资方案2追加融资额（万元）	融资方案2资金成本率
长期借款	5000	7%	6000	7.5%
优先股	2000	13%	2000	13%
普通股	3000	16%	2000	16%
合计	10 000		10 000	

第一种方法，最佳融资方案的比较边际资金成本率法。

首先，测算追加融资方案1的边际资金成本率。

$$7\% \times \frac{5000 \text{万元}}{10\ 000 \text{万元}} + 13\% \times \frac{2000 \text{万元}}{10\ 000 \text{万元}} + 16\% \times \frac{3000 \text{万元}}{10\ 000 \text{万元}} = 10.9\%$$

然后，测算追加融资方案2的边际资金成本率。

$$7.5\% \times \frac{6000\,万元}{10\,000\,万元} + 13\% \times \frac{2000\,万元}{10\,000\,万元} + 16\% \times \frac{2000\,万元}{10\,000\,万元} = 10.3\%$$

最后比较两个最佳融资方案。在适度财务风险的情况下，方案2优于方案1。

第二种方法，追加融资方案与原有的资金结构比较加权平均资金成本率法。

首先，汇总追加融资方案与原有的资金结构，形成备选追加融资后的资金结构。假设上述项目公司原有的资金总额为50 000万元。资金结构是长期借款5000万元、长期债券15 000万元、优先股10 000万元、普通股20 000万元。追加融资后的资料见表12-10。

表12-10 追加融资方案与原有的资金结构资料汇总

融资方式	原有资金结构（万元）	资本成本率	融资方案1追加融资额（万元）	融资方案1资金成本率	融资方案2追加融资额（万元）	融资方案2资金成本率
长期借款	5000	6.5%	5000	7%	6000	7.5%
长期债券	15 000	8.0%				
优先股	10 000	13%	2000	13%	2000	13%
普通股	20 000	16%	3000	16%	2000	16%
合计	50 000		10 000		10 000	

然后，测算汇总资金结构下的加权平均资金成本率。

追加融资方案1与原有资金结构汇总后的加权平均资金成本率为

$$\left(\frac{6.5\% \times 5000\,万元}{60\,000\,万元} + \frac{7\% \times 5000\,万元}{60\,000\,万元}\right) + \frac{8\% \times 15\,000\,万元}{60\,000\,万元} + \frac{13\% \times (10\,000\,万元 + 2000\,万元)}{60\,000\,万元} + \frac{16\% \times (20\,000\,万元 + 3000\,万元)}{60\,000\,万元} = 11.86\%$$

追加融资方案2与原有资金结构汇总后的加权平均资金成本率为

$$\left(\frac{6.5\% \times 5000\,万元}{60\,000\,万元} + \frac{7.5\% \times 6000\,万元}{60\,000\,万元}\right) + \frac{8\% \times 15\,000\,万元}{60\,000\,万元} + \frac{13\% \times (10\,000\,万元 + 2000\,万元)}{60\,000\,万元} + \frac{16\% \times (20\,000\,万元 + 2000\,万元)}{60\,000\,万元} = 11.76\%$$

最后，比较两个追加融资方案与原有资金结构汇总后的加权平均资金成本率，方案2的加权平均资金成本率低于方案1的。

项目公司在决定其资金结构时要综合考虑各种因素造成的影响，选取能使项目融资成本最低、收益率最高的最佳资金结构。决策者应结合项目具体情况，对影响项目资金结构的各种因素进行综合分析并做出决策。

思考题

1. 简述编制项目融资计划方案要考虑的问题。
2. 什么是资金成本？简述其构成。
3. 简述经营杠杆、财务杠杆和综合杠杆的含义。
4. 什么是资本金融资结构？有哪些出资形式？
5. 选择债务融资的结构应该考虑哪些方面？

第 13 章
建设工程项目融资担保

本章主要内容： 建设工程项目融资担保概述，包括建设工程项目融资担保的概念及作用、建设工程项目融资担保中的担保人；建设工程项目融资担保的类型及形式，包括建设工程项目融资担保的范围、建设工程项目融资担保的类型、建设工程项目融资担保的形式；建设工程项目融资担保的法律形式及文件，包括建设工程项目融资担保的规定及法律形式、建设工程项目融资担保的法律文件；建设工程项目融资担保体系，包括融资担保体系构建的基本要点、工程项目融资担保体系、典型项目模式下的融资担保。

本章重难点： 建设工程项目融资担保的范围、建设工程项目融资担保的类型、建设工程项目融资担保的形式；融资担保体系构建的基本要点、工程项目融资担保体系的主要内容、典型项目模式下的融资担保。

13.1 建设工程项目融资担保概述

13.1.1 建设工程项目融资担保的概念及作用

1. 建设工程项目融资担保的概念

担保是债权人与担保人之间的一种协议，是一种有条件的资产或权益或所有权的转移，根据此协议，债权人有权在债务人不能按融资协议偿还债务时使用该担保资产或权益来清偿债务人的债务，即赋予债权人享有优先请求权。

融资担保是指对融资主体在资金融通活动中承担的责任所做出的各种履约承诺和保证，其中最主要的是当债务人违反合同时，债权人可以通过执行担保来确保债权的安全性。贸易担保、工程担保与融资担保的联系非常密切，都可以转化为融资担保。

建设工程项目融资担保是指工程项目的借款方或者第三方以自己的资产或信用向贷款方或租赁机构做出的偿还保证，是为确保贷款协议下借款人义务的履行或债务的清偿做出的保证，是分配和转移工程项目融资风险和确保债权实现的一种法律手段。构建严谨的工程项目融资担保体系，强化工程项目的信用保证，是工程项目融资理论的关键之一。

总体上，担保有两类基本形式：一类是物权担保，是指借款人或担保人以自己的有形资产或权益资产为履行债务设定担保，如抵押权、质押权、留置权等；另一类是信用担保，即担保人以自己的资信向债权人保证对债务人履行债务承担责任，如保证书等。

2. 担保在工程项目融资中的作用

工程项目融资的基本特征是"有限追索或无追索"，因此工程项目融资担保和一般商业贷款担保有着明显的区别。工程项目融资中的贷款人关注的是工程项目能否成功，而不是项目现有资产的价值，因此工程项目融资担保的主要内容是要求参与人确保项目按期、按质完工并正常经营，确保项目获得足够现金流量维持经营并偿还贷款人的本息。而一般商业贷款担保的主要内容则是要求担保人应有足够的资产弥补借款人不能按期还款时可能带来的损失。

融资过程中，追索形式和担保是密切相关的两个概念，既然工程项目融资对投资者而言具有"有限追索或无追索"的性质，那么投资者为工程项目融资所提供的担保也就应该"有限担保或无担保"。出于贷款人资金安全需要，必须要求工程项目具有较高的经济强度，同时，投资者或项目公司应尽可能吸收更多参与人为项目融资提供完备担保，更多参与人为融资提供担保成为工程项目融资较一般商业贷款的重要特征。

因此，担保在工程项目融资中起到两个重要作用：一是采用担保形式，工程项目投资者可将本该自己承担的融资风险转移给其他方，避免承担全部或直接的债务责任，以实现贷款人对投资者的有限追索或无追索；第二，贷款人通过担保形式实现了对债务人的制约，同时将提供融资的风险防范落实到具有法律效力的约束性合同或协议上，也明确了风险的承担主体。

13.1.2 建设工程项目融资担保中的担保人

1. 工程项目投资者

工程项目融资中最主要和常见的一种形式是工程项目的直接投资者和主办人作为担保人。通常情况下，工程项目投资者以建立一个专门的项目公司的方式来经营项目和安排融资。但是由于项目公司可能在资金、经营经验、资讯水平等多方面存在不足以支持融资的问题，所以大多数贷款银行会要求借款人提供来自项目公司以外的担保作为附加的债权保证，以降低贷款风险。

项目融资谈判能否成功，关键是工程项目投资者和贷款人之间能否实现各方都可接受的风险分担。

工程项目投资者提供的直接的、非直接的担保，加上其他方面的担保，可以成为贷款人能够接受的信用保证结构。

2. 商业担保人

商业担保人以营利为目的提供担保，承担工程项目风险并收取服务费用。商业担保人以分散经营来降低经营风险，通常包括银行、保险公司及其他从事商业担保的金融机构等。

(1) 商业担保的基本方式

1) 担保项目投资者在项目融资中所必须承担的义务。此种方式的担保人一般为商业银行、投资公司和专业化的金融机构，担保形式多为银行担保和银行信用证。

2) 为防止项目意外事件的发生而进行的担保。

(2) 担保是项目投资者在项目融资中所必须承担的义务

1) 担保资金不足或资产不足的项目公司对其贷款承担的义务。比如，在对房地产项目融资时，如果贷款银行认为该项目的房地产价值及贷款期内的现金流量不足以支持一个有限追索的融资结构，借款人可以以远低于房地产市场价格的契约价格从专业化的金融机构手中购入一个卖出期权作为项目融资的附加担保，在贷款期间一旦借款人违约，贷款银行可执行该期权，将房地产以契约价格出售给期权合约的另一方，维护其权利。

2) 担保项目公司对其他投资者所承担的义务。由于项目投资者通常是两个以上的公司，在这种非公司的合资结构中，各公司以一定比例投资并成立项目子公司，负责项目资金的管理，有的甚至为项目投资安排了有限追索的项目融资。对此，虽然贷款银行可以接受，但其他项目投资者却不能接受，因为有限追索的融资结构限制了对母公司的追索能力，这对于其他项目投资者来说是潜在的风险。

在非公司型合资项目融资结构中，资本不足的公司通常会被要求由国际性银行提供一般信用证额度为3~9个月的项目生产费用的备用信用证作为项目担保。

3）提供担保人和担保受益人之间的中介服务。假设一个公司到另外一个国家或地区投资，不为当地的银行和公司熟悉，则该公司的直接担保就很难被接受，为此需要选择一家或多家既为当地的银行、公司接受，又为项目投资者所认可的国际商业性银行提供担保，承担项目投资者在项目中所需承担的责任。

商业担保的另一种基本方式是为防止项目意外事件的发生而进行的担保。这类担保中项目保险是融资文件中不可缺少的内容，担保人通常是各种类型的保险公司，保险公司提供的项目保险内容广泛，除项目资产保险外，还有项目的政治风险保险等。

3. 与工程项目有关的利益关系第三方

第三方担保人是指在项目的直接投资者之外与项目开发有直接或间接利益关系为项目提供担保的机构。第三方担保人包括以下几种：

（1）与项目有直接利益关系的商业机构　商业机构通过为项目融资提供担保而获得自身的商业利益，包括：

1）获得项目所需设备的供应、安装权。
2）获得项目的建设权。
3）获得其自身长期稳定的原材料、能源供应。
4）获得其自身产品长期稳定的市场。
5）保证其对项目设施的长期使用权。

能够提供第三方项目担保的商业机构通常有工程公司、项目设备或主要原材料供应商、项目产品（设施）的用户。

（2）政府机构　在项目融资中，政府机构作担保人是很普遍的，尤其是一些大型工程项目的建设，如高速公路、大型港口、矿产资源开发、石化项目等，这些大型工程的建设都有利于项目所在国的经济发展、政治稳定，促进当地人口就业，改善经济环境，因此政府机构很愿意为项目融资提供担保。政府机构介入作为项目担保人可减少项目的政治风险和经济政策风险、增强投资者的信心，这种担保作用是其他方式所不可替代的。

（3）国际金融机构　如地区开发银行、世界银行这些国际性金融机构虽与项目开发没有直接的利益关系，但为了促进发展中国家的经济建设，对于重要项目，如基础设施项目等，世界银行等国际性金融机构利用其特殊的地位和信用，愿意为融资项目提供贷款担保。

13.2　建设工程项目融资担保的类型及形式

13.2.1　建设工程项目融资担保的范围

工程项目担保的范围取决于其所面对的风险，项目通常可能面对的风险主要有市场风险、政治风险、金融风险、项目环境风险、信用风险、生产风险（技术与管理风险、资源风险）等。在工程项目融资中，项目担保不可能解决全部的风险问题，只是有重点地解决融资双方尤其是贷款人最为关心的问题，主要有政治风险、商业风险、商业政治风险等。

1. 政治风险

通常工程项目所在国政府或中央银行应是最理想的政治风险担保人。因为这些机构直接决定着工程项目的投资环境，或与工程项目发展有直接的利益关系，所以其对项目担保可减轻外国贷款银行及其他投资者对项目政治风险的担忧。

2. 商业风险

商业风险是工程项目融资的主要风险，也是项目担保的重要内容。一般的项目贷款人都会要求工程项目投资者或与项目有直接利益关系的第三方提供不同程度的担保，尤其是以下几个方面：

（1）竣工担保　一个工程项目是否能在一定的预算与时间内建成并投入使用，达到竣工标准，是组织项目融资的基础。在工程项目的运作中，许多不成功的实例主要是由于存在项目不能建成竣工和形成生产能力、收回投资而产生的风险，尤其是那些大型基础设施和 BOT 项目。

传统上工程项目竣工的风险被要求由项目投资者全面承担，即工程项目投资者提供担保，承诺在工程延期、建设成本超出预算等问题出现时为项目提供资金，但近年来有新的发展趋势，由于市场竞争和项目投资者的压力，贷款银行往往被要求承担一部分竣工风险。特别是在一些技术较成熟、投资环境较好的项目中，贷款银行转向从工程公司、技术设备供应公司等其他方面寻求完工担保，包括采用由工程公司或技术设备公司提供履约担保、固定价格的交钥匙合同等形式，减少对项目投资者在竣工风险担保方面的要求。

所以，在设计和完成项目融资结构的过程中，如何分担项目的竣工风险是贷款银行和项目投资者谈判的焦点之一。通常，贷款银行除了要求项目投资者或者工程公司提供竣工担保外，有时也会要求在产品市场安排上增加相应的项目延期条款，以调整合同收入，支付由工程不能按期竣工而造成的融资成本超支。

（2）生产成本控制　一个工程项目能否在激烈的行业竞争中占有优势，除了其自然条件和技术条件较好之外，很好地控制生产成本也是重要的因素，一个较强的生产成本控制方面的担保是必不可少的，它还可以减少贷款银行对其他担保形式的要求。

对于生产成本的控制，一种方法是通过由项目公司和提供项目生产所需的主要原材料、能源、电力的供应商签订长期供应协议，规定其供应产品的数量、价格和期限来实现；另一种方法是将生产成本的控制与项目所在地的物价指数相联系。总之，通过这些方法都可使项目的贷款银行和投资者对项目成本有一个基本了解和估计，从而达到降低风险的目的。

（3）产品市场安排　项目产品的销售状况决定了项目的发展前景，市场风险当然也是工程项目担保所必须面对的重要问题。对于不同的工程项目，贷款银行处理风险因素的侧重点也有所不同。对于初级能源和资源性产品工程项目，如各类矿产品，其价格受世界市场需求变化的影响很大，如果没有一方肯于承担一定的产品市场和价格风险，项目的融资安排就很困难；对于加工性产品项目，如机械制造业，产品的市场销售较为复杂，贷款银行对生产成本的控制和现金流量的控制更加重视，因而会要求项目的担保人承担更多的成本风险。

3. 商业政治风险

商业担保公司参与政治风险保险近年来有增长的趋势，但本质上商业政治风险保险不是项目担保，只是在某种程度上起担保的作用。促使项目投资者寻求商业政治风险保险的原因有：

1）项目投资者不满意政府政治风险担保的条款，而商业保险市场可提供更灵活和更具竞争性的条件。

2）项目的风险价值过高，超过政府机构政治风险担保的限额。

3）项目不具备政府出口信贷或政治保险机构提供政治风险担保的条件。

商业政治风险保险针对特定的政治危机，其保险范围包括资产风险保险和合约风险保险。

资产风险主要是因为暴乱、内战、恐怖活动、国有化以及限制资金转移至国外等政治原因造成的资产损失。合约风险主要是由于政治原因引起的禁运、毁约、拒绝履行合同或合同担保等事件造成的被保险人损失。

项目除了存在上述的商业风险、政治风险外，还可能会遇到地震、水灾、火灾等自然风险，这类风险被称为不可预见风险或称为或有风险，避免这类风险主要采取商业保险的方法。

13.2.2　建设工程项目融资担保的类型

根据债务保障来源的不同，工程项目融资担保可分为物权担保和信用担保两大类。本书从融资角度，主要介绍工程项目的信用担保。信用担保根据工程项目担保在项目融资中承担的经济责任，分为直接担保、间接担保、或有担保、意向性担保；根据担保合同的性质不同，又可划分为从属性担保和独立担保。这些类型的担保所承担的经济责任是有限的，而不是无限的，以下就信用担保的几种担保类型分别进行详细阐述。

1. 按照在工程项目融资中承担的经济责任划分

（1）直接担保　直接担保是项目融资中有限责任的直接担保，其担保责任根据担保的有效时间或金额加以限制。

1）在时间上进行限制的直接担保。典型的在时间上加以限制的有限责任直接担保是工程项目建设期和试生产运营期的竣工担保，项目投资者和工程承包公司是主要的担保人。多数情况下项目的竣工担保是在有限时间内的无限经济责任担保，有时竣工担保也可安排为有限金额的担保。项目投资者组织这类担保可通过在有限的时间内的无限责任避免或减少长期的直接项目担保。

2）在金额上进行限制的直接担保。在金额上进行限制的直接担保是在完成融资结构时就已事先规定了最大的担保金额，不论项目经营中出现任何意外情况，担保的最大经济责任只能在此限定金额之内。这种担保在项目融资中通常采取的形式是资金缺额担保和第一损失担保。有限金额的直接担保可以用于防止生产超支或项目现金流量不足，因为通常贷款银行愿在建设成本和生产成本可控的条件下进行有限追索的项目融资，为了防止因资金短缺导致的项目失败，就需要项目投资者来承担生产成本和建设成本超支带来的风险，即提供相应的担保。

（2）间接担保　间接担保是担保人不以直接的财务担保形式向项目提供担保的一种财

务支持。它通常采取商业合同或政府特许协议的形式，最常见的是以"无论提货与否均需付款"或"提货与付款"的销售或购买协议为基础建立的一系列合同形式。

提供间接担保的项目投资者或其他项目参与者，投资项目、使用项目所提供的设施或产品不是盲目的，获得一定的产品供应是其投资的逻辑前提。间接担保所建立的一系列合同确保了项目市场的稳定和收入的稳定，同时也保证了贷款银行的基本利益，因为这类合同的定价基础是以项目产品的公平市场价格、品质标准为依据的，其订立原则是在合同期内满足摊销债务的要求，是较为公平的商业交易。基于这一点，在国际通行的会计准则中，间接担保不作为担保人的一种直接债务责任体现在公司的资产负债表中。

（3）意向性担保　此担保仅是担保人有可能对项目提供一定支持的意愿，即意向性担保并不是一种真正意义上的担保，因为这种担保不具备法律上的约束力，也不需要体现在担保人公司的财务报告中，因而受到担保人的普遍欢迎而在项目融资中经常得到应用。国际上对于意向性担保所承担法律责任的要求也越来越严格了。

意向性担保最常用的形式是安慰信（或称支持信）。在工程项目融资中，安慰信通常由项目的母公司或项目的所在国政府写给贷款银团，表示该公司或该国对该项目公司及项目融资的支持，并以此代替对该项目融资的财务担保。

（4）或有担保　或有担保是指对由于项目面对的不可抗拒力或不可预测因素造成项目损失的风险所提供的担保。由于主观和客观的原因，或有风险的种类繁多，并具有共性，有的又是某个项目所特有的，这使得或有担保的难度较大且形式易于不规范化。因此，为使工程项目融资能够顺利进行，项目投资者应重视安排和组织有关项目的或有风险担保。按照其风险的性质不同分类如下：

1）不可抗力造成的风险。不可抗力造成的风险主要有火山爆发、台风、火灾、工程施工中的塌方、煤矿中的瓦斯爆炸等，这类风险的发生将给工程项目造成巨大损失。提供这类或有风险的或有担保人通常是商业保险公司。

2）政治风险。政治风险同样具有不可预见性，如战争、军事政变等。因此，减少这类风险的担保也可列入或有担保。一些多边担保机构可能提供这方面的保险或担保。

3）项目环境风险。这主要是针对与项目融资结构特性有关的、一旦发生变化将严重改变项目经济强度的风险，如因政府的税收政策改变造成项目税收的收益改变，从而使贷款银行获得的利益减少。

2. 根据担保合同的性质不同划分

按照其担保合同的性质不同，信用担保又可划分为从属性担保和独立担保。

（1）从属性担保　从属性担保是指担保人承担第二位的债务清偿责任，即只有在被担保人（主债务人）不履行其对债权人（担保受益人）所承担义务的情况下，担保人才承担其被担保人的合同义务。

显然，这种担保合同从属于确立债务人与债权人之间债务关系的主合同。

（2）独立担保　独立担保是指担保人承担第一位的债务清偿责任，即不管债务人是否真正违约，只要担保受益人提出要求，担保人将立即无条件地支付给受益人规定数量的资金。显然，独立担保合同的效力不受主债务合同的影响。现实中独立担保的具体表现形式为：备用信用证、银行保函以及其他形式的见索，即付担保书。

13.2.3 建设工程项目融资担保的形式

1. 物权担保

物权担保是指借款人或担保人以自己的有形或权益资产为履行债务偿还义务而向贷款银行提供的担保。其典型形式有抵押权、质押权、留置权三种，这三种形式的物权担保按担保标的物的性质划分，可分为动产担保和不动产担保；按担保方式划分，可分为固定担保和浮动担保。在工程项目融资中，物权担保是以项目特定物产的价值或者某种权利的价值作为担保，如债务人不履行其义务，债权人可以行使其对担保物的权利来满足自己的权益。

（1）不动产担保和动产担保

1）不动产担保。不动产通常是指土地以及依附于土地上的建筑物、构筑物等难以移动的财产。工程项目融资中，项目公司一般以项目资产作为不动产担保，而且这种不动产担保仅限于项目公司的不动产范围，而不涉及或很少涉及项目投资者的不动产。这就是项目融资的有限追索性的体现。

项目公司一旦违约，贷款银行有权接管项目，或重新经营，或拍卖项目资产，弥补其贷款损失，可这种弥补对于巨额的贷款来说数额较小，尤其是在项目失败的情形下，不动产担保对于贷款银行来说意义更是不大。

2）动产担保。动产担保是指借款人（项目融资中一般指项目公司）以自己或第三方的动产作为履约的保证。可用于提供担保的动产在各国法律中有不同的规定，但归纳起来，不外乎分为有形动产和无形动产两大类。有形动产包括船舶、飞机、设备、存货等，无形动产包括专利权、票据、应收账款、证券、保险单、银行账户和特许权等。因处理动产担保在技术上比不动产担保方便，故在项目融资中使用较多。

（2）固定担保和浮动担保

1）固定担保。固定担保主要是指与担保人的某一特定资产相关联的一种担保。当债务人违约或破产以至于不能偿还债务时，就可以用该特定资产来清偿债务。前面所说的动产担保和不动产担保皆属于固定担保。在固定担保下，担保人在没有解除担保责任或者得到担保受益人的同意之前，不能出售或者以其他形式处置该项资产。当借款人违约或者项目失败时，贷款人一般只能以这些担保物受偿。

2）浮动担保。浮动担保主要是指债务人（借款人）以自己的全部资产作为担保物而设立的担保，以保证债务的清偿。浮动担保之所以应用广泛，是因为它能够让债务人充分、自由地处分已作为担保物的财产，同时又能维护债权人的权益。

2. 信用担保

信用担保是担保人以自己的资信向债权人保证对债务人履行偿债义务、承担责任的承诺。

（1）完工担保 完工担保主要是针对项目完工风险所设立的，担保人在一定时间内（通常为项目建设期和试生产/试运行期）承担项目成本超支、工期延误的责任，甚至是项目失败的责任，即在这段时间内，担保人对贷款银行承担全面追索的经济责任，直至项目达到"商业完工"标准。

显然，从本质上来说，完工担保人承担的是成本超支的财务责任，是一种直接担保。完工担保是一种有限责任的担保形式，主要针对的项目完工风险包括：由于工程或技术上的原因造成的项目延期完工或成本超支;由于外部纠纷或其他外部因素造成的项目延期完工或成本超支;由于上述任何原因造成的项目停建以至最终放弃项目。

项目完工担保主要由项目投资者和工程承包公司或有关保险公司提供。

1) 由项目投资者提供的完工担保。作为项目最终受益人的项目投资者关心项目是否按预定计划完成,否则一旦项目失败,其先期投入的股本资金将是无法收回。因此,由项目投资者提供完工担保,是贷款银行最容易接受的一种方式。

在项目融资结构中,完工担保可以是一个独立协议,也可以是贷款协议的一个组成部分。完工担保通常包含以下三方面的基本内容:

a. 完工担保的责任。具体是项目投资者向贷款银行做出保证,除计划内的资金安排外,必须提供建设期成本超支的资金或为达到"商业完工"标准而超过原定计划资金安排之外的任何所需资金。如果项目投资者不履行其提供资金的担保义务而导致项目不能完工,则需偿还贷款银行的贷款。

由于这种严格的规定,在项目完工担保协议中对于"商业完工"的概念有着十分明确的定义。此定义主要包括:对项目具体生产技术指标的规定(包括对单位生产量的能源、原材料甚至劳动力消耗指标的规定);对项目生产或服务质量的规定;对项目产品的单位产出量(或服务量)的规定;在一定时间内项目稳定生产或运行的指标规定。

b. 完工担保的义务。一旦项目出现工期延误和成本超支现象,项目投资者应采取相应的行动履行其担保义务,一般可供选择的方式有两种:一种是项目公司追加股本资金的投入,另一种是项目投资者自己或通过其他金融机构向项目公司提供无担保贷款(准股本资金或次级债务)。应注意只有在高级债务得到偿还后,无担保贷款方才有权要求清偿。

c. 保证项目投资者履行担保义务的措施。为了监督项目投资者履行其担保义务,国际上比较通行的做法是,要求项目投资者在指定银行的账户上存入一笔预定金额的担保存款,或从指定金融机构中开出一张以贷款银行为受益人的相当于上述金额的备用信用证,或者由项目投资者开出一张以贷款银行为受益人的本票,以此作为贷款银行支付第一期贷款的先决条件。一旦出现需要运用项目完工担保资金的情况,贷款银行将直接从上述担保存款或备用信用证或本票中提取资金。如果项目投资者在建设期承担的是完全追索责任,则还会被要求随时将其担保金额补足到原定的金额。

2) 由工程承包公司或保险公司提供的完工担保。由工程承包公司或保险公司提供完工担保,实质上是项目投资者将部分或全部完工风险转移给了工程承包公司,因此从某种程度上减轻了项目投资者在完工担保方面所承担的压力。

实践中,这种完工风险转移的方式有两种:一种是与工程承包公司签订固定价格的承包合同,另一种是要求工程承包公司提供工程担保。常见的工程担保有履约担保、预付款担保、保留金担保和缺陷责任担保。

a. 履约担保。履约担保是与工程承包合同连在一起的一种信用担保方式,即工程承包公司向项目公司保证一定履行工程承包合同承建项目。一般地,项目公司再将其转让给贷款人,即贷款人是履约担保的最终受益人。履约担保的作用是保证中标的工程承包公司按合同条件建成项目。一旦工程承包公司不能履行其合同义务,担保人要向担保受益人提供一定的资金补偿。世界银行贷款项目中规定,履约担保金额为合同价的5%。

b. 预付款担保。预付款的作用是帮助工程承包公司安排流动资金用于在项目开工前购买设备、材料以及调遣施工队伍进场等，使项目可以按时开工。由于项目公司支付预付款时，工程尚未开工，为保证预付款的合理使用，因此要求工程承包公司提供预付款担保。将来随着预付款的逐步扣回，预付款担保金额会随之减少，通常预付款担保最高金额为合同价的10%。

c. 保留金担保。在工程实践中，项目业主通常会在每次进度款支付时扣留5%，直至扣留金额达到合同价的5%，这就是所谓的保留金。项目业主扣留保留金的初衷是保证工程承包公司履行其修补缺陷的义务。但是工程承包公司希望尽快回收资金，因此愿意提供保留金担保替代实际保留金，以解决资金周转问题。显然，保留金担保金额为合同价的5%。

d. 缺陷责任担保。工程承包合同一般规定项目完工并移交后，在一定时间内（通常为1年），工程承包商要承担工程维修的义务。缺陷责任担保便是为保证承包商进行工程维修的目的而设立的。在实践中，履约担保和保留金担保将自动转成缺陷责任担保。

（2）资金缺额担保 对贷款银行来说，项目完工担保主要是化解项目建设和试生产、试运行阶段的风险，那么在项目运行阶段，如果出现项目公司收入不足，无法支付生产成本和偿付到期债务的情况，则贷款银行如何化解此类风险呢？

在项目融资中，化解此类风险的方法是采用项目资金缺额担保，也称为现金流量缺额担保。资金缺额担保是一种在担保金额上有所限制的直接担保，担保金额在项目融资中没有统一的标准，一般取为该项目年正常运行费用总额的25%~75%，主要取决于贷款银行对项目风险的认识和判断。对于项目年正常运行费用应至少考虑以下内容：日常生产经营性开支；必要的大修、更新改造等资本性开支；若有项目贷款，还有到期债务利息和本金的偿还等。实践中，资金缺额担保常采用的形式有以下三种：

1）项目投资者提供担保存款或以贷款银行为受益人的备用信用证。这在新建项目安排融资时较为常见。由于新建项目没有经营历史，也没有相应资金积累，抗意外风险的能力比经营多年的项目要脆弱，因而贷款银行多会要求由项目投资者提供一个固定金额的资金缺额担保，或要求项目投资者在指定的银行中存入一笔预先确定的资金作为担保存款，或要求项目投资者由指定银行以贷款银行为受益人开出一张备用信用证。

2）建立留置基金。即项目的年度收入在扣除全部的生产费用、资本开支以及到期债务本息和税收之后的净现金流量，不能被项目投资者以分红或其他形式从项目公司中提走，而是全部或大部分被放置在一个被称为"留置基金"的账户中，在各项目出现任何不可预见的问题时使用。留置基金账户通常规定一个最低资金限额，也就是说，如果账户中的实际可支配资金总额低于该最低限额，则该账户中资金不得以任何形式为项目投资者所提走，反之，该账户中资金便可释放，用于项目投资者的分红等。最低留置基金金额的额度必须满足3~6个月生产费用准备金和偿还3~9个月到期债务的要求。

对于新建项目，通常将留置基金与担保存款或备用信用证共同使用来作为项目融资的资金缺额担保。

3）由投资者提供对项目最小净现金流量的担保。该种方法是保证项目有一个最低的净收益，但关键的是项目投资者和贷款银行对项目总收入和总支出如何进行合理预测。一旦双方对项目最小净现金流量指标达成一致，便将之写入资金缺额担保协议中，若实际项目净现金流量在未来某一时期低于这一最低水平，项目投资者就必须负责将其缺额补上，以保证项目的正常运行。

（3）以"无论提货与否均需付款"协议和"提货与付款"协议为基础的项目担保 贷款银行在提供贷款资金时，相当关心项目收入的稳定性，因此融资结构的构建必须考虑项目产品有稳定的销售或项目设施有可靠的用户，同时也要考虑项目原材料、燃料等上游产品供给的稳定性。通常，项目公司通过与项目产品（设施）的购买者（用户）或原材料、燃料供应商签订长期销售（供应）协议来实现。所谓长期协议，是指项目产品（设施）购买者（用户）或原材料供应商承担的责任应至少不短于项目融资的贷款期限。

上述长期协议在法律上体现为买卖双方之间的商业合同关系，尽管实质上是由项目产品（设施）买方（用户）对项目融资提供的一种担保，但这类协议仍被视为商业合约，因而是一种间接担保形式。从项目公司角度来说，根据项目的性质以及双方在项目中的地位，这类合约具体又可分为以下几种形式：

1）"无论提货与否均需付款"协议。"无论提货与否均需付款"协议与传统的贸易合同相比，除了协议中规定的持续时间长（有的长达几十年）以外，更本质的区别在于项目产品购买者对购买产品义务的绝对性和无条件性。传统的贸易合同是以买卖双方的对等交换作为基础的，即"一手交钱，一手交货"，如果卖方交不出产品，买方可以不履行其付款的义务，但是在"无论提货与否均需付款"协议中，项目产品购买者承担的是绝对的、无条件的根据合同付款的义务，即使出现由于项目毁灭、爆发战争、项目财产被没收或征用等不可抗力而导致项目公司不能交货的情形，只要在协议中没有做出相应规定，项目产品购买者仍须按合同规定付款。

2）"提货与付款"协议。由于"无论提货与否均需付款"协议的绝对性和无条件性，许多项目购买者不愿意接受这样一种财务担保责任，而更倾向于采用"提货与付款"协议。

由于"提货与付款"协议的有条件的付款责任，使之为项目所提供的担保分量相对要轻一些，因此在某些项目经济强度不是很强的项目融资中，贷款银行可能会要求项目投资者提供附加的资金缺额担保作为"提货与付款"协议担保的一种补充。但若项目经济强度很好，并且其项目经理有良好的管理能力和管理记录，仅有"提货与付款"协议这种间接担保，贷款银行也可能接受而提供贷款。

3）"供货与付款"协议。在项目原材料、能源供应中所签订的协议称为"供货与付款"协议。按照协议规定，项目所需能源、原材料供应商承担着向项目定期提供产品的责任，如果不能履行责任，就需要向项目公司支付该公司从其他来源购买所需能源或原材料的价格差额。

上述协议的核心条款包括关于产品数量、质量和价格等方面的有关规定。

3. 其他担保形式

（1）准担保交易 在工程项目融资中除了上述各种担保形式外，还有许多类似担保的交易。这些交易一般在法律上被排除在物权担保范围之外，而被视为贸易交易。但由于这些交易的经济效果类似物权担保，而且在很大程度上是为了规避物权担保法的限制而进行的，故也应归为广义的担保范围内。

1）融资租赁。卖方（名义上是出租人）将设备租给买方（名义上是承租人），卖方仍保留对设备的所有权，买方则拥有设备的占有权，或者卖方将设备给一家金融公司或租赁公司并立即得到价款，然后该金融公司或租赁公司再将设备租给买方。无论以何种形式出租，卖方都足以在租期内收回成本。这实际上是一种商业信用，买方以定期交租金的方式得到融资,而设备本身则起到担保物的作用。

2）出售和租回。借款人将设备卖给金融公司,然后按与资产使用寿命相应的租期重新租回。在这里价款起了贷款的作用,租金交纳就是分期还款,而设备则是担保物。

3）出售和购回。借款人将设备卖给金融公司而获得价款,然后按事先约定的条件和时间购回。购回实际上就是还款,而资产在此也起到了担保作用。

4）所有权保留。所有权保留也称有条件出售,即卖方将资产卖给债务人,条件是债务人只有在偿付资产债务后才能获得资产所有权。资产同样也成为担保物。

(2) 东道国政府支持　东道国政府在项目融资中所起的作用是非常重要的,许多情况下,东道国政府颁发的开发、运营特许权和执照是项目开发的前提。虽然东道国政府一般不以借款人或项目公司股东的身份直接参与项目融资,但可能通过代理机构进行权益投资,或者是项目产品的最大买主或用户。在我国的一些项目中,特别是基本建设项目如公路、机场、地铁等尤其如此,我国政府将参与项目的规划、融资、建设和运营各个阶段,BOT 项目就是一个典型,在项目运营一定时期后,由政府部门接管该项目。

对于其他项目,政府的支持可能是间接的,但对项目的成功仍至关重要。例如,自然资源开发和收费交通项目均需要得到政府的特许。在多数国家,尤其像我国这样的发展中国家,能源、交通、土地、通信等资源均为国家所有,而这些资源是任何项目成功所必不可少的。

因此,只有得到东道国政府的支持,才能保证项目顺利进行。

(3) 消极担保条款　消极担保条款是指借款人向贷款人承诺,将限制在自己的资产上设立有利于其他债权人的物权担保。消极担保条款是融资协议中的一项重要条款,一般表述为：只要在融资协议下尚有未偿还的贷款,借款人就不得在其现在或将来的资产、收入或官方国际储备上为其他外债设定任何财产留置权,除非借款人立即使其融资协议下所有的未偿债务得到平等的、按比例的担保,或这种其他的担保已经得到贷款人的同意。

(4) 从属之债　从属之债是指一个债权人同意在另一债权人受偿之前不请求清偿自己的债务。前者称为从债权人,其债权称为从债权,可由一切种类的债权构成;后者称为主债权人,即项目融资的贷款人。

从经济效果看,从债权对主债权的清偿提供了一定程度的担保,从属之债也对主债务提供了一定的担保。

13.3　建设工程项目融资担保的法律形式及文件

13.3.1　建设工程项目融资担保的规定及法律形式

1. 建设工程项目融资担保的规定

担保方式有保证、抵押、质押、留置和定金五种方式。

1）保证是指保证人和债权人约定,当债务人不履行债务时,保证人按照约定履行债务或者承担责任的行为。具有代为清偿债务能力的法人、其他组织或者公民,可以作保证人。

2）抵押是指债务人或者第三人不转移对财产的占有,将该财产作为债权的担保。债务人不履行债务时,债权人有权依照规定以该财产折价或者以拍卖、变卖该财产的价款优先受偿。前款规定的债务人或者第三人为抵押人，债权人为抵押权人，提供担保的财产为抵押物。

3) 质押是指债务人或者第三人将其动产移交债权人占有，将该动产作为债权的担保。债务人不履行债务时，债权人有权依照规定以该动产折价或者以拍卖、变卖该动产的价款优先受偿。前款规定的债务人或者第三人为出质人，债权人为质权人，移交的动产为质物。

4) 留置是指债权人按照合同约定占有债务人的动产，债务人不按照合同约定的期限履行债务的，债权人有权依照规定留置该财产，以该财产折价或者以拍卖、变卖该财产的价款优先受偿。

5) 定金是指当事人可以约定一方向对方给付定金作为债权的担保。债务人履行债务后，定金应当抵作价款或者收回。给付定金的一方不履行约定的债务的，无权要求返还定金；收受定金的一方不履行约定的债务的，应当双倍返还定金。

2. 建设工程项目融资担保的法律形式及特征

(1) 建设工程项目融资担保的法律形式　工程项目融资信用结构的核心是融资的债权担保，按其所属的法律范畴可分为物的担保和人的担保两种基本形式。

1) 物的担保。物的担保又称物担保，是指借款人或担保人以自己的有形财产或权益财产为债务的履行设定的担保物权，如抵押权、质押权、留置权等。在工程项目融资中，贷款银行以物的担保形式，把项目的资产作为一个单独完整的整体与借款人的其他财产分割开来，在必要时可以行使对项目资产的管理权。物的担保又可分为以下两种形式：

a. 抵押。抵押是债务人或者第三人以其所有的或者依法经营管理的资产作为履行贷款合同的担保，当其不能或者不履行合同义务时，贷款人有权依照有关法律规定或抵押合同的约定，以该资产折价或者变卖、拍卖，以其价款优先受偿。

b. 担保。这种形式下不需要资产和权益占有的转移或者所有权的移转，而是债权人、债务人之间的一项协议，据此，债权人有权使用该项担保条件下资产收入来清偿债务人对其的责任。债权人有权对这项收入有优先的请求权，其地位优先于无担保权益的债权人以及具有次担保权益的债权人。担保又可分为浮动担保和固定担保两种形式。

2) 人的担保。项目担保中人的担保是在担保受益人（即债权人）和被担保人（即主债务人）约定的条件下，当被担保人不履行其对债权人所承担的义务时，担保人必须承担起被担保人的合约义务，即担保人以自己的资信向债权人保证履行义务或承担责任。此种条件下的项目担保义务是第二位的法律承诺，这种担保义务是依附于债务人和债权人的合约之上的。项目担保也可以是第一位的法律承诺，即担保承诺在担保受益人的要求之下，立即支付给担保受益人规定数量的资金，不管债务人是否真正违约。这种担保义务是相对独立于债权人和债务人之间的合约，工程项目的完工担保多属于此种类型。

一般情况下，项目担保中人的担保是在贷款银行认为项目物的担保不够充分的条件下要求借款人（即项目投资者）提供的。它为项目的正常运行提供了附加保障，同时也降低了贷款银行在项目融资中的风险。

(2) 担保的法律特征

1) 担保合同具有补充性和从属性。

a. 补充性。所谓补充性，是指在保证合同的法律关系上，保证人是第二债务人，只有当主债务人不履行其债务时，保证人才有责任承担付款责任；只有在对借款人的财产强制执行后仍不足以抵债时，才能要求担保人承担清偿的责任。

b. 从属性。所谓从属性，是指担保合同是贷款合同的从合同，承担着与贷款合同标准和范围一样的责任，保证人的保证责任随借款人的主债务的消灭而消灭。2021年1月1日起施行的《中华人民共和国民法典》规定：担保合同是主债权债务合同的从合同，主债权债务合同无效，担保合同无效，但法律另有规定的除外。

2) 担保合同项下保证人所承担的责任是第二性的付款责任。

这和赔偿担保书中的担保人所承担的第一性付款责任不一样。

13.3.2 建设工程项目融资担保的法律文件

1. 基本文件
1) 政府的项目特许经营协议和其他许可证。
2) 承建商和分包商的担保及预付款保函。
3) 项目投保合同。
4) 原材料供应协议。
5) 能源供应协议。
6) 产品购买协议。
7) 项目经营协议。

2. 融资文件
（1）贷款协议　包括消极保证、担保的执行。
（2）担保文件和抵押文件　包括以下几类：
1) 对土地、房屋等不动产抵押的享有权。
2) 对动产、债务以及在建生产线抵押的享有权。
3) 对项目基本文件给予的权利的享有权。
4) 对项目保险的享有权。
5) 对销售合同、照付不议合同、产量或分次支付协议以及营业收入的享有权。
6) 用代管账户来控制现金流量（必要时提留项目的现金流量）。
7) 长期供货合同的转让，包括"或供或付"合同和能源、原材料的供应合同。
8) 项目管理、技术支持和咨询合同的转让。
9) 项目公司股票的质押，包括对股息设押。
10) 各种设押和为抵押产生的有关担保的通知、同意、承认、背书、存档及登记。
（3）支持性文件　包括以下几类：
1) 项目发起方的直接支持：偿还担保、完工担保、营运资金担保协议、超支协议和安慰信。
2) 项目发起方的间接支持：无货亦付款合同、产量合同、无条件的运输合同、供应保证协议。
3) 东道国政府的支持：经营许可、项目批准、特许权利、不收归国有的保证和外汇许可等。

3. 担保的主要条款
在工程项目担保中，担保书的内容一般包括以下条款：

（1）对价条款　担保中的对价是贷款人给予借款人贷款，即担保人通过为借款人提供担保所得到的回报是贷款人向借款人提供贷款。在担保书中对价一般以这样的条款来表达："贷款人向借款人提供贷款的前提是担保人出具担保书。"

在不同的国家，对对价条款的重视程度有所不同。比如英国，对价是适用于一切合同的基本原则，是否有对价是合同生效的前提；在我国企业的对外融资中也是如此，即必须具备对价条款。

（2）担保责任　在工程项目融资中，由于金额一般较大，担保人往往可能有两个以上，为此，必须在担保合同中明确各担保人的责任。

1）各个担保责任。即每个担保人只对借款人一定比例的债务承担担保责任，如果借款人违约，贷款人只能向每个担保人提出其担保比例上限范围内的清偿要求。

2）共同担保责任。即每个担保人对全部贷款债务承担担保责任，如果借款人违约，贷款人可以向担保人中的任何一个或所有担保人提出清偿要求。

3）个别和共同担保责任。在此种条件下，如果借款人违约，贷款人可以向所有担保人提出清偿要求，也可以向担保人中的任何一个提出清偿要求。同时，在向一个担保人提出清偿要求未能被满足时，还可以向其他担保人提出清偿要求。这种形式的担保由于综合了前面两种担保责任的优点而被广泛地采用。

（3）担保条件　在担保合同中，一般会有这样的条款：本担保书是无条件的、不可撤销的或本担保人无条件地、不可撤销地保证等。这些都属于担保条件，其中"无条件"是指如果借款人违约，贷款人在没有用尽一切补救措施向借款人要求清偿的情况下，就可要求担保人履行担保义务；"不可撤销"是指未经贷款人（担保受益人）的同意，担保人不得解除担保合同。担保条件确立了担保合同的独立性，因而使担保人承担的义务不因贷款合同的变化而受影响。担保条件还明确了贷款人对担保人的立即追索权，这使得借款人如果出现违约行为，贷款人可直接向担保人要求清偿。

（4）陈述和保证　陈述和保证条款是明确担保人的担保资格和担保能力所做出的保证。其内容一般有以下方面：

1）担保人必须是法人。

2）担保人不存在对本合同的执行有实质性影响的负债。

3）担保合同项下的担保责任和其他合同下的担保责任具有同等地位，除非国家法律另有规定。

4）在每个财务报告期结束的一定日期内，担保人向代理行提供经审计的财务报告。

（5）延续担保　这一条款可使贷款人在借款的全部债务未完全清偿之前，经担保人同意不将部分或全部解除担保责任。在担保合同中，通常是这样规定的："本担保合同是延续不断的担保，直到借款人清偿完毕所有贷款合同项下的贷款及其利息、费用为止。"延续担保可使贷款人避免因担保合同期满而无法向担保人索付，从而保障了贷款人的合法权益。

（6）见索即付　见索即付是指一旦贷款人向担保人提出付款指示，担保人就必须立即付款。见索即付在担保合同中通常表示为："本担保人在收到代理行发出的书面索付通知书的数日内，向代理行支付本协议项下的担保金及利息、费用。"这一条款的作用是：在担保人采取任何诉讼或其他手段对借款人或任何其他人采取行动之前，担保人的义务已履行，一经代理行提出要求，担保人必须立即通过代理行向贷款人赔偿相应的费用或损失。

（7）延期、修改及和解　担保合同中，贷款人和借款人就延长借款清偿期限达成协议或对贷款协议做出实质性修改，以及贷款人与借款人达成的某种和解，均须经过担保人同意，否则担保人的担保义务将自动免除。

（8）适用法律及司法管辖　这是指担保合同选择什么法律作为适用法，如本合同适用于英国法。在司法管辖方面，一般选择与适用法相关联的法院作为管辖法院，再就是确定诉讼代理人。

（9）税收费用　一般地，担保人在合同中均承诺，担保人将通过代理行补偿贷款人因执行担保合同而发生的费用，贷款人可获得无任何抵扣的、足额的收益。

4. 特许权

特许权是项目融资中政府对项目的投资者所授予的特定权利。以 BOT 融资模式为例，特许权的表现形式就是在确定了项目开发商的条件下，政府与其经过对项目的技术、经济、法律等多方面谈判后所形成的各类法律文件。

（1）授权法律　授权法律是政府就某一工程项目的建设、经营而制定的专门法律，它明确了开发商在专营期内对项目的建设、经营、转让所具有的法定权利和义务，为保证项目资金筹措和工程建设的顺利进行提供了基础。

（2）特许权协议　特许权协议是政府和项目开发商在授权法律的指导下就项目的建设、经营和转让而签订的明确双方权利和义务的法律文件，是在保证政府应有权益的前提下，向财团、法人、业主授予充分权利的协议。一般情况下，特许权协议包括以下内容：

1）项目建设方面的规定。

a. 设计责任。开发商要在遵守政府有关方面的基本规定的基础上进行工程项目的设计工作。政府要对开发商的设计方案实施审查，如发现该设计方案不符合合同标准，政府有权要求开发商对设计方案进行修改，如果修改后的设计方案仍不能为政府所接受，政府有权取消该方案直至终止发展商的设计权。同时，政府也应保证开发商提供工程项目设计方案所涉及的专利权、商标、版权等知识产权不受侵犯。

b. 建设时间。特许权协议中应明确工程项目的建成时间，开发商如未能按规定的时间完成项目的建设，须支付政府约定的赔偿金。但是，由于战争、恐怖活动、叛乱、暴乱等政府及开发商所不能控制的原因造成的项目建设时间延长，开发商不承担赔偿责任；同时，由于政府向工程提供设备有延误、政府暂时中止工程进行等原因造成的项目工期延误，开发商也不需承担赔偿责任。

c. 建设责任。作为工程建设的具体实施者，开发商有权确定工程建设的承包者，有权决定工程项目所需材料及设备的采购。同时，政府也有权通过代理人对工程项目建设实施监督，并保持对工程变更、材料设备标准变更的审批权。如果政府认为工程建设存在安全等问题，可要求中止项目的建设，发生的费用则根据中止原因的不同由政府或开发商分别承担。

d. 项目的建成。当开发商认为建设工程项目已建成，符合特许权协议的有关规定，应及时通知政府，政府在接到开发商的完工通知后，应组织对工程进行审核，审核合格后签发完工证书；如果工程项目建设出现瑕疵，则须由开发商承担相应的修理责任。

2）工程的保险。工程项目涉及的风险很多，涉及的投保人有开发商、贷款人、项目建设的总承包商、分包商、设备及材料的供应商等。投保的主要范围有：最终损失保险，即因建设施工毁损导致的交工期延误而造成的财务方面的损失保险；空运、海运的运输保险，即因空运、海运事故造成的财产损失保险；施工全过程风险，包括在施工现场发生的和在运输过程中发生的风险，涵盖人身及财产伤害与毁损；此外，还有为建设项目的雇佣人员及机械设备损害投保的险种等。

3）履约保证金。为保证开发商履行其义务，政府往往要求开发商交纳一定的履约保证金，其金额一般为建筑工程造价的10%。

4）政府对于项目相关的土地移交责任。主要包括土地移交的时间、土地移交的相关资料等，同时明确声明政府对土地有关地质方面的资料的准确性不承担责任，并规定如果在一定时间内政府不能移交项目所需土地，则开发商有权得到额外时间以完成工程，并得到对方给付的违约赔偿。

5）开发商的财务安排及公司结构。

a. 收益及税收。特许权协议必须明确规定工程项目由开发商独立经营，可通过服务收费或销售项目产品以取得合理回报，并且应明确规定上述费用或产品销售价格的调整原则及依据。为了强化项目对开发商及贷款人的吸引力，特许权协议中还应考虑税收优惠政策。

b. 融资方面。在特许权协议中，应明确贷款人所关心的有关问题，如贷款的担保手段、风险的种类及政府或组成开发商的财团分担风险的意愿，政府愿为开发商提供外汇供给担保的条款。

c. 开发商的公司结构。作为一个由多家财团组成的开发商，各财团成员之间的相互关系是通过一份股东协议规定的，特许权协议中必须规定股东协议中有关条款的制定原则，因为这将影响到该项工程计划是否可行和在经营期内能否维持下去。这些原则包括以下几方面：第一，必须规定开发商在政府熟悉的司法制度下注册，以便于政府对开发商进行监管，同时使开发商根据有关法律将规定所需的资料提交给政府；第二，财团各成员必须承诺向开发商提供融资的义务，同时向政府提供开发商履行义务的担保，且保证提供融资的贷款条件为政府所认可。

5. 许可权

在许多情况下，项目所在国或所在地政府会依照一定的法规向项目颁发其开发、营运的营业执照和许可证，这是项目的基础。当一定情况发生时，政府会依照法规所赋予的权力，撤销对项目颁发的许可证。

在工程项目融资时，贷款人可能遇到风险，不只是任何与特定贷款人相关的借款人的过失可能造成许可证被撤销，而且合资中的任何其他方的过失也可能导致许可证被撤销。同时，即使项目进展顺利，发生在同一特许地区的不相关的违约情况也可能损害本项目的特许权。

另外，许可证本身可能要求许可人承担实质性责任，并要求许可人限期履行这些责任，否则将视为违约或撤销许可证。

在工程项目融资中，贷款人可寻求项目所在国或所在地区政府许可或支持的范围包括：政府对项目融资的批准；政府对项目发展计划的批准；政府保证不对项目的生产或资源的耗减施加不利于项目现金流量的直接或间接控制等。

13.4 建设工程项目融资担保体系

13.4.1 融资担保体系构建的基本要点

1. 融资担保体系构建的目的

在项目融资中的担保包括广泛的含义，即法律、合同和其他机制为债权人提供的权利和保护。为了更好地进行项目融资，有必要构建一个完整而严谨的项目融资担保体系，主要目的是促使项目成功，同时保护贷款人的利益。理由如下：①项目融资担保体系的构建必须以保证项目成功为初衷，以项目的现金流量和收益作为贷款回收的资金来源，只有项目成功，贷款人的利益才能获得根本的保证；②构建的项目融资担保体系必须能达到保护贷款人利益的效果，这是项目得以融资的前提，也是项目融资担保体系的根本落脚点。

2. 融资担保体系构建的原则

（1）风险分担、利益共享原则　对于与项目有关的各种风险要素，需要以某种形式在项目投资人（借款人）、与项目开发有直接或间接利益关系的其他参与者和贷款人之间进行分配。一个成功的项目融资结构应该是在项目中没有任何一方单独承担起全部项目的风险责任，任何一方愿意接受风险的程度都取决于预期的回报。

（2）着眼于以接管项目为实现抵押权的基本方式　项目融资从一开始产生，其物权担保方式就立足于英美法系的抵押，即通过权利的转移而对债权进行担保，项目融资抵押权人有权指定一名接管人来接管抵押财产，而不是按传统大陆法系抵押制度的规定，以变卖抵押物为实现抵押权的重要方式。

3. 融资担保体系构建的步骤

首先，通过政府、投资人和贷款人多方之间的谈判，进行大体担保责任的确定和分配，并对接下来的担保责任落实做出总体安排。其次，由项目投资人组建的项目公司负责，在各建设经营活动当事人之间进行具体担保责任的落实，并通过与上面当事人间不断地互相反馈与沟通磋商逐步形成项目融资担保体系。最终，由项目发起人或项目公司将一揽子担保安排转移给贷款人获得项目融资。

13.4.2 工程项目融资担保体系的主要内容

项目融资担保体系是指将以上项目融资担保的基本要素通过一定的秩序风险和利益制衡组合而成的整体。

1. 项目自身的担保

由项目的资产和预期收益作为贷款的抵押，是项目自身提供的担保，构成了项目融资的资信基础。为了更好地实现项目融资，项目公司必须充分利用和发挥项目自身的担保价值。项目资产按资产存在形态可分为：①有形资产，指具有价值形态和实物形态的资产，包括固定资产、流动资产和资源性资产；②无形资产，指不具备实物形态却能在一定时期里提供收益的资产，包括知识产权、工业产权和金融性产权。项目收益包括经营性收益和非经营性收益，项目收益的多少反映了项目营运效益的好坏（经济强度），关系到还本付息的能力。项目公司进行项目融资时，除了可以抵押项目固定资产（包括土地、建筑物和其他固定资产等），浮动抵押项目的动产（包括库存、应收款、无形资产等）外，还要将所涉及的一系列项目合同权益，及相应的担保或保险权益转让给贷款银行。

2. 项目合同/协议的支持

项目合同/协议包含与项目相关的主要技术、商业以及经济方面的协定，是项目融资的核心部分，主要包括特许权协议、股本支持协议、包销协议、设计——采购——建设协议、原材料/燃料/资源供应合同以及运营和维护协议等。项目发起人在最初安排项目融资时，必须特别注意合同/协议的可融资性及其相互之间的关系，消除项目实体的重大风险，提高现金流的可预见性，充分实现项目合同/协议的担保价值。

3. 项目的资信增级

当债务人的"财产"没有实现（项目失败）或只有部分实现（收益比预期的少）时，债权人则会直接面临债权不能受偿或不能足额受偿的风险。因此，当以上两个基本层次的项目融资担保安排仍不能满足贷款银行的要求时，就要考虑为项目提供资信增级，主要途径如下：①由签约方或其母公司提供担保和保证，如由项目发起人提供的完工担保、资金缺额担保，各合同签约方或其母公司提供的履约担保；②由商业担保人（银行、保险公司、专业担保机构等）提供担保和保险，包括各种担保存款、备用信用证、本票及商业保险等；③引入多边或双边机构为其提供贷款或担保、保险，对所在国政府施加影响，增强贷款人的信心；④技术性资信增级措施，包括设立资金托管账户、借助金融衍生工具等；⑤由项目发起人或政府提供安慰信/支持信作为意向性担保。项目融资担保体系详见表13-1。

表13-1 项目融资担保体系

项目融资担保的风险		第一层次的担保 项目自身的担保		第二层次的担保 项目合同/协议的支持		第三层次的担保 项目资信增级	
		担保人	提供的担保	担保人	提供的担保	担保人	提供的担保
商业风险	完工风险	项目公司	项目资产：固定资产抵押、浮动抵押、股权质押	承建商	项目建设合同：价格、工期、商业完工标准；不可抗力造成的延期应控制在有效的范围内；违约支付等	项目投资人	安慰信/支持信；完工担保（担保存款/备用信用证/本票）
						承建商	完工担保（投标保函＋履约保函＋预付款保函＋留置金保函＋维修保函）
	生产风险			原材料/能源供应商	长期、稳定的供应协议：供货或付款条款	项目投资人	安慰信/支持信；完工担保（担保存款/备用信用证/本票）
				设备供应商	卖方信誉；设备质量运营担保	合同签约方（或母公司）	履约担保
				运营商	运营维护协议：设带有最高价格和激励费用；贷款人有权行使对经营者的开除权		
	市场风险			包销商	预期收益：合同权益转让；保险权益转让；托管账户	政府	安慰信/支持信；保证项目一定程度的需求，如最低需求担保、无第二设施担保

注：包销商栏"提供的担保"：长期销售协议："无论需货与否均需付款"条款；"提货与付款"条款（＋资金缺额担保）；最低价格条款；保证最小购买量条款

(续)

项目融资担保的风险	第一层次的担保 项目自身的担保		第二层次的担保 项目合同/协议的支持		第三层次的担保 项目资信增级	
	担保人	提供的担保	担保人	提供的担保	担保人	提供的担保
政治风险	项目公司	预期收益；合同权益转让；保险权益转让；托管账户	政府	特许权协议	政府	安慰信/支持信，反担保
				财产权保证；税收待遇在一定期限内不变；外汇自由兑换与汇出国外；进出口制度保证；法律稳定性保证；不可抗力延长项目特许期等	出口信贷机构	政治风险担保或保险
					多边/双边机构	部分政治风险担保
					海外投资机构	政治风险保险
不可抗力风险			合同签约方	相关合同的不可抗力条款	保险公司	商业保险

13.4.3 典型项目模式下的融资担保

1. PPP 模式下的项目融资担保

PPP 模式下的项目融资通常涉及项目实施机构、社会资本方、借款人、项目公司等相关利益主体，在项目融资模式设计时应当充分考虑交易结构与交易边界。PPP 模式下的项目融资主体是项目公司。根据行业不同，社会资本方按照一定的比例出资作为项目资本金（最低为总投资的 20%），即自有资金，投资者希望除去项目资本金之外的建设资金全部采用融资方式解决，且实现表外融资。金融机构希望能获得足够的担保和合理的预期收益，所以项目融资模式的设计必须充分考虑各方的诉求才能顺利实现项目融资。

金融机构放贷的总体原则是"能收回成本并取得合理的利润"，所以，PPP 项目顺利融资的一个前提就是让金融机构看到切实可行的未来现金流的可能。要做到这一点，通常要考量项目所能提供的担保。国家有关部门在不同规章制度中再三强调，不允许地方政府为 PPP 项目提供任何形式的担保。政府可协助 PPP 项目融资，但仅限于协助，这是各级政府和金融机构在参与 PPP 项目时需要注意的问题。通常是中标社会资本方组建项目公司，以项目预期收益权作为物权担保融资。从收益来源角度看，PPP 项目主要分为政府购买服务、可行性缺口补助和使用者付费三类。

（1）政府购买服务 多数为基础设施项目，不具备向使用者收费的基础。这类项目以政府每年安排的财政性资金根据可用性和绩效考核结果向项目公司付费，这样的交易结构与传统"产品购销合同"具有很多相似之处，项目未来具有较为稳定的收益。但金融机构在对这类项目提供贷款时需要注意审查项目未来切实获得财政补贴的可能性。根据财政部下发的《政府与社会资本合作模式操作指南（试行）》，PPP 项目必须按照规范的操作流程，且运营维护绩效达标才能获得足额的财政补贴，由于采用财政性资金，所以用于购买服务必须按照《中华人民共和国预算法》的要求和操作规范才能确保及时有效的支付。即基建类 PPP 项目融资的前提是同时满足两个规范，"操作流程规范"和"财政资金安排规范"。

在 PPP 项目中，政府付费的本质是政府购买服务"见货付款"，即政府付费的前提是项目切实产生的公共产品供给和服务。服务和产品产出需要具备两个前提：项目必须及时完工，项目及时竣工验收是提供公共产品和服务的基础；项目运营绩效达标。通常情况下，金融机构需要社会资本方为项目竣工提供完工担保，同时考量其运营管理能力；但从社会资本方的角度来看，提供担保势必会影响母公司的资信，希望通过表外融资的方式实现项目融资。所以，在这类项目融资中一个折中的办法是社会资本方承担有限追索责任，即以一定的资产在某个特定的期间承担连带责任，超过特定的时间节点，金融机构不再享有对社会资本方的追索权，追索对象仅限于项目公司。

（2）可行性缺口补助类项目　相比政府购买服务类项目，这类项目收益来源包含使用者付费，如收费公路、医院、学校、旅游等。一旦涉及使用者付费，项目的收益可靠性所面临的问题就变得复杂，项目需要除了承担日常维护外，还需承担市场需求不确定性的风险。一般情况下，一个地区的常住人口不会发生大幅变动，社会对公共服务的需求相对稳定，那么保证未来项目收益的一个重要原则是保证在一定期间的排他性，同时收费的定价标准和政府补贴标准是影响项目未来现金流的主要因素。政府在制定这类项目的补贴标准时会根据运营绩效支付费用，所以这类项目融资担保结构设计时主要考虑社会资本方的运营能力与政府补贴标准的差距。差距越小，未来获取政府补贴的可靠性越高。

（3）使用者付费类项目　这类项目没有政府补贴，由政府授予项目公司特许经营权，项目需要面临更大的运营风险，根据风险与收益匹配的原则，收益空间比其他两类要高。由于没有财政性补贴这一较稳定的收益来源，项目的未来收益完全依赖于社会资本方的运营能力和业态设计。科学的业态设计是项目收益的保证。这类项目融资担保结构通常要设计第三方机构担保，因为多数金融机构对相关业态的盈利能力缺乏判断能力，所以在融资模式设计时首要的任务是为项目的未来收益增信，如第三方权威机构出具的评估报告、长期购买合同（见货付款、无货亦付款）等措施。

2. BOT 模式下的项目融资担保

BOT 项目一般投资大、经营周期长，从与东道国政府协商谈判进行可行性研究到经营周期最终结束时间跨度往往达数十年甚至更长。因此，不可避免地存在着多种风险，如政策变动、贸易和金融市场变动等。BOT 项目涉及主体多，包括政府部门、金融机构（包括国际金融组织、政府金融机构及私人投资者）、承包商、咨询设计公司、监理公司等。各方面的要求和利益在实际操作中很难协调。另外，BOT 融资难度大，由于 BOT 是有限追索权融资，为了实现其有限追索权，需要众多的合同和复杂的担保结构来满足。

按照国际惯例，BOT 投资中的 70%～90% 通过贷款、发行债券等形式筹资。可以说，可融资性是 BOT 项目实施的前提。在 BOT 项目融资中，项目担保可以有重点地解决贷款银行最关心的一部分风险因素。

BOT 项目担保结构一般包括四部分：完工担保、建筑成本担保、最低交通量担保和备用贷款担保。其中最主要的是完工担保和最低交通量担保。完工担保是一种有限责任的直接担保形式，针对的是项目的完工风险，如由于工程技术、商业纠纷或其他外部因素造成的项目拖期、停建或最终放弃。在多数的例子中，项目不成功的风险来自项目能否建造成功并形成通行能力、产生应收款。在项目的建设期，贷款银行承受的风险最大。项目能否按期建成并按照其设计指标开通是以项目现金流量为融资基础的项目融资的核心。因此，项目完工担保就成为 BOT 项目融资结构中一个最重要的担保条件。建设项目的完工有三种标准：技术完工、商业完工和现金流量完工。BOT 项目一般只要求技术完工，就是项目按照其设计标准修建成功，达到了可以开通的条件。完工担保使贷款人在项目的建设期对贷款的追索权是完全的。当项目完工以后，项目的融资结构也从完全的追索权变成了有限的追索权。贷款人此后只能单纯地依赖项目的经营以及有限信用保证支持来满足债务偿还的要求。

完工担保的提供者主要有两个：项目的投资者或者承建项目的工程公司以及有关保险公司。项目投资者提供担保是贷款银行最容易接受的方式。比较通行的做法是项目投资者被要求在指定的银行账户上存入一笔预定的担保存款，或者从指定的金融机构中开出一张以贷款银行为受益人的相当于上述金额的备用信用证，以此作为贷款银行支付第一期贷款的先决条件。一旦出现需要动用项目完工担保资金的情况，贷款银行将直接从上述担保存款或担保信用证中提取现金。由工程承包公司以及其背后的金融机构提供完工担保，是包括在工程承包合同中的一种附加条件，通过这种担保条件的引入可以减少项目投资者所需承担的完工担保责任。这种担保形式的目的是保证工程公司有足够的实力按期完成项目的建设工程，并确保一旦工程公司无法继续执行其合同，根据担保受益人的要求，由担保人无条件按照合同规定向受益人支付一定的资金补偿。由于 BOT 项目的投资本息主要依靠现金流偿还，而现金流取决于项目强度。因此，投资者往往会要求产品销售量及价格有一定的保障，因此会设置"无论提货与否均需付款"或"提货与付款"的方式，保障项目现金流的强度。

思考题

1. 简述建设工程项目融资担保的概念及作用。
2. 建设工程项目融资担保中的担保人有哪些？
3. 简述建设工程项目融资担保的范围。
4. 简述建设工程项目融资担保的类型。
5. 简述建设工程项目融资担保的形式。
6. 简述建设工程项目融资担保的法律形式及特征。
7. 简述项目融资担保体系构建的原则和步骤。
8. 简述项目提供资信增级的主要途径。

第 14 章
建设工程项目融资风险

本章主要内容：工程项目融资风险识别，包括工程项目融资的风险分类、工程项目融资风险识别的技术；工程项目融资风险管理，包括工程项目融资风险评估、工程项目融资风险防范。

本章重难点：工程项目融资风险识别；工程项目融资风险评估、工程项目融资风险防范。

14.1 工程项目融资风险识别

14.1.1 工程项目融资的风险分类

一般说来，项目的融资风险与工程项目的风险并无实质区别，涉及项目开发、技术、经济、生产、市场等诸多方面，但侧重点有所不同。项目融资更关注项目的完工风险、生产风险及市场风险。

1. 按照项目实施的时间顺序划分

根据项目实施的时间顺序，其风险可以划分为三个阶段：项目建设阶段风险、项目试生产阶段风险和项目生产经营阶段风险，每个阶段项目的风险具有不同的特点。

（1）项目建设阶段风险 项目正式开工前有一个较长的准备阶段，包括项目的规划、可行性研究、工程设计等。这一时期的风险是由投资者承担的，不包括在项目融资风险中，真正的项目建设阶段风险是从项目正式动工建设开始计算的。由于这一阶段需要大量资金购买工程用地、设备，且贷款利息也开始计入成本，因此项目风险接近最大程度，如果任何不可控或不可预见因素造成项目成本超支或不能按时完工，项目就面临着巨大的压力和风险。从风险承担的角度，贷款银行承担的风险最大。从贷款银行的角度，在这一阶段必须考虑以下因素的可能性和影响：

1) 由于工程、设计或技术方面的缺陷，或不可预见的因素，造成生产能力不足或产量和效率低于计划指标。

2) 能源、机器设备、原材料及承包商劳务支出超支等，造成项目建设成本超支，不能按照预定时间完工，甚至项目无法完成。

3) 由于各种因素造成的竣工延期而导致的附加利息支出。

4) 土地、建筑材料、燃料、原材料、运输、劳动和管理人员以及可靠的承包商的可获得性。

5）其他不可抗力因素引发的风险。

在这一阶段，通常工程项目融资需要投资者提供强有力的信用支持来保证项目的顺利完成。利用不同形式的工程建设合同，有可能将部分工程项目建设期风险转移给工程承包公司，比如固定价格、固定工期的"交钥匙"合同，"实报实销"合同等合同形式。其中，在"交钥匙"合同形式中，工程项目建设的控制权和建设期风险全部由工程承包公司承担。

（2）项目试生产阶段风险　这一阶段工程项目融资的风险仍然很高，即使这时项目建成投产，但如果项目不能按照原定的成本计划生产出合格的产品，就意味着对项目现金流量的分析和预测不正确，工程项目很有可能生产不出足够的现金流量支付生产费用和偿还债务。

贷款银行一般不把项目的建设结束作为项目完工的标志。此处引入"商业完工"的概念，即在指定的时间内，按一定技术指标生产出了合格产量、质量和消耗定额的产品。在工程项目的融资文件中具体规定项目产品的产量和质量及原材料、能源消耗定额以及其他一些技术经济指标作为完工指标，并且将项目达到这些指标的下限也作为一项指标，只有项目在规定的时间范围内满足这些指标时，才被贷款银行接受为正式完工。

（3）项目生产经营阶段风险　项目达到"商业完工"标准后即进入项目的生产经营阶段。从这一阶段起，项目进入正常运转，正常情况下应该产生出足够的现金流量支付生产经营费用以及偿还债务，并为投资者提供理想的收益。随着项目进入正常运转阶段，银行的风险开始逐渐降低，融资结构基本上依赖于项目自身的现金流量和资产，成为一种无追索的结构。这一阶段的工程项目融资风险主要表现在生产、市场、金融以及其他一些不可预见的因素方面。

2. 根据风险的可控性进行划分

按风险的可控性，工程项目融资风险可以分为可控风险和不可控风险。可控风险是指与项目的建设和运营管理直接有关的风险。这类风险是项目公司在项目建设或生产运营过程中无法避免的，同时也是项目公司应该知道如何去管理和控制的风险，包括完工风险、生产风险、市场风险和环保风险。不可控风险是指项目的生产运营由于受到超出项目公司或政府可以控制范围的经济环境的影响而受损失的风险。此类风险一般无法准确预测，只能采取一定的措施来降低或转移，包括金融风险、政治风险和不可抗力风险。

（1）可控风险

1）完工风险。工程项目融资风险最大的阶段是项目的建设阶段。组织项目融资要使项目能够在规定的时间内和预算内建成投产，达到完工标准。但由于项目在建设期和试生产期存在各种不确定因素，因而贷款银行所承受的风险最大，项目能否按期建成投产并按照其设计指标进行生产经营，是项目融资的核心。如果项目无法完工、延期完工或是完工后无法达到预期的运行标准，便造成了完工风险。

完工风险的形成主要有工程项目的设计未达到要求，承包商的建设能力不足和资金匮乏，承包商所做承诺的法律效力及其履行承诺的能力不足，政府干预等原因。

完工风险给项目融资参与者带来的后果较为严重，如果项目不能按照预定计划建设投产运营，不能产生足够的现金流量来支付生产费用和偿还债务，那么在贷款利息增加、整个项目的成本增加等极端的情况下，项目可能被迫停工、放弃。

项目建设期出现完工风险的概率是比较高的。根据已有统计资料，无论是在发展中国家还是发达国家，均有大量的工程项目不能按照规定的时间或者预算建成投产，导致项目融资成本大幅度上升乃至失败。根据实践经验，在美国、加拿大和澳大利亚发达工业国家从事工程项目投资和安排融资，应该把项目的完工风险作为一个重要的因素加以考虑，而在这些国家造成完工风险的一个重要原因是工业关系和劳资纠纷。

项目的"商业完工"标准是贷款银行检验项目是否达到完工条件的依据。"商业完工"标准包括一系列专家确定的技术经济指标。根据贷款银行对具体项目完工风险的评价，项目融资中实际采用的"商业完工"标准可以有很大的差别。总的原则是，对于完工风险越大的项目，贷款银行会要求项目投资者承担更大的"商业完工"责任。例如典型的"商业完工"标准包括完工和运行标准、技术完工标准和现金流量完工标准等。

还有一些其他形式的完工标准。例如有些项目，由于时间关系在项目融资还没有完全安排好就需要进行提款。这种情况下贷款银行为了减少项目风险，会要求确定一些特殊的完工标准。

为了限制及转移项目的完工风险，贷款银行通常要求投资者或工程公司等其他项目参与者提供相应的"完工担保"作为保证。

2) 生产风险。生产风险是在项目的试生产阶段和生产阶段存在的技术、资源储量、能源和原料供应、生产经营和劳动力状况等风险因素的总称。生产风险一般由项目公司和贷款银行共同承担，因为项目的现金流量是作为偿还银行贷款的主要来源的。生产风险主要表现为技术风险、能源和原材料风险和经营管理风险。

3) 市场风险。项目投产后的效益主要取决于其产品在市场中的销售情况和其他表现，除非项目公司在项目建成之前就能以一个合适的价位将产品全部销售出去（如BOT项目的售水协议、售电协议），否则必须直接面对市场风险。

市场风险主要有价格风险、竞争风险和需求风险，这三种风险相互关联、相互影响。市场风险不仅同产品销售有关，而且还同项目原材料及燃料的供应有关。如果项目投产后原材料及燃料价格的涨幅超过了项目产品价格的增幅，那么项目的效益势必下降。

4) 环保风险。近年来，工业对自然环境及人们生活和工作环境的破坏已经越来越引起社会公众的关注，许多国家的政府制定了严格的环境保护法律来限制工业污染对环境的破坏，并强制肇事者对所造成的污染进行清理，缴纳巨额罚款。对项目公司来说，要满足环保法的各项要求，就意味着成本支出的增加，尤其是对那些利用自然资源或生产过程中污染较为严重的项目来说更是如此。但从长远来看，项目必须对增加的成本自行消化，这意味着要提高生产效益，努力开发符合环保标准的新技术和新产品。

(2) 不可控风险

1) 金融风险。金融风险主要表现在利率变化风险、汇率的变化风险、货币风险以及通货膨胀风险等几个方面。

a. 利率变化风险。此风险是指由于利率波动直接或间接造成项目收益受到损失的风险。如果项目公司采用浮动利率融资，一旦利率上升就会造成生产成本的上升。如果采用固定利率融资，市场利率的下降就会造成机会成本的提高。

当对一个项目进行现金流量敏感性分析时，可以发现，项目的损益平衡点对利率的变化十分敏感，特别是在项目的经营初期债务负担比较重的阶段。此阶段利率很小的增加，就要求项目的收入有较大的增长才能弥补利率变化造成的损失。

b. 汇率变化的风险。这种风险是指在不同货币的相互兑换或折算中，因汇率在一定时间内发生始料未及的变动，使有关国家金融主体实际收益与预期收益或实际成本与预期成本发生背离，从而蒙受经济损失的可能性。

汇率的波动会影响项目的生产成本，尤其是对出口企业或从国外进口原材料的企业是重要的风险因素。困扰企业的原因是未来汇率的变化趋势。由于汇率不确定，进出口的价格也随之变得不确定，这直接影响到利润的不确定，企业将难以判断是否需要进行投资。

c. 货币风险。货币风险主要包括两部分：项目所在国货币的自由汇兑和利润的自由汇出，这也属于外汇风险问题。

汇兑限制风险，也称转移风险，是东道国由于国际收支困难而实行外汇管制，禁止或限制外商、外国投资者将本金、利润和其他合法收入转移到东道国境外。外汇的汇出风险只有在项目进入运营期才会发生，它表现为兑换为外汇的项目收入不能汇出境外以支付股本金回报、债务及其他外汇支出。

项目公司是由投资者共同组成的，工程项目融资涉及各个方面的股东，那么境外股东就希望将项目产生的利润以他们本国的货币形式汇出，而贷款银行也希望用和贷款相同的货币来偿还贷款。

d. 通货膨胀风险。通货膨胀存在于各国的经济生活中，是一个全球性的问题。相比而言，发达国家和地区比发展中国家和地区的通货膨胀率要低。通货膨胀可能使项目所在国的工资和物价大幅度上涨，导致整个项目运营成本增加。因此，对于债权人和投资者而言，不管在任何国家建造工程项目都希望避免通货膨胀的风险。

通货膨胀风险一般由项目公司的贷款人来承担。如果在合同中没有调价条款或调价条款写得太笼统，则对于项目公司来说通货膨胀将是很大的风险因素。要避免通货膨胀带来的损失，不仅要考虑项目所在国的物价水平，而且要全面考虑材料、设备的价格上涨情况、当地货币的贬值幅度和国际市场物价浮动趋势。

2）政治风险。投资者与所投项目不在同一个国家，或贷款银行与贷款项目不在同一个国家，都有可能面临由于项目所在国家的政治条件发生变化而导致项目失败、项目信用结构改变、项目债务偿还能力改变等风险，这类风险统称为项目的政治风险。

政治风险表现为两个方面：国家风险和国家政治、经济、法律稳定因素风险。项目的政治风险可以涉及项目的各个方面和各个阶段，从项目的选址、建设、生产运营一直到市场营销的全过程都可能受政治风险的影响。

3）不可抗力风险。不可抗力风险是指项目的参与方不能预见且无法克服及避免的事件给项目所造成的损坏或毁灭的风险。例如自然风险、瘟疫、战争行为、工厂和设备遭受意外损坏等风险。一旦出现不可抗力，整个项目可能延期或项目建成后不能正常运行，甚至项目完全失败。一般情况下，项目建设方无法控制这些不可抗力风险，只能靠投保将此类风险转移给保险公司。许多国家的出口信贷机构提供此类保险来担保部分或全部不可抗力风险。保险费计入项目成本中。在保险市场不能投保的则采用双方共同承担不可抗力风险的原则。

14.1.2 工程项目融资风险识别的技术

工程项目融资风险识别，可以通过以下三个步骤进行：

第一步，收集资料。资料和数据的可得性和完整性会影响工程项目融资风险损失的大小。

第二步，估计项目风险形式。风险形式估计是要明确项目融资的目标、战略、战术，以及实现项目融资目标的手段和资源，以确定项目融资及其环境的变数。

第三步，根据直接或间接的症状将潜在的风险识别出来。原则上，风险识别可以从原因查结果，也可以从结果反过来找原因。从原因查结果，就是先找出本项目会发生的事件和发生后会引起的结果。例如，在项目建设过程中，关税税率会不会变化，关税税率提高或降低两种情况各会引起怎样的后果。从结果找原因，例如，建筑材料涨价将引起项目超支，而哪些因素会引起建筑材料涨价；项目进度拖延会造成诸多不利后果，而造成进度拖延的常见因素有哪些，是项目执行组织最高管理层犹豫不决，还是政府有关部门审批程序烦琐复杂，是设计单位没有经验，还是工作太多等。

在具体识别风险时，还可以利用以下具体的工具和技术：

（1）核对表　核对表利用了考虑问题时有联想的习惯。在过去经验的启示下，思想常常变得很活跃。风险识别实际上是关于将来风险事件的一种预测。如果把经历过的风险事件及其来源罗列出来，写成一张核对表，可以帮助项目管理人员开阔思路，预测项目会有哪些潜在的风险。核对表可以包含多种内容，比如，以前项目成功或失败的原因，项目其他方面规划的结果（范围、成本、质量、进度、采购与合同、人力资源与沟通等计划成果），项目产品或服务的说明书，项目班子成员的技能，项目可用的资源等。还可以到保险公司索取资料，认真研究其中的保险条例等。

（2）项目工作分解结构　风险识别要减少项目结构的不确定性，就要弄清项目的组成、各个组成部分的性质和它们之间的关系、项目同环境之间的关系等。项目工作分解结构是完成这项任务的有力工具。项目管理的其他方面，如范围、进度和成本管理，也要使用项目工作分解结构。因此，在风险识别中，利用这个已有的现成工具并不会给项目班子增加额外的工作量。

（3）常识、经验和判断　以前完成的工程项目所积累的资料、数据和教训，以及项目班子成员个人的常识、经验和判断在风险识别时非常有用，尤其对采用新技术、无先例可循的工程项目时更是如此。另外，把项目有关各方找来，同他们就风险识别进行面对面的讨论，也有可能触及一般规划活动中未曾发现或发现不了的风险。

（4）实验或试验结果　利用实验或试验结果识别风险，实际上就是获取信息。例如，在地震区建设高耸的电视塔，需预先做一个模型，放到振动台上进行抗震试验。实验或试验还包括数字模型、计算机模拟或市场调查等方法。

（5）敏感性分析　敏感性分析就是分析并测定各个因素的变化对指标的影响程度，判断指标（相对于某一项目）对外部条件发生不利变化时的承受能力。一般情况下，在项目融资中需要测定敏感性的变量要素主要有价格、利率、汇率、投资、生产量、工程延期、税收政策、项目生命周期等。这样，项目管理人员就能识别出风险隐藏在哪些项目变量或假设下。

（6）事故树分析　事故树分析法是目前国际上已公认的可靠性分析和故障诊断的一种简单、有效的方法。在可靠性工程中，常常利用事故树进行系统的风险分析。此法不仅能识别出导致事故发生的风险因素，还能计算出风险事故发生的概率。事故树由节点和连接点的线组成。节点表示事件，而连线则表示事件之间的关系。事故树分析是从结果出发，通过演绎推理查找原因的一种过程。在风险识别中，事故树分析不但能够查明项目的风险因素，求出风险事故发生的概率，还能提出各种控制风险因素的方案。既可做定性分析，也可做定量分析。事故树分析一般用于技术性强且较为复杂的项目。

（7）专家打分法 专家打分法是一种最常用、最简单、易于应用的分析方法。它的应用由两步组成：首先，识别出某一种特定工程项目可能遇到的所有风险，列出风险调查表（checklist）；其次，利用专家经验，对可能的风险因素的重要性进行评价，综合成整个项目风险。该方法适用于工程项目融资决策的前期。这个时期往往缺乏项目具体的数据资料，主要依据专家经验和决策者的意向，得出的结论也不要求是资金方面的具体值，而是一个大致的程度值，它只能是进一步分析的基础。

（8）蒙特卡罗方法 蒙特卡罗方法又称随机抽样统计试验方法，这种方法计算风险的实质是在计算机上做抽样试验，然后用具体的风险模型进行计算，最后用统计分析方法得到所求的风险值。它是估计经济风险和工程风险常用的一种方法。应用蒙特卡罗方法可以直接处理每一个风险因素的不确定性，但它要求每一个风险因素是独立的。这种方法的计算工作量很大，可以编制计算机软件对模拟过程进行处理，可节约计算时间。该方法的难点在于对风险因素相关性的识别与评价。但总体而言，该方法无论在理论上还是在操作上都较前几种方法有所进步，目前已广泛应用于工程项目管理领域。

在工程建设中，一般活动（或工序）、子项目的施工先后的逻辑关系一般是确定的，但完成每一活动或子项目所需要的时间（或称工序持续时间）是不确定的。因此，在工期规定的条件下，工程进度就存在风险。

14.2 工程项目融资风险管理

14.2.1 工程项目融资风险评估

在项目初步形成以及研究工作接近尾声的时候，应对项目进行评估。评估属于工程项目最重要的阶段，因为它是项目准备工作的终点。评估包括项目的四大方面，即技术、经济、体制管理和财务。

1. 技术评估

技术评估涉及项目的实际规模、布局和各种设施位置的确定；将要使用的工艺，包括设备的类型、工序及其对当地条件的适应性；将采用的提供服务的方式；执行计划的可行性；达到预期产量的可能性。

技术评估的一个关键方面在于，审核成本预算以及该预算所依据的工程技术和其他数据，以便确定在可以接受的误差范围内预算是否准确，以及为应付项目执行阶段发生意外事件和预期价格上涨所预留的风险金是否充足。

另外，对于拟采用的工程技术服务、设计服务或其他专业服务的程序也将进行检查。同时，技术评估还涉及对项目设施的运行费和服务性费用以及必要的原材料和其他投入的可靠性进行评估。

2. 经济评估

通过对几种项目设计方案进行成本效益分析，从中选出对项目的发展目标贡献最大的设计方案。通常，此类分析在项目准备的各个阶段已分步进行，评估阶段是做出最终审查与评定的阶段。

在进行经济评估时，要对项目进行部门情况研究。研究检查各部门的投资计划，公营与私营部门机构的优缺点，以及主要的政府政策。例如，在交通运输部门，每项评估均将运输系统视为一个整体，估算其对国家经济发展的贡献。对公路项目进行评估时，要考查它与其他竞争方式（如铁路）之间的关系。要审查该部门的整个运输政策，并建议进行某些变动，如改变任何使交通运量分配不均的规定做法。

只要现行的技术水平允许，还必须对项目的造价及其给国家带来的利益进行详细分析，分析的结果通常用经济收益率来表示。此类分析往往要求解决疑难问题，如怎样确定项目的实际结果，以及如何根据国家的发展目标评价它们的价值。多年来，人们一直密切关注经济评价方法的改进。

当由于各种因素，如贸易限制、税收或补贴等扭曲了价格而使市场价格无法真实反映费用本身的经济价值时，通常使用"影子价格"。在某些主要因素变化的条件下，常常需要对项目的收益进行敏感性分析。有时，对那些较为重大的不确定项目，还应进行风险分析。项目费用和效益中的某些因素，如污染控制、健康与教育水平的提高等是无法量化的；在其他项目如电力或电信项目中，可能需要使用某些无法完全衡量出服务产生的经济效益的指标，如上缴利税。在某些情况下，可以评价具有相同效益的替代方案，进而选择成本最低方案。

3. 体制管理评估

体制（国外也称体制建设）管理已成为项目融资的重要目的，也可以说，资金资源的转移和实体设施的建设，就其本身来说无论价值多大，从长远观点看，不如建立一个健全和富有生命力的"体制"更为重要。该体制还应包括借款实体本身、组织机构、经营管理、人员配备、业务流程以及制约该体制运行环境的整套政府政策。

实践表明，对项目体制方面重视不够将导致项目执行和实际运行期间问题频繁。对体制的评估涉及一系列问题。例如：借款实体是否组织严密；其管理工作是否到位；当地的才智和创造性是否得到有效发挥；为实现项目目标，是否需对实体外的政策和机构进行调整等。

比较一个项目的所有方面，体制建设可能是最难解决的，原因之一在于，体制建设成功与否主要取决于有关人员对项目所在地的文化环境的了解。定期检查体制安排，大胆接受新思想，积极采用可能跨越几个项目的长期措施，这些举措对体制（管理）的建设是非常重要的。

4. 财务评估

财务评估的目的，其一是保证有足够的资金用于支付项目实施所需的费用，其二是确保制订一份融资计划，以便能为按计划实施项目而提供资金。如果提供资金的政府当地财政收入存在困难，可考虑做某些特殊安排，如为建立一项周转基金而预支拨款或将某些税收额指定专用。

财务评估还涉及金融偿付能力，如项目能否依靠其现金流量履行其承担的一切财务责任，包括利息（债息），是否有能力依靠自有资源从资产中赚取相当的收益，积累足够的资金以满足未来的资本需要。通过资产负债表、收益表以及对现金流量的推测，仔细地审查项目的财务状况。

财务审查强调调整项目产品价格水平和价格结构的必要性，这种调整应该是经常性的。价格变动比率的调整对项目评估以及随后的项目执行，都是至关重要的。

财务评估涉及从项目收益人处收回投资以及经营成本的问题。各项目的实际回收要考虑到收益人的收入情况和实际问题。为了保证有效地利用有限资金，对最终收益人收取的利息一般应反映出经济中的机会成本。但利率是经常被贴补的，而通货膨胀率甚至可能超过利率。

在通货膨胀率较高的国家，有时采用指数利率系统。与成本回收一样，制定恰当的利率标准可能会成为一个有争议的问题。由于实践性结果需要一定的时间才能在财政政策方面得以体现，因此应着眼于长期的经营目标。

总之，从上述几方面对项目进行深入可靠的评估，可以将所有的经验、教训都融入未来项目的设计和准备之中，既确保项目的良性循环，同时，也是确保将项目融资风险降到最小或可以接受水平的基础工作。

14.2.2 工程项目融资风险防范

经过实践探索和检验，国际上已经逐渐形成了一些行之有效的降低和减少项目融资风险的做法，尤其是参与项目贷款的主要银行，建立了一系列的方法和技巧以降低项目风险。结合我国项目融资的特点，可以从以下方面对融资风险进行防范。

1. 政治风险的防范

由于东道国政府最有能力承担政治风险，由东道国政府来承担政治风险是最佳选择。例如，在菲律宾的某项目中，国家电力公司同意按"项目全面收购"办法来承担这种责任。"项目全面收购"是指如果东道国的政治风险事故连续维持一定的时期，则国家电力公司有责任用现金收购该项目，其价格以能偿还债务并向项目发起人提供某些回报为准。而在印度的某电力开发项目中，在发生政治性事故后，国家电力局或国家电力公司有责任继续支付电费，最长可达270天。因此，所有债务在政治性事故发生时都有所保障。

在我国，政府机构是要参与批准和管理基础设施项目的，因而政治风险不容忽视。然而，政治风险非个人和公司所能控制，只能依靠国际社会和国家的力量来防范。

（1）特许权　项目公司应尽量尝试向政府机构寻求书面保证，包括政府对一些特许项目权利或许可证的有效性及可转移性的保证、对外汇管制的承诺、对特殊税收结构的批准等一系列措施。例如广西来宾电厂项目在政治风险控制方面就得到了政府强有力的支持，原国家计委、国家外汇管理局、原电力工业部分别为项目出具了支持函，广西壮族自治区政府成立了专门小组负责来宾电厂项目，约定当法律变更使项目公司损失超出一定数额时，广西壮族自治区政府将通过修改特许期协议条款与项目公司共同承担损失，从而很好地预防了政治风险。

（2）投保　除特许权协议外，还可以通过为政治风险投保来减少这种风险可能带来的损失，包括纯商业性质的保险和政府机构的保险。但是提供政治风险的保险公司数量很少，因为市场狭小而且保险费昂贵，同时对项目所在国的要求特别苛刻，因此以保险的方式来规避政治风险很困难。在我国，为政治风险投保的一个实例是山东日照电厂，德国的Hermes和荷兰的Cesce两家信誉机构为该项目的政治风险进行了担保，从而使该项目进展比较顺利。

（3）多边合作　在许多大型工程项目融资中，政府、出口信贷机构和多边金融机构不仅能为项目提供资金，同时还能为其他项目参与方提供一些政治上的保护，这种科学合理的产权布局就可能使政治风险降低很多。也可以寻求政府机构的担保以保证不实行强制收购，或在收购不可避免时，政府机构会以市场价格给予补偿。一般很难预测到各种法规制度的变化，不过可以把此种风险转移给当地合作伙伴或政府。

2. 完工风险的防范

超支风险、延误风险以及质量风险均是影响工程项目竣工的主要风险因素，通称为完工风险。对项目公司而言，控制的最简单方法就是要求施工方使用成熟的技术，并要求其在双方同意的工程进度内完成；或者要求其在自己能够控制的范围内对发生延误承担责任。然而，对项目的贷款银行或财团而言，如果仅仅由施工方承担完工风险显然是难有保障的，因为项目能否按期投产并按设计指标进行生产和经营将直接影响到项目的现金流量，进而影响到项目的还贷能力，而这恰恰是融资的关键。因此，为了限制和转移项目的完工风险，贷款银行可以要求项目公司提供相应的措施来降低和规避这一风险。

（1）利用合同形式来最大限度地规避完工风险　项目公司通过利用不同形式的项目建设合同把完工风险转移给承包商。常见的合同有：固定总价合同、成本加酬金合同、可调价格合同。

1) 固定总价合同是指双方在专用条款内约定合同价款包含的风险范围和风险费用的计算方法，即以一次包死的总价格委托给承包商，价格不因环境变化和工程量增减而变化，承包商承担全部的完工风险。在这种合同形式下，项目公司承担的风险很小，而承包商所承担的风险最大，但各承包商往往也在项目中投资，承担其中的风险，以此来获得该项目的承建合同。

2) 采用成本加酬金合同时，项目公司承担了大部分风险，承包商承担的风险很小。项目公司在这种合同中应加强对实施过程的控制，包括决定实施方案，明确成本开支范围，规定项目公司对成本开支的决策、监督和审查的权力，否则容易造成不应有的损失。

3) 采用可调价格合同，项目公司和承包商就可对完工风险进行合理的分担。

一般项目公司为了有效规避完工风险，通常采用"固定总价合同"把这一风险转移给承包商。

（2）利用担保来规避项目完工风险　在项目建设阶段，完工风险的主要受害者是贷款银行，为了限制及转移项目的完工风险，贷款银行通常要求项目投资者或项目承包商等其他项目参与方，提供相应的"完工担保"作为保证。

在项目融资的建设阶段，大都由项目出资人（经常是项目主办方）提供完工担保。完工担保许诺，在规定时间内完成项目，若在预定工期内出现超资，则担保方承担全部超资费用。

一般来说，"完工"不仅是指工程建设完毕，还包括以一定费用达到一定生产水平。而完工担保人保护自己的方法是选择财力可靠的承包商，使承包协议条款和完工担保条件一致。如果承包商能力和信用好，贷款人可以不要担保，因此选择合适的承包商建设项目，对工程项目融资无疑是十分重要的。

由于完工担保的直接经济责任在项目达到商业完工标准后即告终止，贷款人的追索权只能限于项目资产本身，即以项目的资产及其经营所得，再加上"无论提货与否均需付款"等类型的有限信用保证的支持来满足债务偿还的要求。因而，项目的贷款银行或财团为了避免遭受因不能完工或完工未能达到标准所造成的风险，对商业完工的标准及检验要求十分严格。有指标不符合融资文件中规定的要求，都会被认为没有达到担保的条件，项目完工担保的责任也就不能解除。项目完工担保的提供者有两方，一方是项目公司，另一方是承建项目的 EPC 或交钥匙承包商、有关担保公司、保险公司等。

1）由项目公司作为完工担保人。对贷款银行或财团来说，由项目公司直接为完工担保是最理想的担保方式。因为项目公司不仅是项目的主要受益者，而且由于股本资金的投入使其与项目的建设和运行有着最直接的利益关系，所以如果项目公司为借款人提供完工担保，则会使贷款银行对项目充满信心，并且更会使其尽力支持以使项目按计划完成、按时投产收益，实现贷款的归还。

在实际运作中，项目的贷款银行与项目公司成员往往分散在不同的国家，在这种情况下，一旦项目担保人不履行其完工担保义务，则会使贷款银行欲采取法律行动时产生诸多不便。因此，贷款银行可以要求项目公司在指定的银行账目上存入一笔预定的担保存款，或者从指定的金融机构开出一张以贷款银行为受益人的备用信用证，以此作为贷款银行支付第一期贷款的先决条件。一旦出现需动用项目担保资金的情况，贷款银行将直接从担保存款或备用信用证中提取资金，以保证项目公司履行义务。

2）由 EPC 或交钥匙承包商与金融机构或保险公司联合作为担保人，在这种情况下，项目公司可以通过在工程合同中引入若干完工担保条件将大部分完工风险转移给承建商，使自己承担的风险降低到最低限度，同时由于项目是由具有较高资信和经验丰富的承包商来承担，也可增加贷款银行对项目的信心。为确保承包商履行其义务，项目公司应要求以承包商背后的金融机构作为担保人出具一些担保，如投标担保、履约担保、预付款保函、保留金担保、维修担保等，这些完工担保常常是以银行开出的无条件备用信用证或银行保函形式出现的。不过，这种承包商提供的按合同执行项目的担保虽然可以将部分风险转移给承包商，但并不能取代项目公司的完工担保。通常情况下，承包商只是在违约时，才能按其担保去要求赔偿整个工程费用的一部分，通常为合同额的 10% ~ 30%。

3）利用金融衍生工具——远期合约来规避完工风险。把完工风险转移给承包商，而承包商也意识到完工风险会给自己带来潜在的损失，为此会采取加快进度、进行全面质量控制、加强科学管理等措施来保证项目按期、保质完工。但是在具体承建过程中，由于项目规模大、建设周期长、"三材"（钢筋、水泥、木材）用量大，因此，材料市场价格的波动对项目的总造价影响是很大的，很可能会造成总成本的增加，超出预算。工程项目中材料价格占总造价的 60% ~ 75%，如果材料价格上涨 10%，那么其总造价就上涨 6% ~ 7.5%，在利润微薄的建筑行业，这样的风险对承包商来说是无法承受的，而且会由此导致完工风险，从而影响项目融资的正常运营。为此，可以采用远期合约的手段来有效规避风险。

3. 市场风险的防范

降低和防范市场风险的方法需要从价格和销售量两个方面入手。项目融资要求项目必须具有长期的产品销售协议作为融资的支持，这种协议的合同买方可以是项目投资者本身，也可以是对项目产品有兴趣的具有一定资信的任何第三方。通过这种协议安排，合同买方对项目融资承担了一种间接的财务保证义务。"无论提货与否均需付款"和"提货与付款"合同，是这种协议的典型形式。

降低和规避市场风险可以采取的措施有：①要求项目有长期产品销售协议；②长期销售协议的期限要求与融资期限一致；③定价充分反映通货膨胀、利率、汇率等变化。

4. 金融风险的防范

对于金融风险的防范和控制主要是运用一些金融工具。传统的金融风险管理基本上局限于对风险的预测，即通过对在不同假设条件下的项目现金流量的预测分析来确定项目的资金结构，利用提高股本资金在项目资金结构中的比例等方法来增加项目抗风险的能力，以求降低贷款银行在项目出现最坏情况时的风险。随着国际金融市场的发展，特别是近几年期权市场的发展，项目金融风险的管理真正实现从"预测"向"管理"的转变。

(1) 利率掉期 利率掉期是指在两个没有直接关系的借款人（或投资者）之间的一种合约性安排，在这个合约中一方同意直接地或者通过一个或若干个中介机构间接地向另一方支付该方所承担的借款（或投资）的利息成本，一般不伴随本金的交换。利率掉期一般是通过投资银行作为中介进行操作，且经常在浮动利率和固定利率之间进行。一般的利率掉期是在同一种货币之间进行，从而不涉及汇率风险因素，利率掉期可以规避利率风险。

(2) 远期外汇合约 在我国的项目工程中，项目的收入是人民币，承包商要将其兑换成外汇汇回总部，因而可以事先同当地银行签订出卖远期外汇合同，在规定的交割日将人民币收入卖给银行，按合约规定的远期汇率买入外汇。这里要注意，签订远期外汇合同时要考虑汇率的变动情况和人民币收入时间与交割时间的匹配。如果根据经验判断外汇会升值可根据人民币收入的时间确定交割时间及远期汇率，以便到时买入外汇，避免本币贬值损失。这种方法的缺陷是交割时间固定，到了规定的交割日期合约双方必须履约，时间匹配困难。

(3) 期权 期权允许其持有人在管理不可预见风险的同时不增加任何新的风险，使得期权在项目融资风险管理中有着更大的灵活性，避免了信用额度范围的约束（投资银行根据客户的信用程度给予客户的交易额度），只要项目支付了期权费，就可以购买所需要的期权合约，从而也就获得了相应的风险管理能力，而不需要占用任何项目的信用额度或者要求项目投资者提供任何形式的信用保证。

(4) 择期 择期是远期外汇的购买者（或卖出者）在合约的有效期限内任何一天，有权要求银行实行交割的一种外汇业务。我国对择期的交易期限规定为择期交易的起始日和终止日，在这期间，承包商可将人民币收入立即换成美元或其他可自由兑换货币汇回国内，从而避免了汇率波动的风险。根据国际惯例，银行对择期交易不收取手续费，所以择期交易在实际应用中是非常方便的。

(5) 固定汇率 在国际融资中选择何种货币，直接关系到融资主体是否将承担外汇风险，将承担多大的外汇风险，因此融资货币的选择是融资主体要考虑的一个重要问题。承包商可以与我国政府或结算银行签订远期兑换合同，事先把汇率锁定在一个双方都可以接受的价位上，以此来消除汇率频繁波动对项目成本造成的影响。

(6) 融资货币 我国的项目在融资时最好采取融资多元化策略，也就是持有多种货币组合的债务，最好是让人民币汇率锁定在"一揽子"硬通货上。一种货币的升值导致的债务增加靠另一种货币的贬值导致的负债减少来抵消。只要合理选择货币组合，就可以降低单一货币汇率波动造成的损失。

(7) 汇率变动保险 许多国家有专门的外贸外汇保险机构，为本国或他国企业提供外汇保险服务，可利用这种保险业务来分散风险。

由于项目的具体情况千差万别，以上所介绍的这些管理风险的措施只是一些原则性的内容，具体的应用则要视实际情况而定，可以借鉴国外经验，通过相关合同中的设计和约定灵活有效地降低风险。

项目融资风险处理方案的实施和后评价是风险管理的最后环节。风险处理方案的实施不仅是风险处理效果的直接反映，而且通过对项目的后评价，可以达到总结经验、吸取教训、改进工作的目的，因而它是项目融资风险管理的重要内容。

5. 生产风险的防范

生产风险主要是通过一系列的融资文件和信用担保协议来防范的。针对不同的生产风险种类，可以设计不同的合同文件。一般通过以下一些方式来实现：项目公司应与信用好且可靠的伙伴，就供应、燃料和运输问题签订有约束力的、长期的、固定价格的合同；项目公司拥有自己的供给来源和基本设施（如建设项目专用运输网络或发电厂）；在项目文件中订立严格的条款与涉及承包商和供应商的有关延期惩罚、固定成本以及项目效益和效率的标准。另外，提高项目经营者的经营管理水平也是降低生产风险的有效途径。

思考题

1. 简述工程项目融资的风险分类。
2. 简述工程项目融资风险识别的步骤和主要技术。
3. 简述完工风险的防范措施。
4. 简述市场风险的防范措施。

参 考 文 献

[1] 吴孝灵. PPP 项目私人投资决策与政府补偿对策 [M]. 南京：南京大学出版社, 2018.
[2] 柯小玲, 郭海湘, 刁凤琴, 等. 房地产项目投资风险及决策优化研究 [M]. 武汉：中国地质大学出版社, 2017.
[3] 派若斯, 平托. 投资决策经济学：微观、宏观与国际经济学 [M]. 韩复龄, 译. 北京：机械工业出版社, 2016.
[4] 卢山. 企业信息化投资决策模型与方法研究 [M]. 北京：首都经济贸易大学出版社, 2017.
[5] 龚超. 投资决策分析与优化：基于前景理论 [M]. 北京：电子工业出版社, 2019.
[6] 郑宪强. 建设工程项目投资决策机制研究 [M]. 北京：北京理工大学出版社, 2018.
[7] 段世霞. 项目投资与融资 [M]. 郑州：郑州大学出版社, 2017.
[8] 王秀云. 城市基础设施投融资体制改革比较研究 [M]. 北京：中国金融出版社, 2020.
[9] 宋永发. 工程项目投资与融资 [M]. 北京：机械工业出版社, 2019.
[10] 汤伟纲, 李丽红. 工程项目投资与融资 [M]. 2版. 北京：人民交通出版社, 2015.
[11] 冯彬, 邓宇思, 杜文娟. 工程项目投融资 [M]. 北京：中国电力出版社, 2015.
[12] 彭松, 杨涛. 投融资规划理论与实务 [M]. 北京：中国金融出版社, 2018.
[13] 邓海虹, 韩映辉, 胡涛, 等. 政府投融资平台转型实操 [M]. 北京：中国经济出版社, 2019.
[14] 吴维海. 企业融资 170 种模式及操作案例 [M]. 2版. 北京：中国金融出版社, 2019.
[15] 杨文, 谢艳. 投资的维度：智能时代的股权投融资解析 [M]. 北京：机械工业出版社, 2018.
[16] 周红. 特色小镇投融资模式与实务 [M]. 北京：中信出版集团股份有限公司, 2017.
[17] 韦伯, 阿尔芬. 基础设施投资策略、项目融资与 PPP [M]. 罗桂连, 孙世选, 译. 北京：机械工业出版社, 2016.
[18] 路娜. 投资信托：信托投融资实务操作指引 [M]. 北京：中国法制出版社, 2018.
[19] 比勒陀利乌斯, 勒若, 麦金尼斯, 等. PPP 与工程项目融资 [M]. 宋光辉, 李俊, 叶震, 译. 北京：机械工业出版社, 2018.
[20] 刘亚臣. 工程项目融资 [M]. 2版. 北京：机械工业出版社, 2017.
[21] 马若微. 我国基础设施建设项目多元化市场融资模式的关键路径设计 [M]. 北京：经济科学出版社, 2020.
[22] 财政部政府和社会资本合作中心. PPP 模式融资问题研究 [M]. 北京：经济科学出版社, 2017.
[23] 朱崇坤, 贾毅军, 付丛笑. 融资租赁实务全书：流程指导·操作要点·案例分析 [M]. 北京：中国法制出版社, 2018.
[24] 特里安蒂斯. 项目融资实务指南：政府、金融机构、投资者全视角路线图 [M]. 罗桂连, 周君, 许敏慧, 等译. 北京：机械工业出版社, 2020.
[25] 张云亭. 融资融券与投资者行为 [M]. 北京：中信出版集团股份有限公司, 2019.
[26] 勒纳, 利蒙, 哈迪蒙. 风险投资、私募股权与创业融资 [M]. 路跃兵, 刘晋泽, 译. 北京：清华大学出版社, 2015.
[27] 贾奕琛. 房地产 REITs 快速融资的九堂课 [M]. 北京：中国市场出版社, 2019.

[28] 胡恒松,陈德华,黄茗仪,等.PPP项目可融资性评价研究与应用[M].北京:经济管理出版社,2018.

[29] 乔森.融资方式、投资效率与企业价值的关联性:基于非平衡面板数据模型分析[M].北京:经济科学出版社,2017.

[30] 盛松成,阮健弘,张文红.社会融资规模理论与实践[M].3版.北京:中国金融出版社,2016.

[31] 金振朝.融资担保法律实务100问[M].北京:法律出版社,2020.